동서 철학
심신관계론의
가치론적 조명

동서 철학
심신관계론의
가치론적 조명

손병석(연구책임자)
이승환
박재술
한명숙
김재숙
김경호
김미영
김철운
양운덕
최준호
조종국
임홍빈
장문정

한국학술정보

서문

심신(心身) 문제는 세계의 매듭이란 말이 있다. 그만큼 철학사의 주된 아포리아(aporia) 중의 하나라고 말할 수 있다. 심신 문제는 단순히 이론(theoria)적인 탐구대상일 뿐만 아니라 우리 인간의 삶(vita)과 실천(praxis)에 중요한 관심거리가 되는 탐구주제이다. 그러나 오래전부터 진행해온 심신 문제에 대한 동·서양 철학자들의 관심과 연구는 아직까지 분명한 답을 제시하지 못하고 있다. 아니 어쩌면 심신 문제 역시, 철학이란 학문 자체가 답이 없는 질문만이 답이 될 수 있는 것처럼, 애초 해명 자체가 불가능한 것일 수 있다.

그럼에도 '심신관계론의 가치론적 조명: 동·서 철학 비교 연구'를 수행하고자 하는 본 연구단(이하, 심신가치론 연구단)은 철학사에서 뿌리 깊은 도전으로 간주되어 온 심신 문제를 새로운 접근법을 통해 해명하고자 하였다. 그것은 기존의 전통적인 철학이 심신 문제를 주로 인식론적 맥락에서 접근하였다면, 우리 연구단은 '가치론적(axiological)' 관점에서 접근을 시도한 것이다. 이것은 심신 문제 역시 단순히 인식론적 차원의 인과적 메커니즘의 해명에서만 끝나서는 안 되고, 그것이 인간들 사이의 관계 또는 사회적인 맥락 속에서 어떤 영향력을 갖고 있는지 분명하게 드러낼 필요가 있기 때문이다.

이것은 서양 철학을 주도해 온 형상과 질료의 이분법(고대), 영혼과 육체의 대립(중세), 그리고 정신과 물질의 이분법적 대립 구도(근대)가 인간 정체성의 이해를 가로막았을 뿐만 아니라 주체의 객체에 대한 기술적 조작과 지배 그리고 인간에 대한 억압적 통제를 정당화하는 논리를 조장해 왔기 때문이다. 동양의 경우 서양철학에서처럼 심신관계의 존재론적 이분법이나 실체적 이원론은 존재하지 않았지만, 가치론적 측면에서는 명백하게 정신이 육체보다 우선시됨으로써, 육체적 욕구와 감정의 분출을 통제하고 관리하는 사회철학이 우세하다는 점에서 본질적으로 같은 문제를 보여준다. 결국 이러한 이분법적이며 위계적인 심신론에 대한 사유의 틀은 정도의 차이는 있을지 몰라도 동·서양 철학 공히 가치론적 관점에서 소위 '심신의 조화로운 관계(ASICS: Anima Sana In Corpore Sano)'를 부정함으로써 '추상적인 정신주의'와 '육체 지상주의'라는 두 극단을 조장하는 다양한 메커니즘을 재생산해 온 것으로 보인다. 본 '심신가치론 연구단'은 바로 이러한 문제 상황을 진단하고 그 해결책을 모색하기 위하여, 심신관계를 가치론적 관점에서 새롭게 조명하고, 나아가 바람직한 실천적 대안을 제시하고자 하는 목적을 갖고 출발하였다.

본 연구단은, '심신관계론의 가치론적 조명: 동·서 철학 비교연구'라는 연구과제명이 말해 주듯이, 기본적으로 동·서양 철학각자의 전문 분야에서 탄탄한 연구업적을 축적해 온 12명(1차 연도 13명) 연구자들을 통해 지난 3년에 걸쳐 '심신가치론'에 관한 공동연구를 진행하였다. 동양철학은 유가철학, 불교철학, 그리고 도가철학의 전문 연구자들이 망라되어 있으며, 서양철학은 희랍철학,

독일 근·현대철학, 프랑스 현대철학, 실천윤리학, 현대 페미니즘 전문 연구자가 각각 참여하였다. 특히 다수의 연구자들이 이미 과거 '공적합리성단'과 같은 공동연구 프로젝트에 참가한 경험이 있어 공동연구에서 요구되는 유기적이며 체계적인 상호 협력 방식 그리고 기존의 축적된 연구방법을 바탕으로 본 연구를 효율적이면서도 원활하게 진행시킬 수 있었다. 또한 매달 워크숍(workshop)을 통한 연구자들의 연구 성과 공유는 '심신가치론'이라는 공동주제가 각자의 논문 속에 융해되어 보다 생산적이며, 완성도 높은 작품으로 결실을 맺도록 하는 데 밑거름으로 작용하였다. 이 밖에도 '심신가치론 연구단'과 독일 브레멘(Bremen) 대학 철학과 그리고 대만대 철학과와의 공동 학술 심포지엄 개최 역시 우리 연구단의 연구가 대자적인 차원에서 양적으로 확장되고 질적으로 심화될 수 있는 좋은 기회가 되었다. '그리스 국제학술회의' 참가를 통한 발표 역시 연구자 각자의 역량을 한층 강화하는 유익한 경험이 되었다.

여기 3권의 책들에 실린 37편의 글은 철학사에 나타난 다양한 동·서양 철학자들의 심신론에 대한 견해를 단순히 나열한 것이 아니다. 그동안 동·서 비교철학적 접근에서 드러났던 대부분의 시행착오들이 단순히 개념들의 표면적 유사성에 집착한 데서 비롯된 점을 감안하여, 본 연구에서는 이러한 개념들을 단순 비교·고찰하는 방식을 넘어서고자 하였다. 그렇기 때문에 여기에 실린 논문들은 연구자 자신의 관심과 전공분야라는 상대적인 자율성을 갖고 있으면서도, 기본적으로 심신론에 대한 '가치론적' 접근이라는 하나의 공통된 원리에 수렴되어 논증이 이루어지고자 한 분명한 목표를 갖고 시도된 글들이다. 연구자들은 각자의 영역이나 시대 또는 주제가 다름에도 심신론에 대한 가치론적 전회라는 사색적 원리를 날실로 삼고, 원전 텍스트에 대한 면밀한 분석을 씨실로 삼아 학문적 기여도(academic contribution)를 충족시킬 수 있는 하나의 작품을 도출해 내고자 하였다. 이것은 아리스토텔레스가 말하는 것처럼 본 연구단원들이 '함께 살며 서로 말과 생각을 나누는(syzēn kai koinōnein logōn kai dianoias)' 공동의 철학함(philosophein)의 즐거움을 느낄 수 있는 소중한 경험을 공유할 수 있었기 때문에 가능한 일이었다.

본 연구단이 3년간에 걸쳐 추진한 연구내용과 목표를 간략하게 소개하면 다음과 같다. 1차 연도 연구 작업에서는 동·서양 철학사에 등장하는 심신관계론의 주요 유형들을 발생론적 관점에서 그 가치론적 의미를 검토하였다. 이러한 검토를 통해 사회의 다양한 문제들이 심신관계에 어떻게 집약되고 있으며, 전통적인 심신론에서는 그 양자의 관계가 어떻게 은폐되어 왔는지를 드러냄으로써, 본 연구단이 궁극적으로 지향하는 심신가치론을 구축하기 위한 토대를 마련하고자 하였다. 먼저 동양철학 부문에서는 유·불·도(儒·佛·道)로 대표되는 동양 전통에 등장하는 심신관계론의 가치론적 함의를 발생론적 관점에 따라 계통적으로 분석하고 정리하는 데 중점을 두었다. 무엇보다 동양의 심신관계론이 함의하는 사회 철학적 의미에 주목하여, 마음과 육체 사이에 가치론적 우열 관계가 가로놓여 있음을 도출하고, 이러한 우열 관계에 의해 빚어진 사회적 인식이 천리(天理)와 인욕(人欲)의 구별을 정당화하고 존(尊)과 비(卑)의 차별을 고착화시킴으로써 자연스러운 육체적 본능의 표출과 평등을 향한 지향을 억압하는 기제로 작용하게 되었음을 고찰하였다. 서양 철학 부문에서는 심(영혼, psyche)·신(육체, soma) 관계의 가치론적 분화가 철학사적 맥락에서 어떻게 진행되었는지를 아리스토텔레스와 데카르트, 로크 그리고 홉스와 루소의 견해를 통해 살펴보았다. 더 나아가 서구 근대의 심신이원론을 비판하면서 인간에 대한 총체적이며 탈형이상학적인 접근을 시도하는 근대 이후의 철학자로서 멘느 드 비랑에서 베르그송, 마르셀, 사르트르, 메를로-퐁티로 이어지는 현대 프랑스 철학의 심신관계론을 살펴보았다. 이를 통해 통제의 대상으로서의 육체의 의미가 아니라, 능동적 활동성으로서의 육체의 의미를 조명해 보았다. 마지막으로 심신관계에 대한 니체의 철학사적 의의와 위상을 확인함과 아울러, 인간학적 자기 이해의 새로운 가능성을 타진하였다.

2차 연도 작업에서는 1차 연도에서 수행된 심신가치론에 대한 이론적 탐구를 구체적이고 실천적인 각도에서 재구성하고자 '심신수양론'의 측면에서 재조명하였다. 동양철학 분야에서는 '동양적 수양론의 관점과 유형'에 주안점을 두고, 몸과 마음의 상호 관련성에 주목하면서 양자의 대립과 긴장을 넘어선 조화와 균형을 모색하는 동양적 수양론의 전통을 해명하는 데 중점을 두었다. 송대 신유학의 정좌수행, 성리학의 誠敬에 대한 논의, 조선조의 여성훈육의 위상, 근대의 수신 교과서의 목적, 기수련의 실천적 함의, 그리고 길장의 수행론을 살펴보았다. 서양철학분과에서는 스토아 철학의 현인의 '무 정념', 스피노자의 몸과 마음 능력증대, 칸트에 이르기까지의 금욕의 문제, 쉴러의 심미적 경험, 포스트-기호학적 관점에서 글쓰기 행위, 그리고 헤겔에서의 이성·욕망이 거부 극복되는 과정을 살펴보았다.

3차 연도에는 몸에 대한 가치론적 성찰을 통해 현대사회의 제문제를 진단하고 처방하는 것을 목표로 하였다. 사회는 확장된 몸이고 몸은 응축된 사회이다. 이런 의미에서 사회의 제반 문제는 몸에 대한 관점과 태도의 문제로 드러나고, 몸을 바라보는 관점에 대한 진단과 분석은 사회문제의 해결을 위한 이론적 기초로 작용한다. 이를 위해 정치·사회, 문화·예술, 환경·여성, 종교·교육 등 네 주제 영역을 설정하여, 각 영역에서 발생하는 사회문제들이 심신관계에 대한 어떠한 관점에 기반을 두고 있는지를 집중적으로 분석하고 검토하였다.

무엇보다 이 책들이 나올 수 있도록 지난 3년간 학문의 우정(philia) 공동체에서 동고동락했던 '심신가치론 연구단' 선생님들 모두에게 진심으로 감사드린다. 그리고 이 책이 나올 수 있도록 연구책임자에게 격려와 지원을 아끼지 않은 전 '공적합리성 연구단' 연구 책임자 임홍빈 선생님과 철학연구소 소장 이승환 선생님께도 감사드린다. 또한 이 책을 출판해 주신 한국학술정보(주)의 여러분께도 감사드린다. 끝으로 이 책은 2005년도 한국학술진흥재단 지원사업(KRF-2005-079-AM0016)의 도움을 받아 지난 3년간 개별연구자들의 연구성과를 집성한 것임을 밝힌다.

2012년 10월
심신가치론 연구단을 대표하여
연구책임자 손병석

|목차|

눈빛 · 낯빛 · 몸짓*
: 유가의 신체 미학과 소속된 삶

이승환

---

* 이 논문은 원래 『감성의 철학』(민음사, 1996)에 수록했던 글임.

1. '몸'은 왜 잊혔는가?

이 글은 수신(修身)이라는 전통 철학의 주제를 추상적인 개념과 사변을 통해 이념화(ideologization)하는 대신, 눈빛·낯빛·몸짓과 같은 생활세계 안에서의 구체적인 체험을 통해 이해하고자 하는 작은 시도이다. 이 글에서는 '수신'에 관한 전통철학의 담론이 단순히 '마음'에 관한 담론이 아니라 동시에 '몸'에 관한 담론이었으며, 단순히 '이성'에 관한 담론이 아니라 동시에 '감성'에 대한 담론이었음을 밝히고자 한다. 유가 전통에서 '몸'은 '수신'과 관련하여 지극히 중요한 의미를 지닌다. 유학자들이 수양을 이야기하면서 '마음 수양(修心)' 대신 '몸 수양(修身)'을 말하는 것이 그 단적인 예이다. 전통철학에서 '몸'이 차지해 온 중요성에도 불구하고, 이제 '몸'은 잊힌 주제가 되고 말았다. '몸'은 왜 잊혔는가? '몸'이 잊힌 데에는 다음과 같은 몇 가지 이유가 있다고 여겨진다.

첫째, 근대문명의 수용 이후, 동양 철학자들이 자기의 전통에서 이상으로 여겨 온 '삶의 문법'을 제대로 이해하고 되살려 내지 못한 데에 근본 이유가 있다고 여겨진다. 일본을 거쳐 근대문물이 조선에 상륙하면서, 근대 서양철학이 철학의 전부라고 생각한 동양의 지식인들은, 근대철학의 분류방식에 따라 전통사상을 재단하고, 여기에 귀속될 수 없는 내용들은 비철학적이거나 미신적인 것으로 치부하고 암묵적으로 방기해 버렸다. '몸'은 '정신'에 비해 열등한 것으로 치부하고, '몸'을 철학적 주제로 삼기보다는 자연과학적 탐구의 대상으로 돌리려는 근대적 사유방식은, '근대 서양철학의 주제'를 '철학 일반의 주제'와 동일시하려는 동양의 철학자들에게 영향을 미쳤다. 이에 따라 '몸'은 철학적 논의의 영역에서 배제되고, 이제는 다만 한의사와 관상술가 그리고 성형외과와 연예 기획사의 전유물로 남게 되었다.

특히 보편·이성·절대·진리 등의 거대담론(meta narrative)을 화두로 삼는 토대주의(foundationalism)의 영향으로, 눈빛·낯빛·몸짓과 같은 작은 이야기들은 철학적 논의의 영역에서 배제되고 말았다. 보편적·절대적·초역사적 진리를 발견해 내려는 토대주의자들은 구체적·일상적·감성적 세계 대신 추상적·초월적·이성적 세계를 탐구의 대상으로 삼는다. 근대철학에 영향받은 동양의 철학자들은 이(理)·기(氣)·심(心)·성(性)과 같은 거대 담론만을 철학적 주제라고 여기고, 이러한 거대 담론들이 뿌리를 두고 있는 생활세계에서의 '작은 이야기'들은 처세술이나 통속심리학적 격언과 같은 것으로 내쳐 버렸다.

이성중심주의(logocentrism)의 범람 역시 '몸'이 철학적 탐구의 영역에서 제외되게 만든 또 하나의 원인이다. 물론 '이성'에도 여러 가지 의미가 있겠지만, 특히 이성을 감성(감정)과 대립시키고, 감성

(감정)은 이성에 비해 열등하고 부정확하며 믿을 만한 것이 못 된다고 치부하는 이성중독(logos-holic)의 태도는 눈빛·낯빛·몸짓과 같은 감성의 영역을 철학영역의 밖으로 내몰았다. 맹자는 "측은지심이 없으면 사람도 아니다(無惻隱之心, 非人也)"라고 했고, 『중용』에서는 감정의 중화(中和)를 말했다. 성리학에서는 감정을 상황에 적절하게 표출할 수 있도록 거경함양(居敬涵養)을 권고했고, 조선의 유학자들은 16세기부터 사백여 년에 걸쳐 사단칠정(四端七情)에 관해 논의를 해 왔다. 전통 윤리학의 핵심 테제는 이성이라기보다 감성(감정)이었다. 옛사람들은 어릴 때부터 부모의 '낯빛'을 통하여 무엇이 옳고 무엇이 그른 일인지 배웠고,[1] 부모의 '낯빛'을 살피면서 간곡하게 옳은 말을 드리도록 배워 왔다.[2] 눈빛·낯빛·몸짓이 생활세계에서 차지했던 의미와 역할은 이제는 다만 사회심리학의 분과 영역인 대인지각(inter−personal perception)의 분야에서 과학적 설명모델을 통하여 관찰되고 기술될 뿐, 그 진정한 의미와 규범성은 잊혀 가고 있다.

'몸'이 철학영역에서 제외되게 된 또 다른 이유는 규칙윤리(rule-oriented ethics)의 범람에 있다. 규칙 중심 윤리학은 행위자의 '성품'보다는 행위의 옳고 그름을 가릴 수 있는 보편적 '규칙'의 수립에 초점을 맞춘다. 이러한 입장에 따르면, 인간의 행위는 금지/의무/자유재량의 세 영역으로 나뉜다. 이러한 세 영역 중 도덕적 의미를 갖는 행위는 오직 금지와 의무일 뿐, 여기에 귀속되지 않는 자유재량의 영역은 아무런 의미도 지니지 못한다. 따라서 자기 절제, 자기

---

1) 『論語』 「爲政」. "子夏問孝. 子曰: 色難. 有事, 弟子服其勞, 有酒食 先生饌, 曾是以爲孝乎?"
2) 『禮記』 「內則」. "父母有過, 下氣怡色柔聲以諫, 諫若不入, 起敬起孝, 悅則復諫."

도야, 자기 함양 등과 같은 초의무적 영역은 물론이고, 눈빛·낯빛·몸짓 등과 같은 준도덕적 행위가 공동체 안에서 지니는 의미 역시 철학적 관심사 밖으로 밀려나게 되었다.

규칙 중심 윤리의 범람과 함께, 자유주의의 범람 역시 눈빛·낯빛·몸짓과 같은 '몸' 담론이 철학영역에서 배제되게 만든 또 한 가지 이유라고 보인다. 자유주의는 개인의 자유가 다른 어떤 가치보다도 선호되어야 한다고 믿는 '자유 선호의 예설(presumption in favor of liberty)'에 그 기반을 두고 있다. 자유주의의 사유구조에서, 개인의 자유가 제한될 수 있는 경우란, 오직 한 개인이 다른 개인의 자유를 침해할 경우에 한해서이다. 따라서 '불침해의 원칙(the harm principle)'만이 '의무'와 '금지'를 명시적으로 규정할 수 있는 유일한 근거가 되며, 여기에 포섭되지 않는 일체의 다른 영역은 곧 자유재량에 맡겨진다. 자유주의 윤리학에서 '도덕적'이라는 의미는 곧 '합법적'이라는 의미와 동일시되게 되며, 이는 곧 도덕이 더 이상 법으로부터 독립되어 독자적으로 설 땅이 존재하지 않는다는 도덕의 사망선고를 의미한다. 이러한 자유주의의 그늘 아래서는, 희생·헌신·자기절제와 같은 초의무적 행위는 물론이고, 눈빛·낯빛·몸짓과 같은 준도덕적 행위는 아예 논의의 영역에서 밀려나, 다만 '개인적 취향의 문제(a matter of personal taste)'로 전락하게 되는 것은 너무도 당연한 귀결이다.

자유주의와 자본주의의 확산, 도시화에 따른 익명성의 증가, 그리고 주거공간의 격절(segmentation of living space)로 말미암아, 면(面)대면(面)의 인간관계는 사라지게 되었다. 이러한 생활세계의 급격한 변화는 '몸'을 철학적 담론의 바깥으로 내몰게 한 계기가 되었다. 자본주의의 이념적 동반자인 자유주의는 사회의 기본단위를 사익을 추구하는 '익명의 개인'들로 상정한다. 이러한 익명의 개인들 사이에는 직접적 접촉을 통한 감정의 교환 대신, 냉철한 '계산적 합리성(computational rationality)'에 의거하여 개인의 이익을 확보하려는 계약론적 윤리학이 생존 전략으로 부상하게 된다. 따라서 윤리학과 도덕학은 경제학적 처세술로 전락하게 되고, 눈빛·낯빛·몸짓과 같은 감성적 접촉을 통한 유대감의 확립이나 감정의 교환은 비합리적이라는 이유로 철학적 논의에서 추방되게 되었다.

2. 정신/육체의 통일로서의 '몸'

　왜 유가 전통에서는 수양을 이야기하면서 '마음 수양' 대신 '몸 수양'을 이야기하는 것일까? 유가 전통에서 '몸'은 과연 어떤 의미를 지니고 있는 것일까? '몸'의 동양적 의미를 이해하기 위해서, 우리는 동양 바깥의 지적 전통을 살펴볼 필요가 있다. 나는 거울을 통해서만 나의 얼굴을 볼 수 있듯이, 동양적인 것은 동양적이 아닌 것에 비추어 볼 때 그 특징이 선명하게 드러나기 때문이다. 서양 근대의 이원론적 전통에서는 나(self)를 정신과 육체로 나누어서 고찰한다. '나'를 정신과 육체로 나누어서 고찰하려는 태도는 존재의 세계를 형상과 질료로 나누어서 고찰하는 형이상학적 이분법과 뿌리 깊은 연관을 맺고 있다. 존재의 세계를 정신적인 것과 물질적인 것으로 나누려는 이분법은 여기에 대응하는 인간의 능력도 각기 이성과 감성으로 구분할 뿐 아니라, 나아가서 인간 자신까지도 '생각하는 것'으로서의 나와 '물리적인 것'으로서의 나로 구분한다. 이러한 이분법적 구도 아래서 몸은 자연과학적 실험과 관찰의 대상으로 전락하고, 마음은 뇌과학적 탐구나 종교형이상학적 숭배의 대상으로 나뉘게 된다.

이원론의 전통에서 '몸'은 우연적인 것 또는 저열한 것으로 여겨지고, 오직 '마음' 혹은 이성·영혼·정신만이 영원한 것, 필연적인 것, 가치 있는 것으로 여겨지게 된다. 이러한 지적 전통에 따르면, 참다운 인식을 보장해 주는 것은 육체에서 독립한 순수 이성뿐이고, 이성이 제거된 육체는 불확실하고 일시적이며 상대적인 감각자료를 수용하는 하부기관에 불과해진다. 이러한 구도에서, 육체는 철학적 관심에서 제외되거나 암묵적으로 방치되고 만다. 이렇게 '생각하는 것'으로서 나를 '물리적인 것'으로서 나와 이분법적으로 구분하는 한, '나＝생각하는 존재＝이성＝주체'이라는 등식이 성립하게 되고, 결과적으로 '나'와 '몸' 사이에는 이어질 수 없는 분열증적 단절이 생기게 된다.

과연 몸과 마음은 어떻게 연결되어 있는 것일까? 과연 생각하는 주체로서의 마음만이 참된 '나'이고, 몸은 '기수를 태우는 말'이나 '선장을 태우는 배' 또는 '영혼이 갇혀 있는 감옥'에 불과한 것일까? 과연 나의 몸은 다만 생리·물리학적 관찰의 대상이 되는 살덩어리(körpe)에 불과한 것일까? 동양의 지적 전통은 이러한 질문에 대하여 아무런 답변도 해 줄 수가 없다. 만약 동양철학에게 몸과 마음의 관계에 대한 대답을 기대한다면 그것은 애당초 잘못 던져진 물음이다. 존재론적 이원론을 신봉하지 않는 사람에게 '정신/물질' 혹은 '마음/몸' 사이의 관계를 묻는 일은, 마치 영혼의 존재를 믿는 사람에게 영혼의 무게가 몇 그램이냐고 묻는 것처럼 생뚱맞은 질문일 것이다.

맹자에게 마음의 본질은 기(氣)이고,[3] 장자에게도 정신이란 기(氣)에서 발현하는 기능이다.[4] 범진(范縝)에 있어서도 정신은 육체(形)와 분리될 수 없는 하나의 것으로, 촛농이 다하면 불꽃도 사라지듯 육체(形)가 시들면 정신(神)도 함께 사라지게 된다.[5] 성리학자들에게도 마음은 기(氣)의 작용에서 드러나는 기능이며, 귀(鬼)/신(神)과 혼(魂)/백(魄) 또한 '기'의 작용에 수반된 현상에 불과하다. 동양의 지적 전통에 정신(神)/육체(形)의 '속성 이원론'은 있을지언정, 양자를 두 개의 독립된 실체로 간주하려는 '실체 이원론'은 찾아볼 수 없다.

동양의 사유는 일상적인 삶 또는 직접적 체험의 세계를 대상으로 한다. 이러한 사유방식은 우리를 생활세계에서 이간시키려는 지나치게 추상적인 선험적 사변에 의한 '이념화'를 경계한다. 일상적 삶을 살아가는 생활세계 안에서는 몸과 마음의 이분법이란 존재하지 않는다. 이러한 관점에서 본다면 '신체 없는 의식', '감성과 격절된 이성' 또는 '신체로부터 유리된 자아'란 유체이탈의 화법에 불과하다.

동양의 전통에서 '나'란 육체와 정신이 분리되지 않은 몸(身) 그 자체이다. 하자 문화권에서 가장 오래된 사전인 『이아爾雅』 「석고釋詁」에서는 몸(身)은 곧 나(我)라고 풀이하고 있다. 『대학』에서는 수양을 말하면서 마음 수양(修心) 대신 몸 수양(修身)을 이야기한다. 『삼국지』에서 장비는 눈을 부릅뜨고, "이 몸(身)은 장익덕이다!

---

3) 『孟子』 「公孫丑」 上. "其爲氣也, 至大至剛, 以直養而無害, 則塞于天地之間."
4) 『莊子』 「天地」. "汝方將妄神氣, 墮汝形骸, 而庶幾乎!"
5) 范縝, 『神滅論』 "神則形也, 形則神也. 是以形存則神存, 形謝則神滅也."

나와서 생사를 결판내자!"라고 외친다.[6] 또 공자는 "진실로 제 몸(身)을 바르게 하면 정치를 행함에 어려울 것이 무엇이며, 제 몸(身)을 바르게 하지 못하면 백성을 어떻게 바르게 하리요?"라고 반문한다.[7] 맹자도, "한 아름이나 되는 오동나무도 사람이 기르려고만 하면 기르는 방법을 알게 되는데, 자기 몸(身)에 이르러서는 그 기르는 방법을 알지 못하니, 어찌 몸사랑(愛身)이 나무사랑보다 못하단 말인가!" 하고 한탄한다.[8] 순자도 "예는 몸(身)을 바르게 하는 방법이며, 스승은 몸(身)으로 의표를 삼는다"라고 말한다.[9] 동양의 지적 전통에서 '나'는 곧 '몸'인 것이다.

생활세계의 체험에서 본다면 이성과 감성 역시 각기 다른 영역에 간여하는 본질적으로 다른 능력이 아니라, 오히려 상호 침투적이고 연속적이며 분화될 수 없는 한 가지 능력이다.[10] 만약 이들 사이에 어떠한 차별이 있다면, 그것은 본질적 혹은 범주적 차이라기보다, 구체/추상 혹은 직접/간접 등의 차이에서 연유하는 '정도의 차'로 이해된다. 동양의 지적 전통에서 '몸에서 분리된 의식'이나 '감성에 기반을 두지 않은 이성'은 애당초 존재하지 않는 것이다.

---

6) 『三國志』「蜀志」「張飛傳」. "飛據水斷橋, 瞋目橫矛, 曰: 身是張益德也. 可來共決死!"

7) 『論語』「子路」. "子曰: 苟正其身矣, 於從政乎何有? 不能正其身, 如正人何?"

8) 『孟子』「告子」上. "孟子曰: 拱把之桐梓, 人苟欲生之, 皆知所以養之者, 至於身, 而不知所以養之者, 其愛身不若桐梓哉?"

9) 『荀子』「修身」. "禮者, 所以正身也…夫師, 以身爲正儀."

10) 주자의 철학적 인간학에 의하면, 하등동물에서 고등동물에 이르는 모든 생물체는 비록 정도의 차이는 있지만 모두 다소간의 지적 능력을 가지고 있다. 하등동물의 지적 능력은 단순히 감각적 지각에 머무르지만, 고등동물 중에서도 만물의 영장인 인간은 감각적 지각능력과 기억(표상)능력, 그리고 나아가 우주의 이치를 깨달을 수 있는 고도의 이성적 능력(개념·판단·추리능력)을 갖추고 있다. 졸고 "심성과 천리: 합리성의 주자학적 의미와 그 한계'", 『철학연구』, 한국 철학연구회, 제31집(1992), 126~127쪽 참조.

3. '몸'과 타자의 시선

'나'는 존재하는가? 내가 존재한다는 사실은 어떻게 확인될 수 있는 것인가? 데카르트는 "나는 생각한다. 고로 나는 존재한다"라고 했지만, 동양에서는 "나는 드러난다. 고로 나는 존재한다"라고 말한다. 유가 전통에서 나의 존재를 확인시켜 주는 것은 몸과 유리된 순수 의식이 아니라, 나의 '몸'을 바라보는 타자의 '시선'이다. 『대학』에서는 다음과 같이 말한다.

> 소인이 혼자 있을 때에 불선한 짓을 하되 이르지 못할 곳이 없이 하다가, 군자를 보고 나선 슬쩍 시침을 떼고, 그 불선을 가리고 선을 드러내 보이려고 하지만, 남이 자기를 알아봄이 마치 그 폐와 간을 뚫어 보듯 한 데서야 그 무슨 소용이랴? 이런 것을 일러 '정성스러우면 밖으로 드러난다'라고 하나니, 이러한 때문에 군자는 반드시 그 안으로 깊숙한 곳을 조심한다. 증자가 말했으니, "열 눈이 보는 바이오, 열 손가락이 가리키는 것, 그 삼엄(森嚴)함이여!"[11]

유가 전통에서 '나'의 존재는 나 자신의 순수의식에 의하여 확인되

---

11) 『大學』. "小人閒居爲不善. 無所不至. 見君子而後厭然揜其不善, 而著其善. 人之視己, 如見其肺肝然, 則何益矣? 此謂 誠於中, 形於外. 故君子必愼其獨也. 曾子曰'十目所視, 十手所指, 其嚴乎!' 富潤屋, 德潤身. 心廣體胖. 故君子必誠其意."

는 것이 아니라, '나'를 바라보는 타자의 시선에 의해 확인된다. 즉 "나는 생각한다"가 아니라, "나는 드러난다"이다. 맹자는 이렇게 말한다.

> 군자가 본성으로 지니는 인·의·예·지는 마음에 뿌리박고 있어서, 그것이 빛으로 발하면 얼굴에 윤택하게 나타나고, 등에 넘쳐흐르고 사체에 뻗어나니, 사체는 말하지 않아도 그것을 알게 해 준다.12)

유가 전통에서는 나 혼자만의 순수 의식이 진리를 담보해 주지 않는다. 행위나 표현을 통해 드러나지 않고 영혼 깊숙이 감추어진 '내면의 덕'이란 존재하지 않는다. 나의 덕, 나의 감정, 나의 의지는 반드시 행위와 몸짓을 통하여 타자의 '시선' 앞에 드러날 때, 그 존재가 확인된다. 이런 점에서 본다면, 나의 '몸'뿐 아니라 나의 '마음' 역시 공동체의 상호 주관적 시선에 공개적으로 드러나 있는 것이다. 나의 '몸'은 공동체 구성원의 독해(decoding)를 기다리는 기표가 되고, 나의 내면은 이에 상응하는 기의가 된다. 유가 전통에 의하면, 공동체의 문법에서 벗어난 사적 언어는 애당초 불가능할 뿐 아니라, 아무런 의미도 지니지 못한다. 개인이 사용하는 언어의 의미가 공동체의 문법에 의해 규정되듯이, 개인이 드러내는 몸짓의 의미 역시 공동체의 약호체계(code system)에 의해 규정되기 때문이다.

'나'는 어떻게 드러나는가? 다시 말해서 나의 '마음'은 어떻게 드러나는가? 정신과 육체를 따로 떼어서 생각하는 이원론적 전통에서 '나'는 드러나지 않는다. 다만 나의 살덩어리(körpe)만이 드러날 따름이다. 심리철학자들이 주제로 삼고 있는 "다른 사람의 마음은

---

12) 『孟子』「盡心」上. "君子所性, 仁義禮智根於心. 其生色也, 睟然見於面, 盎於背, 施於四體, 四體不言而喻."

존재하는가?" "다른 사람의 마음을 알 수 있는가?"라는 질문은, 물음의 밑바닥에 몸/마음의 이분법을 전제로 깔고 있다. 이러한 질문들은 "한 마음이 다른 마음을 알 수 있는가?"라는 물음으로 환원되어야 더욱 정확할 것이며, 이러한 질문은 동양 철학자들에게 마치 괴기소설에 나오는 유령들의 대화처럼 기이하게 들릴 것이다.

정신과 육체의 통일체로서의 '나'를 생각하는 유가 전통에서는, '몸'은 내면의 드러남이다. 내면은 '몸'을 통해 자신을 드러낸다. 증자가 말한 것처럼 "열 눈이 바라보고 열 손가락이 가리킬 때 소인이 부끄러움을 느끼는 것"은 그의 몸이, 나아가서는 그의 내면이 밖으로 드러나기 때문이다. 육체와 분리될 수 있는 데카르트의 '나'는 투명인간으로 화하여 남의 시선에서 숨을 수 있을지 모르겠지만, 몸과 마음을 분리시켜 생각하지 않는 유가전통의 '나'는 남의 시선으로부터 숨을 수가 없다. 맹자는 말한다.

> 사람을 살피는 데는 눈동자보다 더 좋은 것이 없다. 눈동자는 자기의 악을 엄폐하지 못한다. 마음속이 올바르면 눈동자가 맑고, 마음속이 올바르지 않으면 눈동자가 흐리다. 그가 하는 말을 듣고 그의 눈동자를 보면, 사람이 어찌 자기 마음속을 감출 수 있겠는가?[13]

과연 『맹자』의 이 구절은 옛날 노인네의 통속심리학적 훈계에 불과한 것일까? 맹자의 마음/눈동자의 관계에 관한 진술은 이원론적 사고에 익숙한 사람들에게 다음과 같은 심각한 의문을 불러일으킬 것이다. "과연 마음의 올바름/올바르지 않음이라는 심리적 사건(mental event)은 눈동자의 맑음/흐림이라는 물리적 사건(physical

---

13) 『孟子』 「離婁」 上. "存乎人者, 莫良于眸子. 眸子不能掩其惡. 胸中正則眸子瞭焉, 胸中不正則眸子眊焉. 聽其言也, 觀其眸子, 人焉廋哉?"

event)과 어떠한 관계에 놓여 있는 것일까?" 이원론자들은 결국 정신이라는 화폐와 물질이라는 화폐를 상호 교환해 주는 송과선이라는 화폐 교환소에서 그 답을 구하든가, 아니면 하느님이라는 시계 수리공이 맞추어 놓은 '몸이라는 시계'와 '마음이라는 시계'의 예정된 조화에서 답을 찾으려 할 것이다. 아니면 일원론자로 개종하여, 심리적 사건을 물리적 사건으로 환원시켜 설명하려는 물리주의로 귀결할 수밖에 없다. 그러나 이러한 해결책은 우리의 생활세계적 체험에 비추어 볼 때, 과연 얼마나 현실 적합성을 가지고 있는가? 정말 나는 일초의 오차도 없이 동시에 째깍거리는 두 개의 시계인가? 아니면 그저 대뇌피질 안의 전기화학적 펄스를 통해 인풋과 아웃풋을 반복하는 단백질 덩어리에 불과한 것일까?

우리가 일상적인 삶을 살아가는 생활세계로 돌아오면 이러한 난해한 의문들은 일어나지 않는다. 몸과 마음이 서로 다른 실체라고 이야기하는 데카르트마저도, 몸에 상처가 나면 고통을 느끼게 된다는 점에서 '몸과 마음의 상호 침투'를 고백한다. 또 뇌 → 중추신경 → 동공의 확대라는 생리적 사건으로 '눈빛'을 설명해 내려는 물리주의자들도, 사랑하는 연인의 애틋한 눈빛을 보고서, 자기를 향한 그녀의 뜨거운 감정을 감지해 낸다.

일원론자이건 이원론자이건, 근대의 서양철학자들은 연구실 안에서의 이성적 사고와 연구실 밖에서의 감성적 체험을 철저하게 분리한다. 그리고 연구실 안에서의 이성적인 사고만이 진리이며, 일상생활에서의 감성적 체험은 속견이라고 단정 짓는다. 철학자들에게는 기이하리만큼 이상한 편견이 있다. 그들은 생활세계 안에서의 일상적 체험에 대해서는 그것이 언제나 진실하다고 인정되는 경우에도 항상 속견(doxa)으로 단정하고, 과학적 지식(인과적 설명)에 대해서는 그것이 다른 설명 모델에 의해 내일 당장 뒤바뀐다 할지라도 항상 진리(episteme)로 여기려는 습성이 있다.[14]

맹자의 눈동자/마음에 관한 진술은 물론 심리철학 식의 인과적 설명에 의해서 증명도 반박도 될 수 없다. 여기서 맹자는 증명도 반박도 될 수 없는 눈동자/마음의 관계를 '인과적'으로 설명하려는 것이 아니라, 오직 상대방의 '몸'-그것이 눈빛이건 낯빛이건 아니면 몸짓이건-을 통해서만 상대방의 마음을 '이해'할 수 있다고 말하려는 것이다. 여기서 '이해'란 유비추리(analogical inference)와 같은 매개적이고 인과적인 사유 이전의, 직접적이고 감성적인 체험을 가리킨다. 비록 존재론적으로는 한 사람의 내면이 외면에 우선한다고 할 수는 있겠지만, 그 사람의 내면에 대한 이해는 전적으로 밖으로 정시된 사상(事象), 즉 눈빛과 낯빛이라는 원본적 소여로부터 출발하는 수밖에 없다. 그러므로 맹자는 '몸'을 통하지 않고서는 '나'를 드러낼 수 없으며, '몸'을 통하지 않고서는 상대방의 '마음'을 이해할 수 없다고 하는 것이다. 기호학에서 기표 없는 기의를 생각할 수 없듯이, '몸'을 경유하지 않는 '마음'은 영원히 이해될 수 없는 것이다. 맹자에게서 볼 수 있듯이 유가전통에서의 '몸'은 자아와 세계와의 교통방식(kommunikationsweise)이다.[15]

---

14) Agnes Heller, "La Connaissance Quotidienne", L'Homme et la Societe 43(1977), p.95, 『일상 생활의 사회학』 박재환 외, 일상성·일상생활연구회 편역(서울: 한울 아카데미, 1994), 171쪽에서 재인용.

15) 인간의 내재적 정신이 인간의 외재적 형체(특히 눈동자)를 통해 표현된다고 하는 맹자의 입장은 후세의 회화(繪畵)에 관한 미학이론에서 그대로 계승된다. 고개지(顧愷之)는 "전신사조(傳神寫照)의 요체는 눈동자에 있다"고 하여 인물화에서 눈동자의 중요성을 말하고(『魏晉勝流畵贊』), 소식(蘇軾) 역시 "전신사조의 요체는 아도(阿堵: 눈동자)에 있다"고 하고 또 "그 다음은 광대뼈와 뺨에 있다"고 하여 인물화에 있어서 내면성 표현의 중요성을 이야기한다(『蘇東坡全集』 『續集』 卷12, 「傳神記」).

4. '표현'으로서의 낯빛과 '행위'로서의 낯빛

우리의 내면이 '몸'을 통해 밖으로 드러난다고 하면, 과연 이렇게 '드러난 것'은 생리적 증상이 신체를 통하여 드러난 것과 어떻게 구별될 수 있으며, 또 속마음을 꾸며 가식적으로 드러낸 것과는 어떻게 구별될 수 있는가? 즉 맹자가 말하는 올곧은 사람의 맑은 눈빛은 올바름/그름의 구분조차 없는 어린아이의 맑은 눈빛과 어떻게 구별될 수 있으며, 또 기만적인 여성 정치인이 꾸며낸 '착한 척'하는 눈빛과 어떻게 구별될 수 있는 것일까? 플레스너(Helmuth Plessner)는 낯빛이나 몸짓과 같은 몸적 표현을 다음과 같이 세 가지로 구분한다.

1) 홍조와 창백함·기침과 재채기·땀과 구역질처럼 의식이 개입되지 않은 생리적 혹은 심신병리적(psychosomatic) 반응들
2) 말과 행위처럼 의식이 개입되어 있고 우리 스스로 통제할 수 있는 낯빛과 몸짓[플레스너는 이러한 낯빛과 몸짓을 행위

(handlung)라고 부른다.]

3) 웃음과 울음처럼 의식이 개입되어 있으면서도 우리 스스로 통제할 수 없는 낯빛과 몸짓[플레스너는 이러한 종류의 낯빛과 몸짓을 표현(ausdruck)이라고 부른다.][16]

이러한 분류에 따른다면, 비만증으로 인한 동탁의 번지레한 낯빛, 악화된 금창(金瘡) 때문에 나타난 주유의 파리한 낯빛, 노년에 악화된 뇌병으로 시달리는 조조의 초췌한 낯빛은 모두 의식이 개입되지 않은 생리적 혹은 심신병리적 '증상'들이다. 이와 달리, 미인계로 여포를 유인하려는 초선의 수심에 찬 낯빛, 독이 스민 뼈를 긁어내도록 화타에게 팔을 맡긴 채 바둑에 몰두하는 관우의 태연한 낯빛, 그리고 천둥이 치자 조조의 탁상 밑으로 기어 들어간 유비의 비굴한 낯빛은 모두 의식이 개입된 자발적 '행위'들이다. 그러나 삼고초려 끝에 공명을 얻은 유비의 환한 낯빛, 관우의 참수 소식을 전해 들은 유비의 참담한 낯빛, 차 한 잔이 식기도 전에 적장의 목을 베고 돌아오는 관우의 의기양양한 낯빛 등은 모두 의식이 개입되어 있으나 비자발적(involuntary)인 '표현'들이다.

맹자가 말하는 올곧은 사람의 맑은 눈빛은 플레스너가 말하는 표현(ausdruck)처럼 내면의 감정과 의지가 자연스럽게 밖으로 표출된 것을 말한다. 이러한 눈빛은 지향성이 결여된 생리적 '증상'도 아니며, 그렇다고 해서 의도적이고 자발적인 '행위'도 아니다. 이러한 눈빛은, 한 사람의 선을 향한 감정과 의지가 내부에서 무르익을

---

16) Helmuth Plessner, Laughing and Crying: A Study of the Limits of Human Behaviour(Evanston: Northwest University Press, 1970), 33쪽 참조.

대로 무르익었을 때, 내면세계를 감싸는 껍질을 뚫고 외부세계로 돌출하여 밖으로 드러난 것이다. 이렇게 단순히 지향적 의식으로만 머물러 있던 감정과 의지는 낯빛과 몸짓을 통하여 외화(外化)됨으로써, 타자의 시선 앞에 모습을 드러내며, 따라서 지각가능하게 된다. 이런 이유에서 오르테가는 '몸'을 '표현의 장(field of expressiveness)', 그리고 눈을 영혼의 창이라고 부른다.[17] 오르테가와 비슷하게, 플레스너는 얼굴을 영혼의 창이라고 말한다.[18] 오르테가와 플레스너의 '창(window)'이라는 표현과 마찬가지로, 『맹자』가 말하는 맑은 눈동자는 생리적 현상으로서의 '증상'과는 구별되면서, 의도적으로 드러내려 하지도 않아도 저절로 드러나는, 내면의 자연스런 '흘러내비침(流露)'을 뜻한다. 『예기』에서는 이렇게 드러내려 하지 않아도 저절로 몸을 통하여 드러나는 내면의 유로(流露)에 대해 다음과 같이 적고 있다.

> 효자의 제사는 (그 낯빛을 보고) 알 수 있다. 자기의 위치에 섬에 공경하는 낯으로 허리를 숙이고, 신주 앞에 나아감에 공경스럽고 기쁜 빛이 감돌며, 제물을 올림에 공경스러우면서 부모님의 혼백이 와서 드시기를 간절히 바라는 것 같고, 자기 자리로 물러나서 제자리에 섬에 곧 부모의 명을 받들려 하는 것 같고, 제물을 철거하고 물러날 때까지도 공경하고 삼가는 빛이 얼굴에서 사라지지 않으면 효자의 제사이다.[19]

『예기』에서 말하는 효자의 낯빛은 생리적인 증상과는 분명히 구별되면서, 그렇다고 해서 의도적으로 드러낸 것도 아닌, 내면의 자

---

17) Jose Ortega Y Gasset, Man and People, tr. by Willard R. Trask (New York: W. W. Norton & Company, 1957), 93쪽.

18) Helmuth Plessner, Laughing and Crying, 45쪽.

19) 『禮記』 「祭義」. "孝子之祭, 可知也. 其立之也, 敬以詘. 其進之也, 敬以愉. 其薦之也, 敬以欲. 退而立, 如將受命. 已徹而退, 敬齊之色不絶於面, 孝子之祭也."

연스런 흘러 내비침을 뜻한다. 『예기』에서는 자발적으로 드러내려 하지 않아도 저절로 드러나는 인간의 기본 감정으로 기쁨·노여움·슬픔·두려움·사랑·싫어함·욕구(喜·怒·哀·懼·愛·惡·欲) 등 일곱 가지를 들고 있다.[20] 『예기』에서 언급하고 있는 이러한 일곱 가지 감정들은, 그 자체에 이미 '느낌의 대상'과 '상황에 대한 평가'를 전제로 하고 있다는 점에서, 아무런 지향성(intentionality)도 지니지 못한 무드나 센티멘탈리티와 구별된다. 이러한 감정들은 나아가서 '판단'의 한 형태이다. 예를 들어, 노여움(怒)은 비난받을 만함에 대한 평가를 내포하고 있으며, 기쁨(喜)과 슬픔(哀)은 대상에 대한 선호도를 내포하고 있고, 두려움(懼)은 예상되는 위험과 손상에 대한 예측을 내포하고 있다. '개념'과 '판단'이 이성(Reason)을 구성하는 것과는 또 다른 방식으로, 감정에도 대상세계에 대한 평가와 판단의 요소가 내포되어 있는 것이다.[21]

『맹자』가 인간다움의 표징으로 제시하는 네 가지 도덕 감정(四端)은 『예기』의 일곱 가지 감정에 비해서, 한층 더 문화적이고 가치지향적인 성격을 갖는다. 측은하게 느끼는 마음(惻隱之心), 악을 부끄러워하고 혐오하는 마음(羞惡之心), 사양하고 양보하는 마음(辭讓之心), 옳고 그름을 가리려는 마음(是非之心) 등은 가치의 높낮이를 구별하여 대상을 선호/배격할 수 있는 문화적 감정들이다.

---

20) 『禮記』「禮運」편에서는 喜·怒·哀·懼·愛·惡·欲 일곱 가지 감정을 '배우지 않고서도 선천적으로 가능한' 인간의 기본감정으로 본다. "何謂七情? 喜·怒·哀·懼·愛·惡·欲, 七者不學而能." 『예기』와는 약간 달리, 한의학에서는 선천적으로 가능한 인간의 기본감정을 '喜·怒·憂·思·悲·恐·驚' 일곱 가지로 본다. 『醫宗金鑒』「外科心法要訣」「癰疽總論歌」. 또한 데카르트는 『예기』와 거의 비슷하게 인간에게 기본적인 감정으로 경이(wonder)·사랑(love)·미움(hatred)·욕망(desire)·기쁨(joy)·슬픔(sadness) 등 여섯 가지를 들고 있다. The Passion of the Soul, Article LXIX 참조.

21) Robert Solomon, "Existentialism, Emotions, and the Cultural Limits of Rationality", Philosophy East & West, Vol.42, No.4(1992), 610쪽 참조.

이러한 감정 안에는 이미 가치의 높낮이에 대한 평가와 판단이 깃들어 있다. 이런 의미에서 맹자의 사단은 비합리적인 느낌이 아니라, 그 안에 이미 이성을 잉태하고 있는 합리적 감정이라고 보아야 할 것이다. 이러한 감정들은 눈빛과 낯빛을 통해 밖으로 드러남으로써, 공동체의 구성원들에게 보이고 읽히게 된다. 이렇게 한 사람의 내면에 간직되었던 성향이 밖으로 드러나는 일을 유학자들은 '성발위정(性發爲情)'이라고 한다. 내면의 성향이 발하여 감정으로 실현된다는 뜻이다. 만약 성향이 밖으로 드러나지 않는다면 우리는 상대방이 어떤 성향의 사람인지 알 도리가 없다. 우리는 오직 밖으로 드러난 표현을 통해 그 사람의 성향을 읽을 수밖에 없다. "그림자를 보면 형체를 알 수 있다(見影知形)" 또는 "하류를 보면 상수원을 알 수 있다(見流知源)"라는 주자의 말이 그것이다.

5. 눈빛·낯빛·몸짓의 사회적 의미

눈빛·낯빛·몸짓은 한 사람의 내면을 밖으로 드러내 주는 '기호'이며, 여타의 발화행위와 마찬가지로 의사소통의 매체가 된다. 로빈슨 크루소의 위엄 있는 낯빛은 그가 무인도에 혼자 있는 동안에는 아무런 의미도 가질 수 없다. 그의 위엄 있는 낯빛은 프라이데이가 섬에 상륙하면서부터 의미를 가진다. 프라이데이는 주인의 위엄 있는 낯빛을 통해 더 많은 충성을 요구하는 주인의 의도를 읽어 낸다. 이런 의미에서 '낯빛'은 비언어적 의사소통(non-verbal communication)의 중요한 수단이 된다. 『예기』의 다음 구절을 보자.

> 군자의 곁에 시좌했을 때, 군자가 하품을 하거나 기지개를 켠다면, 곧 그 지팡이와 신발을 손에 들 것이다. 또 군자가 해 지는 것을 보고 있을 때는, (이미 떠날 생각이 있는 것이므로) 시자는 곧 자리에서 물러갈 것을 청한다.[22]

군자의 하품과 기지개는 단순히 신체적 피로에서 연유한 생리적

---

22) 『禮記』 「曲禮」 上. "侍坐於君子, 君子欠伸, 撰杖屨, 視日蚤莫, 侍坐者請出矣."

징후일 수도 있다. 그러나 위 문맥에 묘사된 하품과 기지개는 단순한 신체적 징후가 아니라 '그만 이 자리를 떠나고 싶다'라는 의사표시로서의 '행위'이다. 드러내 놓고 작별을 고하기 어려운 상황, 말을 하면 도리어 어색해질 상황에서는 명시적인 언어보다 '낯빛'이 더 유효할 수도 있다. 더욱이 혀가 미끄러운 사람을 기피하는 유가 전통23)에서는, 상황에 따라 교묘한 '말' 한마디보다는 한차례의 '낯빛'이 오히려 적절하게 여겨지는 경우가 많다. 하품이나 기지개와 같이 의사소통을 목적으로 표출된 몸짓은 '언어'로 치환될 수 있는 상징적 몸짓(emblem)이다.24) 일상생활에서의 상징적 몸짓은 의사소통의 도구가 되기도 하지만, 나아가서 지위·지배·복종 등과 같은 역학 관계의 표지판이 되기도 한다.

> 신하로서 임금 앞에서 술을 마실 때, 첫 잔을 받음에 낯빛이, 엄숙·단정해야 하며, 둘째 잔을 받음에 온화하고 삼가는 낯빛을 띠어야 한다. 삼작(三爵)으로 예를 마치므로, 셋째 잔을 받음에 기쁘고 공경하는 낯빛으로 물러난다.25)

위의 인용문에서는, 연석에서 임금에게 술잔을 받는 신하가 갖추어야 할 낯빛을 이야기하고 있다. 눈빛·낯빛·몸짓은 한편으로는 개인의 내면 깊숙이 감추어진 은밀한 감정을 드러내기도 하지만, 다른 한편으로는 정치적 역학관계 안에서 미시적 권력관계를 구현하는 매체가 되기도 한다. 특히 지배와 복종의 역학관계 안에서, 복

---

23) 『論語』 「學而」. "巧言令色鮮矣仁." 『論語』 「公冶長」. "巧言令色足恭. 左丘明恥之, 丘亦恥之."

24) 에크만(Paul Ekman)은 에프런(Efron)과 함께, 의사소통을 목적으로 표출된 몸짓을 '상징적 행위(emblem)'라고 명명한다. Paul Ekman, "Biological and Cultural Contributions to Body and Facial Movement in the Expression of Emotions" in Explain Emotions, ed. by A. O. Rorty, (Berkeley: University of California Press, 1980), 73~76쪽 참조.

25) 『禮記』 「玉藻」. "君子之飮酒也. 受一爵而色洒如也. 二爵而言言斯. 禮已三爵而油油以退…".

종하는 사람은 고개를 숙이거나 자세를 낮추는 것과 같은 거시적 동작을 통해서 상대방에 대한 종속을 표시하기도 하지만, 더욱 중요하게는 눈빛·낯빛과 같은 미시적 표현을 통해서도 종속을 표시한다. 숙종 때, 당시의 거유(巨儒) 송시열이 임금을 알현하면서 임금의 용안을 한번 쳐다볼 수 있도록 특별 탄원을 올린 일[26]은 '눈빛'과 같은 미시적 표현이 역학관계에서 지녔던 중요성을 단적으로 말해 준다. 또한 동양의 고대 형법에서 임금의 가마에 손가락질 하는 일을 모반(謀叛)과 더불어 십악(十惡) 중의 하나로 취급하고 있는 일[27] 역시 몸짓이라는 기호가 역학관계 안에서 지녔던 중요성을 단적으로 말해 준다. 지배/복종의 역학관계에서는 종속당하는 자와 마찬가지로, 지배의 위치에 있는 사람은 그 지위에 어울리는 복장이나 몸짓 그리고 낯빛을 통하여 권위와 위엄을 내보인다. 이런 점에서 눈빛과 낯빛뿐 아니라, 의복과 말투까지 모두가 역학관계를 드러내 주는 미시적 기호체계라고 할 수 있다.

> (군자가) 군대를 통솔하여 전쟁에 임할 때 표정은 용감하고 과단성이 있어야 하며, 그 호령은 엄정해야 하고, 그 안색은 엄숙해야 하며, 그 시선은 맑고 날카로워야 한다.[28]

위에서는 군대를 통솔하는 지휘관으로서 부하들 앞에서 갖추어야 할 낯빛을 이야기하고 있다. 이러한 지위 표시로서의 낯빛에 관

---

26) 『숙종실록』권10, 「6년 庚申 10월조」. "송시열이 아뢰기를: 주상께서 동궁으로 계실 당시 잠시 입시 (入侍)한 적이 있으나, 그 후 수년간 주상의 용안을 뵙지 못했으니, 원컨대 한번 우러러 뵙고 싶습니다. 주상께서 허락하셨다(時烈曰: 上在春宮時, 暫爲入侍, 而其後累年未觀天顔, 願得仰視. 上許之.)".

27) 『唐律疏議』卷1, 「十惡」. 唐 長孫無忌 等 撰 (北京: 中華書局, 1983), 11쪽.

28) 『禮記』「玉藻」. "..戎容暨暨, 言容詻詻, 色容厲肅, 視容淸明."

한 언급은 『상서尚書』에서도 발견된다. 『상서』에서는 군왕이 갖추어야 할 조건 다섯 가지를 들면서, 그중 첫 번째로 '용모'를 들고 있다.[29] 선조 때 사헌부 장령 정인홍은 추상같이 위엄 있는 낯빛을 지녔기 때문에 하급관리는 물론, 시골에 있는 수령들까지도 그를 두려워했다고 율곡은 일기에 적고 있다.[30]

권력은 호령과 같은 명시적 언어행위를 통해서만 행사되는 것은 아니며, 복종 역시 명시적인 언어를 통해서만 수행되는 것은 아니다. 눈빛과 낯빛을 통한 비강제적이고 비명시적인 형태의 지배/복종 관계가 오히려 강제적이고 명시적인 지배/복종 관계보다 더 일상적이고 빈번하다고 할 수 있다.[31] 그러나 유가 전통에서 지배자의 낯빛과 복종자의 낯빛을 이야기할 때, 단순히 물리적 권력을 염두에 둔 가식적 낯빛을 이야기하는 것은 아니다. 지배자의 자리에 있는 사람은 위엄 있는 낯빛을 내보이기 전에, 그 지위에 합당한 덕(德)을 미리 내면에 갖추어야 한다. 내면에 덕이 충만할 때 저절로 낯빛을 통해 밖으로 내비치게 되며, 이를 보는 사람은 저절로 심복하는 자세를 갖게 된다는 것이다. 또한 종속의 지위에 있는 사람도 무조건 아첨 떠는 낯빛을 꾸며 대서는 안 되며, 진정으로 존경하는 마음이 내면에 갖추어질 때 존경심은 낯빛을 통해 저절로 드러나게 된다는 것이다. 그러므로 『대학』에서는 "내면이 바르게 된 연후에 '몸'이 닦이게 된다"[32]고 하고, 공자는 "아양 떠는 말과

29) 『尚書』, 「周書」 「洪範」. "二: 五事, 一曰貌, 二曰言, 三曰視, 四曰聽, 五曰思."
30) 李珥, 『石潭日記』(下), 尹絲淳 譯(서울: 삼성미술문화재단, 1983), 433쪽.
31) George Homans, Social Behavior: Its Elementary Forms(New York: Harcourt Brace Jovanovich, 1974), 83쪽. 『육체의 언어학』(서울: 일월서각, 1990), 30쪽에서 재인용
32) 『大學』. "心正而後修身."

꾸민 낯빛에는 진정한 인(仁)이 드물다"[33]고 한 것이다. 군자의 내면에 쌓인 덕이 낯빛을 통하여 밖으로 드러날 때 백성들은 이를 보고 훈화되어 저절로 승복하게 된다. 『예기』의 다음 말을 들어 보자.

음악은 마음속에서 발동하는 것이고, 예는 밖에서 발동하는 것이다. 음악의 궁극은 화(和)고, 예의 궁극은 순(順)이다. 군자가 마음속으로 화락하고 밖으로 드러난 외모가 공순하면, 백성들은 그 낯빛을 보고 훈화되어 서로 다투지 않으며, 그 용모를 보고 훈화되어 태만하거나 방탕한 생각을 일으키지 않는다. 그러므로 덕의 빛이 (군자의) 마음속에서 움직이면 백성은 복종하지 않음이 없으며, (군자가) 도리를 밖으로 펼친다면 백성은 승복하여 따른다. 그러므로 "예악의 도를 체득하여 천하에 실시한다면 천하를 다스리는 일이 조금도 어렵지 않다"고 한 것이다.[34]

군자가 되려는 사람에게는 거시적 행위뿐 아니라 일상에서의 눈빛 · 낯빛 · 몸짓, 나아가서는 심지어 의복과 말투까지도 모두가 수신의 대상이 된다. 이러한 몸가짐은 다른 사람을 감화시키는 수단이 된다.

성인이 행위의 규범을 제정함에 ……'예'로써 절제하고, 신의로써 사귀고, 낯빛으로 드러내고, 의복으로 훈화하고, 친구끼리 서로 격려하여 극에 이르게 한다. 이런 까닭에 군자가 그 (지위에 맞는) 옷을 입었을 때는 낯빛으로 가다듬어 아름답게 하고, 이미 그 낯빛이 갖추어지면 군자의 언사로써 가다듬어 더욱 아름답게 하고, 이미 그 언사를 이룩하였다면 군자의 덕으로써 충실하게 한다. 그러므로 그 옷을 입고서 거기에 어울리는 낯빛이 없음을 부끄럽게 여기고, 그 낯빛이 의젓함에 거기에 어울리는 언사가 없음을 부끄럽게 여기고, 그 언사가 있음에 거기에 어울리는 덕이 없음을 부끄러워하고, 그 덕이 있음에 거기에 어울리는 행위가 없음을 부끄러워한다.[35]

---

33) 『論語』 「學而」. "巧言令色, 鮮矣仁."
34) 『禮記』 「樂記」. "故樂也者, 動於內者也. 禮也者, 動於外者也. 樂極和, 禮極順. 內和而外順, 則民瞻其顏色, 而不與爭也; 望其容貌, 而民不生易慢焉. 故德煇動於內, 而民莫不承聽, 理發諸外, 而民莫不承順. 故曰: 致禮樂之道, 擧而錯之, 天下無難矣."

『예기』에 따르면, 눈빛과 낯빛뿐 아니라 심지어 의복 역시 한 사람의 정신성이 밖으로 드러난 것이다. 유가적 관점에서 본다면 의복은 단순히 몸의 보호나 보온을 위한 것이 아니라, 자신의 내면을 드러내 주는 의미작용이다. 『예기』에서는 내면성이 결여된 가식적 꾸밈으로서의 의복을 경계한다. 그 옷을 입었을 때는 반드시 거기에 합당한 덕을 내면에 갖추어야 한다는 것이다. 이러한 외면과 내면의 일치 또는 기표와 기의의 일치를 공자는 '표현과 바탕의 일치(文質彬彬)'이라는 말로 표현한다.

　유가 전통에서 눈빛·낯빛·몸짓은 일상의 다양한 상황에서, 자아가 타자와의 관련 속에서 맺게 되는 도덕－존재론적 위상을 드러내 주는 복합적 기호체계이다. 『예기』에서는 공동체 안의 다양한 상황에서 한 존재가 어떻게 하면 상황－적합적 눈빛·낯빛·몸짓을 드러내야 하는지 예시하고 있다. 한 개인이 다양한 상황에 직면하여, 각 상황에 적합한 눈빛·낯빛·몸짓을 자연스럽게 표출해내기 위해서는, 고도로 세련된 표현감각과 독해감각을 필요로 한다. 그리고 이러한 표현감각과 독해감각을 익히기 위해서는, 어떤 상황에 어떤 낯빛이 적합한지 즉각적으로 파악할 수 있는 감성적 판단능력이 요구된다. 공자는 그의 일상생활에서 각 상황에 적합한 눈빛·낯빛·몸짓을 어떻게 표출해 냈는지 『논어』를 통해 살펴본다면:

---

35) 『禮記』「表記」. "是故聖人之制行也..禮以節之, 信以結之, 容貌以文之, 衣服以移之, 朋友以極之 ····是故君子服其服則文以君子之容, 有其容則文以君子之辭, 遂見其辭則實以君子之德. 是故. 君子恥服其服而無其容, 恥其有容而無其辭, 恥有其辭而無其德, 恥有其德而無其行."

군주가 불러 빈객의 접대를 명하시면 얼굴빛은 긴장하고 걸음은 조심스러웠다. 함께 선 빈객과 더불어 읍함에, 손을 좌우로 벌려 읍했다. 그때도 옷의 앞뒤 자락은 가지런히 출렁일 뿐이었다. 걸어서 나아감에 날개를 편 듯하며, 빈객이 물러난 뒤에는 반드시 복명하여 "빈객은 만족하여 돌아보지 않고 가더이다"라고 하였다.[36]

잠자리에 들면 시체처럼 눕지 않으며, 집에 한가롭게 거함에 위엄 있는 낯빛을 하지 않으며, 상복 입은 사람을 보면 비록 친하다 해도 반드시 얼굴빛을 달리하였다. 벼슬한 자와 장님을 보면 공식 만남이 아니라도 반드시 용모를 갖추며, 상복 입은 자에게는 수레 위에서도 절하며, 상주에게도 몸을 굽히셨다. 음식이 성대하면 반드시 낯빛을 바꾸어 일어나 후의를 표하며, 우뢰와 폭풍이 심할 땐 반드시 낯빛을 바로잡았다.[37]

수레에 오름에 반드시 바르게 서서 줄을 잡고, 수레 안에서는 좌우로 돌아보지 않고, 큰소리로 질책하지 않으며, 손을 들어 이것저것 가리키지 않았다.[38]

『논어』와 『예기』에 묘사된 수많은 낯빛과 몸짓에 관한 언급들은, 낯빛과 몸짓들이 의미를 부여받게 되는 맥락을 떠나서는 이해될 수 없다. 예(禮)는 크게는 국가의 체제와 조직을 규정하는 관습법적 성격을 띠고 있지만, 작게는 일상생활에서 각 상황에 적합한 행위와 몸짓 그리고 낯빛까지 일일이 예시해 주는 몸 문법 지침서의 성격을 띠고 있다. 이러한 이유에서 레게(James Legge)는 '예'를 '상황 적합성'의 의미와 '예의범절'을 동시에 의미하는 'propriety'라고 번역하고 있는 것이다.[39] 자식으로서 부모의 거상(居喪) 중에

---

36) 『論語』「鄕黨」. "君召使賓, 色勃如也, 足躩如也. 揖所如立, 左右手, 衣前後襜如也. 趨進, 翼如也. 賓退, 必復命曰: 賓不顧矣."

37) 『論語』「鄕黨」. "寢不尸, 居不容. 見齊衰者, 雖狎必變, 見冕者與瞽者, 雖褻必以貌. 凶服者式之, 式負版者. 有盛饌, 必變色而作. 迅雷風烈, 必變."

38) 『論語』「鄕黨」. "乘車, 必正立執綏. 車中不內顧, 不疾言, 不親指."

39) James Legge, The Li Ki or Collection of Treatises on the Rules of Propriety or Ceremonial Usages(Oxford: Clarendon Press, 1885).

지녀야 할 낯빛, 지휘관으로서 부하들 앞에서 지녀야 할 낯빛, 자식이 부모에게 간언할 때의 낯빛… 등 수많은 상황에서 표출해 내야 하는 다양한 낯빛에 대하여 『예기』에서는 이렇게 적고 있다.

> 거상 중의 용모는 슬픔에 지쳐 축 쳐진 듯하게 하고, 낯빛은 걱정 때문에 힘이 빠진 듯하게 하고, 시선은 놀라고 당황하여 침침한 듯하게 하고, 말소리는 슬픔에 겨워 들릴 듯 말 듯하게 한다.[40]

> 상(喪)에 임했을 때는 반드시 슬퍼하는 낯빛이 있어야 하고, 상여 줄을 잡았을 때는 웃지 않는다. 음악에 임해서는 탄식하지 않아야 하고, 갑옷과 투구를 입었을 때는 반드시 침범할 수 없는 기색이 있어야 한다. 그러므로 군자는 다른 사람을 대할 때 낯빛을 잃지 않도록 경계해야 하는 것이다.[41]

> 만약 부모에게 과실이 있으면 기운을 죽이고 낯빛을 부드럽게 하여 간한다. 만약 간언이 받아들여지지 않았을 때는 공경심과 효성을 일으켜, 부모님의 기분이 나아질 때를 기다려 다시 간한다.[42]

이렇게 각 상황에 적합한 태도를 익숙하게 체현하여 밖으로 드러낼 때, 낯빛은 더 이상 의도적인 행위(handlung)가 아니라 표현(ausdruck)이 된다. 이렇게 상황에 적합한 감정을 내면으로 '느끼는 일'과 외면으로 '드러내는 일'이 하나가 될 때, 그리고 자발적인 '행위'가 비자발적인 '표현'처럼 자연스럽게 될 때, 우리는 그것을 '덕의 흘러 내비침(德之流露)'이라고 부를 수 있을 것이다. 유가적 도덕－미학(moral aesthetics)의 궁극 목표는 행위를 객관적 규칙에

---

40) 『禮記』 「玉藻」. "喪容纍纍, 色若顚顚, 視容瞿瞿梅梅, 言容繭繭."
41) 『禮記』 「曲禮」上. "臨喪則必有哀色, 執紼不笑, 臨樂不歎, 介冑則有不可犯之色. 故君子戒愼不失色於人."
42) 『禮記』 「內則」. "父母有過, 下氣怡色柔聲以諫. 諫若不入, 起敬起孝, 悅則復諫."

맞게 재단해 내는 일이 아니라, 자기 '안'에 충만하게 담겨 있던 순일한 성품이 '밖'으로 자연스럽게 내비칠 수 있도록 '내·외의 일치(文質彬彬)'를 이루는 일이다. 공자의 "예술적 경지에서 노닌다(游於藝)"라는 말은 바로 이를 두고 하는 말일 것이다. 이런 의미에서, '완성된 사람(成人)'의 몸은 타인에게 모범적 거울(典範)이 되며, 나아가서는 심미적 완상(玩賞)의 대상이 되기도 한다. 『중용』에서는 어떻게 한 사람의 '몸'이 타인들에게 도덕－미학적 전범이 될 수 있는지 다음과 같이 말한다.

> 한 구석 한 구석 빼놓지 않고 수양해 나가면 정성스러움(誠)이 있게 되고, 정성스러움(誠)이 가득 차면 몸으로 드러나게 된다. 몸에 드러나면 뚜렷해지고, 뚜렷해지면 밝아진다. 밝아지면 다른 사람을 감동시킬 수 있고, 감동시키면 그 사람은 변하게 되며, 변하면 감화하게 된다. 오직 천하의 지극한 정성(誠)이라야 다른 사람을 감화시킬 수 있다.[43]

이처럼 눈빛·낯빛이 의도적으로 드러내는 '행위'가 아니라, 저절로 내비치는 '표현'이 되기 위해서는, 자기점검과 자기함양의 노력이 요청된다. 내면의 정심(正心)과 성의(誠意)는 물론이고, 눈빛·낯빛과 몸짓·몸가짐, 그리고 언(言)과 행(行)이 타인에게 감화를 주는 수준에까지 이르러야 비로소 '몸가꾸기(修身)'의 프로젝트는 완성단계에 이르렀다고 할 수 있다.

> 군자의 낯빛은 여유 있고 침착하게 하여야 한다. 존경하는 이를 뵐 때는 삼가고 공손하게 해야 한다. 군자의 걷는 모양은 묵직하게, 손의 모양은 공손하게, 눈의 시선은 단정하게, 입의 모양은 함부로 말하지 않으려는 듯하게, 말소리는 나직하

---

43) 『中庸』23章. "曲能有誠. 誠則形, 形則著, 著則明, 明則動, 動則變, 變則化. 唯天下至誠, 能爲化."

게, 머리모양은 곧게, 숨은 들리지 않는 듯하게, 선 모양은 덕이 충만한 듯하게, 낯빛은 엄숙하게 하고, 앉을 때는 시(尸)처럼 바로 앉는다.[44]

『예기』에 나오는 이러한 아홉 가지 몸가짐(九容)은 유가 전통에서 수신의 기본으로 간주되어 왔다.[45] 현대인들이 스킨케어나 바디빌딩과 같은 '살덩어리' 가꾸기에 치중한다면, 유학자들은 내면과 외면의 통합체로서의 '몸' 가꾸기에 치중해 온 것이다.

---

44) 『禮記』「玉藻」. "君子之容舒遲, 見所尊者齊速. 足容重, 手容恭, 目容端, 口容止, 聲容靜, 頭容直, 氣容肅, 立容德, 色容莊, 坐如尸."
45) 『朱子語類』卷12, 「守持」편 참조.

6. 도가의 가식적 '낯빛' 비판

도가는 유가적 '몸'에 대해 곱지 않은 눈길을 보낸다. 도가의 관점에서 본다면, '수신'을 통하여 다듬어진 예(禮)에 맞는 눈빛·낯빛·몸짓은 인간이 다른 동물과 함께 공유하는 자연스런 감정의 표출이라기보다, 인간이 만들어 낸 문화적 무대 위에서의 연출처럼 보이기 때문이다. 도가에서는 상황에 적합하게 표출되는 예바른 낯빛보다는, 웃음과 울음처럼 자기도 모르게 터져 나오는 자연감정의 유로에 진실성을 부여한다. 위(魏)나라 때 도가를 숭상했던 완적(阮籍: 210~263)의 이야기는 이를 잘 대변해 준다. 완적은 바둑을 두다가 모친이 돌아가셨다는 소식을 들었다. 그는 계속해서 바둑을 다 마친 후, 비로소 두 말의 술을 마시고 호곡을 하기 시작하였는데, 몇 되나 되는 피를 토하고 혼절하였다. 깨어나서 다시 삶은 돼지 한 마리를 먹고 두 말의 술을 더 마신 후에, 다시 호곡하기 시작하여 몇 되나 되는 피를 토했다고 한다. 혜강(嵇康)의 형인 혜희(嵇喜)가 예(禮)를 갖추어 조문을 하자 백안(白眼: 못마땅한 눈빛)으로

대접하고, 혜강(嵇康)이 술과 거문고로 문상하자 청안(靑眼: 반가운 눈빛)으로 맞이했다고 한다.[46]

　도가에서는 유가에서처럼 감정의 중화(中和)를 이야기하지 않는다.[47] 도가에서는 자연감정을 터져 나오는 그대로 표출하되, 한 걸음 더 나아가서 이러한 감정에서 초연하려는 태도를 보이기도 한다. 장자의 다음 이야기는 이를 잘 보여준다. 장자는 아내가 죽었을 때 두 다리를 쭉 뻗고 앉아서 술동이를 두드리며 노래를 불렀다. 친구인 혜시가 이 광경을 보고 장자에게 너무하지 않느냐고 힐문하자, 장자는 이렇게 대답한다.

> 그렇지 않다. 아내가 막 세상을 떠났을 때 나라고 어찌 슬퍼하지 않았겠는가? 그러나 태초를 살펴보니 본래 생명이 없었다. 생명이 없었을 뿐 아니라, 형체조차 없었다. 형체가 없었을 뿐 아니라 기(氣)도 없었다. 황홀하게 뒤섞여 변화하는 도중 문득 '기'가 생겨나고, '기'가 생긴 다음 형체가 생겨나고, 형체가 변하여 생명이 생겨나고, 이제 또 차례로 변하여 죽어 간다. 이것은 봄·여름·가을·겨울의 사계와 더불어 흘러가는 것이다. 내 아내는 우주를 큰 집으로 삼아 편안하게 자고 있는데, 내가 큰 소리로 운다면 내 스스로 운명에 통달하지 못한 것으로 생각되기 때문에 울음을 그친 것이다.[48]

　장자가 아내의 죽음을 놓고 처음에 울었던 것은 슬픔이라는 자연감정이 터져 나온 것, 즉 표현(ausdruck)이다. 그러나 장자가 곧

---

46) 『晉書』 卷49, 「阮籍傳」.

47) 유가에서는 감정의 '중화(中和)'를 강조한다. '중화'란 '상황'에 적합한 감정을 느끼고 표현하는 '적중(的中)'의 의미와, 감정을 '정도'에 맞게 절제하는 '중절(中節)'의 의미를 포함하고 있다. 졸고 「심성과 천리: '합리성'의 주자학적 의미와 그 한계」, 『철학연구』, 한국 철학연구호, 제31집 (1992년), 122~148쪽 참조.

48) 『莊子』 「至樂篇」. "不然. 是其始死也, 我獨何能無槪然? 察其始, 而本無生; 非徒無生也, 而本無形; 非徒無形也, 而本無氣. 雜乎芒芴之間, 變而有氣, 氣變而有形, 形變而有生. 今又變而之死, 是相與爲春秋冬夏四時行也. 人且偃然寢於巨室, 而我噭噭然隨而哭之, 自以爲不通乎命, 故止也."

울음을 그친 것은 '태어남＝기쁨' 그리고 '죽음＝슬픔'이라는 이항 대립적 사유의 틀에서 벗어나, 생멸하는 우주의 변화에 모든 것을 내맡기는 '둘 다 잊기(兩忘)'의 경지에 도달하였기 때문이다[장자의 관점에서는, 사랑하는 사람이 죽었을 때, 슬퍼하는 것보다 슬픔을 벗어 버리는 것이 더 '자연'에 가까운 태도라고 여기는 듯하다. 하지만 슬픔에서 초연하려는 장자의 태도야말로 더 비자연적이고 인위적인 태도라고 비판할 수도 있을 것이다]. 장자는 '개념 틀(conceptual frame)'을 통해 사고하기를 거부한다. 장자에 의하면 인간은 우주 내의 타 존재에 비하여 하등의 우월한 지위를 가지고 있지 못하다. 인간은 다른 사물과 평등하며, 인간의 잣대로 다른 존재를 재단하려는 태도는 타 존재에 대한 월권이자 대자연에 대한 항명이라고 본다. 따라서 그는 철저하게 이항대립적 사고의 틀, 즉 아름다움/추함, 옳음/그름, 위대함/하찮음 등의 구분을 깨부술 것을 주장한다. 그는 '개념틀' 자체를 버리고, 구만리 창공에 떠있는 대붕(大鵬)이 되어, 현상계에 존재하는 온갖 혼란과 무질서를 '있는 그대로(如如)' 내려다보고자 하는 것이다[장자가 개념틀(conceptual frame) 자체를 거부하는 일은 마치 오성의 12범주 없이도 인식이 가능하다고 여기는 일과 비슷하다. 고기잡이에 비유하자면, 장자는 '인식의 그물망(conceptual network)'이 없이도 맨손으로 인식(understanding)이라는 고기를 잡을 수 있다고 믿는 것 같다. 과연 개념틀 없는 인식(understanding without framework)은 어떻게 가능한 것인지? 설령 그러한 인식이 가능하다고 해도, 과연 그러한 인식은 정확하고 객관적인 것인지 의문스럽다]. 장자는 대붕의 '관점 없는 관점(the view from nowhere)'[49]에서, 유가의 '몸'은 문화라는 무대에서 만들어진 연출이라고 비판한다. 그는 특히 만물평등(齊物)50)의 관점에서, 수신을 통해 다듬어진 유가적 낯빛은 문화적 무대 위에서의 가면에 불과하다고 비판한다. 다음 우화에서 장자는, 사성기(士成綺)라는 유가적 인물과 노자(老子)라는 도가적 인물을 설정하고, 이들 간의 가상적 대화를 통하여 유가의 '수신'을 비웃는다.

> 사성기가 노자에게 공손하게 가르침을 청했다. "저는 어떻게 몸을 닦으면(修身) 좋겠습니까?" 노자가 말하기를: "당신의 낯빛은 단정하며 위압적이고, 눈빛은 곧바르며, 이마는 번듯하게 솟았고, 입은 유창하게 생겼고, 당신의 풍채는 위엄이 있어서 마치 달아나려는 말을 매어 놓은 상이오. 행동으로 옮기면 민첩하고, 마음이 발동하면 기민하며, 눈으로 살피면 너무 자세하며, 지혜와 기교가 오만하게 드러나 보이는구려. 무릇 이런 것들은 모두 믿을 만한 것이 못 되오."51)

한 사람이 태어나서 자라나며 살아가는 주위환경을 '공동체'라고 한다면, 장자가 인정하는 유일한 공동체는 온갖 동물과 식물 그리고 온갖 사물들이 뒤엉켜 구별(distinction) 없이 살아가는 '자연'뿐이다. 장자는 이러한 '자연' 외에 아무런 공동체도 인정하지 않는다. 공동체는 공동체에서 목표로 삼는 공동선을 성취하기 위하여 구성원들에게 때로는 '헌신'을 요구하기도 하고, 때로는 '의무'와 '금지'를 통하여 구성원의 자유를 제한하기도 한다. 그러나 '자연'이라는 공동체가 장자라는 개인에게 요구할 수 있는 의무는 무엇이고 금지는 무엇인가? 그것은 '타 존재에 대한 불간섭' 그리고 여

---

49) '무관점의 관점'이란 용어는 네이글의 책 이름에서 빌려 온 것임. Thomas Nagel, The View From Nowhere (Oxford: Oxford University Press, 1986).

50) 『莊子』「齊物論」.

51) 『莊子』「天道」. "修身若何? 老子曰: 而容崖然, 而目衝然, 而顙頯然, 而口闞然, 而狀義然, 似繫馬而止也. 動而持, 發而機, 察而審, 知巧而覩於泰. 凡以爲不信."

기서 발생하는 다양한 목소리의 '평화로운 공존'일 것이다[이러한 상호 불간섭과 평화로운 공존이 과연 타 존재에 대한 '배려(concern)'인지, 아니면 타 존재에 대한 '무관심(dis-intersestedness)'인지는 분명치 않다]. 이런 점에서 본다면 장자는 '범우주적 자유지상주의자(cosmic libertarian)'이다. 장자는 문화와 문명의 속박에서 벗어나, 인간세계 밖으로 비상(飛翔)하여 범우주적 자유와 평등을 설파한다.

장자는 수신을 통하여 도달한 근엄하고 문채 나는 몸 대신, 수많은 꼽추·불구자·장애인을 동원하여 '추함 속의 아름다움'과 '고통 속에 깃든 자유'를 역설한다.[52] 장자가 자유인으로 묘사하는 우사(右師)는 한쪽 발이 잘린 쩔뚝발이이고,[53] 장자가 자연생명을 잘 누린 사람으로 예찬하는 지리소(支離疏)는 꼽추이며,[54] 장자가 세속을 초월한 사람으로 칭찬하는 애태타(哀駘它)는 지독히 못생긴 추남이고,[55] 장자가 인간세의 질곡에서 해방되어 자유로운 사람이라고 예찬하는 자여(子輿)는 몸뚱이가 뒤틀려 턱이 배꼽 밑에 처박히고 어깨는 머리 위로 솟은 불구자이다.[56] 장자는 다음 우화에서 열자(列子)와 그의 스승인 백혼무인(伯昏瞀人)의 가상적 대화를 통하여, '수신'에 의해 다듬어진 유가의 근엄한 '몸'을 기롱한다.

---

52) 장자와 마찬가지로 칸트 역시, 정상적이고 규칙적인 인체의 모습은 정신이 결핍된 지극히 평범한 인간을 보여주는 데 불과하지만, 왜곡되고 추한 모습에서 인간의 정신성이 절실하게 드러난다고 말한다. 많은 예술 작품에서 우리는 실제로 이러한 증거를 발견할 수 있다. 구부정한 자세로 고통스러워하는 미켈란젤로의 〈노예〉, 구부리고 앉아 고개를 숙이고 있는 로댕의 〈생각하는 사람〉에서 우리는 '몸'에 깃든 강렬한 정신성을 엿볼 수 있다. 미와 마사시(三輪正), 『身體の哲學』(日本: 行路社, 1989), 서동은 역, 『몸의 철학』, (서울: 도서출판 해와 달, 1993), 230쪽 참조.

53) 『莊子』「養生主」.

54) 『莊子』「人間世」.

55) 『莊子』「德充符」.

56) 『莊子』「大宗師」.

열자는 제나라 왕을 만나기 위하여 길을 떠났다가 생각을 바꿔 돌아오던 중, 그의 스승인 백혼무인과 마주치게 되었다.

"어찌된 일이냐? 어째서 되돌아오느냐?"

"네, 실은 두려워서…."

"무엇이 두려웠단 말인가?"

"여행 도중 밥집에서 밥을 먹는데, 열 집이면 다섯 집에서는 항상 주인이 다른 손님을 제쳐 놓고 저의 주문부터 받으려는 것이었습니다."

"그래. 하지만 그것이 어째서 두려웠다는 것이지?"

"아마 제가 내면의 '정성스러움(誠)'을 완전히 벗어 버리지 못하였기 때문에 얼굴과 몸으로 광채를 발하여, 보는 사람을 압도하고 주인으로 하여금 먼저 온 노인네를 무시하고 저를 먼저 접대하도록 하였으니, 이것이 근심거리를 불러일으킨 것입니다."[57]

장자는 열자와 백혼무인의 대화를 통하여, "안으로 정성스러우면, 밖으로 내비친다"라는 유가의 몸 문법을 정면으로 거부하고 있다. 유가에서 말하는 '덕'이란 지배자의 구실이고, 잘 표현된 '낯빛'은 문화적 가면이라는 것이다. 장자는 "안으로 정성스러우면, 밖으로 내비친다"라는 유가적 몸 문법과 정반대로 "덕은 밖으로 드러나지 않는다(德不形)"라고 주장한다.

"덕은 밖으로 드러나지 않는다"는 말은 무슨 뜻입니까? 대답하기를: 수평은 물이 흐르지 않고 멈추어 있는 극치이다(지극히 평평하기 때문에). 표준으로 삼을 수 있는 것이다. 이는 안으로 간직하되 밖으로 출렁이지 않는 상태이다. 덕이란 '화(和)'를 이루는 수양이다. 그러므로 덕이 밖으로 드러나지 않으면 만물은 (그에게서) 떠나지 못한다.[58]

장자에 의하면 진실한 덕은 내면에 잔잔하게 담겨 있는 것이지,

---

57) 『莊子』「列禦寇」.

58) 『莊子』「德充符」. "何謂德不形? 曰: 平者, 水停之盛也. 其可以爲法也, 內保之而外不蕩也. 德者, 成和之修也. 德不形者, 物不能離也."

밖으로 출렁이며 드러나는 것이 아니다. 잔잔한 물속에 지극한 평평함이 담겨 있듯, 무심한 듯한 낯빛에 진정한 덕이 간직되어 있다고 보는 것이다. 노자도 장자와 마찬가지로 꾸미지 않은 낯빛을 예찬한다.

> 훌륭한 장사꾼은 물건을 깊숙이 감추어 언뜻 보면 점포가 텅 빈 것 같고, 진정한 군자는 성대한 덕을 지니고 있으나 외모는 마치 모자라는 것처럼 보인다.59)

장자는 나아가서 덕이 뛰어난 사람은 외형(外形)마저 잊게 된다고 말한다.

> 절름발이며 꼽추에다 언청이인 인기지리무신(闉跂支離無脈)이 위(衛) 영공(靈公)에게 도(道)를 말했다. 영공은 그를 매우 좋아했다. 그 후로 영공은 몸이 온전한 사람을 보면 그의 목이 가늘고 기다랗다고 여겼다. 또 목에 물동이같이 큰 혹이 달린 옹앙대영이 제(齊) 환공(桓公)에게 도(道)를 말했다. 제 환공은 그를 매우 좋아했다. 그 후로 제 환공은 몸이 온전한 사람을 보면 목이 가늘고 기다랗다고 여겼다. 그러므로 덕이 높으면 그 외모를 잊게 되는 것이다.60)

장자는 범우주적 자유지상주의자이다. 그는 인간이 만든 문화의 틀에서 벗어나, 나비처럼 자유롭게 대자연을 훨훨 날고 싶어 한다.61) 장자는 인간세상에서 철저하게 이화(異化)하여 자아를 무차별의 혼돈(chaos) 속으로 용해시키고자 한다. 장자가 궁극의 목표로

---

59) 『史記』 「老子韓非列傳」. "良賈深藏若虛, 君子盛德若愚." 혜강(嵇康)도 노자와 비슷하게, 진정한 덕은 꾸미지 않은 낯빛 속에 담겨 있다고 있다고 본다. "良賈深藏, 外形若虛. 君子盛德, 容貌若不足."(『嵇中散集』 「高士傳」).

60) 『莊子』 「德充符」. "闉跂支離無脈說衛靈公. 靈公說之, 而視全人, 其脰肩肩. 甕盎大癭說齊桓公. 桓公說之, 而視全人, 其脰肩肩. 故德有所長, 而形有所忘."

61) 『莊子』 「養生主」에 나오는 "胡蝶夢" 이야기.

삼는 '얽매임에서 풀려남(縣解)'62)이란 바로 이러한 '무자아(no-Self)' 또는 '자아를 넘어서는 자아(self beyond Self)'에 이르는 일이다.

장자의 '범우주적 자유지상주의'와 대조적으로, 유학은 공동체주의다. 인간세를 떠나 대자연으로 비상하려는 이화(異化)의 날갯짓과 달리, 유가는 문화세계 안으로의 동화(同化)를 지향한다. 공동체의 구성원은 다양한 상황에 적합한 방식으로, 자신을 타자의 시선 앞에 도덕-미학적으로 드러내야 한다. 공동체의 표현문법에 동화되기 위해서는, 자신의 감정과 욕망에 대한, 적절한 수준에서의 자기 조절과 자기점검이 요청된다. 장자의 관점에서 볼 때, 이는 자유에 대한 억압이며 자연에 대한 왜곡이다. 장자는 유가의 '소속된 삶' 대신 '자유'를, 공동체로의 '동화' 대신 공동체로부터의 '이화'를, 그리고 사람무늬(人文)를 아름답게 가꾸는 일 대신 '자연 그대로'의 삶을 영위하고 싶어 한다. 과연 우리는 장자의 말처럼 '무관점의 관점'에서, 그리고 '자아를 넘어서는 자아'의 관점에서 사람무늬를 거부한 채, 까치·오리·승냥이·늑대·뱀·사자와 뒤섞여 '평등하게' 살아갈 수 있는 것일까?

현실에서 우리는 끊임없이 자신을 타자로부터 그별하려는 '이화'를 갈망하면서도, 동시에 어디엔가 귀속되고자 하는 '동화'를 갈망한다. 그러나 과연 장자의 말처럼 인문세계에서 철저하게 유리된 '이화'의 삶은 과연 가능하기나 한 것일까? 장자가 제시하는 '이화'의 길과 유가가 제시하는 '동화'의 길은 서로 정반대 방향을 가리키는 듯하면서도, 우리의 삶 속에 기묘한 모습으로 공존하고 있다. 동화할 수 없는 삶은 고독하고, 이화할 수 없는 삶은 부자유하다.

---

62)『莊子』「大宗師」.

공동체를 떠난 '이화'의 삶은 황량한 벌판에 홀로 떠도는 한 마리 야생동물의 모습과 같을 것이고, 이화할 수 없이 얽매인 삶은 끈으로 속박된 한 마리 애완동물과도 비슷할 것이다. 이화와 동화는 어느 하나를 내다 버리고 하나만 간직하기란 불가능한, 둘 다를 껴안을 수밖에 없는 인간의 숙명이다. 인간이 이렇게 '이화'를 지향하면서도 '동화'를 거부할 수 없는 모순적 존재라면, 남은 문제는 "이화인가? 동화인가?"의 양자택일 문제라기보다는, 얼마나 진실한 '이화'의 몸짓으로 '동화'에 내재된 기만과 허위를 들추어내고, 얼마나 진실한 '동화'의 몸짓으로 허망하고 방종한 '이화'를 바로잡을 수 있는가 하는 문제일 것이다.

사실 유가에서는 장자가 비판하는 것처럼 '가식적 낯빛'과 '기만적 동화'를 말하지 않았다. "아첨하는 낯빛과 꾸며낸 낯빛에는 인(仁)이 드물다"고 한 공자의 말처럼, 유가는 가식적 낯빛과 기만적 동화에 대해 장자 못지않게 비판적이었다. 유가에서는 겉으로 꾸며낸 가식적 낯빛 대신 내면의 '꽉 참(盛)'을 강조한다. 『중용』에서는 '밖으로 드러남'의 전제조건으로 '안으로 정성스러움'을 이야기하고,[63] 『대학』에서는 제가·치국·평천하의 전제조건으로 정심·성의·치지·격물을 말한다. 이렇게 '안'과 '밖'을 이어 주는 매개가 바로 '몸'인 셈이다. 유가에서는 '내면과 외면이 고루 빛나는 상태(文質彬彬)'에 이르는 공부를 '수신'으로 여겼으며, 가식적 낯빛과 기만적 동화에 대해서는 장자 못지않게 비판적이었다. 이런 점에서 볼 때, 기만적 낯빛에 대한 장자의 지적은 정치검찰이나 민간인 사찰관과 같은 말류(末流) 속유(俗儒)에 대한 비판은 될지언정,

---

63) 『中庸』. "誠則形." 『大學』. "誠於中, 形於外."

유가 그 자체에 대한 비판은 못 된다고 보인다. 가식적 낯빛과 기만적 동화의 비판에 있어서는 유가는 오히려 장자보다 더 적극적이다.

7. 눈빛·낯빛·몸짓과 '지인(知人)'

전통 사회에서 "덕 있는 사람을 어떻게 알 것인가?" 하는 지인
(知人)의 문제는 단순한 도덕적 관심사가 아니라, 현실 정치 즉 관
직임용과 인사행정에 있어서 대단히 중요한 문제였다. 『상서』에서
는 "사람을 잘 아는 자는 '밝다[哲]'. 밝은 자만이 능히 사람을 관
직에 안배할 수 있다"고 말한다.[64] 공자는 지혜[智]가 무엇인지 물
어보는 번지(樊遲)에게, "사람을 잘 아는 능력"이라고 대답한다.[65]
그는 또 "남이 나를 알아주지 못하는 것을 걱정하지 말고, 자기가
남을 알지 못하는 것을 근심하라"고 말한다.[66] 이러한 언급들은
'덕스런 사람에 의한 다스림(人治)' 또는 '덕에 의한 다스림(德治)'
의 전통에서 '사람 제대로 알기(知人)'의 문제가 얼마나 중요하게
여겨졌는지 시사해 주는 단편적인 예다.

그러나 사람을 어떻게 알 수 있는가? 맹자의 말처럼 눈동자가 맑

---

64) 『尚書』「皐陶謨」. "知人則哲, 能官人."
65) 『史記』「仲尼弟子列傳」. "樊遲問仁. 子曰: 愛人. 問智. 曰: 知人."
66) 『論語』「學而」. "不患人之不知己, 患不知人也."

은 사람은 속마음도 바르다고 여겨야 하는가? 하지만 속마음이 바르지만 눈빛이 흐린 사람은, 속마음이 바르지 않지만 눈빛은 맑은 사람과 어떻게 구별될 수 있는가? 과연 우리는 흐린 눈빛을 가진 사람은 속마음도 흐리다고 여기고, 맑은 눈빛을 가진 사람은 속마음도 맑다고 여겨야 하는가? 고대 중국의 비취 상인들은 고객의 속마음을 살피기 위해 귀부인들의 눈동자를 유심히 관찰하곤 했다.[67] 또한 거짓말 탐지기를 발명하기 이전의 범죄심리학에서는 피의자의 속마음을 탐지하기 위하여 '눈빛'을 관찰하기도 했다. 『주례』에서는 피의자를 심문하는 다섯 가지 방법으로, '하는 말을 들어 보고(辭聽)', '낯빛을 살피고(色聽)', '숨 쉬는 모양을 살피고(氣聽)', '무슨 말을 귀담아 듣는지 관찰하고(耳聽)', '눈빛을 살핀다(目聽)'라고 적고 있다.[68] 명(明)의 혜제(惠帝)는 그가 아직 제위에 오르기 전 태손(太孫)으로 있을 당시, 절도혐의로 잡혀 온 혐의자 여섯 명의 눈동자를 관찰하고, 그중 한 명은 절도범이 아니라고 단언한 적이 있다. 심문결과, 과연 혜제의 지적처럼 그 사람은 절도혐의가 없는 것으로 밝혀진 일이 있다.[69]

그러나 감성적 직관에 의한 '사람 알기'에는 분명히 한계가 있다. 인간은 자신의 내면을 은폐하거나 위장할 수도 있으며, 또 타자의 외면을 접하는 사람이 편견이나 선입견을 가질 수도 있기 때문이다. 공자도 한때는 사람을 평가함에 있어서 편견에 사로잡혔던

---

67) Desmond Morris, Man Watching (Grafton, 1978), 과학세대 역 (서울: 도서출판 까치, 1994), 286쪽.
68) 『周禮』「秋官」. "以五聲聽獄訟, 求民情. 一曰辭聽, 二曰色聽, 三曰氣聽, 四曰耳聽, 五曰目聽."
69) 『明會典』 卷65, 「詳獄考」. "明惠帝爲太孫時, 邏者獲盜七, 太孫目之, 言於帝曰: 六人皆盜, 其一非是. 訊之果然, 帝問何以知之. 對曰: 周禮聽獄, 色聽爲上. 此人眸子瞭然, 顧視端詳, 必非盜也. 帝曰: 治獄貴通經, 信然."

적이 있다. 즉 관상학적인 상모(狀貌)와 내면의 '표현'을 혼동한 일이 바로 그것이다. 『사기』「중니제자열전」에 따르면, 공자는 자기를 스승으로 모시려는 담대멸명(澹臺滅明)의 얼굴이 추한 것을 보고 그를 탐탁지 않게 생각했다. 그러나 담대멸명이 공부를 마치면 물러나서 열심히 덕을 닦을 뿐 아니라 그의 행실이 모두 사리에 맞으며, 졸업 후에는 그를 사모하여 따르는 제자가 삼백 인이나 되고, 그의 덕망이 제후들 사이에 널리 회자되자, 자신의 잘못된 인물평가에 대하여 이렇게 후회했다고 한다. "내가 외모를 보고 사람을 취했다가, 자우[子羽: 담대멸명의 자(字)]에게서 실수를 했구나!"[70]

공자의 이러한 고백은, 신체의 고정적인 외모(狀貌)를 보고 사람을 평가해서는 안 되며, '표현'으로서의 낯빛을 통해 상대방의 내면을 읽어 내야 한다는 것이다. 이런 의미에서 유가의 지인(知人)술은 관상술가의 관상[相人]술과 선명하게 구별된다. 관상학은 선천적으로 타고난 인간의 고정적인 형모(形貌)를 통해 그 사람의 부귀(富貴)와 현달(顯達)을 점치려 하지만, 유가에서는 살아 움직이는 눈빛과 낯빛, 즉 밖으로 드러난 '표현'을 통하여 그의 내면을 읽고자 한다. 하지만 한 사람이 자기의 낯빛을 은폐하거나 위장할 경우, 과연 우리는 어떻게 그의 내면을 읽어 낼 수 있는 것일까? 공자는 겉으로 드러난 낯빛과 내면의 덕이 일치하지 않는 경우도 있다는 점을 인정한다.

---

70) 『史記』「仲尼弟子列傳」.

(낯빛은) 빼어나되 (속마음이) 실하지 못한 자가 있다.[71]

낯빛이 엄하되 속마음은 물러터진 사람은 소인에 비할 수 있으니, 이러한 사람은 마치 담벼락을 뚫고 도둑질하는 사람과 같다.[72]

한 사람의 내면을 읽는 일은 눈빛·낯빛과 같은 미시적 표현에 대한 일회적 관찰만으로는 충분치 않으며, 언(言)과 행(行)에 대한 지속적인 관찰까지 병행되어야 한다. 공자는 이렇게 말한다.

(사람을 관찰함에 있어) 그가 하는 방식을 보고, 그의 동기를 보며, 그가 좋아하는 것들을 살핀다면, 어찌 숨길 수 있으리오? 어찌 숨길 수 있으리오?[73]

여기서 공자가 말하는 행위의 방식, 동기, 지향점 등은 한 사람의 내면을 짐작게 해 주는 필수적인 단서들이다. 한 사람이 일관되게 드러내는 행위의 경향성을 성향(disposition)이라고 한다. 한 사람의 말과 행위가 들쭉날쭉하게 일관성이 없을 때 우리는 그의 성향을 가늠할 수 없게 되고, 나아가서는 그의 정체성(self identity)을 파악하기 어렵게 된다. 한두 번의 가식적 행위, 한두 번의 위선적인 낯빛은 우리를 속일 수도 있을 것이다. 하지만 언행(言行)에 대한 지속적인 관찰을 통하여 우리는 상대방의 성향을 파악할 수 있게 된다. 공자는 눈빛·낯빛에 대한 일회성 관찰만으로 단박에 상대를 판단하라고 하는 것이 아니다. 한 사람이 지속적으로 행하는 말과 행실에 대한 관찰을 통해, 그가 내면에 간직하고 있는 성향과 성품

---

71) 『論語』 「子罕」. "秀而不實者, 有矣夫."
72) 『論語』 「陽貨」. "色厲內荏, 譬諸小人, 其猶穿窬之盜也與!"
73) 『論語』 「爲政」. "視其所以, 觀其所由, 察其所安, 人焉廋哉? 人焉廋哉?"

그리고 성격은 밖으로 드러나기 마련이라고 말하는 것이다. 내면이 올곧지 못한 사람이 한두 번 가식적 낯빛으로 우리를 속일 수도 있겠지만, 평생 동안 내면을 숨기면서 가식적으로 살아가기란 불가능할 것이다. 그래서 공자는 "어찌 숨길 수 있으리오?"라고 두 번씩이나 되묻는 것이다. 유가 전통에서 사람알기(知人)의 조건은 다음과 같은 몇 가지로 요약될 수 있다.

1) 한 사람의 내면이 읽힐 수 있기 위해, 내면은 '몸'을 통해 밖으로 드러나야 한다.
2) 표현하는 사람이나 표현을 읽는 사람 모두가 진실해야 한다.
3) 일회성의 관찰만으로는 상대방의 내면을 파악하기 어려우며, 지속적이고 반성적인 관찰이 요구된다.
4) 자아정체성이 불안정한 사람의 내면은 파악하기 어렵다.
5) 은폐하거나 가장하는 사람의 내면은 파악하기 어렵다.
6) 감성적 직관능력이 탁월해야 타인의 내면을 잘 읽을 수 있다.[74]

동양의 지적 전통에는 사람의 성향과 성격을 파악하기 위한 기술과 범주를 체계적으로 정립하려는 많은 시도들이 있었지만,[75] 유가

---

74) 유가의 지인에 대한 조건과 비슷하게, 데이비드 노톤(David Norton)은 사람을 알기 위한 조건으로 다음과 같은 몇 가지 조건을 들고 있다. 1) 다른 사람을 알려는 사람이나 그 대상이 되는 사람이 모두가 '진실'한 경우, 사람 알기는 일반적으로 가능하다. 2) 상대방이 자신을 알도록 하기 위해서는 '표현'을 통해서 자신을 드러낼 수 있어야 한다. 3) '자아 정체성'이 불안정한 사람은 알기가 어렵다. 4) 사람을 알기 위해서는 모종의 기술이 요구되며, 이러한 기술은 만약 성품에 관한 '유형학(typology)'이 정립된다면 더욱 손쉬워질 것이다. 갈렌(Galen)이나 쉘던(Sheldon), 그리고 융(Carl Jung)은 이러한 '성품학'의 범주를 확립하려고 시도했던 사람들이며, 존 스튜어트 밀(J. S. Mill)은 인간의 성격에 관한 과학으로 '품성학(ethology)'을 발전시킬 것을 제안한 바 있다. David Norton, Personal Destinies: A Philosophy of Ethical Individualism(Princeton: Princeton University Press, 1976), 271~273쪽 참조.

75) 중국의 지적 전통에서, 성격 파악을 위한 실용적 기준과 범주를 제시한 경우는 『대대예기(大戴禮記)』

에서는 이 측면에 그다지 관심을 기울이지 않았다. 유가는 성격학 (characterlogy)을 체계적으로 정립하려는 시도보다는, "어떻게 하면 진실한 성격의 소유자가 될 수 있는가?"라는 문제에 더욱 심혈을 기울였기 때문이다. 이러한 물음의 밑바탕에는, 내면에 덕이 쌓이면 과시하려 하지 않아도 절로 드러나기 마련이며, 자랑하려 하지 않아도 저절로 알려지기 마련이라는 낙관적 신심이 깔려 있다.

이러한 신심의 바탕에는, "정신과 육체는 분리될 수 없는 한 가지 것"이라는 생활세계적 체험이 깔려 있다. 육체와 정신의 통합체로서의 '몸'이라는 대전제 아래, 내면과 다른 내면의 만남은 비로소 가능하게 된다.[76] 외면을 정제·엄숙함으로써 내면도 전일하게 되고, 또 내면을 전일하게 유지함으로써 용모나 의표도 단정하게 드러나게 된다. 『조선왕조실록』의 「졸기」(卒記)에서는 세상을 떠난 명인들의 인물평을 기록하면서, 그들의 용모와 풍채까지 더불어 기록하고 있다. 즉 한 인물을 평가할 때, 그가 생전에 행했던 거시적 행위뿐 아니라 미시적인 낯빛과 낯빛까지 함께 살펴야, 그의 성품과 성격 그리고 내면과 덕성에 대한 이해가 가능해진다는 뜻일 것이다. 『실록』에 나타난 옛사람들의 몸적 표현에 대해 몇 가지만 살펴보자.

「문왕관인(文王官人)」 편과 『일주서(逸周書)』 「관인(官人)」 편에 나오는 '육징(六徵)', 『육도(六韜)』 「선장(選將)」 편에 나오는 '팔징(八徵)', 『여씨춘추(呂氏春秋)』 「논인(論人)」 편에 나오는 '팔관·육험·육척·사은(八觀·六驗·六戚·四隱)' 등을 들 수 있다. 중국에서 '성격학'이라는 분야에서 최초이자 마지막으로 체계적 이론을 정립한 사람은 위(魏)의 유소(劉劭)로서, 그는 『인물지(人物志)』라는 저작을 통하여, 성격형성의 과정과 성격 분류법, 그리고 각 성격들의 장점과 단점, 각 성격에 적합한 직업, 성격을 파악하는 방법으로서 팔관·칠류·구징(八觀·七繆·九徵) 등을 일목요연하게 서술하고 있다. 이러한 분야의 주제는 현대에 들어 도덕심리학·성격심리학·생리심리학·사회심리학 등의 분과영역에서 실험과 관찰을 통하여 주로 '행동주의적'인 방법에 의해 연구가 주도되고 있는 듯이 보인다.

76) 비슷한 의미에서, 조선조의 실학자 최한기는 몸과 마음에 고루 삼투하여 '정신성'과 '몸성'을 동시에 드러내는 기(氣)를 '신기(神氣)'라고 명명한다(崔漢綺, 『人政』).

예천군 수(洙)가 졸하였다. (중략) 풍모와 용자가 단아하고 어머니를 효성으로 섬겨서 그 뜻을 상하지 않으려고 하였다. 시호를 소효(昭孝)라 하였으니, 용의(容儀)가 공손하고 아름다운 것을 소(昭)라 하고, 인자하고 은혜를 베풀며 어버이를 사랑하는 것을 효(孝)라 한다.[77]

좌의정 최항이 졸하였다. (중략) 문정(文靖)이라고 시호하니, 도덕이 높고 박학다문한 것을 문(文)이라 하고, 몸가짐을 공손히 하고 말이 적은 것을 정(靖)이라 한다. 최항의 사람됨은 겸손하고 조심스러웠으며 말이 적은데다. 비록 한더위라도 의관을 정제하고 무릎을 모으고 꿇어앉아 온종일 게으른 표정이 없었으며….[78]

의정부 좌참찬 이훈(李塤)이 졸하였다. (중략) 시호를 안소(安昭)라 하였는데, 화평(和平)을 좋아하여 다투지 아니한 것을 안(安)이라 하고, 용의(容儀)가 공손하고 아름다운 것을 소(昭)라고 한다.[79]

「졸기」에서 볼 수 있는 것처럼, "안으로 정성스러우면, 밖으로 내비친다"[80]라는 유가적 신념은 전통사회의 선비들에게 수신에 관한 지침으로 신봉되었으며, 나아가서 이러한 신념은 일상생활 속에서 하찮게 보이는 낯빛과 몸짓에까지 철저하게 스며들어 있음을 알 수 있다.

---

77) 『왕조실록』 「세조」 원년 9월 11일.
78) 『왕조실록』 「성종」 5년 4월 28일.
79) 『왕조실록』 「성종」 12년 5월 15일.
80) 『大學』 「傳文」. "誠於中, 形於外." 『中庸』. "誠則形."

8. 잃어버린 눈빛·낯빛·몸짓을 찾아서

위에서 우리는 눈빛·낯빛·몸짓이 생활세계에서 차지하는 의미를 살펴보았다. 유가적 생활세계에서 육체와 분리될 수 있는 정신이란 상상할 수도 없는 일이다. '나'는 곧 정신과 육체의 통합체로서의 '몸'이다. '몸'을 통해 나의 내면은 바깥으로 드러나고, 타자에 의해 읽히게 된다. '몸'은 나를 세계와 연결해 주는 매체이다. 눈빛과 낯빛은 한 사람의 내면이 밖으로 드러난 기표이다. '몸'은 자아가 외부세계와 교통하게 해 주는 교통방식이기도 하다. 유가전통에서 눈빛과 낯빛, 그리고 몸짓과 몸가짐은 일상생활의 다양한 문맥에서 상황에 적합한 모습으로 드러나야 한다. 눈빛과 낯빛은 한 사람의 내면과 정신성을 드러내 주는 지표가 된다. 눈빛과 낯빛을 통하여 우리는 나 자신의 감정과 의지를 드러내기도 하고, 또 상대방의 감정과 의지를 체험하기도 하면서, 더불어 '소속된 삶'을 일구어 나간다. 이런 점에서 유가는 '소속된 삶'을 지향하는 공동체의 철학이다.

전통철학에서 지향해 온 '소속된 삶'은 자유주의의 범람과 더불어 이제는 과거의 영욕을 뒤로한 채 박물관의 창고 속에 고색창연한 유물로 등록되었다. 몰락한 공동체를 뒤덮는 세속화되고 물신화된 자유의 물결 속에서 '몸'은 왜곡된 모습으로 뒤틀려 우리 앞에 모습을 드러낸다. 타자를 배려하지 않는 혐오스런 몸짓, 공동체의 문법에서 어긋난 거친 몸짓, 호전적이고 경계 어린 또는 냉담하거나 무관심한 눈빛…. 이러한 몸짓들은 타자를 같은 공동체의 구성원이 아닌 낯선 이방인으로 간주하는 이화(異化)의 표현들이다. 유가에서 경계하고자 했던 '이화'는 이러한 것들은 아니었는지? 그러나 우리는 이러한 몸짓을 탓할 수 없다. 개인의 낯빛과 몸짓은 의무나 금지의 대상이 아니라 자유재량의 영역에 속하며, 이러한 영역에 관한 논의는 개인의 자유와 권리에 대한 침해가 되기 때문이다.

모든 가치가 일률적으로 화폐가치로 환산되는 자본주의 문화에서 '낯빛'은 더 이상 한 사람의 내면을 드러내는 '표현'이 아니라, 지위와 부를 드러내 주는 '지표(emblem)'가 된다. 쥔 자와 가진 자의 오만한 낯빛, 부를 과시하기 위한 비싼 겉치레, 인공기술을 동원한 조작된 용모…. 이러한 가식적인 '몸'은 공자가 장자와 더불어 지탄했던 문명의 '가면'들이다. 우리는 이러한 '가면'들의 기만성을 알면서도, 그 진실성에 대해서 더 이상 캐물으려 하지 않는다. 더 많이 가진다는 것은 좋은 일이며, 가진 것의 표현은 윤리적 고려의 대상이 아니라 사적인 취미판단의 영역에 속하기 때문이다.

상업주의에 편승한 기술문명의 덕택으로 우리는 가족과 친구로부터 해방되었다. 아내와 남편은 직접 눈을 마주치는 대신 텔레비전에 등장하는 아이돌 스타의 춤동작을 매개로 공감대를 유지하고,

아이들은 숙제를 끝마치기 무섭게 컴퓨터 앞에서 우주의 악인을 대상으로 전쟁을 치른다. 친구들은 더 이상 골치 아프게 얼굴을 맞대고 눈물을 흘리며 시(詩)와 인생을 논할 필요도 없이, 그저 스마트 폰을 통해 문자를 주고받으면서 '소통'을 한다. 소녀들은 더 이상 갈망하는 눈빛과 억제하는 몸짓 사이에서 고민할 필요가 없이, 상대방이 걸친 옷의 브랜드와 차종만 보고서 살덩어리를 내맡기면 된다. 우리는 더 이상 가족과 친구 그리고 연인에게서 실종된 눈빛과 낯빛을 갈구하지 않는다. 눈빛과 낯빛 혹은 내면과 성품에 대한 이야기는 옛 노인네들이 남긴 진부하고 통속적인 훈계에 불과하기 때문이다.

파편화되고 표류하는 자아, 왜곡되고 뒤틀린 자유, 전도되고 식화된 이성, 그리고 날로 팽배하는 물신주의와 외모중심주의의 물결에서 잠시 벗어나, 진열장 너머로 먼지를 쓴 채 간직되어 있는 '소속된 삶'의 잔영들을 보고 있노라면, 문득 낯설면서도 반가운 기분이 든다. 동화와 이화, 그리고 자유와 공동체의 경계선은 그렇게도 명석하고 판명한 것일까? 과연 획일적인 교환가치와 전략적 합리성만이 풍요로운 삶을 보장해 주는 것일까? 또한 자아와 타자, 안과 밖, 내면과 외면의 경계선은 과연 철벽처럼 견고한 것일까? 그리고 마지막으로, 왜 우리는 이러한 철벽을 붕괴하려는 아무런 시도도 하지 않는 것일까?

德과 形*
: 心身 관계의 價値論的 함의의 先秦儒學的 始源

박재술

* 이 논문은 2005년도 한국학술진흥재단의 지원에 의하여 연구되었음(KRF-2005-079-AM0016).

1. 들어가는 말

『시경』에는 "하늘이 백성들을 낳으셨으나, 그 명을 받드는 이들이 올곧지 않으니, 어찌 믿으리오. (덕)의 싹을 지니지 않은 이 없건만, 유종의 미를 거두는 이는 드물구나"라고 언급되어 있다.[1] 이는 인간이 사회규범 질서의 수호자로 여겨진 하늘로부터 덕행을 펼칠 가능성을 태어나면서부터 품수받음에도 불구하고, 덕에 위배되는 행위로부터도 자유롭지 못함을 보여준다. 이러한 인간이 지닌 한계 국면에 대해 공자 또한 "나는 덕을 좋아하기를 미인 좋아하듯 하는 사람을 아직 보지 못하였다"[2]라고 지적하였고, 맹자 또한 인간 존재의 구성요소인 생득적인 마음(四端)과 원초적인 기(平旦之氣) 및 태어날 때의 육체(嬰兒) 등은 善한 성향을 지니지만 현실에 동화된 마음과 기 및 육체에는 善과 不善이 混雜되어 있는 것으로 본다.[3] 이처럼 可能態에서 現實態가 괴리되는 인간의 실존 상황에서, 선

---

1) 『詩經』「大雅」, "天生蒸民, 其命匪諶, 靡不有初, 鮮克有終."

2) 『論語』「子罕」, "子曰, 吾未見好德如好色者也."

3) 楊儒賓, 『儒家身體觀』, 11쪽 참조.

진시대의 지식인들이 풀어야 할 당면 과제는 "인간은 왜 타고난 도덕성에서 이탈하는가"를 규명하고, "어떻게 하면 '천하의 질서(天下之道)'를 회복할 것인가"를 모색하는 데 있었다고 할 수 있다.

선진유학자 가운데 '최적의 삶의 방식(人道)'을 윤리적 기제를 통하여 통찰하기 시작한 이는 공자이다. 이어 맹자는 그 실현 가능성을 '내재적 덕성(四端)'에서 찾고자 하였고, 순자는 '외재적 규범(僞/禮)'을 통해 밝히고자 하였다. 그리고 이들 선진유학자들의 윤리적 관심은, 도덕 개념 자체에 대한 추상적 논의보다는 일상 경험 세계에서의 구체적 실천을 중심으로 전개되면서 全人的 성품의 달성이라는 방향으로 집중되었는데, 이것이 바로 修養論이다. 수양을 통하여 완성된 인격체로 나아가는 윤리적 성취를 의미하는 수양론에서, 그 수양의 대상이 되는 것은 '身(修身)'과 '心(養心)' 및 '氣(治氣)'이다.

이 수양의 대상이었던 심과 신을 비단 선진유학자들만이 주목한 것은 아니다. 성리학자들은 '性命'과 '形氣' 개념 쌍을 통하여 심신 관계를 궁구하였고, 道家에서는 '形'/'神' 및 '精'/'氣'/'神' 등을 통해서 심신관계를 조명하였다. 아울러 서양철학자들도 '영혼'과 '육체' 및 '정신'과 '물질'이라는 존재론적 대립 구도를 중심으로 심신관계를 꾸준하게 究明하여 왔다. 이렇게 동서양의 지성사에서 중요한 철학적 주제로 다루어졌던 심신관계는, 정신이 배제된 채 육체가 자본화되는 오늘날에도 여전히 인간 존재를 해명하는 중요한 논의로 거론되고 있다.

이 글의 목적은 심신관계에 깃든 가치론적 함의의 선진유학적 연원을 발생론적 관점에서 조망하는 데 있다. 우선 이 글의 취지를

명시하기 위해, 심신과 類似的 관계에 놓인 '德(마음의 성향)과 '形
(육체의 기표)' 개념을 표제로 내세웠다. 글의 내용에서는 심과 신
개념의 어원적 의미와 그 존재론적 관계 맺음의 양상을 살펴보고,
인간이 윤리적 주체로 등장하는 과정 및 심과 신에 윤리적 가치 판
단이 주입되는 상황을 고찰할 것이며, 文/質·大體/小體·君/臣 등
다양한 차원의 심신에 대한 은유를 통해서 빚어지는 심과 신의 우
열을 규명할 것이다.

2. 심신의 어원적 의미와 존재론적 관계 양상

    '身'의 원시 의미는 '임신하다'이고,[4] 똑같은 형체를 지닌 사람(아이)을 담고 있는 신체기관을 상징한다.[5] 물질적 몸을 가리키는 개념으로 體·形·軀 등이 있는데, 體는 四肢·五官·五臟·軀體 등으로 활용되었고, 四體는 몸의 肢體나 全身 및 몸의 형상을 가리킨다. 形은 몸의 외형 및 겉으로 드러나는 육체적 표징이고, 軀는 육체의 각 부위를 가리키며, 복합어 形軀는 몸뚱이(눈에 보이는 몸)를 가리킨다.[6] 한편 선진유학자의 텍스트에 등장한 용례의 경우, '신'은 물질적 영역뿐만 아니라 정신적 영역의 의미까지 함축한다. 『논어』「학이」에서 "나는 하루에 세 차례 몸을 반성한다. 남을 위해 일을 도모하면서 불충분하지 않았는가? 친구와 사귀면서 신의를 저버리지는 않았는가? 배우면서 익히지 않은 바 없는가?"[7]라고 하는데, 여기서 성찰 대상이 되는 '신'은 육체를 가리키

---

4) 『詩經』「大雅」, "大任有身."
5) 신정근, 「'책임적 행위자'용어(自/己)의 기원」, 33~34쪽 참조.
6) 周與沉, 『身體: 思想與修行』, 100~102쪽 참조.

는 것이 아니라 행위의 내면적 양식으로서, 육체와 마음이 존재론적으로 구분되지 않는 그 어떤 것을 의미한다.[8]

'心'의 경우, 『설문해자』에서는 五行 가운데 土에 배치시키면서 身의 중앙을 위치하는 것을 상형한 글자라고 하여,[9] 신체의 한 기관인 심장의 상형으로 풀이한다. 『시경』과 『서경』의 단계에서 '심'은 개인적 정서와 밀접하게 관련되면서 '입(口)'과 대립이 발생할 수 있는 별도 기관의 특성을 지니게 되었다.[10] 그리고 선진유학자들의 텍스트 경우, '심'은 『논어』에서 6번 용례를 보일 뿐이나, 『맹자』에서는 그 용례의 빈도수가 117번에 이르듯 인간 존재를 해명하는 핵심 개념으로 등장한다.

그러면 선진유학자들은 이러한 마음과 육체의 관계를 어떻게 파악하였나? 마음과 육체 사이의 관계가 인간을 해명하기 위한 주요 관심사로 부각된 것은 맹자가 활동하던 시기라고 볼 수 있는데, 당시의 관점을 이해하기 위해서는 마음(志)·육체(體)와 더불어 신의 구성요소로 간주되었던 '氣' 개념을 점검해 보는 것이 유용하다.[11] 춘추시대의 경우, 氣는 陰/陽 개념과 연관되면서 氣質의 의미를 띠게 되고, 陰이 지나치면 寒疾이 생기고 陽이 지나치면 熱病이 생긴다고 하여[12] 물질적 요소로서의 습함(陰)과 건조함(陽)이 조화를 유

---

7) 『論語』「學而」, "曾子曰, 吾日三省吾身, 爲人謀而不忠乎. 與朋友交而不信乎. 傳不習乎."

8) 신정근, 「고대 중국 '인' 사상의 형성과 발전에 관한 연구」, 142쪽 참조. 이 '身'에 해당하는 한글이 '몸'으로서, '몸'은 '맘'과 연관된 낱말로서, 마음과 떨어질 수 없다(정인재, 「몸身體」(『21세기의 동양철학』) 321쪽 참조.

9) 『說問解字』, "人心, 土藏, 在身之中. 象形."

10) 신정근, 「전국시대 '심' 주제화의 서곡」, 248~258쪽 참조.

11) 『孟子』「公孫丑上」, "志者, 氣之師也. 氣者, 體之充也."

12) 『左傳』昭公元年條, "天有六氣, 降生五味, 發爲五色, 徵爲五聲, 淫生六疾. 六氣曰陰 陽風雨晦明也. 分爲四時, 序爲五節, 過則爲菑, 陰淫寒疾, 陽淫熱疾, 風淫末疾, 雨淫腹疾, 晦淫惑疾, 明淫

지하지 못할 경우에는 신(마음과 육체)에 질병이 돋는다고 여겼다. 또한 당시에는 육체의 윤리적·정치적 효용성이 제시되면서, 감각기관의 활동은 기의 운행과 마음의 작용에 영향을 끼칠 뿐만 아니라 사회규범과 政事에까지 그 여파를 미치는 것으로 이해되었다.[13]

이처럼 마음과 육체의 경계를 넘나들면서 유기적 통일체로서의 '身'을 유지시키는 기의 공능을 통해 볼 수 있듯이, 마음과 육체는 존재론적으로 대립하는 두 개의 독립된 실체로서 이원화되지 않는다.[14] 맹자는 마음에 뿌리를 둔 仁義禮智의 도덕적 본성은 얼굴빛이나 四體를 통해서 저절로 드러나듯이,[15] 내면의 덕성은 반드시 육체를 통해서 겉으로 형상화된다고 보았다.[16] 그리고 맹자는 '눈빛(形)'을 통해서 마음을 헤아릴 수 있다고 보아서, "사람을 살피는 데는 눈동자보다 좋은 것이 없다. 눈동자는 자기의 惡을 가리지 못한다. 마음속이 올바르면 눈동자는 맑고, 마음속이 올바르지 않으면 눈동자가 흐리다. 그가 하는 말을 듣고 그의 눈동자를 보면, 사람이 어찌 자기 마음속을 가릴 수 있겠는가"[17]라고 하는데, 이는

心疾. 女, 陽物而晦時, 淫則生內熱惑蠱之疾."

13) 『國語』 「周語下」, "夫樂不過以聽耳, 而美不過以觀目. 若聽樂而震, 觀美而眩, 患莫甚焉. 夫耳目, 心之樞機也. 故必聽和而視正. 聽和則聰, 視正則明, 聰則言聽, 明則德昭, 聽言昭德, 則能思慮純固. 以言德於民, 民歆而德之, 則歸心焉. 上得民心, 以殖義方. 是以作無不済, 求無不獲, 然則能樂. 夫耳内和声, 而口出美言, 以為憲令, 而布諸民, 正之以度量, 民以心力, 從之不倦. 成事不弐, 樂之至也. 口内味而耳内声, 声味生気, 気在口為言, 在目為明. 言以信名, 明以時動, 名以成政, 動以殖生, 政成生殖, 樂之至也. 若視聽不和, 而有震眩, 則味入不精, 不精則気佚, 気佚則不和, 於是乎有狂悖之言, 有眩惑之明, 有転易之名, 有過慝之度, 出令不信, 刑政放紛, 動不順時, 民無拠依, 不知所力, 各有離心. 夫目以処義, 足以践德, 口以庇信, 耳以聽名者也, 故不可不慎也."

14) 論語에서 마음은 身과 연관된 맥락에서 사용되며 身을 통제하는 독립적 기관으로 고려되지는 않는다 (신정근, 「고대 중국 '仁' 사상의 형성과 발전에 관한 연구」, 147쪽 참조).

15) 『孟子』 「盡心上」, "君子所性, 仁義禮智根於心. 其生色也, 睟然見於面. 盎於背, 施於四體, 四體不言而喻."

16) 『孟子』 「盡心上」, "形色, 天性也. 惟聖人然後可以踐形.", 「告子下」, "有諸内, 必形諸外."

17) 『孟子』 「離婁上」, "孟子曰, 存乎人者, 莫良於眸子. 眸子不能掩其惡. 胸中正則眸子瞭焉, 胸中不正則眸子眊焉. 聽其言也, 觀其眸子, 人焉廋哉."

육체를 마음의 상태가 드러난 것으로 보는 것이다.[18] 순자 경우도 공식행사에서 의관을 단정히 하거나 혹은 상례 때 의복이나 몸가짐을 엄격하게 하는 사람은 마음속으로 식탐을 지니지 않는다고 하여,[19] 참된 마음의 태도는 단속된 외형을 전제로 가능함을 보여준다.

고대 중국인들이 바라본 神과 인간, 자연과 인간, 자아와 타자는 두 개의 고립된 실체가 아니라 근원적인 상호의존성을 유지하는 관계였다. 이렇게 세계를 상관성을 통해서 이해하는 사유는 전국시대에 이르러 음/양이라는 짝 개념 도식으로 구체화된다.[20] 마음과 육체의 관계에 대한 관점 역시 이러한 저변에 깔린 사유 방식에 기반을 두고 있다. 마음이 존재하고 그와 낯선 것으로 육체가 마주하는 것이 아니라, 마음과 육체는 상호 조화로운 통일성으로서의 '身'을 구성하는 것이다.

---

18) 이승환, 「눈빛·낯빛·몸짓」(『감성의 철학』), 135~136쪽 참조.

19) 『荀子』「哀公」, "哀公曰, 然則夫章甫絢屨, 紳而搢笏者, 此賢乎. 孔子對曰, 不必然. 夫端衣玄裳, 絻而乘路者, 志不在於食葷, 斬衰菅屨, 杖而啜粥者, 志不在於酒肉. 生今之世, 志古之道. 居今之俗, 服古之服. 舍此而爲非者, 雖有不亦鮮乎! 哀公曰善."

20) 『老子』乙本 帛書 「稱」, "凡論必以陰陽明大義, 天陽地陰."(『經法』, 馬王堆漢墓帛書).

3. 심신과 윤리적 가치 판단의 만남

1) 도덕적 행위 근거의 연원: 天命·德·儀禮

중국 선진 유학의 사상적 방향 설정은 선사시대의 종교 문화가 西周시기의 인문주의로 점차 교차되는 시점에서 이루어진다. 이러한 교체기에 행위의 판단 근거이자 사회규범 질서의 지침으로서 작용한 것이 '天命'·'德'·'儀禮'였다. 천명이란 도덕적 행위에 의해서만 통치권과 정치적 질서가 확보될 수 있다는 것을 각인시키기 위한 도덕적 요청 개념이었다는 점에서, 윤리적 차원에서 인간과 관계를 맺는다. 이후 잇따른 실정으로 말미암아 '천명은 일정하지 않다'라는 회의가 제기되면서, 통치 행위의 도덕성을 판단하는 근거로 '民心'이 중시된다.[21] 이에 천명이 지닌 규범적 영향력은 급감되고, 행위에 대한 도덕적 판단을 인간 스스로 결정해야 책임감이 강화되면서, 최적의 삶의 방식에 대한 다양한 논의들이 등

---

21) 『詩經』「大雅」, "天命靡常", 『尙書』「周書·泰誓」, "天矜于民 民之所欲 天必從之", 「周書·泰誓」 "天視自我民視 天聽自我民聽."

장한다.

『시경』과『상서』에는 의례의 엄수와 덕치의 실행 여부가 천명을 보존하는 관건이라는 '有德'/'受命'과 '不德'/'墮命'의 관계가 부단히 제시되는데,[22] 이렇게 천명을 존속시킬 수 있는 방법을 모색하면서 새롭게 주목받게 된 개념이 '德'이다. 덕은 선조에게 올리는 제사 활동에 따른 전통이나 관습을 의미하고,[23] 혈연 중심 사회에서 씨족 구성원들의 통일 속성을 가리키거나,[24] 좋거나 나쁘다는 평가의 의미를 지니지 않는 가치중립적인 통치 행위를 지시하는 의미로 사용되었다.[25] 그리고 '敬德'의 용례에서 볼 수 있듯이 경건한 심리적 자세를 의미하는 敬으로 수식되면서 '좋은 행위'로서 가치 지향적인 의미로 전도된다.[26] 이후 행위에 대한 가치 판단의 기준이었던 仁・義・忠・孝 등 규범을 아우르는 마음속의 '도덕적 성향/성품'으로 내재화되어 도덕 행위의 동기로 자리 잡게 된다.[27]

이러한 천명과 덕 이외, 사회규범 질서를 유지하는 데 중요한 역할을 부여받은 것은 인간의 몸이 주체가 되는 舞・犧牲・禮 등 儀禮였다. 당시 神과의 교감을 주도했던 사람은 '巫'였는데, 그의 기본 임무 가운데 하나는 '몸짓(舞)'을 통해 接神하는 것이었다. 이후 전국시기에는 舞가 점차 儀形化되기 시작하면서 규칙적인 형식들

---

22) 『尙書』「虞書・皐陶謨」, "天命有德."

23) 李澤厚, 『中國古代思想史論』, 86~90쪽 참조.

24) 『國語』「晋語」, "異姓則異德, 異德則異類."

25) 『尙書』「周書・康誥」, "用康乃心, 顧乃德, 恕乃獻裕, 乃以民寧, 不汝瑕殄." '덕'은 '심'과 대비된 '통치 행위'를 지칭하는 것으로 보인다.

26) 김형중, 「덕 개념의 초기 연변 과정에 대한 고찰－『금문상서』・『시경』・『좌전』을 중심으로」, 14~40쪽 참조.

27) 鄭開, 「略述先秦思想史中'德'的源流」, 16쪽 참조.

이 가미되기 시작한다. 아울러 예는 스스로 자신의 경험 속에서 실재라고 여겨지는 것과 온몸으로 조우하는 의도적인 행위로써, 그 행위는 바로 '몸동작'을 의미한다.[28] 이후 인간이 문화의 주체가 되면서, 예를 서술하는 논의들은 예의 형식으로서의 행위보다는 그 행위를 통하여 드러나는 예의 내적 의미(도덕 가치)에 주목하기도 하고, 사회 혼란의 원인으로 지적되는 '欲'을 조절하여 규범 질서를 유지시키는 행위 원칙으로서의 의미가 강화되기도 한다.

2) 도덕적 행위 동기의 內在化

인간 중심의 문화가 종교 문화를 대체하면서, 공자는 천명을 의지하거나 탓하지 않고 인간 자신을 주목하여, 인륜을 실현할 주체로서 인간의 위상을 드높인다.[29] 이렇게 도덕적 주체로서 인간이 전면에 등장하면서 부각된 개념이 '자기(己)'이다. '기'는 비도덕적 행위를 유도하는 개인적 욕구를 지향하기보다는 행위 결과에 대해 책임을 다하는 자기 반성적 특성을 갖추고 있는데,[30] 이러한 속성은 내면적 삶을 돌아보는 존재로서 인간을 부각시키는 데서 잘 드러난다.

『논어』「리인」에서는 "어질지 못한 사람을 만나면, 내면으로 시야를 돌려 자신을 반성하라"[31]고 하고, 「안연」에는 "만일 자신의

---

28) 정진홍, 「제의와 몸짓」, 3쪽 참조.

29) 『論語』「憲問」, "子曰, 不怨天, 天尤人. 下學而上達, 知我者, 其天乎"『衛靈公』, "子曰, 人能弘道, 非道弘人."

30) '己'의 어원과 의미 변화에 대해서는 신정근의 「'책임적 행위자'용어[自/己]의 기원」 참조.

내면을 돌아보아 꺼림칙하지 않다면 무엇을 근심하고 무엇을 두려워하겠는가?"라고 언급되었듯이,[32] 공자는 내적 성찰을 강조한다. 이러한 내적 성찰을 중시하는 공자의 태도는 인간의 과오에 대한 판단에도 적용되어, 과오를 범한 행위 자체보다는 그 과오를 반성하지 못하는 내적인 태도를 문제 삼는다.[33]

이렇듯 공자는 구하는 바를 자기 자신에게서 찾으라고 하여,[34] 仁은 자기 자신에서 비롯되는 것이고, 백성들을 교화시키는 것 또한 자기 자신을 올바르게 하는 데서 시작하는 것이라고 한다.[35] 그런데 이러한 '반성적 성찰(求諸己/反求)'은, 자기의 고유의 뜻을 잣대로 삼는 것이 아니라, 타자의 행위 등 객관적 계기를 통해서 자기의 소행을 반성하고 바로잡는 처신이다. 이렇게 타자에 비추어 자기에게 돌아오는 內向의 '반구'에서 자기에 비추고, 상반된 방향으로 타자에게 밀어 가는 外向의 '반구'를 도모하는 가운데 인간관계에 相成의 화해가 이루어진다.[36] 이처럼 인간은 이러한 '반구'를 기반으로 자아를 실현하는 자유 의지의 주체로 서게 되며, 아울러 사회적 행위 양식에 대한 옳음/그름의 가치 판단을 가리키는 개념들이 자리하는 윤리적 영역이 마련된다.[37]

그리고 개인의 내면적 삶에 대한 관심의 경도는 內/外를 중심으

---

31) 『論語』「里仁」, "子曰, 見賢思齊焉, 見不賢而內自省也."
32) 『論語』「顏淵」, "子曰, 內省不疚, 夫何憂何懼."
33) 『論語』「子罕」, "子曰, 主忠信, 毋友不如己者, 過則勿憚改."
34) 『論語』「衛靈公」, "子曰, 君子求諸己, 小人求諸人."
35) 『論語』「顏淵」, "子曰, 克己復禮, 爲仁. 一日克己復禮, 天下歸仁焉. 爲仁由己, 而由仁乎哉." 「憲問」, "子曰, 修己以敬. 曰如斯而已乎. 曰修己以安人. 曰如斯而已乎."
36) 『論語』「雍也」, "夫仁者, 己欲立而立人, 己欲達而達人."
37) 박동환, 『안티호모에렉투스』, 34~40쪽 참조.

로 행위의 동기를 해명하게끔 유도하였는데, 이는 맹자와 고자의 '仁內義外' 논변을 통해 본격화된다. 이 논변의 요점은 도덕 행위의 동기를 '외재적 규범 원칙'에 두느냐 아니면 '내재적 덕성'에 두느냐에 있다고 할 수 있는데, 고자가 도덕 행위를 외적 규범 원칙의 학습에서 비롯된 것으로 이해한 반면, 인간의 능동성과 주체성을 강조한 맹자는 도덕 행위의 동기를 마음에 내재된 善을 지향하는 덕성에 둔다.[38]

3) 심신에 깃들기 시작하는 윤리적 가치 판단

전국시대라는 약육강식의 겸병 전쟁이 빈번하게 발발된 상황에서 생존을 위한 욕망 분출은 어쩌면 당연하다. 직하학자들은 이러한 욕망(欲)에 주목하여 인간의 본성에 대한 논의를 펼쳤다. 한편 이와는 달리 당위적 차원에서 인간이 동식물보다 가치 우위에 설 수 있는 근거를 인간 고유의 도덕 본성에서 찾고자 하는 시도가 진행되기도 하였다. 이렇게 전국시대에는 '본성(性)'을 통해서 인간을 해명하는 人性論이 주된 담론으로 형성되었으며, 그에 따라 性·心·情 등 인간 존재의 내부에 관한 어휘들은 이전과는 다른 의미를 지니게 된다. 이를테면 전국시기 이전의 문헌에 등장하는 性의

---

38) 『孟子』「盡心上」, "萬物皆備於我. 反身而誠, 樂莫大焉", 「告子上」, "告子曰, 食色, 性也. 仁, 內也, 非外也. 外也, 非內也. 孟子曰, 何以謂仁內義外也. 曰彼長而我長之, 非有長於我也. 猶彼白而我白之, 從其白於外也, 故謂之外也. 曰異於白馬之白也, 無以異於白人之白也. 不識長馬之長也, 無以異於長人之長與. 且謂長者義乎. 長之者義乎. 曰吾弟則愛之, 秦人之弟則不愛也, 是以我爲悅者也, 故謂之內. 長楚人之長, 亦長吾之長, 是以長爲悅者也, 故謂之外也. 曰耆秦人之炙, 無以異於耆吾炙. 夫物則亦有然者也, 然則耆炙亦有外與."

용례에는 윤리적 가치 판단이 개입되어 있지 않은 반면, 전국시대의 문헌에 나타나는 성은 '선하다(善)'/'악하다(惡)'라는 윤리적 가치 판단을 가리키는 용어로 형용되고 있다.[39]

우선 '내적인 덕성'을 근거로 인간 본성을 해명하고자 하였던 맹자의 철학적 인간학에 나타나는 심신에 깃들기 시작하는 윤리적 가치 판단의 양상을 살펴보자. 맹자가 유학의 가치를 수호하기 위해서 비판의 대상으로 삼은 性論은 두 부류였다. 첫 번째는 행위 동기를 私利私欲에서 찾은 입장이고, 두 번째는 도덕 행위의 근원을 내부의 덕성에서 찾지 않고 외부의 규범에서 찾은 입장이다. 첫 번째 입장과 관련하여, 맹자는 물질적 가치인 利欲을 우선하는 통치 행위에 대해 단호하게 비판하면서 순수한 도덕적 동기로서의 정신적 가치인 仁義를 통치 행위의 동기로 삼을 것을 주장한다.[40] 최적의 삶을 유지하기 위한 전제로서 도덕규범의 실천에 대한 강한 의지의 필요성을 절감한 맹자로서는 행위의 동기를 利欲이 아닌 도덕규범에 부여할 수밖에 없었고, 그 당위성을 확보하기 위해서 기존의 행위규범들(仁義禮智)을 동정심·수치심·공경심·시비심 등과 같은 마음의 성향들과 접목시켜 인간 고유의 본성으로 내재화시킨다.[41] 이 도덕적 행위의 동기로 本有된 '네 가지 덕성(四端)'을 보건데, '부끄러워하고 싫어하는 마음'이나 '사양하고 양보하는 마음' 및 '옳고 그름을 느끼는 마음' 등은 가치의 경중(높낮

---

39) 장원태, 「전국시대 인성론의 형성과 전개에 관한 연구－유가, 묵가, 법가를 중심으로－」, 8～12쪽 참조.
40) 『孟子』「梁惠王上」, "孟子對曰, 王何必曰利, 亦有仁義而已矣."
41) 『孟子』「告子上」, "惻隱之心, 人皆有之. 羞惡之心, 人皆有之. 恭敬之心, 人皆有之. 是非之心, 人皆有之. 惻隱之心, 仁也. 羞惡之心, 義也. 恭敬之心, 禮也. 是非之心, 智也. 仁義禮智, 非由外鑠我也, 我固有之也, 弗思耳矣."

이)에 대해 선호하거나 배격할 수 있는 가치 지향성을 지닌다.[42] 그리고 이러한 가치 지향성을 지닌 마음의 덕성에 근거하여 인간은 善하다는 윤리적 가치 판단을 내린다.

두 번째 입장에 대한 맹자의 대응에서 읽히는 심신에 개입되는 윤리적 가치 판단의 양상은 다음과 같다. 고자는, 인성은 덕성(仁義)과는 무관하고 善/不善이라는 가치 구분을 지니지 않는 타고난 그대로의 자연스러운 생명 활동이며, 食色과 같은 생리적 욕구 그 자체라고 주장한다.[43] 이렇게 人性을 가치중립적으로 바라본 고자의 견해를 반박하여, 맹자는 인간은 맛난 음식과 아름다운 색 및 듣기 좋은 소리를 선호하는 감각적 기호를 자연스럽게 지니듯이 마음 또한 理와 義를 자연스럽게 지닌다고 하여,[44] 감각적 기호와 마찬가지로 마음의 덕성은 선천적이고 보편적인 기호로서 주어지는 것이라고 주장한다. 나아가 맹자는 "살고자 하는 것도 내가 원하는 바이고, 의로움도 내가 원하는 바이지만, 이 둘을 모두 얻을 수 없을 경우에는 生을 버리고 義를 택하겠다"[45]라고 하여, 비록 인간의 생존 여부와 관련된 본능일지라도 그보다는 마음의 도덕 원칙을 우선하는 것이 더 善하다는 가치 판단을 내린다.

이렇게 존재 차원에 윤리적 가치를 도입시키는 맹자의 태도는 '氣'에 대한 논의에도 잘 나타난다. 맹자는 생리적인 기가 '集義'의

---

42) 이승환, 「눈빛·낯빛·몸짓」(『감성의 철학』), 142쪽 참조.

43) 『孟子』「告子上」, "告子曰, 性猶湍水也, 決諸東方則東流, 決諸西方則西流. 人性之無分於善不善也, 猶水之無分於東西也. …, 告子曰, 生之謂性. …. 告子曰, 食色性也. 仁內也非外也. 義外也非內也."

44) 『孟子』「告子上」, "故曰, 口之於味也, 有同耆焉. 耳之於聲也, 有同聽焉. 目之於色也, 有同美焉. 至於心, 獨無所同然乎. 心之所同然者何也. 謂理也, 義也."

45) 『孟子』「告子上」, "生亦我所欲也. 義亦我所欲也, 二者不可得兼, 舍生而取義者也. 生亦我所欲, 所欲有甚於生者, 故不爲苟得也. 死亦我所惡, 所惡有甚於死者, 故患有所不辟也."

덕성 공부를 통하여 '浩然之氣'로 전화된다고 하는데,[46] 이는 곧 물질적 기에 윤리적 가치를 가미시킨 것이라고 할 수 있다. 이는 전국 시기의 일반적인 사조로서,『관자』「중광」에서 '몸의 다스림 (爲身)'을 논하면서, 혈기를 순조롭게 소통시키는 것은 목숨을 연장시키고 마음을 기르며 덕성을 기르는 것이라고 설명하여,[47] 혈기를 다스리는 것은 생리적 차원뿐만 아니라 수양 차원에서도 중요한 기제로 작용하고 나아가 천하의 도를 유지하는 차원까지 확대된다고 보는 관점에서 확인된다.[48]

　이상과 같이 맹자가 외재적 규범을 마음의 본성으로 내재화시키고 이 내재된 본성에 근거하여 인간은 선하다는 윤리적 가치 판단을 내린 것과는 달리, 욕망에 초점을 맞추어서 인간의 본성을 해명하고자 한 학자들은 직하학파와 순자이다. 다만 직하학자들은 인간의 본성으로서 욕망에 주목하되, 이 본성에 대해 善/惡이라는 윤리적 가치 판단을 개입시키는 것은 유보하고 가치중립적 태도를 취한다.[49] 순자는 인성을 이루는 중요한 요소로서 '인식 능력(知)'과 '도덕 행위 능력(能)'을 제시하면서, 이 '知'와 '能'을 주관하는 것을 마음이라 규정한다.[50] 이를테면 그는 동식물과는 다른 인간 존

---

46) 『孟子』「公孫丑上」, "敢問夫子惡乎長. 曰我知言. 我善養吾浩然之氣. 敢問何謂浩然之氣. 曰難言也. 其爲氣也. 至大至剛, 以直養而無害, 則塞于天地之間. 其爲氣也. 配義與道, 無是, 餒矣. 是集義所生者, 非義襲而取之也. 行有不慊於心, 則餒矣. 我故曰告子未嘗知義, 以其外之也."

47) 『管子』「中匡」, "道血氣以求長年, 長心, 長德, 此爲身也."

48) 『管子』「中匡」, "始于爲身, 中于爲國, 成于爲天下."

49) 최진석, 「욕망(欲): 선진 철학을 읽는 또 하나의 창」, 42~45쪽 참조.

50) 『荀子』「正名」, "所以知之在人者謂之知. 知有所合謂之智. 智所以能之在人者謂之能, 能有所合謂之能".「解蔽」, "心何以知道曰心".「解蔽」, "心知道然後可道, 可道然後能守道, 以禁非道." 순자에 의하면, 사물에 대한 지각은 감각기관의 분별 작용과 마음의 인지 작용(徵知)의 과정을 통해 이루어진다.「正名」, "然則何緣而以同異. 曰緣天官. 凡同類同情者, 其天官之意物也同, 故比方之疑似而通. 是所以共其約名, 以相期也. 形體色理以目異, 聲音清濁調竽奇聲, 以耳異, 甘苦鹹淡, 辛酸奇味, 以口異, 香臭芬鬱, 腥臊洒酸奇臭, 以鼻異, 疾養凔熱, 滑鈹輕重, 以形體異, 說故喜怒哀

재의 특성을 직분의 '구분(分/辨)'과 이 구분의 잣대인 '의로움(義)'에서 찾고, 이러한 '辨'과 '義'의 실행 가능성을 마음이 주관하는 인식 능력과 도덕 행위 능력에서 찾는 것이다. 아울러 순자는 인간의 본성을 情·欲과 연계시켜, '情'은 선천적으로 주어지는 '性'의 실질이고 '欲'은 외부 대상에 대한 '情'의 지향으로 풀이함으로써,[51] 인간 본성의 중요요소로서 감정과 욕망을 적극 인정한다. 이를테면 耳目口鼻 등의 감관 욕망 및 마음의 욕망을 피할 수 없는 인간 고유의 '情'으로 간주하면서, 이 '情'은 好·惡·喜·怒·哀·樂 등의 정서적 차원과 맛남·아름다움·편안함 등의 감각적 차원으로 이루어진다고 본다.[52] 그리고 본성을 이루는 정서적·감각적 차원의 '情'이 외부 사물이나 현상과 접촉하여 반응하는 것을 '欲'이라고 정의한다. 그리고 이 '욕'을 주재하는 것은 주재자로 육체(五官)와 마음이고,[53] 그중에서도 육체에 의해 주도되는 것으로 본다. 그런데 순자는 본성으로서의 정과 욕에 윤리적 가치를 부여하는 과정에서, 욕망을 지향하는 情에 대해 '아름답지 못하다(不美)'고 평가하고,[54] 인간의 본성이 지닐 수밖에 없는 욕구 지향성은 사회 혼란의 원인이 되므로 본성에 대해 '惡'하다는 윤리적 가치 판단을 내린다.[55]

樂愛惡欲, 以心異. 心有徵知, 徵知則緣耳而知聲可也. 緣目而知形可也, 然而徵知必將待天官之當薄其類, 然後可也."

51) 『荀子』「正名」, "性者天之就也. 情者性之質也. 欲者情之應也."
52) 『荀子』「王霸」, "夫人之情, 目欲綦色, 耳欲綦聲, 口欲綦味, 鼻欲綦臭, 心欲綦佚, 此五綦者, 人情之所必不免也."「正名」, "生之所以然者謂之性, 性之和所生, 精舍感應, 不事而自然謂之性. 性之好惡喜怒哀樂謂之情."「榮辱」"人之情食欲有芻豢, 衣欲有文繡, 生欲有輿馬, 又欲夫餘財蓄積之富也, 然而窮年累世不知不足, 是人之情也."
53) 『荀子』「天論」, "耳目鼻口形能, 各有接而不相能也. 夫是之謂天官."
54) 『荀子』「性惡」, "堯問於舜曰, 人情何如. 舜對曰, 人情甚不美, 又何問焉. 妻子具而孝衰於親, 嗜欲得而信衰於友, 爵祿盈而忠衰於君. 人之情乎. 人之情乎. 甚不美, 又何問焉. 唯賢者爲不然."

이상에서 살펴본 것처럼, 인간이 도덕적 행위의 판단 주체로 등장하면서, 내적 성찰을 통해 자아를 완성하고자 하는 도덕 지향적 주체로서의 인간상이 도모되고, 그리하여 기존 가치중립적으로 행위를 지칭하던 용어들은 가치지향적인 개념으로 그 의미가 확장된다. 그리고 본성을 통하여 인간 존재를 해명하려는 담론이 진행되면서, 性·心·情·欲·知 등 인간 존재를 수식하는 개념들이 인의예지 등 행위규범 차원의 용어들과 접목되어 설명되고, 이를 계기로 마음과 육체에 善/不善 또는 善/惡과 같은 윤리적 가치 판단이 깃들기 시작한다.

---

55) 『荀子』「性惡」, "人之性惡, 其善者僞也. 今人之性, 生而有好利焉, 順是故爭奪生而辭讓亡焉. 生而有疾惡焉, 順是故殘賊生而忠信亡焉. 生而有耳目之欲, 有好聲色焉, 順是故淫亂生而禮義文理亡焉. 然則從人之性, 順人之情, 必出於爭奪, 合於犯分亂理, 而歸於暴. 故必將有師法之化, 禮義之道, 然後出於辭讓, 合於文理, 而歸於治. 用此觀之, 然則人之性惡明矣, 其善者僞也." 다만 유념해야 할 것은, 순자가 인간의 본성을 악으로 규정한 것은 어떤 극단적인 성질로서 '악'을 인간의 본성의 실제로 부여한 것은 아니라는 점이다. 그것은 사리사욕과 같은 잠재적 요소를 악이라고 주장한 것에 불과하며, 윤리적 차원에서 인간이 추구해야할 善의 목표를 끊임없이 상기시키기 위해서 제기한 명제라고 볼 수 있다[이장희, 「惡」(『21세기의 동양철학』), 379~381쪽 참조].

4. 심신관계의 가치론적 우열 양상

마음과 육체는 존재론적 관점에서 어느 하나가 우위를 점한다기 보다는 '身'을 통하여 유기적인 관계를 맺는다. 그러나 마음과 육체에 윤리적 가치 판단이 개입되면서, 이 둘의 관계에는 우열이 형성된다. 마음과 육체의 관계에 대한 다양한 은유들을 통해 드러난 가치론적 우열을 살펴보면 다음과 같다.

1) 文(形)과 質(德) 관계에서의 우열 양상

선진유학에서 또렷한 무늬 형상(문)과 담백한 질료(질)라는 이항 개념은 인간과 사회의 일반 속성을 가리키는 다양한 의미론적 맥락에서 활용된다.[56] 『논어』에서는 인간의 意欲이 사회적 규범에 어긋나지 않아, "내가 하고 싶은 대로 해도 객관적인 규범으로부터

---

56) 벤자민 슈월츠, 『중국 고대사상의 이해』, 132쪽. 『荀子』에서는 문과 질의 관계는 僞와 性의 대구를 이루어, "性者, 本始材朴也, 僞者, 文理隆盛也"(「禮論」)라고 은유된다.

일탈되지 않는" 상태를 완성된 인격 경지로 묘사한다.57) 그리고 이렇게 심리적 욕망과 사회규범이 일치를 이루는 전인격의 조건은 '文質彬彬'로 표현되어, "타고난 바탕이 外飾보다 두드러질 경우 촌스러워 보이고, 외식이 타고난 바탕보다 두드러질 경우에는 번지르르해 보인다. 그러므로 양자가 서로 조화를 이룬 후에야 비로소 군자가 될 수 있다"58)라고 서술된다. 문은 형식·외형, 질은 내용·마음을 은유한다.

그런데 이러한 전인격적 차원과는 달리 인간의 현실태는 '감관 욕구에 이끌림(好色)'이 '덕성 발현(好德)'에 압도당하는 형국이다.59) 이런 상황에서 子夏가 "'예쁜 웃음에 보조개가 아리따우며 아름다운 눈에 눈동자의 흑백이 선명함이여, 흰 비단으로 채색을 한다'라는 것은 무엇을 일컫는 것이냐"라고 묻자, 공자는 '그림을 그리는 것은 흰 바탕을 먼저 해야 한다(繪事後素)'라고 대답하는데,60) 이는 공자가 문보다는 질에 가치 우선을 부여하고 있음을 보여준다.61) 공자는 외면의 가식적인 언어나 얼굴 표정 대신 내면의 도덕성에 충실할 것이고, 禮의 근본을 가릴 경우에는 사치함보다 소박함을 존중할 것이며, 禮樂이란 형식도 중요하지만 그 바탕을 이루는 덕성(仁)이 더 중요하다고 하여, 외형보다 덕성이 우선한다는 가치 판단을 내린다.62)

---

57) 『論語』「爲政」, "七十而從心所欲不踰矩."
58) 『論語』「雍也」, "子曰, 質勝文則野, 文勝質則史. 文質彬彬, 然後君子."
59) 『論語』「子罕」, "子曰, 吾未見好德如好色者也."
60) 『論語』「八佾」, "子夏問曰, 巧笑倩兮, 美目盼兮, 素以爲絢兮, 何謂也. 子曰, 繪事後素."
61) 『論語』「顏淵」, "子曰, 是聞也, 非達也. 夫達也者, 質直而好義." 「衛靈公」, "子曰, 君子義以爲 質, 禮以行之, 孫以出之, 信以成之, 君子哉."
62) 『論語』「學而」, "子曰, 巧言令色, 鮮矣仁." 『論語』「八佾」 "林放問禮之本. 子曰, 大哉問! 禮,

순자의 경우, 사람의 겉모습이 비록 아름답다고 할지라도 마음이
좋지 않으면 소인이요, 겉모습이 비록 추할지라도 마음이 올바르다
면 군자라고 비교하여, 외면으로 드러나는 아름다움보다는 내면의
옳음이 더 가치 우위를 지닌다고 본다. 아울러 그는 내부로부터 비
롯되는 도의적 영예(義榮)와 외부로부터 주어지는 세력적 영예(勢
榮)를 비교하는 가운데, 외면의 물

질적 세력보다 내면의 도의적 영예에 가치 우위를 부여하기도
한다.[63)]

2) 大體/小體 관계에서의 우열 양상

맹자는 생존욕과 도덕의식이 마주 한 상황에서 후자에 더 선택
의 가중치를 둔다.[64)] 그는 어버이를 봉양함에 있어서 감각적 욕구
를 충족시켜 드리는 것보다 마음을 떠받드는 자세에 가치 우위를
둔다.[65)] 그가 부모에 대한 다섯 유형의 불효가 모두 육체적 욕구에
서 비롯된다고 지적하듯,[66)] 육체적 욕구는 선천적으로 부여된 덕성

與其奢也, 寧儉.", 「泰伯」, "人而不仁 如禮何? 人而不仁, 如樂何."

63) 『荀子』 「正論」 "是有兩端矣. 有義榮者, 有埶榮者. 有義辱者, 有埶辱者, 志意修, 德行厚, 知慮
明, 是榮之由中出者也, 夫是之謂義榮. 爵列尊, 貢祿厚, 形埶勝, 上爲天子諸侯, 下爲卿相士大夫,
是榮之從外至者也, 夫是之謂埶榮. … 故君子可以有埶辱, 而不可以有義辱. 小人可以有埶榮,
而不可以有義榮."

64) 『孟子』 「告子上」, "生亦我所欲也. 義亦我所欲也. 兩者不可得兼, 捨生而取義也."

65) 『孟子』 「離婁上」, "曾子養曾晳, 必有酒肉. 將徹必請所與. 問有餘, 必曰有. 曾晳死, 曾元養曾子,
必有酒肉. 將徹, 不請所與. 問有餘曰, 亡矣將以復進也. 此所謂養口體者也. 若曾子則可謂養志
也. 事親若曾子者, 可也."

66) 『孟子』 「離婁上」, "孟子曰, 世俗所謂不孝者五. 惰其四支, 不顧父母之養, 一不孝也. 博弈好飮
酒, 不顧父母養, 二不孝也. 好貨財私妻子, 不顧父母之養, 三不孝也. 從耳目之欲以爲父母戮, 四
不孝也. 好勇鬪很以危父母, 五不孝也."

이 도덕적 행위로 이행되지 못하도록 방해하는 부정적 인자이므로, 덕성과 욕망이 충돌하는 상황에서는 육체적 본능을 억제시키고 마음의 덕성을 행위 동기로 확장시키는 것이 그의 수양론의 관건이 된다.[67] 그런데 다양한 행위 동기 가운데 마음의 덕성과 감관 욕구를 구별할 필요성이 대두되는데, 맹자는 이를 '大體'와 '小體' 비유를 통해 분별하고, 이 두 개의 체는 각기 다른 대상과 연관된다고 명시한다.[68]

> "공도자가 '다 같이 사람인데, 어떤 사람은 大人이 되고 어떤 사람은 小人이 되는 것은 무엇 때문입니까?'라고 묻자, 맹자는 '자기의 大體를 따르면 대인이 되고, 자기의 小體를 따르면 소인이 된다'라고 하였다. 이에 공도자가 '다 같이 사람인데 어떤 이는 자기의 큰 몸을 따르고 어떤 이는 자기의 작은 몸을 따르는 것은 무엇 때문입니까?'라고 묻자, 맹자는 '눈과 귀의 기관은 생각하질 못해 밖의 사물에 가리어진다. 밖의 사물이 보고 듣는 감관에 닿으면 감관은 이끌릴 뿐이다. 마음이라는 기관은 생각을 한다. 생각하면 사리를 알게 되고, 생각하지 못하면 알지 못하게 된다. 이것이야말로 하늘이 나에게 부여한 기능이다. 먼저 자기의 큰 것을 세워 놓으면 작은 것이 (하늘이 부여한 큰 것의 기능을) 뺏을 수 없다. 이것은 대인에게서나 가능한 것이다."[69]

맹자는 인간 유형을 '大人'과 '小人'으로 나누고 신체(體) 유형을 '대체'와 '소체'로 분류하고 있는데, 이러한 분류는 '더 중요한 것(大)'과 '덜 중요한 것(小)'이라는 정도 차원에서의 가치 우열이

---

67) 『孟子』「盡心下」, "養心莫善於寡欲.", 盡心下」, "盡其心者, 知其性也. 知其性, 則知天矣. 存其心, 養其性, 所以事天也."

68) 김도일, 「맹자의 측은지심과 수양론 – 묵가 이지와의 논변을 중심으로 – 」, 33쪽 참조.

69) 『孟子』「告子上」, "公都子問曰, 鈞是人也. 或爲大人, 或爲小人, 何也. 孟子曰, 從其大體爲大人, 從其小體爲小人. 曰鈞是人也, 或從其大體, 或從其小體, 何也. 曰耳目之官不思, 而蔽於物. 物交物, 則引之而已矣. 心之官則思, 思則得之, 不思則不得也. 此天之所與我者. 先立乎其大者, 則其小者不能奪也. 此爲大人而已矣."

내포되어 있다.[70] 대체란 덕성과 사유 능력을 지닌 마음을 은유하고 소체란 감각기관의 욕구를 은유한다고 볼 때, 마음과 육체의 관계에서는 마음이 육체보다 가치우위를 점한다고 추측할 수 있다.

선진 유학자들은 인간 유형을 윤리적 차원에서 차등 지을 때 흔히 대인/소인 혹은 君子/小人으로 표현한다. 이에 군자와 소인이 어떤 유형의 인물로 대비되는가를 살펴봄으로써 대체와 소체의 관계로 은유되는 마음과 육체의 가치론적 우열 면모는 보다 선명하게 드러날 것이다. 군자의 본래 의미는 윤리적 차원보다는 사회 정치적 차원에서 규정되어, 명문가 출신의 귀족이나 고관을 가리키곤 하였다. 그리고 이후에 욕망을 절제하고 덕성을 실천함으로써 사회 질서를 수립하는 책임 인물로 자리 잡는다. 군자와 소인의 관계를 보면, 군자가 늘 덕을 생각하고 대의를 밝히는 사람이라면, 소인은 땅을 생각하고 이익을 추구하는 인물로 대비된다.[71] 그리고 대인과 소인의 관계에서는, 대인이 육체적 욕망으로부터 자유로운 사람이라면, 소인은 육체적 욕망에 갇힌 사람이라고 할 수 있다. 대체를 따르는 대인과 소체를 따르는 소인의 인물됨을 통해서 보건대, 대인이 소인보다 인격적 우월성을 보이듯이, 대체로 비유되는 마음은 소체로 비유되는 육체보다 윤리적 가치 차원에서 우위를 점한다고 할 수 있다.

아울러 맹자는 인간이 육체적 본능에서 벗어나 윤리적 존재로

---

70) 『論語』「子張」, "賢者識其大者, 不賢者識其小者." 『孟子』「離婁上」, "孟子曰, 天下有道, 小德役大德, 小賢役大賢. 天下無道, 小役大, 弱役强, 斯二者天也, 順天者存, 逆天者亡."

71) 『論語』「里仁」, "子曰, 君子懷德, 小人懷土. 君子懷刑, 小人懷惠." 「里仁」, "子曰. 君子喻於義, 小人喻於利." 군자와 동격인 '완전한 사람(成人)'은 사익보다는 정의를 먼저 고려하고, 물질적으로 곤궁한 처지에서도 자신의 의지를 꺾이지 않는 사람으로 그려진다. 『論語』「憲問」 "今之成人者, 何必然. 見利思義, 見危授命, 久要不忘平生之言. 亦可以爲成人矣."

서기 위한 조건으로 '덕성 배양(養性)'의 중요성을 강조하면서 이를 대체/소체와 연관시켜 설명하는데, 그 가운데서도 마음과 육체의 가치 우열이 드러난다.

> "한 몸(體)에는 귀한 부위와 천한 부위가 있고, 큰 부위와 죽은 부위가 있으니, 작은 부위 때문에 큰 부위를 해쳐서는 안 되고, 천한 부분 때문에 귀한 부위를 해치지는 말아야 한다. 작은 부위를 기르는 자는 소인이 되고, 큰 부위를 기르는 자는 대인이 된다."[72]

이렇게 마음과 육체를 貴/賤 혹은 대/소라는 가치 판단 어휘와 유비시켜서 설명하는 언급은 마음의 덕성이 육체적 본능보다 가치 우위를 점하고 있음을 적시해 준다.

3) 심신의 정치적 은유에서 드러난 우열 양상

순자는 "마음은 육체의 왕이요 神明의 주체로서, 스스로 명령을 내리되 외부로부터 명령을 받는 일이 없다"[73]라고 하여, 마음과 육체의 관계를 君이라는 정치적·윤리적 어휘의 은유 활용을 통해 수식하면서, 자율성과 능동성을 지니는 마음이 외형의 움직임을 통제하는 역할을 수행한다고 본다. 이러한 순자의 설명은, 신체의 元首－股肱이 군신 관계에 비유되듯이,[74] 인간의 신체 부위들 간의

---

72) 『孟子』「告子上」, "體有貴賤, 有小大, 以小害大, 以賤害貴, 養其小者爲小人, 養其大者爲大人."
73) 『荀子』「解蔽」, "心者, 形之君也, 而神明之主也, 出令而無所受令."
74) 『尙書』「虞書·皐陶謨」, "元首明哉, 股肱良哉, 庶事康哉", 『左傳』昭公9年, "君之卿佐, 是謂股肱, 股肱或虧, 何痛如之."

관계를 사회적 위계 구조 속에서의 군과 신의 관계로 은유하던 선진시대의 사조에 동승한 것이다.[75]

선진유학자들은 마음과 육체의 유기적 연관성을 임금과 신하 간의 연대성으로 은유하곤 하였다. 예컨대 공자는 '身'을 '政'의 운용 방법에 비유하였고,[76] 맹자는 民本사상을 내세우는 가운데 임금과 신하 관계를 신체기관에 비유하여, "임금이 신하 보기를 자기의 손과 발처럼 여기면, 신하는 임금 보기를 자기의 배와 심장처럼 여긴다"[77]라고 하였다. 그런데 정치적 차원에서 임금과 신하는 서로 의존적 관계에 놓이지만, 임금의 선한 행위가 곧 백성들의 선행 행위의 전범이자 국가 안정의 초석이 되듯이,[78] 임금과 신하의 관계는 계급 질서 차원에서뿐만 아니라, 윤리적 차원에서도 우열의 차등을 보인다.[79] 이러한 점을 감안할 때, 군의 역할에 비유되는 심(身의 한 기관)이 신하의 역할에 비유되는 다른 여러 신체기관에 비해 지배적 위치에 놓여 있음은, 곧 가치론 차원에서 마음이 육체보다 우선성을 지닌 것으로 해석할 수 있다. 맹자의 후학들에 의해서 지어진 것으로 추측되는 백서 「오행편」에서는 심이 기타 신체기관들을 통솔한다는 사유가 분명하게 등장한다.[80]

전국 시대의 『관자』에서는 심과 감각기관을 임금과 신하로 은유하면서, 임금이 신하를 통솔하듯, 심이 여러 감관의 기능을 좌우한

---

75) 선진 지성사에 나타난 심신의 정치적 은유에 대해서는 黃俊傑, 『東亞儒學史的新視野』, 313~422쪽 참조할 것.

76) 『論語』「子路」, "苟正其身衣, 於從政乎何有. 不能正其身, 如正人何."

77) 『孟子』「離婁下」, "孟子告齊宣王曰, 君之視臣如手足, 則臣視君如腹心."

78) 『孟子』「離婁下」, "君仁莫不仁, 君義莫不義."

79) 『論語』「顏淵」, "君子之德風. 小人之德草, 草上之風必偃."

80) 『帛書』「五行」, "耳目鼻口手足六者, 心之役也. 心曰唯, 莫敢不唯. 心曰若, 莫敢不若諾."

다고 설명한다.[81] 순자 또한 마음과 육체에 정치 운용의 원리를 부여하여, 오관을 天官으로 비유하고 마음을 天君으로 비유하면서, 임금이 관리들을 지휘하듯이, 마음과 육체의 관계에서 마음이 오관을 총체적으로 지배한다고 본다.[82] 그리고 정치적 권력관계에서 천하가 천자에게 복종해야 하듯이, 마음과 육체의 관계에서도 육체가 마음을 따라야 한다고 주장한다.[83] 순자는 욕망과 마음의 관계에서, 감각기관의 욕망은 人情으로서 어쩔 수 없지만, 욕망은 마음에 의해 인도받고 조절되어야 할 대상이며, 최적의 방법을 통하여 욕망을 추구하게끔 올바르게 인도하는 것은 마음에 내재된 인식 작용(知)과 도덕 행위 능력(能)의 작용 때문이라고 본다. 순자는 비록 기본적으로 감각기관과 마음의 관계를 상보적으로 바라보지만, 마음의 육체에 대한 우위를 부여하고 있는 셈이다.[84]

이상에서 살펴본 것처럼, 문/질의 은유를 통해서 드러난 '내면의 덕성(德)'과 '외면의 기표(形)'의 가치 우열 양상을 보건데, 선진유학자들은 육체보다는 마음에 윤리적 가치 우선성을 부여함을 엿볼 수 있다. 그리고 인간 존재의 위상을 도덕성에서 찾고자 한 맹자의 경우, 대/소라는 정도 차이에 입각한 인물 유형의 구별을 통해서, 잠재적인 악으로서 설정되는 육체적 가치로서의 욕망을 좇는 이를 소인으로 비유하고, 선한 행위로의 지향성으로 규정하는 마음 가치

81) 『管子』「心術上」, "心之在體, 君之位也. 九竅之有職, 官之分也. 心處其道, 九竅循理, 嗜欲充益, 目不見色, 耳不聞聲."

82) 『荀子』「天論」, "天職旣立, 天功旣成, 形具而神生, 好惡喜怒哀樂臧焉, 夫是之謂天情. 耳目鼻口形能, 各有接而不相能也, 夫是之謂天官. 心居中虛以治五官, 夫是之謂天君."

83) 『荀子』「君道」, "故天子不視而見, 不聽而聰, 不慮而知, 不動而功, 塊然獨坐而天下從之如一體, 如四肢之從心, 夫是之謂大形."

84) 『荀子』「正名」, "心有徵知. …. 然而徵知必將待天官之當簿其類然後可也."「解蔽」, "心不使焉, 則白黑在前, 而目不見, 雷鼓在側而耳不聞."

로서의 덕성을 확장하는 이를 대인으로 은유함으로써, 마음이 육체보다 더 선다는 가치 우위의 판단을 내린다. 아울러 마음과 육체에 대한 정치적 은유에서 볼 수 있듯이, 육체에 대한 마음의 주도적인 기능이 강조된다.

5. 나오는 말:
심신관계의 가치 우열이 끼친 사회정치적 영향

선진유학에서 '身'은 마음과 육체가 분화되지 않은 전체성으로 서의 '자기(己)'를 가리키는 용어로서, 한 개체에 고립된 개념이 아 닌 타인과의 관계 맺음을 통한 사회화 개념이다.[85] 선진유학자들에 게서 심(마음/덕성)과 신(육체/외형)은 대립하는 두 개의 실체로 이 원화되지 않아, 마음적인 것이 결여된 육체란 있을 수 없었고 육체 적인 것을 떠난 마음 또한 존재하지 않았다.

마음과 육체가 우열 관계에 놓이게 된 것은 윤리적 가치 판단이 개입되면서부터라고 볼 수 있다. 즉 마음의 덕성은 선한 가치가 실 현되는 근원이요, 육체의 욕망은 악한 가치가 촉발되는 원인이라는 구별이 생겨나면서, 마음과 육체의 평등적 상호성은 깨지고 우열이 빚어지게 된 것이다. 선진유학자들이 최선의 삶의 방식을 꾸리기 위한 수양 과정에서 육체에 대한 절제와 마음의 확장을 수행해야 한다고 역설하는 데서 볼 수 있듯이, 확장의 대상인 마음은 절제의

---

85) 『荀子』「修身」, "예로써 몸을 다스린다(禮, 所以正身)"에서, 몸은 사회적 규범을 준수하는 사회화된 차원의 의미를 지닌다.

대상인 육체보다 가치론적으로 비교우위에 놓인다. 이렇게 육체에서 비롯되는 것은 윤리적 가치 판단에서 평가절하를 받았기 때문에 이후 육체와 관련된 욕망은 부정의 대상으로 치부되고, 마음과 육체의 관계는 육체적인 것이 마음적인 것보다 열등하고 천하다는 도식으로 굳어지면서, 육체는 억압의 대상이 된다.

한편 순자가 임금을 백성의 스승으로 묘사하고 백성을 형상의 그림자로 비유하였듯이,[86] 선진유학에서는 군주와 신하의 관계는 정치적 신분질서나 윤리적 인격성 차원에서 상/하의 수직적 구도를 이루고 있다. 이에 군신 관계를 심신관계로 은유시켜 표현한 것은, 마음과 육체의 관계를 수직적으로 바라보게 하는 결과를 낳는다. 즉 마음은 육체에 비교해서 윤리적 가치 우위를 점한다는 것이다. 이러한 마음이 육체에 우선한다는 윤리적 가치 판단은 반대급부로 군주와 백성 간의 尊/卑라는 신분 질서를 정당화시키는 결과를 초래하여, 결국은 사회적 불평등을 고착화·장기화시키는 데 일조하였다.

---

86) 『荀子』「強國」, "且上者下之師也, 夫下之和上, 譬之猶響之應聲, 影之像形也."

참고문헌

『詩經』·『尙書』·『左傳』·『國語』·『論語』·『孟子』·『荀子』·『管子』·
『說問解字』·『老子』乙本帛書.

박동환, 『안티호모에렉투스』, 길, 2001.

이동철·최진석·신정근 엮음, 『21세기의 동양철학』, 을유문화사, 2005.

벤자민 슈월츠 지음, 나성 옮김, 『중국 고대사상의 세계』, 살림, 1996.

楊儒賓, 『儒家身體論』, 中央硏究院中國文哲硏究所籌備處, 中華民國85年.

李澤厚, 『中國古代思想史論』, 人民出版社, 1986.

周與沉, 『身體: 思想與修行』, 中國社會科學出版社, 2005.

黃俊傑, 『東亞儒學史的新視野』, 喜瑪拉雅基金會, 2001.

김도일, 「맹자의 측은지심과 수양론-묵가 이지와의 논변을 중심으로-」, 서
　　울대학교 대학원 문학 석사학위논문, 2004.

김형중, 「덕 개념의 초기 연변 과정에 대한 고찰-『금문상서』·『시경』·『좌
　　전』을 중심으로」, 고려대학교대학원, 문학 석사학위논문, 2002.

신정근, 「고대 중국 '인' 사상의 형성과 발전에 관한 연구」, 서울대학교대학
　　원, 철학 박사학위논문, 1999.

신정근, 「전국시대 '삼' 주제화의 서곡」(『유교사상연구』 제18집), 유교사상연구, 2003.

신정근, 「'책임적 행위자' 용어[自/己]의 기원」(『철학논구』 제27집), 서울대학
　　교철학과, 1999.

이승환, 「눈빛·낯빛·몸짓-『논어』·『맹자』·『대학』·『중용』·『예기』를 중
　　심으로-」(『감성의 철학』), 민음사, 1996.

장원태, 「전국시대 인성론의 형성과 전개에 관한 연구-유가, 묵가, 법가를
　　중심으로-」, 서울대학교대학원, 철학 박사학위논둔, 2005.

정진홍, 「제의와 몸짓-제의 서술을 위한 하나의 작업가설-」(『종교학연구』

제18집), 서울대학교 종교학연구회, 1999.

최진석, 「욕망(欲); 선진철학을 읽는 또 하나의 창」(『철학연구』 제69집), 철학
　　　연구회, 2005.

鄭 開, 「略述先秦思想史中‘德’的源流」, 北京大學 博士硏究生學位論文, 1999.

初期佛敎의 自我觀에 대한 심신가치론적 고찰*
: 몸과 마음의 성격 및 지위에 대한 논의

한명숙

* 이 논문은 2005년 한국학술진흥재단의 지원에 의해 연구되었음(KRF－2005－079－AM0016).

1. 문제의 제기 및 연구방향 설정

　불교 밖의 학자들은 붓다가 몸을 악한 것으로 규정하고 버려야 할 것으로 보았다고 주장하는 경우가 종종 있다. 가령 이거룡은 기존 서구학자들의 견해에 근거하여 인도사상사를 크게 몸을 혐오하고 부정하는 불교적 전통과 긍정적 의미를 부정하지 않는 힌두교적 전통의 둘로 나누었다. 그리고 불교는 영원불변의 실체를 부정하기 때문에, 無常한 몸과 이를 토대로 이루어지는 삶에 대해서도 부정적이어서, 몸은 악한 것 이외의 것을 담을 수 없다고 보고, 육체 또는 육체적 욕망으로부터의 해방을 가장 고귀한 목표로 삼으며, 이 때문에 필연적으로 고행의 전통이 발달한 것[1]이라고 하였다. 불교는 영원불변의 실체를 부정하기 때문에, 영원불변하지 않은 실체인 몸을 부정하는 것이 아니라, 영원불변하지 않은 실체인 몸에 대해 실체성을 부여하는 태도를 부정한다. 또한 몸의 욕망[2]

---

1) 이거룡, 『몸, 욕망의 사다리』(서울: 한길사, 1999), 33~64쪽. 일부 불교학자도 이러한 오류를 답습하기도 한다[박종호, 「깨달음의 현상적 이해」, 『백련불교논집』 제7집(서울: 성철선사상연구원, 1997), 36쪽].
2) 여기에서 욕망은 가치중립적인 의미이다. 사실 욕구라고 해야겠지만, 이미 이 논의의 출발점이 된 글에서 욕망이라는 말의 의미를 욕구를 포함하여 사용하였으므로, 그에 대한 반론의 의도가 더욱 명확하게

일체를 부정하는 것이 아니라, 몸의 과도한 욕망을 일으킨 주체인 마음을 조절하여 몸의 욕망이 몸과 마음을 해치지 않도록 할 뿐이다.[3] 이것은 몸 또는 몸이 지닌 욕망에 대한 전적인 부정과 엄밀히 구별되어야 한다. 다음으로 無常이란 몸만이 아니라 마음에도 적용되는 것인데, 이런 맥락을 무시한 채 몸을 부정하고 마음에만 초점을 둔 것처럼 주장하는 것은 문제가 있다. 또한 붓다는 成道 직전 극단적 고행주의를 포기하였고, 더 나아가 현재의 몸을 혐오하는 고행주의자를 비판하였다.[4]

상식적인 수준에서는 『般若心經』의 "色卽是空"이라는 구절이 불교가 마음을 중시하고 몸을 비롯한 물리적 세계 일반에 대해 부정적 시각을 가진 것으로 판단하게 한다. 더 나아가서 몸이든 마음이든 모두 "허깨비와 같고, 꿈과 같다"[5]고 하는 반야부 경전의 반복되는 선언을 대하면 불교는 몸만이 아니라 마음마저도 부정하는 허무주의론이라는 생각이 들기도 한다. 그러나 『반야심경』에서의 色은 五蘊이라는 자아의 구성요소 중 하나로서의 색이고, 본경에서는 이 색의 空性을 주장하면서 동시에 자아의 구성요소 중 나머지 네 가지, 곧 受·想·行·識도 모두 空이라고 한다. 여기서 공

드러나도록 하기 위해 이 용어를 그대로 썼다.

3) 『雜阿含經』卷11(『大正藏』 2, 78b)에 Parāsariya의 제자 Uttara가 자신의 스승은 눈으로 사물을 보지 않고, 귀로 소리를 듣지 않는 것을 몸에 대한 수양법으로 삼는다고 자랑하자 붓다는 그렇다면 맹인이나 귀머거리야말로 가장 뛰어난 자라고 해야 할 것이라고 비판한다(若如汝波羅奢那說 盲者是修根不 所以者何 如唯盲者 眼不見色… 如波羅奢那所說 聾者是修根不 所以者何 如唯聾者 耳不聞聲).

4) Majjima Nikāya, II.232가 "마치 튼튼한 말뚝이나 기둥에 사슬로 묶인 개가 계속해서 주위를 빙빙 돌듯이, 바로 이와 같이 이들 세속적인 사문과 브라만들은 현재의 몸을 두려워하기 때문에 현재의 몸을 혐오하기 때문에 바로 그 현재의 몸 주위를 계속해서 빙빙 돌고 있다."[조애너 메이시, 이중표 역, 『불교와 일반시스템이론』(서울: 불교시대사, 2004), 250쪽의 재인용]

5) 『大般若經』卷467(『大正藏』 7, 364a), "諸菩薩摩訶薩 行深般若波羅蜜多時 安住如夢如響…如夢乃至如化 五蘊皆同一相 所謂無相."

이란 자성적 실체가 없음을 밝힌 것이지 비존재임을 말한 것은 아니다. 또한 오온을 꿈·허깨비에 비유한 것은 몸과 마음이라는 현상적 존재에 대한 것이 아니라, 몸과 마음에 대해 우리가 갖는 잘못된 견해에 대해, 그것이 전혀 근거가 없는 것임을 일깨우기 위한 것이다.[6]

불교학자들에게 있어서 거의 일관되게 나타나는 몸과 마음에 대한 불교의 입장은, "몸을 배제하는 것은 아니지만, 양자의 관계에 있어서 무엇보다 마음을 중시한다"[7]라고 정의할 수 있다. 그러나 불교의 人間論 내지는 心理論을 다루는 많은 연구서적에서조차 이것에 대해서 대체로 언급만 할 뿐 몸과의 관계성 속에서 마음이 왜 더 중시되는지에 대한 해명은 없다. A가 B보다 중요하다는 것과 A가 B보다 중심이 된다는 것은 분명히 차이가 있다. 붓다가 몸보다 마음을 중점적으로 설명한 것은 사실이지만, 그것이 바로 마음을 몸보다 중시했다고 하는 가치 판단으로 이어지는 것은 곤란하다고 본다.

불교에서의 몸과 마음의 가치론적 지위에 대한 논의는 아직 선명하게 연구되지 않았고, 이미 살펴본 바와 같이 일반인의 상식적인 판단 또는 선행연구 없이 단정적으로 던져지는 학자들의 판단 또한 석연치 않은 점이 있는 것이 현실이다. 본 연구는 초기불교의

---

6) 이 경전의 논리를 요약하면 다음과 같다. 실체화된 대상(a)과 있는 그대로의 대상(b)이 있다. 空을 통해 a 를 부정함으로써 b 로 복귀하지만, a 는 허깨비와 같이 본래 없는 것이기 때문에, 사실 돌아갈 b 도 없다. a 를 제거하면 바로 b 가 드러날 뿐이다. b 는 설명되는 세계가 아니라 드러나는 세계일 뿐이다. 그러나 唯識學派는 阿賴耶識의 실재성만 인정하고, 우리가 생각하는 몸과 마음이 모두 이 識의 소산이라고 보아, 識一元論에 도달한다. 이 점에서 유식학파는 철저한 관념론이라고 할 수 있다. 물론 이때 몸과 마음의 비실재성의 주장은 이들을 소멸시키는 데 있지 않고 그 본질을 파악하는 데 있기 때문에 허무주의론과는 성격을 달리하는 측면이 있다.

7) 中村元, 慧諒 譯, 『바웃드하, 불교』(서울: 김영사, 1999 3쇄), 115~117쪽. 勝呂信靜, 김진무 譯, 『인간론 심리학』(서울: 불교시대사), 218쪽.

자아관을 고찰함으로써, 오랫동안 철학계에서 논쟁의 주제가 되고 있는 몸과 마음의 가치론적 지위에 대한 불교의 입장을 밝혀 보고자 한다.

초기불교를 연구대상으로 삼은 것은 몸과 마음에 대한 범주적 분석의 큰 틀은 이미 초기불교에 완성이 되었고, 후대의 논의도 그 개념에 있어서는 이 틀을 보충하기는 해도 크게 벗어나지는 않았다는 판단 때문이다. 불교의 자아관은 통상적으로 無我論이라고 일컬어진다. 그럼에도 불구하고 필자가 불교에 있어서 부정의 대상인 아트만과 동일한 개념으로 여겨질 수도 있는 자아를 중심개념으로 삼은 것에 대해 반론이 제기될 수도 있을 것이다. 뒤에서 설명이 되겠지만 여기에서의 자아란 영구적이고 실체적인 의미에서의 자아가 아니라, 경험적 자아를 가리킨다.[8] 오해의 위험성에도 불구하고 자아라는 제목을 붙인 것은 초기불교의 몸과 마음에 대한 논의가 바로 자아에 대한 논의에서 출발하고 있고, 이 자아는 언제나 몸과 마음을 내포한 개념으로 이해되고 있기 때문이고, 자아라는 용어의 역동적 성격을 이해하는 것이 불교의 목표인 해탈과 밀접한 관련이 있다는 생각 때문이기도 하다.

---

8) 자아관이라는 말이 부당하다면 無我說이란 말도 또한 부당하다. 무아설이라는 용어가 성립되는 것도 일종의 견해로서가 아니라, 실체적 자아의 부정을 위한 용어로 성립되는 것인 것처럼, 자아라는 말도 역시 자아에 대한 허무적 견해를 부정하기 위한 용어로 성립된다. 이때 자아와 무아라는 말이 드러내고자 하는 것은 동일하다. 칼루파하나의 말처럼 중요한 것은 언어 자체가 아니라 언어가 쓰이는 방식에 대한 이해일 뿐이다[칼루파하나, 박인성 역, 『나가르주나』(서울: 장경각), 349~350쪽].

2. 無記說과 心身價値論의 모순가능성에 대한
화해의 모색: 몸과 마음의 관계에 대한 논의가 가능한 근거

붓다는 거의 모든 질문에 대답하였지만 일부 주제와 관련된 질문에 대해서는 침묵을 지켰던 것으로 전해진다. 이 질문은 열 가지로 집약되어 十無記라고 하는데, 이 중 두 가지는 "정신과 육체는 동일한가? 정신과 육체는 다른가?"[9] 하는 것으로, 필자가 다루려는 심신론의 문제와 관련된다.

붓다가 침묵한 이유에 대한 학자들의 논의는 크게 세 가지로 정리할 수 있다. 첫째, 질문한 내용과 같은 주제에 대한 논의는 고통으로부터의 해탈이라는 불교의 이상을 실천하는데 전혀 도움이 되지 않는다는 판단 때문이다. 둘째, 질문의 주제는 형이상학적 문제로서 인식이나 경험의 영역을 벗어난 것이고, 따라서 어떤 논의를 통해서도 정답을 얻을 수 없다는 판단 때문이다. 셋째, 實在는 이성적 사유를 넘어선 것이라는 판단에 기초하여, 이성의 독단적 진행을 폐기하는 비판주의적 입장을 드러내려고 하였기 때문이다.[10]

9) 『長阿含經』卷19(『大正藏』1, 128a), 『中阿含經』卷60(『大正藏』1, 804b).
10) 이중표, 『아함의 중도체계』(서울: 불광출판사, 2002년 초판 5쇄), 25~35쪽.

이중표는 T. R. V. Murti로 대표되는 세 번째 입장이 비교적 수용할 만하다고 하면서, 한 걸음 더 나아가 무기설은 中道라는 철학적 입장을 통해 緣起法이라는 진리를 설하는 것으로 보아야 한다고 주장한다.[11] 영혼과 육체의 동일성과 차이성이라는 문제에 대한 붓다의 침묵에는 모든 것은 연기적 존재이기 때문에, 존재의 실상을 바르게 인식하기 위해서는 양극단을 넘어서는 중도적 인식체계가 요구된다는 것을 보여주려는 보다 적극적인 의도가 숨어 있다고 보지 않으면 안 된다는 것이다.[12]

그러나 만약 붓다가 이성의 이율배반적 성격을 보여주려고 했거나 중도를 드러내고자 했다면, 침묵하지 않고 龍樹가 한 것처럼 不一不二라고 하는 부정의 방식으로라도 답변을 할 수 있었을 것이다. 실제로 붓다 자신이 실재에 대한 사유의 이율배반적 성격에 대한 자각을 기반으로, 용수와 같은 부정의 방식을 설법의 형식으로 사용하기도 하였다.[13] 그렇다면 이중표의 해석이 붓다 사상의 전체 맥락에서 볼 때 매우 타당한 사유임에도 불구하고 붓다는 왜 중도의 체계를 드러내는 이러한 접근방식을 이 문제에 있어서만은 사

---

11) Murti의 주장을 구체적으로 말하자면 무기설은 양극단을 넘어선 곳에 드러나는 실재에 대한 판단에 있어서, 하나의 입장을 고수하려는 이성의 이율배반적 성향이 개입되어서는 올바른 인식에 도달할 수 없기 때문에, 실재에 대한 올바른 인식을 드러내기 위해 선택된 비판주의적 경향임을 지적한 것이다. 물론 적극적으로 중도의 입장을 표명하였음을 드러내지는 않았지만 이미 비판주의 자체가 연기적 실상에 대한 가장 적합한 표현법이라는 점이 내포되어 있는 것으로 보인다. 굳이 분리하여 이해하자면, Murti가 말하는 비판주의가 破邪에 해당하는 것이라면, 이중표가 말하는 중도는 顯正에 해당하는 것이다. 모든 법의 있는 그대로의 모습을 '正'이라고 할 때, 이에 대한 왜곡된 사유인 '邪'를 제거하는 것이 바로 '正'이라는 불교의 근원적 입장을 破邪卽顯正이라고 하는데, 이러한 논리에 입각할 때 Murti와 이중표의 이해는 서로 다른 것이 아니다. 각각의 입장이 이미 서로의 입장을 내포하고 있다. Murti가 말하는 실재란 중도에 의해 드러나는 연기의 세계이기 때문이다.

12) 이중표, 앞의 책, 35~51쪽.

13) 『雜阿含經』卷12(『大正藏』2, 85c), "世間集 如實正知見 若世間無者不有 世間滅 如實正知見 若世間有者無有 是名離於二邊說於中道."

용하지 않았을까 하는 의문은 여전히 남는다.

무기설에 대한 입장이 어떠하든 간에, 무기설에 대한 학자들의 논의는 붓다가 정신과 육체의 동일성과 차이성이라는 주제에 대한 논의를 거부한 것으로 본다는 점에는 다름이 없고, 이러한 붓다의 입장은 불교인들에게 있어서 이 주제에 대한 논의 자체를 붓다의 가르침에 대한 이반인 것처럼 생각하도록 하는 경향이 생겨나게 하였다.[14] 그렇다면 필자가 붓다의 교설에 기대어 살펴보고자 하는 몸과 마음에 대한 논의 자체는 그 근원에서부터 설 자리를 잃는 것인가? 필자는 무기설의 의미를 다시 한 번 검토함으로써 이 문제를 해결해 보고자 한다.

무기는 지금까지 특정 주제에 대한 붓다의 대응방식에 초점을 맞추어 해석되어 왔다. 그러나 필자는 무기설의 진의를 보다 명확히 이해하기 위해서는 질문자의 질문의도 내지는 주제에 대한 접근방식에 대한 분석에 초점을 맞추어서 고찰해야 한다고 본다. 붓다는 주제 자체의 문제 때문에 침묵한 것이 아니라, 주제에 대한 잘못된 접근방식, 곧 양자택일적 답변을 요구하는 질문자의 태도 때문에, 하나를 선택함으로써만 요구에 부응할 수 있는 답변을 포기하고 침묵한 것으로 보이기 때문이다. 십무기 논란의 발현자인 鬘童子(摩羅迦)는 붓다에게 이렇게 묻는다.

---

14) 본 주제에 대한 붓다의 교설이 산재함에도 불구하고 무기설은 이러한 주제로 논의를 전개하려는 학자들의 마음에 짐으로 남아 있다(허경구, 「아비달마의 교학적 의의」, 『백련불교논집』 제4집[서울: 성철선사상연구원, 1994], 113~114쪽). 최봉수도 서양의 심신관과 불교의 심신관을 비교분석하는 글의 초입에서, 붓다가 이 주제에 대한 논의를 거부한 것은 아니라는 점을 강조하고 있는데[『原始佛敎의 心身觀 硏究』(동국대학교 불교대학원 석사학위논문, 1985), 67쪽]. 이러한 태도 또한 心身論의 논의에 있어 그가 무기설의 문제로부터 자유롭지 못하였음을 반증하는 것으로 보인다.

"만일 세존께서 '이 중의 하나가 진실이고, 다른 것은 모두 허망한 말이다'라고 알아 결정적으로 답변할 수 있다면, 세존이시여, 저를 위해 말씀해 주십시오. 만일 세존께서 '이 중의 하나는 진실이고, 다른 것은 다 허망한 말이다'라고 알아 결정적으로 답변할 수 없다면, '나는 모른다'고 정직하게 말씀해 주십시오."15)

그는 이들 문제에 대하여 하나의 입장을 분명하게 밝혀 달라고 요구한다. 하나로 귀결되지 않는 지식은 참된 지식이라고 할 수 없기 때문에, 無知와 다를 바 없다는 것이 그의 입장이다. 붓다는 만동자의 이러한 태도에 대해, 자신은 한결같은 답변을 약속한 적도 없고 만동자 자신도 그것을 전제로 하여 자신에게 배웠던 것은 아니라는 점을 상기시키고 이렇게 말한다.

"나는 이러한 질문에 대해 결정적으로(一向) 답변하지 않는다. 무엇 때문에 나는 이러한 질문에 대해 결정적인 설을 하지 않는가? 이것은 뜻에 상응하지 않고 법에 상응하지 않으며 범행의 근본이 아니고 지혜로 나아가지 않으며 깨달음으로 나아가지 않고 열반에로 나아가지 않는다. 그러므로 나는 이러한 질문에 대해 결정적인 답을 말하지 않는다."16)

一向記란 예컨대 모든 중생은 죽는가, 죽지 않는가라는 질문에

---

15) 『中阿含經』 卷60(『大正藏』 1, 804b), "若世尊 一向知此是眞諦 餘皆虛妄言者 世尊 當爲我說 若世尊 不一向知此是眞諦 餘皆虛妄言者 當直言不知也". 앞의 한역본의 「箭喩經」에 상당하는 『南傳大藏經』 卷10 「中部經典」 2 第63 『摩羅迦小經』에는 一向이라는 말은 나오지 않는다. 다만 "영혼이 곧 육체라고 알고 계신다면 영혼이 곧 육체라고 저에게 말씀해 주시고, 영혼과 육체는 서로 다른 것이라고 알고 계신다면 영혼과 육체는 다른 것이라고 저에게 말씀해 주십시오. 영혼이 육체와 같다는 것과 영혼과 육체는 다르다는 것 등을 알지 못한다면 알지 못한다고 저에게 말씀해 주십시오" 라고 하였다. 문맥상으로 볼 때 역시 하나의 답변을 요구하고 있다.

16) 『中阿含經』 卷60(『大正藏』 1, 805b), "我不一向說此 以何等故 我不一向說此 此非義相應 非法相應 非梵行本 不趣智 不趣覺 不趣涅槃 是故 我不一向說此也". 『南傳大藏經』에는 一向이란 말은 나오지 않는다. 다만 "영혼이 곧 육체라고 볼 때 梵行에 머물 수 없다. 영혼이 곧 육체와 다르다고 볼 때 범행에 머물 수 없다"라고 한다. 필자는 이것이 바로 붓다의 답변이라고 본다. 붓다는 답하지 않은 것이 아니라, 어느 한 편에 치우친 견해로는 범행을 성취할 수 없다고 함으로써, 한 편에 치우친 답을 지녀서는 안 된다고 답하였다. 이것의 취지 자체가 이미 一向記를 거부하는 것으로 이해할 수 있을 것 같다.

대해 모두 죽는다고 답변하는 것인데, 붓다의 입장어서 어떤 문제는 이런 형태의 답변이 불가능하고, 영혼과 육체의 동일성과 차이성 문제도 그중의 하나이다. 그러나 이러한 질문의 제안자는 처음부터 양자택일적인 답변을 요구했다. 붓다가 이들 질문에 답하지 않은 것은 둘 중의 하나를 택하여 답하라는 요구에 대한 침묵이지, 이러한 논의 자체가 무의미하다는 것을 말하는 것은 아니다.[17] 따라서 무기란 엄밀히 말하자면 둘 중의 하나를 선택하여 결정적으로 그것이 옳다고 설하는 것을 거부한 것이라고 풀어야 한다. 이렇게 이해할 때 만동자의 질문에 대한 붓다의 침묵과 동일한 주제에 대해 다른 곳에서 설해진 붓다의 무수한 가르침이 서로 모순되지 않을 수 있게 되고, 필자가 고찰하려는 몸과 마음의 관계에 대한 논의 또한 그 의미를 확보하게 된다. 그리고 양자택일적 답변을 거부하는 붓다의 행위 속에서 우리는 불교의 심신론이 二元論이나 一元論을 벗어나 있음을 짐작할 수 있게 된다.

---

17) 記에 해당하는 범어 vyākṛta는 어느 한쪽으로 결정하여 답하는 것이고, 無記에 해당하는 범어 avyākṛt는 한쪽으로 결정하여 답하는 것을 하지 않는 것이다. 이때 한역 아함경의 '不一向說'은 '無記'와 다르지 않은 것으로 볼 수 있는 가능성이 열린다.

3. 붓다의 자아관의 실존적 의미:
몸과 마음에 대한 논의는 어떤 관점에서 이루어지는가

　논의의 의도는 필연적으로 논의의 진행이나 결론과 맞닿아 있다. 정신과 신체가 서로 다른 것이라고 하는 데카르트의 심신이원론이 목표로 삼았던 것은 신체에 대한 정신의 우월성을 확보하고, 이로써 인간 능력의 탁월성을 증명하여 자연에 대한 인간의 권리를 확보하는 것이었다.

　몸과 마음에 대한 불교의 논의는 우파니샤드의 아트만론 혹은 상식적인 수준에서 시설된 영구적 실체로서의 자아에 대한 비판적 접근을 시발점으로 하고, 붓다의 자아관인 무아설은 이러한 논의의 귀결이라는 것이 일반적 사실[18]로 여겨진다. 비판의 의도를 구체적

---

18) 中村元은 불교의 무아론이 초기불교의 최초기에는 非我論이었다고 본다. 非我는 아트만이 아니라는 뜻, 無我는 아트만이 없다는 뜻인데, 불교의 비아론은 아트만을 부정하는 것이 아니라, 우파니샤드가 아트만을 부정의 방식으로 찾아가는 용법을 받아들인 것이라고 한다. 五蘊의 어느 것도 아트만이 아니기 때문에 오온으로 이루어진 자아는 아트만이 아니라는 것이라고 주장했지, 결코 아트만이 존재하지 않는다고 말하지 않았다는 것이다[『原始佛敎の思想』(東京: 春秋社, 소화56 초판 5쇄), 228~253쪽]. 平川彰은 불교에는 아트만과 같은 초월적 자아가 들어설 여지가 없다는 확신하에, 초기경전에서 우파니샤드라는 말이 나오지 않는 점을 밝히고, 우파니샤드가 당시 중인도에는 전해지지 않았거나, 붓다가 고의로 배제했다고 하여, 중촌원의 입장에 반대한다[『인식론 논리학』(서울: 불교시대사, 1996 초판 2쇄), 58~60쪽]. 조준호는 우파니샤드의 성립은 불교와 동시대이거나 그 이후라는 점, 붓다는 우파니샤드를 접한 적이 없다는 점 등을 들어 우파니샤드의 영향가능성을 부정하지만, 그것이 초월적 자아의 설정을 부정하는 데까지 이어지지는 않는다. 우파니샤드의 아트만론과 불교의 아트만론이 설령

으로 살펴보면 붓다의 자아관의 목표가 드러난다.

우파니샤드에서 정신과 몸을 포함한 물질계, 곧 현상세계는 Brahman 의 세계전개의 결과 드러난 것이다. 따라서 진정한 실재는 브라흐만이며, 브라흐만이 인간에게 내재된 것이 Ātman이다. 아트만은 절대적 초월적 자아이고, 아트만에 의해 생겨난 것은 현상적 자아이다. 이러한 현상적 자아에 집착하는 것은 아트만을 구체적인 차별상으로 한정된 것으로 파악하는 것, 곧 아트만을 대상적으로 파악하는 것이다. 사람들은 이 같은 자기 이외의 것에 집착하여 진정한 자기를 상실하고 있다. 아트만은 이러한 모든 자기 아닌 것을 부정함으로써 드러나는 어떤 것이라고 주장한다.

이러한 우파니샤드의 아트만론에 대한 붓다의 비판의 요지는 다음과 같다. 우리의 경험에 비추어 볼 때 자아라고 할 만한 것은 색·수·상·행·식이라는 다섯 가지 요소의 결합체인데, 이들 다섯 가지 요소의 어느 것에도, 몸과 마음의 배후에 있으면서 언제나 모든 활동을 지배하는 실체적인 자아인 아트만[19]이란 존재하지 않는다. 왜냐하면 아트만의 본질로 여겨지는 불변성·자재성·환희성 등과 같은 것은 다섯 가지 요소의 어디에도 존재하지 않기 때문이다.

  "색은 우리가 말하는 의미에서의 아트만(我)이 아니다. 만약 색이 아트만이라고

동일한 것일지라도, 그것은 불교가 우파니샤드에 영향을 미친 것이라고 보는 것이 더욱 타당하다고 할 뿐이다[『우파니샤드 철학과 불교』(서울: 경서원, 2004)]. 조준호의 말이 옳다면 우파니샤드의 아트만론에 대한 비판으로서의 무아설이라는 말 자체는 존립근거를 잃게 된다. 그러나 적어도 붓다가 우파니샤드가 아니라고 해도, 우파니샤드적 사유에 대해 비판적 입장을 보였다고 한다면 문제는 달라질 수 있다.

19) 『Bṛhadāraṇyaka Upaniṣad』, "보기 때문에 눈, 듣기 때문에 귀, 생각하기 때문에 마음이라고 불린다. 이 모든 것은 그(아트만)의 활동에 대한 이름들일 뿐이다."(『The Principal Upaniṣads』, 166쪽, 이중표, 『근본불교』(서울: 민족사, 2003년 초판 2쇄), 107쪽의 재인용.

한다면 색은 병드는 일도 없고 고통이 생기는 일도 없어야 할 것이다. 또한 색에 대해서 '이와 같이 되도록 하였으면 한다'라거나 '이와 같이 되지 않도록 하였으면 한다'라는 바람은 필요하지 않다. 그러나 색은 무아이기 때문에 색은 병도 들고 고통도 생겨난다. 또한 색에 대해 '이와 같이 되도록 하였으면 한다'라거나 '이와 같이 되지 않도록 하였으면 한다'라는 바람이 생겨난다. 수·상·행·식도 또한 다시 이와 같다."[20]

필자가 앞의 주 18)에서 무아설을 우파니샤드적 사유에 대한 비판이라고 한 것은 바로 이 부분을 두고 한 말이다. 병, 고통, 바람이란 각각 아트만의 특성인 불변성·환희성·자재성의 부재를 의미하는 것이기 때문이다.

이러한 붓다의 비판은 일견 부당한 논리일 수도 있다. 이미 우파니샤드에서는 아트만이란 현상적 자아를 넘어선 것이라고 하였는데 현상적 자아의 분석을 통해 아트만의 부재를 끌어내기 때문이다. 논의의 타당성을 떠나 여기에서 자아에 대한 붓다의 논의가 성립되는 하나의 지반을 찾아낼 수 있는데, 그것은 자아에 대한 붓다의 논의는 경험적 인식의 영역으로 제한된다는 점이다. 붓다에게 있어서 경험적 인식의 영역을 벗어난 영구불변의 자아는 존재하지 않거나 존재한다고 할지라도 논의 자체가 무의미해진다.

붓다가 이렇게 우파니샤드의 아트만론을 비판한 이유는 영구적 실체로서의 자아가 존재하지 않음에도 불구하고 그러한 자아가 있다고 하는 의식이 바로 고통의 원인이 된다는 점 때문이다. 존재에의 욕구가 존재를 낳고 존재의 존재욕구가 다시 존재의 변화를 수용하지 못하게 하는 악순환의 고리를 끊기 위해, 당대사상 혹은 인

20) 『雜阿含經』卷2(『大正藏』2, 7b), "色非是我 若色是我者 不應於色病苦生 亦不應於色 欲令如是 不令如是 以色無我故 於色有病有苦生 亦得於色 欲令如是 不令如是 受想行識 亦復如是".

간일반의 상식적 경향을 비판한다. 존재에 대한 신념이 있는 한 존재의 변화인 생로병사에 대한 두려움은 결코 극복될 수 없다. 종래에 고통으로부터의 자유를 누리도록 하는 중심 주체였던 아트만은 붓다의 직관에 의해 고통의 원인으로 변화한다.

> "많이 들어 아는 성스러운 제자는 이 오음이 내가 아니고 나의 것도 아니라는 것을 이와 같이 진실 그대로 관찰한다. 진실 그대로 관찰하고 나면, 모든 세간에 대해 전혀 취하는 것이 없고 취하는 것이 없기 때문에 집착하는 것도 없고 집착하는 것이 없기 때문에 스스로 열반을 자각하여 '나의 生은 이미 다하였고 범행은 이미 세워졌으며 해야 할 것은 이미 다 하였다'고 하고, 스스로 후세에 어떤 존재로 태어나는 일이 없음을 안다."21)

경험적 자아의 어디에도 영구적 실체로서의 자아는 존재하지 않음을 관찰함으로써, 집착을 버리고 열반에 도달하여 모든 고통으로부터 벗어날 수 있게 된다.

이상을 통해 붓다의 自我論은 첫째, 논의의 범주에 있어서 경험으로 영역, 곧 오온을 벗어나지 않고, 둘째, 목적론적으로는 오온에 대한 바른 이해를 통해 집착으로 인한 고통으로부터 벗어나 자유를 얻는 것을 지향한다는 것을 알 수 있다. 이러한 목적을 지녔기 때문에, 고통의 내용과 원인에 대한 판단이 몸과 마음에 대한 논의의 전개에 있어서 중요한 위치를 점유하게 되는데, 이러한 분석은 다음 장에서 다룬다.

---

21) 『雜阿含經』卷2(『大正藏』2, 7c), "多聞聖弟子 於此五受陰 非我非我所 如實觀察 如實觀察已 於諸世間 都無所取 無所取故 無所着 無所着故 自覺涅槃 我生已盡 梵行已立 所作已作 自知不 受後有".

4. 초기불교의 자아관에 나타난 몸과 마음의 성격 및 지위

　본 장의 목적은 붓다의 자아관에 대한 분석적 고찰을 통해, 불교 사상을 심신가치론이라는 틀 속에서 이해하는 것이다. 먼저 붓다가 시설한 경험적 자아의 구성요소인 오온의 성격을 고찰한다. 이를 통해 불교의 심신론은 구성요소에 대한 이해방식에 있어서, 唯心論도 아니고 唯物論도 아닌, 二元論이라는 점이 밝혀질 것이다. 다음으로 몸과 마음의 성격에 대한 이해를 통해 붓다의 이원론은, 데카르트와 같은 실체적 이원론이 아닌 非實體的 이원론임을 밝혀 본다. 마지막으로 붓다가 몸과 마음의 관계에 있어서, 마음을 강조할 수밖에 없었던 이유를 고찰하려고 한다. 이 속에서 마음에 대한 강조는 일반적 오해처럼 몸에 대한 부정을 의미하는 것은 아니라는 점이 드러날 것이다. 또한 붓다의 심신론에 대한 가치론적 접근은 몸과 마음이라는 대립항 사이에서의 문제라는 측면에서가 아니라, 마음과 마음의 문제라는 각도에서 이루어져야 한다는 점도 드러날 것이다.

1) 蘊·處·界: 경험적 자아의 구성요소

우파니샤드의 초월적 자아를 부정하고 붓다가 인정한 경험적 자아는 이미 서술한 것처럼 오온이라는 다섯 가지 요소의 집합으로 정의된다.

> "비사가 우바이가 물었다. '어진이여, 자기 자신(自身)을 자신이라고 말하는데 어떤 것을 자신이라고 하는가?' 법락비구니가 대답했다. '붓다는 五盛陰을 설하였다. 곧 자신이란 色盛陰·覺盛陰·想盛陰·行盛陰·識盛陰이니 이것이 붓다가 말한 오성음이다.' "[22]

색온은 인간의 육체 및 객관세계 일반을 가리킨다. 정신과 대응하는 모든 객관을 통틀어서 일컫는 말이다. 수온은 인식 주체가 인식대상과 접촉함으로써 생겨나는 苦·樂·非苦非樂의 감수작용이고, 상온은 대상을 접하였을 때 우리 안에 떠오르는 표상작용이며, 행온은 대상을 접하였을 때 우리 안에 생겨나는 행위에의 의지작용이고, 식온은 인식 주체가 인식대상에 대해 내리는 판단작용이다. 아함경에는 수·상·행·식을 각각 독립된 마음작용으로 보는 경우와 후대의 아비달마에서 보이는 것처럼 식을 마음의 주체로 보고, 수상행은 마음(식)이 육체 및 외부경계와 인연하여 생겨나는 마음의 작용이라고 하여 식에 종속되는 것으로 보는 경우[23]가 모

---

22) 『中阿含經』卷58(『大正藏』1, 788a), "毗舍佉優婆夷 便問曰 賢聖 自身 說自身 云何爲自身耶 法樂比丘尼 答曰 世尊 說五盛陰 自身 色盛陰 覺想行識盛陰 是謂世尊說五盛陰".

23) 『雜阿含經』卷13(『大正藏』2, 87c), "有二法 何等爲二 眼色爲二 如是廣說 乃至非其境界故 所以者何 眼色緣生眼識 三事和合觸 觸俱生受想思 此四無色陰眼色 此等法名爲人." 아비달마에서는 식은 심왕으로서 주체적인 王位에 두고 수상행 등은 종속적인 신하의 지위에 비유되는데, 이러한 경향은 아비달마의 것이고 초기불교에는 없었다고 주장하기도 한다[水野弘元, 『佛敎의 根本眞理』(東京: 三省堂, 소화32년 3판), 429쪽].

두 나타난다.

이 밖에 자아와 관련된 개념으로는 十二處 가운데 六根, 十八界 가운데 六根과 六識이 있다. 六根이란 眼根·耳根·鼻根·舌根·身根·意根의 여섯 가지 기관을 가리키는데, 앞의 五根은 몸의 구성요소로 오온 가운데 색온을 세분화한 것이고, 마지막 意根은 오근 전체를 총괄하여 그 문을 통해 들어오는 일체의 인식을 관리하는 기관, 곧 마음작용 전부를 포함한 것으로 오온 가운데 수온·상온·행온·식온을 하나로 묶은 것이다. 십팔계에서의 육근과 육식에서, 육근 가운데 앞의 오근은 몸의 구성요소이고, 의근과 眼識·耳識·鼻識·舌識·身識·意識의 六識을 합한 것이 마음의 구성요소이다. 오근이 외계에 대한 관문으로서 각각 일정한 자극을 내부로 전달할 때 意根이 이에 교묘히 응함으로써 내부에 특유의 반응을 일으키는 것이 前五識이고 다시 意根 자신이 인식주관으로서의 일반적 반응을 나타내는 것이 第六意識이다. 다만 식이라는 것은 본질상 하나이지만 작용에 의해 여섯 가지로 발현하는 것인가 혹은 육식은 본질상으로도 서로 다른 것인가에 대해서는 후대에 이르러 해석자 사이에 의견의 차이가 생겨난 문제이다.[24]

오온이든, 육근이든, 육근과 육식이든 자아의 구성요소가 몸과 마음으로 이루어졌다는 것에는 변함이 없다. 몸도 이미 주어진 것이고 마음도 이미 주어진 것이다. 특히 육체를 포함한 물질계는 四大를 그 본질로 하는데, 사대 그 자체도 이미 주어진 것으로 보아, 그 기원에 대해 논한 적이 없다.[25]

---

24) 木村泰賢, 박경준 역, 『原始佛敎思想論』(서울: 경서원, 1992), 132쪽.
25) 木村泰賢, 앞의 책, 212쪽.

초기불교의 자아관에 있어서 인간이란 물질만으로 이루어졌거나 오직 정신만으로 이루어졌거나 하는 입장은 배제된다. 인간이라는 존재는 정신적 요소와 물질적 요소의 결합이고, 어느 하나는 진실이고 다른 하나는 허상이라거나 하는 설명은 없다. 또한 어느 하나로 환원하여 일원화하고자 하는 유물론이나 유심론적 해명도 하지 않는다.

> "意內入處란 心·意·識은 色이 아니어서 볼 수도 없고 장애하는 성질도 없으니, 이것을 의내입처라 한다."26)

의내입처는 의근이고 이 의근은 초기 불교에서 심·의·식과 동일한 뜻으로 사용된다. 인용문에서는 의근이 물질적인 것과 질적으로 구별되는 것임을 명기하고 있다. 곧 극미한 물질로 조성되어 공간을 점유하여 장애하는 성질을 가진 육체와는 달리 볼 수도 없고 공간을 점유하지도 않는 것이다. 인간에게는 육체와 구별되는 비물질적인 마음이 존재한다. 이러한 의미에서 초기불교의 존재론은 몸과 마음을 모두 인정하는 物心二元論이다.

---

26) 『雜阿含經』 卷13(『大正藏』 2, 91c), "意內入處者 若心意識非色 不可見無對 是名意內入處".

2) 경험적 자아의 존재양태 : 몸과 마음의 성격

(1) 無常 · 無我 : 늘 변화하는 몸과 마음

붓다가 자아를 시설한 것은 새로운 자아를 정립하려는 데 목적이 있는 것이 아니라, 자아의 실제 모습을 보여줌으로써 영구적 자아는 존재하지 않음을 깨닫게 하려는 데 목적이 있었다. 따라서 역설적이게도 붓다의 자아관은 무아설로 귀결된다. 붓다는 우리의 자아가 오온 이외의 것이 아님을 가르치고, 다시 이러한 오온으로 이루어진 자아는 영원하지 않고, 따라서 불변의 실체로서의 자아(我)란 없는 것임을 강조함으로써 고통의 원인인 자아의식을 뿌리 뽑고자 하였다. 오온의 구성요소 각각도 무상하고 무아이며, 그러한 것의 화합으로서의 자아 또한 무상하고 무아인 것이다.

> "色은 영원하지 않다. 영원하지 않은 것은 고통스러운 것이다. 고통스러운 것은 내가 아니고, 내가 아닌 것은 나의 것도 아니다. 이와 같이 관찰하는 것을 진실하고 바른 관찰이라 한다. 이와 같이 受 · 想 · 行 · 識도 역시 영원하지 않다. 영원하지 않은 것은 고통스러운 것이다. 고통스러운 것은 내가 아니고 내가 아닌 것은 나의 것도 아니다. 이와 같이 관찰하는 것을 진실한 관찰이라 한다."[27]

육체와 마음은 왜 무상하고 무아인가? 위의 인용문은 아함경에서 정형화된 문구로 수처에서 나오지만, 선언적 형식에 그칠 뿐이고 왜 그러한지에 대해서는 설명하지 않는 것으로 보인다. 우선 몸

---

[27] 『雜阿含經』 卷1(『大正藏』 2, 2a), "色無常 無常卽苦 苦卽非我 非我者 亦非我所 如是觀者 名眞實正觀 如是受想行識無常 無常卽苦 苦卽非我 非我者 亦非我所 如是觀者 名眞實觀".

과 마음의 무상함은 우리가 잠시만 관찰하여도 상식적으로도 충분히 이해가 가능한 것이다. 문제가 되는 것은 무상함에도 불구하고 우리는 그 속에 불변의 어떤 실체가 있어서 자신의 정체성을 유지하는 것이라고 생각한다. 무상에 대한 지식이 중요한 것이 아니라, 무상한 것에 대한 인식을 無我의 自覺으로 이끌어 가는 것이 중요해진다. 붓다는 무상한 것 속에는 어디에나 영구적 실체란 찾을 수 없고, 그렇기 때문에 영구적 자아라는 것도 존재하지 않는다고 하는 논법을 구사한다.

몸과 마음의 무상성에 대한 구체적 논의는 다른 곳에서 이루어진다. 우선 몸에 대해서, "四大로 이루어졌는데, 地大는 몸 가운데 단단한 것, 곧 근골, 피부 등을 구성하고, 水大는 몸 가운데 濕性을 지닌 것, 곧 피·오줌 등을 구성하며, 火大는 몸 가운데 溫暖性을 지닌 것, 곧 온기를 구성하고, 風大는 몸 가운데 운동성을 지닌 것, 곧 호흡을 구성한다. 몸은 바로 이러한 여러 가지 요소들이 화합하여 생겨난 것이다"[28]라고 한다. 여러 요소들의 결합에 의해 생겨난 것은 결합의 요소들과 열린 관계에 있기 때문에 득자적이고 불변하는 실체로서 존재할 수 없다는 점을 밝힌 것이다. 또한 마음은 언제나 인연에 의해 생겨난 것이기 때문에, 그것의 조건인 인연이 무상하기에 마음도 또한 무상하다고 한다.[29] 이 밖에 몸과 마음의 상호 의존성에 근거하여 몸과 마음이 무상이고 무아임이 밝혀지는데, 이 부분에 대한 고찰은 다음 장으로 미룬다.

---

28) 『中阿含經』 卷7(『大正藏』 1, 464c)의 내용을 취의요약한 것이다.

29) 『雜阿含經』 卷3(『大正藏』 2, 20b), "復作是觀察 若因若緣 而生識者 彼識因緣 爲常爲無常 復作是思惟 若因若緣 而生識者 彼因彼緣 皆悉無常 復次 彼因彼緣 皆悉無常 彼所生識 云何有常 無常者 是有爲行 從緣起 是患法 滅法 離欲法 斷知法 是名聖法印知見淸淨".

(2) 緣起 : 서로 의존하는 몸과 마음

분석적 입장에서 보면 몸과 마음은 비록 질적으로 차이가 있는 자아의 구성요소이지만, 우리의 삶 속에서 경험되는 몸과 마음은 어떤 형태로는 서로 관계를 맺고 있어서, 몸을 떠난 마음이라든가 마음을 떠난 몸이라든가 하는 것은 있을 수 없다.

> "손이 있으므로 취하거나 버림이 있음을 알고, 발이 있으므로 가고 옴이 있음을 알며, 관절이 있으므로 구부리고 펴는 것이 있음을 알고 배가 있기 때문에 배고 픔과 목마름이 있음을 안다. 이와 같다. 비구여. 눈이 있기 때문에 눈이 접촉을 인연으로 하여 감수작용을 낳아, 안으로 고통이라거나 즐거움이라거나 고통도 아니고 즐거움도 아니라거나 하는 감수작용을 일으킨다. 귀와 코와 혀와 집촉기관 인 몸과 意도 다시 이와 같다."[30]

우리에게 어떤 정신의 작용이 일어나기 위해서는 반드시 육체가 있지 않으면 안 된다. 그렇다고 해서 정신이 육체에 종속되어 있음을 의미하는 것은 아니다. 정신이든 육체이든 모두 그 자체로 독립 자존하는 것이 아니고, 다른 것과의 상관성을 벗어날 수 없음을 강조하는 것일 뿐이다.

> "무엇을 名을 안다고 하는가? 색이 아닌 네 가지 陰을 名이라고 하는 것이다. 무엇을 色을 안다고 하는가? 四大와 사대로 이루어진 것을 색이라고 하는 것이다. 여기에서 색을 말하고 앞에서는 명을 말했는데 이것이 곧 명색이고, 이것을 명색을 참되게 있는 그대로 아는 것이라고 한다. 무엇을 명색의 원인[習]을 참되게 있는 그대로 아는 것이라고 하는가? 識으로 말미암아 곧 명색이 있다고 하는

---

30) 『雜阿含經』卷43(대정장2, 311b〜c), "有手故知有取捨 有足故知有往來 有關節故知有屈伸 有 腹故知有飢渴 如是 比丘 有眼故眼觸因緣生受 內覺若苦若樂不苦不樂 耳鼻舌身意 亦復如是". 이하는 반대로 눈 등이 없으면 감수작용도 성립될 수 없음을 밝히고 있다.

것이니, 이것을 명색의 원인을 참되게 있는 그대로 아는 것이라 한다."[31]

인용문에 나오는 오온의 구성요소로서의 식과 오온을 구성하는 원인으로서의 식의 관계에도 일방성은 인정되지 않는다. 오랜 세월 동안 계속되어 온 식의 습기가 몸과 마음의 정체성에 영향을 미치고, 다시 이렇게 형성된 몸과 마음이 능산자로서의 식에 保持됨을 반복하는 것이다. 경전에서는 이것을 세 개의 갈대 중 하나가 없어도 설 수 없는 것에 비유하고 있다.[32] 셋 중 어느 것이 중심축인가를 따지는 것은 불가능할 뿐 아니라 무의미하다.

붓다가 자아란 무엇인가에 대한 질문에 대해 항상 정신과 육체를 들었던 것은 그 분석에 목적이 있는 것이 아니라, 이들의 화합에 의한 존재자라는 존재의 성격을 드러내는 데 목적이 있었다. 붓다는 몸과 마음을 몸과 마음 그 자체만으로 보는 것이 아니라, 몸과 마음 그리고 외계와의 관련성 속에서 고찰한다. 이러한 점에서 앞에서 잠정적으로 내렸던 불교의 심신이원론은 非實體的二元論 그리고, 不二的二元論 혹은 心身相關論이라고 해야 더욱 정확한 표현이 될 것이다.

---

31) 『中阿含經』 卷7(『大正藏』 1, 463c). "云何知名 謂四非色陰爲名 云何知色 謂四大及四大造爲色 此說色 前說名 是爲名色 是謂知名色如眞 云何知名色習如眞 謂因識便有名色 是謂知名色習如眞".
32) 『雜阿含經』 卷12(『大正藏』 2, 81b). "譬如三蘆 立於空地 展轉相依 而得豎立 若去其一 二亦不立 若去其二 一亦不立 展轉相依 而得豎立 識緣名色 亦復如是 展轉相依 而得生長".

3) 몸과 마음의 가치론적 지위 해명

(1) 고통의 의미에 대한 분석

이미 서술한 바와 같이 붓다의 자아관은 자아 자체에 대한 분석이 아닌 고통으로부터의 자유라는 목적을 갖는다. 불교에서는 세속적인 의미에서의 선과 악의 가치를 부정하지는 않지만, 이것은 모두 고통으로부터 벗어나는 데 궁극적으로 도움을 주지 않기 때문에, 有漏善이라고 한다. 오직 고통으로부터의 자유를 주는 것만이 無漏善이라고 하여 궁극적인 가치를 지닌다. 따라서 몸과 마음의 가치론적 지위를 해명함에 있어서도 이러한 규정이 적용되어야 한다. 고통의 발생과 소멸에 있어서 몸과 마음의 역할이 이들에 대한 가치론적 입장을 좌우한다.

이것을 살펴보기에 앞서 붓다가 극복하고자 했던 고통의 의미에 대한 분석이 이루어져야 한다. 붓다는 몸과 마음, 그리고 그것으로 이루어진 자아가 무상하고, 무아임을 강조할 때 항상 고통이라는 사실도 강조하였다. 여기서 문제가 되는 것은 이렇게 무상한 자아가 왜 고통인가 하는 것이다. 이것에 대해서 보통 무상은 실상인데 고통이라는 판단은 그러한 실상을 이해하지 못한 사람들의 눈에 비친 세계로 인해 나타나는 현상에 대한 규정이라고 해석한다. 고통은 객관적 사실이 아니라 다분히 주관적이라는 것이다.[33]

이런 해석은 불교를 비관주의로부터 일탈시키려는 노력의 일환

---

33) 김동화, 『원시불교사상론』(서울: 뇌허불교학술원, 2001), 156쪽. 안옥선, 『불교윤리의 현대적 이해』(서울: 불교시대사, 2002), 89쪽.

인 것으로 생각되지만, 붓다 자신이 말했듯이 있는 사실을 있는 그 대로 인정하는 데서 불교의 모든 사유가 시작되어야 한다면, 업에 의해 무상한 이 세계에 태어나 살아가는 인간의 현존은 고통스러 울 밖에 없다. 어떤 것도 내가 원하는 대로 될 수는 없다. 나는 모 든 것의 주재자가 아니라 모든 것과의 관계 속에서 존재하는 존재 자일 뿐이기 때문이다.

불교의 진리관에 입각할 때, 태어난다는 것 자체가 이미 無明의 소산이다. 붓다의 고뇌는 삶 속에 필연적으로 존재하는 생로병사에 대한 두려움에서 시작되었고, 붓다는 모든 고통에서 자유를 얻었음 을 선언하였지만, 붓다 역시 늙고 병들어 죽음을 맞이할 수밖에 없 었다. 만약 고통이 주관적이라고 한다면 생로병사는 고통이 아니어 야 하지만, 분명 생로병사는 붓다의 입을 통해 고통이라고 말해지 고 있다. 또한 붓다에게 생로병사는 없어야 하지만 붓다도 이것을 피할 수는 없었다. 마지막으로 이 세계에서의 고통이 전부 주관적 인 데 불과하다면 윤회로부터의 해탈, 더 이상 태어나지 않는 경지 에 도달할 것을 지향할 이유가 없어진다.

이런 의미에서 붓다의 교설에서 고통의 의미는 둘로 분류되어야 한다고 본다. 八苦 등과 같은 원초적 고통과 이것을 제외한 이차적 고통이다. 연기적 존재로서의 인간이란 주재성을 갖지 못하기 때문 에, 존재하는 한 八苦는 벗어날 수 없는 것이다. 우리가 현존의 상 태에서 벗어날 수 있는 것은 고통을 수용하는 방식에 있어서 잘못 된 인식에 의해 배가되는 고통들이다. 깨달은 이에게 있어서 사라 지는 것은 고통의 조건 속에 놓인 존재 자체가 아니라, 고통의 조 건 속에 놓인 존재 자체를 수용하지 못함으로써 발생하는 이차적 고통일 뿐이다.[34] 깨달은 이에게서 사라지는 것은 생로병사 자체가 아니라 생로병사에 대한 두려움이다.[35] 깨달은 이가 존재 자체의 고통에서 벗어나는 것은 현세가 아니라 미래세의 일이다. 그는 존재에의 욕망을 벗어남으로써 더 이상 존재하지 않게 될 것이기 때문이다.

(2) 몸과 마음에 있어서 마음이 중점적으로 부각되는 이유

초기 불교에서 인간은 몸과 마음으로 이루어져 있되, 그 몸과 마음은 실체성을 갖지 않는다는 것을 강조한다. 몸과 마음의 현상적 존재성은 부정되지 않으며, 이런 의미에서 가치론적으로 等價性을 갖는다. 또한 어느 하나가 어느 하나에 일방적인 영향력을 행사하지 않는다는 점에서도 등가성을 갖는다. 이렇게 등가적 관계를 가지는 것이 수차례 강조됨에도 불구하고, 마음에 더욱 비중을 두는 양상이 두드러지게 나타나는 것도 사실이다.

예컨대 붓다는 자이나교의 중흥조인 Nigantha Nataputta의 제자

---

34) 붓다는 늙고 병든 那優羅公에게 몸에는 병이 있더라도 마음에는 병이 없게 하라고 한다. 제자 사리불은 붓다의 말을 다음과 같이 해석한다. 오온 각각에 대해 불변하는 어떤 것이 있다고 생각하면, 각각이 변화하는 현상을 볼 때마다 고통을 일으킨다. 이것을 몸에도 근심이 있고 마음에도 근심이 있는 것이라고 한다. 만약 오온 각각에 대해 무상하다는 것을 관찰하면, 각각이 변화하는 현상을 보아도 그것으로 인해 고통이 생겨나지 않는다. 이것을 몸에는 병이 있더라도 마음에는 병이 없는 것이다[이상은 『增壹阿含經』 卷6 第四經(『大正藏』 2, 573a~b)의 내용을 취의요약한 것이다]. 붓다는 오온의 무상함을 관찰함으로써 해탈할 수 있다고 하였다. 이로써 볼 때 오온의 무상함을 관찰하여 도달하는 해탈이란 원초적 고통인 생로병사에서의 벗어남은 아니라는 것을 알 수 있다. 같은 경 卷24 第七經(『大正藏』 2, 679b~c)에도 붓다의 말이라고 하여, 생로병사는 성현의 제자도 어쩔 수 없이 겪어야 하는 것이지만, 그들은 그것에 의해 근심하지 않음으로써 다시는 태어나지 않게 된다고 하여 동일한 취지의 글이 수록되어 있다.

35) 『雜阿含經』 卷1(『大正藏』 2, 1c), "於色 不知不明 不離欲貪 心不解脫者 則不能越生老病死怖 如是受想行識 不知不明 不離欲貪 心不解脫者 則不能越生老病死怖 諸比丘 於色 若知若明 若離欲貪 心解脫者 則能越生老病死怖 如是受想行識 若知若明 若離欲貪 心解脫者 則能越生老病死怖". 해탈이란 생로병사에 대한 두려움을 넘어서는 것이라 하였다.

가 자신의 교단에서는 身業을 가장 중시하여 오로지 그것을 괴롭힘으로써 口業과 意業까지 소멸시킨다고 하자, 자신은 의업을 제어함으로써 신업과 구업이 저절로 제어되도록 한다고 하였다.[36) 또한 마음은 모든 것의 주인으로, 수레가 가야 할 길을 결정하는 이미 나 있는 수레바퀴 자국에 비유되기도 한다.[37)

그러나 이것을 붓다가 마음을 몸보다 중시하였다고 하는 근거로 삼는 것은 곤란하다. 몸이든 입이든 마음에 의해 조정을 받는다고 했기 때문에 마음을 중시한 것으로 볼 수도 있지만, 마음은 善業의 근거이기도 하지만 惡業의 근거이기도 하기 때문에, 다만 우리에게 고통을 일으키고 깨달음을 성취하도록 유도하는 중심 주체는 마음이라고 한 것으로 이해해야 한다. 마음은 청정성의 측면만이 아니라 오염성의 측면도 동시에 가진 존재라면, 육체야말로 가치중립적이라는 점이 부각될 수 있을 뿐이다.

그렇다면 마음은 왜 주재성을 갖는가? 붓다가 부정한 것은 몸의 어떤 측면인가? 이것은 불교의 이상인 고통으로부터의 자유와 관련지어져서 이해되어야 한다. 고통의 원인은 집착이고 집착하는 것은 몸이 아니라 마음이다. 마음이 집착을 벗어남으로써 자유를 얻는 것이지, 몸을 부정함으로써 자유를 얻는 것은 아니다.

> "마땅히 色이 無常함을 관찰해야 할 것이니, 이와 같이 관찰하는 것이 곧 바른 관찰이다. 바른 관찰을 하는 이는 싫어하여 떠나려는 마음을 내고, 싫어하여 떠나려는 마음을 내는 이는 즐거워하고 탐착하는 마음이 다한다. 즐거워하고 탐착

---

36) 『中阿含經』 卷32(『大正藏』 1, 628b), "世尊又復答曰 苦行 此三業 知是相似 我施設意業爲最重 令不行惡業 不作惡業 身業口業則不然也".
37) 『法句經』 卷上(『大正藏』 4, 562a), "心爲法本 心尊心使 中心念惡 卽言卽行 罪苦自追 車轢於轍".

하는 마음이 다하는 것, 이것을 心解脫이라 한다. 이와 같이 受想行識이 無常함을 관찰할지니, 이와 같이 관찰하는 것을 바른 관찰이라 한다."[38]

몸이 무상한 것임을 알지 못할 때 탐착하는 마음을 낸다. 몸에 대한 탐착이란 몸에서 일어나는 생로병사 등을 받아들이지 않는 것을 의미한다. 생로병사가 괴로운 것은 생로병사 그 자체 때문이기도 하지만, 생로병사를 받아들이지 못하는 우리의 마음 때문이기도 하다. 우리는 변화하는 몸을 받아들이지 않고, 젊고 건강한 모습을 유지하고 싶어 한다. 늙은 모습이 우리를 힘들게 하는 것이 아니라, 젊은 모습의 불변성에 대한 집착이 우리를 힘들게 한다. 오염된 마음은 몸을 영원한 것이라고 생각하고, 이로써 몸의 변화는 더 이상 받아들일 수 없는 것이 된다. 오염된 것은 몸이 아니라 마음이기 때문에 우리가 본질적 자아를 회복하기 위해 행해야 할 것은 몸에 대한 부정이 아니라, 실상을 바르게 관찰하여 몸의 바른 작용을 막는 오염된 마음을 제거하는 일이다. 문제가 되는 것은 몸 자체가 아니라 몸에 깃든 우리의 마음이다. 감각기관에 대한 올바른 제어법에 대한 제자 Ānanda의 질문에 붓다는 다음과 같이 답한다.

"눈과 色을 인연으로 하여 眼識이 생기면, 좋다는 마음이 생기기도 하고 좋지 않다는 마음이 생기기도 한다. 좋다는 마음이 생기기도 하고 좋지 않다는 마음이 생기기도 하면, 그 거룩한 제자는 그것을 이와 같이 참답게 안다. '나는 눈과 색을 인연으로 하여 안식이 생김으로써, 좋다는 마음을 내고 좋지 않다는 마음을 내었다. 좋다는 마음과 좋지 않다는 마음이 생겨남에, 이렇게 관찰하면 그것이 곧 적멸의 경지이고, 이렇게 관찰하면 그것이 곧 뛰어나고 묘한 경지인 것이다.' 이른바 [좋아하는 마음과 좋지 않다는 마음을] 함께 버리는 것이니, 그것을 버릴

---

38) 『雜阿含經』卷1(『大正藏』2, 1a), "當觀色無常 如是觀者 卽爲正觀 正觀者 卽生厭離 厭離者 喜貪盡 喜貪盡者 說心解脫 如是觀受想行識無常 如是觀者 卽爲正觀".

수 있으면 싫어하고 싫어하지 않음을 떠나게 된다."[39]

몸이 문제가 되는 것은 몸이 외부대상을 만나, 번뇌의 원인이 되는 마음이 생겨나도록 하는 중심체이기 때문이다. 몸이 없다면, 설령 있다고 해도 대상과 더불어 작용을 하지 않는다면, 분명 번뇌는 생겨나지 않는다. 그러나 붓다는 이러한 방식으로 번뇌를 없애는 것을 인정하지 않았다. 몸의 작용을 내버려 두되, 그 작용에 있어서 생겨나는 문제를 해소하려고 하였다. 그리고 몸의 작용에 있어서 생겨나는 문제는 필연적으로 마음과 맞닿아 있다.

> "그대들은 여러 감각기관의 문을 수호하여 그 마음을 잘 제어하라. 눈으로 색을 보되 색의 相을 취하지 말고, 겉으로 드러난 좋아하는 모습을 취하고 집착하여 가지려는 마음을 지니지 말라."[40]
> "세존은 눈으로 색을 보아 혹은 좋고 혹은 나쁘더라도 욕탐을 일으키지 않는다. 그 밖의 중생들은 눈으로 색을 보아 혹은 좋고 혹은 나쁘면 곧 욕탐을 일으킨다. 그러므로 세존은 욕탐을 끊으면 곧 마음이 해탈한다고 설하였다."[41]

초기불교에서 마음이 비중을 차지하는 것은 바로 이러한 주재적 측면 때문이지, 몸 자체를 부정한 것으로 보아서는 아니다. 붓다는 몸 자체를 부정하고 더러운 것이며 버려야 할 것이라고 한 적이 없다.[42] 다만 몸에 깃든 마음의 오류를 시정할 것을 요청하였을 뿐이

---

39) 『雜阿含經』卷11(『大正藏』2, 78b), "眼色緣 生眼識 生可意 生不可意 生可意不可意 彼聖弟子 如是如實知 我眼色緣 生眼識 生可意 生不可意 生可意不可意 此則寂滅 此則勝妙 所謂俱捨 得 彼捨已 離厭不厭".

40) 『雜阿含經』卷43(『大正藏』2, 311b), "汝等應當守護根門 善攝其心 若眼見色時 莫取色相 莫取隨形好 增上執持".

41) 『雜阿含經』卷9(『大正藏』2, 60b), "世尊 眼見色 若好若惡 不起欲貪 其餘衆生 眼若見色若好若惡 則起欲貪 是故 世尊 說當斷欲貪 則心解脫".

42) 물론 붓다는 몸과 마음의 무상성을 관찰하면 싫어하는 마음이 생겨나고 기로서 탐욕을 여의고 해탈한

다. 이러한 형태의 심신론에 대해 마음의 가치론적 우위를 주장한다는 판단을 내린다는 것은 타당하지 않다.

(3) 五蘊과 五取蘊 : 마음은 어떻게 몸과 마음을 장애하는가

불교의 가치관에 입각할 때 우리를 고통으로 이끄는 것은 악이고 고통으로부터 벗어나게 하는 것은 선이다. 붓다가 제거하려고 했던 고통이란 이미 살펴본 것처럼 무상·무아인 것에 대한 바른 인식을 결여함으로써 생겨나는 모든 종류의 고통이었고, 이 고통은 마음의 얽매임과 관련된 것이다. 얽매인 것이 마음이기 때문에 벗어나는 것도 마음이다. 불교에서 몸과 마음에 대한 가치론적 논의가 이루어질 수 있는 것은 바로 이 지점부터이다. 곧 속박과 해탈은 마음과 마음의 문제라는 것이다. 그렇다고 해서 마음이 몸에 대해 어떤 작용도 할 수 없음을 의미하는 것은 아니다. 마음은 몸이라는 질료가 구체적 양태를 띠어 가는 데 주도적 역할을 한다.[43] 마음이 일으킨 모든 종류의 과오에 의해 왜곡된 몸은 오직 마음에 의해서 치유된다는 것을 의미할 뿐이다.

우리의 마음은 어떻게 있는 그대로의 마음과 몸을 오염시키며,

다는 것을 아함경의 곳곳에서 설하고 있다. 여기에서 싫어하는 마음이란 매우 부정적인 표현으로 보인다. 필자는 무상성을 관찰하지 못함으로써 생겨나는 마음이 집착이라는 점을 감안할 때 싫어하는 마음이란 애착을 전제로 시설된 개념으로 보아야 하지 않을까 생각한다. 왜냐하면 주 41)에서 보듯이 호오를 떠나는 것이 진정으로 탐욕을 여의는 것이기 때문이다. 그런데 만약 싫어하는 마음이 호오 중의 하나인 惡의 감정이라고 한다면 치우친 감정이므로 집착이 아닐 수 없다. 따라서 싫어하는 마음이라는 말은 애착하는 마음을 벗어난다고 보는 것이 더욱 타당할 것으로 보인다.

43) 정신과 육체의 작용이 낳은 습기는 識에 잠장되고 무명에 의한 업을 완전히 소거하지 못하는 한 우리의 식은 다시 물질이라는 질료를 만나 정신과 육체를 형성하는 도구가 된다. 이때 식은 질료인 물질의 양태를 구성하는 원인이 된다. 이것이 바로 마음과 물질은 둘이 아니라는 말의 의미가 될 것이다. 고기를 먹으면 두드러기가 나는 불교인들이 유난히 많다. 두드러기는 몸의 양태이지만 그 양태가 나타난 원인은 마음에 있다. 마음이 몸을 만든다고 한다면 바로 이런 의미에서 일 것으로 생각된다.

이러한 오염으로부터 벗어나는 길은 무엇인지를 알아보기로 한다. 경전에서는 잘못된 인식을 기초로 성립된 오온을 五取蘊이라고 하여 가치중립적인 의미에서의 오온과 구별하고 있다. 오온이란 있는 그대로의 몸과 마음이라면 오취온이란 마음에 의하 오염된 몸과 마음이다.

> "어떤 경우에는 陰이 盛陰이고, 어떤 경우에는 음은 곧 성음이 아니다. 음이 곧 성음인 경우는 어떤 것인가? 만일 색에 번뇌가 있고 집착이 있고, 각・상・행・식에 번뇌가 있고 집착이 있으면 이 음은 곧 성음이다. 음이 곧 성음이 아닌 경우는 어떤 것인가? 만일 색에 번뇌가 없고 집착이 없고 각・상・행・식에 번뇌가 없고 집착이 없으면 이 음은 성음이 아니다."[44]

오온이 오취온이 되는 것, 곧 있는 그대로의 몸과 마음이 왜곡되는 결정적 근거가 되는 것은 바로 집착과 번뇌이다. 오취온의 발생 근거에 대해 붓다는 탐욕이 뿌리가 되고, 탐욕이 모인 것이며, 탐욕이 낳은 것이고, 탐욕이 개입한 것[45]이라고 선언하며, 탐욕의 구체적인 내용을 다음과 같이 설했다.

> "어떤 비구가 실로 눈이 있어서, 좋아할 만한 色임을 알고, 마음으로 생각하며, 색을 사랑하고, 욕망과 상응하며, 마음으로 즐거워하되, 근본을 더듬어 볼 때 근본이 곧 과거이다. 그것은 과거의 식이 욕망을 일으키고 물들고 집착한 것이다. 識이 욕망을 일으키고 물들고 집착하면 곧 그것을 즐거워하게 되고, 그것을 즐거워하기 때문에 곧 과거를 기억하게 된다. 이와 같이 귀・코 혀・몸에 있어서도 또한 그러하다. 어떤 비구가 실로 마음이 있어서 좋아하는 개념임을 알고, 마음으로 생각하며, 법을 사랑하고, 욕망과 상응하며, 마음으로 즐거워하되, 근본을

---

44) 『中阿含經』 卷58(『大正藏』 1, 788b), "或陰即是盛陰 或陰非盛陰 云何陰即是盛陰 若色有漏有受 覺想行識有漏有受 是謂陰即是盛陰 云何陰非盛陰 色無漏無受 覺想行識無漏無受 是謂陰非盛陰".
45) 『雜阿含經』 卷2(『大正藏』 2, 14b), "此五受陰 欲爲根 欲集 欲生 欲觸".

더듬어 볼 때, 그 근본이 곧 과거이다. 그것은 과거의 식이 욕망을 일으키고 물들고 집착한 것이다. 식이 욕망을 일으키고 물들고 집착하면 곧 그것을 즐거워하게 되고, 그것을 즐거워하기 때문에 곧 과거를 기억하게 된다. 여러분, 이와 같이 비구는 과거를 기억하게 된다."[46]

우리의 몸과 마음이 어떻게 오염되는가? 그리고 오염된 결과는 어떤 문제가 생겨나는지를 설명한 것이다. 연기가 모든 존재의 존재원리라고 할 때 정신과 육체, 그리고 물리세계 일반을 통틀어서 변하지 않는 것은 아무것도 없다. 그런데 우리는 경험의 내용을 있는 그대로 받아들이지 않고 그것에 대해 실체성을 부여한다. 이 때문에 과거의 경험이 현재의 발목을 붙잡는다. 고장 난 냉장고에서 얼어 죽은 예는 감수작용을 실체화함으로써 생겨나는 장애이다. 냉장고에 대한 과거의 감수작용의 실체화가 있는 그대로의 몸과 마음을 보는 것을 장애한다. 똥통에 빠진 무를 아무리 잘 씻어내도 먹을 수 없는 것, 먹는다고 할지라도 구역질을 할 수밖에 없는 것은 과거세를 포함한 모든 과거의 무상한 경험내용을 실체화함으로써 생겨나는 장애이다.

이렇게 몸과 마음이 대상을 접하여 생겨나는 모든 종류의 경험이 무상하다는 것을 알지 못함으로써, 우리는 즐거움과 괴로움의 양극단에 처하게 된다. 즐거움은 들뜨게 하는 감정이고 괴로움은 가라앉게 하는 감정이다. 즐거운 감정과 괴로운 감정은 현재 우리의 육체가 누려야 할 적합한 조건을 알지 못하게 한다. 즐거운 감정은 몸의 조건을 고려하지 않고 탐닉하게 하고, 괴로운 감정은 몸

---

46) 『中阿含經』 卷43(『大正藏』 1, 697c), "比丘 實有眼 知色可喜 意所念 愛色…因樂彼已 便念過去 諸賢 如是比丘念過去也".

을 고려하지 않고 배척하도록 한다. 우리의 몸은 이로 인해 누려야 할 조건을 상실하고 황폐해진다.

　무상함을 이해하고, 욕망을 제거할 때 우리는 현저 우리의 몸과 마음의 상태를 있는 그대로 이해하고 받아들이기 때문에, 가장 즐거운 상태를 유지할 수 있다. 이렇게 얻는 즐거움이란 상대적 즐거움을 넘어선 즐거움이기에 즐거움이라기보다 평화라고 해야 한다. 들뜨지 않고 가라앉지 않는 평화로운 마음의 지속이 바로 자유이다. 이렇게 볼 때 몸과 마음의 관계에 있어서 역시 주도적 위치를 차지하는 것은 마음이다. 상주성에 집착하는 마음은 해탈을 장애하기 때문에 가치론적으로 악이며, 상주성에 대한 집착을 벗어난 마음은 해탈로 인도하기 때문에 가치론적으로 선한 것이다.

5. 맺음말

몸은 정신주의라고 하는 서구의 지배적 전통 안에서 마음의 활동을 위한 도구적 존재로 인식되었으며 나아가 마음의 활동을 가로막는 장애물로 간주되었다.[47] 불교 또한 마음에 대한 해명에 치중함으로써 몸을 무의미하고 부정한 것으로 간주했다는 오해를 받는 경우가 종종 있어 왔다.

본 논문의 연구결과에 따르면 우리의 몸과 마음의 자유로운 활동을 가로막는 장애물은 오히려 마음이다. 불교에서 부정하는 것은 몸이 아니라, 몸에 가시처럼 박힌 올바르지 못한 정신이다. 그러나 이러한 정신에 의해 본연의 상태를 상실한 몸의 청정성을 회복하게 하는 것도 마음이다. 이 때문에 심신관계에 있어서 몸과 마음의 가치론적 지위는 판정할 수가 없다. 몸과 마음은 그저 무상한 흐름 그 자체로 존재할 뿐이기 때문이다.

가치 판단의 대상이 될 수 있는 것은 마음이다. 마음은 청정성과

---

47) 노양진, 「몸의 철학적 담론」, 『용봉논총』(광주: 전남대학교 인문과학연구소, 2001).

오염성의 이중적 의미를 갖고, 청정한 마음은 선이고 오염된 마음은 악이다. 그렇다고 해서 청정한 마음이라고 하는 어떤 실체가 있다고 보아서는 안 된다. 이미 청정하다는 의식이 존재하면, 청정하지 못한 것과의 분별의식에서 벗어나지 못하게 되고, 이때 우리의 의식은 다시 분열되어 마음의 평정을 상실한다. 청정을 얻고 부정을 물리치려는 시도는 탐욕과 분노라는 큰 번뇌의 뿌리가 된다. 우리는 오염된 마음을 제거할 때 본연의 상태로서의 몸과 마음으로 돌아간다고 말해야 한다. 참된 자유의 세계란 다름 아닌 있는 그대로의 몸과 마음이 걸림 없이 노니는 세계이기 때문이다.

형·기·신*
: 심신 대립을 넘어선 도가적 정신 해방

김재숙

* 이 논문은 2005년도 한국학술진흥재단의 지원을 받아 수행된 연구임(KRF-2005-079-AM0016).

1. '몸'의 발견과 도가 사상

　중국 도가 철학사에서 최초로 몸을 발견한 사람은 아마도 양주(楊朱가) 아닐까 싶다. 『맹자』에 의하면 양주는 세계 평화를 위한다고 하는 정신적 가치에도 불구하고 자기 정강이에 난 털 하나 뽑지 않겠다는 사람이다. 이에 대해 맹자는 양주를 자기만 위하는 위아(爲我)주의자요, 국가를 위해 전쟁에 나가지 않으려는 반국가적(無君) 인물이라고 비난하였다.[1] 맹자의 혹독한 평가와 달리 한비자는 양주를 '외물을 가벼이 보고 자기 생명을 중히 여기는 자(輕物重生)'이라고 평가하고 있고,[2] 『회남자』에서는 "본성을 완전히 하고 자신의 참모습을 보전하며, 외물로써 신체에 얽매이지 않으려는 자"라고 평가하고 있다.[3] 여기에는 심신 문제가 깔려 있다. 양주의 사상은 묵자의 집단 우선주의적 사고와 유가의 살신성인(殺身成仁) 이념 속에서, 개인의 몸은 사회 전체의 이념을 위해 희생할

---

1) 『孟子』 「盡心上」, 楊子取爲我, 拔一毛而利天下, 不爲也. 「藤文公下」, 楊氏爲我, 是無君也.
2) 『韓非子』 「顯學」, 今有人於此, 義不入危城, 不處軍旅, 不以天下大利易其脛一毛, 世主必從而禮之, 貴其智而高其行, 以爲輕物重生之士也.
3) 『淮南子』 「氾論訓」, 全性保眞, 不以物累形, 楊子之所立也, 而孟子非之.

수 있는 도구이고, 형체는 정신을 위한 하위의 것이라는 가치에 대한 반작용이 깔려 있다.

양주가 몸을 그렇게 중요시 여긴 것은 왜인가. 물론 양주의 사상은 '전국'시대라는 혼란기에 개인의 생명이 어떤 이념이나 사회적 가치보다 중요하다는 문제의식에서 나온 것이지만[4] 심신 문제의 관점에서 보자면 양주에게는 몸이 곧 정신이기 때문이다. 고대 중국인에게 남자의 몸생명은 그 자신의 것이 아니라, 그의 부모와 조상에 속했다. 당시 사회상에서 "그의 몸은 그들에게 봉헌되는 제물인 셈이다. 그의 조상에 대한 의무와 국가에 대한 의무 사이에는 피할 수 없는 긴장이 있었다. '생명을 보존한다'는 것은 살아 있는 자들(그들의 부모, 그들 자신과 상속자)을 섬기는 것을 죽은 자를 섬기는 것보다 우선시하는 주나라 원리의 발전이다. 그러므로 생명을 보존하라는 것은 모든 비용을 들여서라도 너 자신을 살아 있게 하라는 것을 의미할 수도 있다. 그의 몸은 그의 부모와 조상에게 봉헌된 것이지 자신의 것이 아니기"[5] 때문이다. 비록 양주는 형신 관념으로 심신 문제를 말한 것은 아니지만 경물중생의 원리는 인간의 몸생명에 대한 도가사상의 문제의식의 한 갈래로 이어지고 있다.

중생, 귀생(貴生)의 원리는 일반적으로 동한말 이후의 도교계통의 제일강령으로 말해지지만 몸의 학설은 서한 초 황로학은 물론

---

4) 김병환, 「양주학파의 자연생명사상」(『중국철학』 7집, 중국철학회, 2000), 5~12쪽.

5) John Emerson, "Yang Chu's Discovery of the Body"(*Philosophy East & West*, vol.46, No.4, Univ. Hawaii Press, 1996), 548~550쪽. 에머슨에 의하면 양주의 이론은 공자보다 더 오래된 가족애(family piety)라는 중국의 전통 위에 견고하게 서 있다. 양주사상은 individualism이라기보다 family-privatism이다. 국가권력의 세속화와 유용주의적 절대주의에 대한 반작용이며, 사적 일을 공적 업무보다 높인 것이다.

선진도가, 특히 장자의 인간학의 핵심을 형성하며 도가사상의 본질적 특성을 형성한다고 하겠다.[6] 장자는 인간의 생명체를 정신적 부문과 육체적 부분으로 나누어 봄으로써 노자보다 훨씬 심도 있는 심신 문제에 대한 주제의식을 보여주고 있다. 얼핏 보기에 장자는 몸을 초월한 듯한 진인과 신인을 등장시켜 관념적이고 심미적인 정신세계에만 안주하고 있는 듯하고, 나아가 인간에게 몸이 있고, 몸에 따라 마음도 늙어 가는 인간의 삶을 한탄하면서 "육체를 위해 하는 짓이란 얼마나 어리석은가"라고 말하고 있어[7] 몸을 경시하는 인상을 주고 있다. 그러나 사실 장자는 몸의 체험에 매우 충실한 사람이라 할 수 있고 누구보다 '몸을 활발하게 움직임으로써 지극한 즐거움'을 추구한 자라고 할 수 있다.[8] 비록 장자의 글이 상징적인 문체를 이루고 있지만 그의 우화나 은유적 상징 속에서 그의 사상이 어떤 신체론적 근거를 가지고 있음을 볼 수 있다.[9] 『장자』에게서 은유로 표현된 인간의 몸생명에 관한 경험의 구조들은 『회남자』에서도 이어지고 있다. 이는 인간의 몸생명 구조에 대한 관심이 한대 사상의 우주론, 기론의 영향하에서 설명되고 있는 것이다. 도교의 출현 이전에도 선진도가와 황노학에서 몸의 문제는 주요 관심주제였고, 한대 이후 도가적 전승은 바로 이러한 선진도가의 여러 사상의 성분이 상호 복합적으로 작용하는 위에 형성된 것이

---

6) 김성환, 「도학, 도교, 도가, 그 화해가능성의 재조명」(『도교학연구』 16집, 한국도교학회, 2000), 24, 32쪽.

7) 『莊子』, 「齊物論」, 其形化, 其心與之然, 可不謂大哀乎, 人之生也, 固若是芒乎, 其我獨芒, 而人亦有不芒者乎. / 「至樂」, 其爲形也亦愚哉.

8) 『莊子』 「至樂」, 天下有至樂, 无有哉, 有可以活身者, 无有哉. …至樂活身, 唯無爲幾存.

9) 존슨, 노양진 역, 『마음속의 몸』(철학과현실사, 2000), 31쪽. 은유는 정합적이고 질서정연한 경험으로 중요 인지구조들 중의 하나이다. 은유적 이해는 환상적이고 자의적인 투사가 아니다. 선개념적이고 비명제적인 경험의 구조들은 은유적으로 투사되고 명제적으로 정교화되어 의미체계를 형성한다는 것이다.

라 할 수 있다.[10]

본 논문에서는 아직 도교의 성립이 확립되기 이전[11] 『장자』와 장자 사상을 계승하고 있는[12] 서한 초 『회남자』를 중심으로 도가 사상에 나타나는 몸의 문제를 기일원론적 심신관계론으로 구명해 보고자 한다.

---

10) 김성환, 「도학, 도교, 도가, 그 화해가능성의 재조명」, 32쪽.

11) 도교는 보통 동한 말 이후 오두미교의 등장 이후 성립된 것으로 공인된다.

12) 王叔岷, 「淮南子引莊擧偶」(『道家文化硏究』 14집, 三聯書店, 1998), 364~400쪽. 『회남자』에 인용된 『장자』의 구절들 223항목을 추출해 냄으로써 회남자가 장자와 밀접함을 증명해 내고 있다.

2. 形・氣・神 3요소설에 나타난 도가의 심신관계

1) '形・神' 개념의 수양론적 함의

도가에서는 우선 인간의 몸(身)을 '보이는 몸(形, 形骸, 形軀 등)'
과 '보이지 않는 몸(心, 神, 神明, 魂魄 등)'으로 나누어 보았다. 여
기서 '보이는 몸'은 살과 뼈와 4肢 5臟 9규(竅) 366마디의 형체를
가지고 있는, 보이는 몸이다. 이에 반해 '보이지 않는 몸'이란 어떤
신묘한 작용을 가지고 있는, 보이지 않는 '정신적인' 몸이다. 장자
에 의하면 "정신이란 사방으로 트이고 흘러 이르지 않는 곳이 없어
서, 위로는 하늘에 닿고, 아래로는 땅에 도사린 채 만물을 변화 육
성하면서 그 모습은 보이지 않는" 것이다.[13] 즉 크게 육체적 몸(形)
의 부분과 정신적 작용(心)의 부분으로 나누어 보았다. 중국철학에
서 인간의 생명현상을 다룰 때는 '형・신'이라는 쌍개념의 범주를
일반화하고 있지만 아직 장자에게서는 '형신' 쌍개념이 확실히 자

---

13) 『莊子』 「刻意」, 精神四達竝流, 无所不極, 上際於天, 下蟠於地, 化育萬物, 不可爲象.

리매김하지는 않고 있으며, 형과 상대되는 것으로 心을 더 많이 사용하고 있다.[14] 心과 神은 넓게는 모두 흔히 말하는 정신적 측면을 가리킨다. 그러므로 이 形·心 관계는 形·神 관계에 해당된다. 心과 神이 비록 정신적인 부분을 대표하지만 神이 순수한 정신으로 실체성이 없는 데 반해 心의 개념은 심장과 정신의 결합체로서 실체성을 가진다는 점에서 차이가 난다. 즉 심은 실체적 특성을 더 많이 내포하는 개념인 데 반해 神은 심의 신묘한 작용만을 세부화시킨 개념이다.[15] 이 心의 정미(精微)함에서 나오는 활동이 神이며, 이를 합쳐 정신(정미한 신의 작용력의 정수)이라 한다. 곧 神은 형과 심이 이상적 상태를 유지하고 있을 때 몸[身]이 지니게 되는 어떤 무한한 활동성, 작용력이다.[16] 다만 도가적 의미에서 본다면 이 '神'은 맹자가 말하는 인식기능으로서의 심의 활동(心之官則思)이 아니라 도가의 독특한 신명(神明)을 뜻한다.[17]

그러면 왜 '身'이 아니고 왜 '形'인가. '心·身' 개념이 아닌 '形·神' 개념으로 몸을 바라보는 것에도 동양사상의 특색이 함축되어 있다고 할 수 있다. 『장자』에서 보면 '身'은 '形'과 다른 차원의 것

---

14) 李霞, 『生死智慧－道家生命觀研究』(人民出版社, 2004), 134~137쪽. 한 예로 「지북유」편의 形若枯木 心若死灰 등과 같이 장자에게서는 아직 형과 심의 비유가 형과 신의 짝개념보다 더 많이 사용되고 있다. 장자는 形神, 形心, 身心 및 그와 유사한 이분법(形과 精·眞·魂魄 등등)을 제출하고 있다.

15) 李霞, 『生死智慧－道家生命觀研究』, 134쪽. / 김용섭, 『회남자철학의 세계』(경산대출판부, 1997), 288쪽. "『회남자』에서 心은 神과 유사한 개념이다. 서복관은 『회남자』의 心과 神을 같은 것으로 보고, 神을 心의 작용과 활동으로 보고 그 차이점을 주목하지 않았다." / 김용섭, 앞의 책, 285쪽. "형이 고정성을 가진 것이라면 신은 무한한 활동성을 가진 것이다. 그래서 형이 소멸한 후에도 존재한다."

16) 박원재, "도가의 이상적 인간상에 대한 연구"(고려대 박사논문, 1996), 36, 43쪽.

17) 鄭開, 『道家形而上學研究』(北京: 宗教文化出版社, 2003), 312쪽. "도가의 저작에서 심 개념은 두 가지 다른 의미를 지닌다. 하나는 이성적(지성적) 심으로 맹자가 말하는 인식기능으로서의 심(心之官則思)이고, 다른 하나는 신명적 심으로 도가의 독특한 심 개념이다." 이는 밝고 명백한 개념사유가 아니라 형이상학적 도로 귀속되는 개념사유할 수 없는 신명이라고 할 수 있다(136~139쪽).

을 말한다. 장자는 '형체를 위하는 것(爲形)'과 진정 '몸을 살릴' 수 (活身) 있는 것은 다르며, '몸만 기른다(養形)'고 '생경을 보존하는 (存生)' 게 아니며, '몸에 사로잡혀(守形)' '자신을 잊어버리는(忘 身)' 것을 경계하고 있다.[18] '身'은 넓은 의미로 정신과 육체를 포 괄하는 생의 전 영역을 말하는 것[19]으로서 『장자』 텍스트상에서도 '身'을 육체로만 보는 관점은 거의 무시해도 좋을 것이다. '身'은 형과 심 두 차원으로 나누어지며, 이 두 측면이 자리 잡는 데 전제 가 되는 토대, 장소와 같은 역할을 한다. '심신' 개념과 '형신' 개념 의 차이는 곧 인간을 보는 관점의 차이를 드러내고 있다. '심신'이 란 말이 실체로서의 육체와 마음의 이분법에 관한 존재론적 관심 에서 나온 말이라면 '형신' 개념은 수양론적 관심에서 나온 말이 다.[20] 몸(身)을 형과 신 개념으로 말함으로써 마음과 대립되는 육체 로서의 몸이 아니라 우리 몸은 형과 신이 서로 상관되는 하나의 몸 임을 말해 주는 의미를 더 강하게 준다고 할 수 있다. 우리 몸은 '보이는 몸'과 '보이지 않는 몸'을 다 함께 아우르고 있는 것이다.

이러한 인간 몸에 대한 관점은 일단은 형·신 이원론적인 듯 보

---

18) 『莊子』「至樂」爲形과 活身, 「達生」養形과 存生, 「散木」守形而忘身, 「人間世」支離形과 養 身 등등.

19) 물론 장자에서도 몸身은 形를 말하는 곳이 없는 것은 아니지만 주목할 바는 0·니다. 그러나 기론이 더 강화되는 『淮南子』에 와서는 몸身은 형과 구별되지 않고 쓰이고 있는 곳이 많다.

20) 박원재, "도가의 이상적 인간상에 대한 연구", 30쪽. "'육체/정신'은 '물질/정신'이라는 범주를 인간에 게 적용한 것이다. 그러므로 이것은 기본적으로 존재론적 측면에서 인간의 구즈를 해명해 보려는 관심 에서 비롯된 측면이 강하다. 이에 비해 형/심은 감각 및 지각, 의지라는 욕망의 근원을 해명해 보려는 관심에 기반을 두고 있다. 이는 수양론적 관심을 전제로 할 때 그 의미가 제대로 드러난다. 이는 노장 에만 국한되는 것이 아니라 중국철학 일반의 공유이다." 이 같은 특색은 의학적 측면에서 근대의학과 한의학의 몸에 대한 관점과도 관계된다. 서양근대의학의 눈은 몸을 밖에서 관찰할 수 있는 객체로서 본다. 타자의 몸(객관적 몸)을 그 외부에서 관찰하는 시선에 고정시킨다. 타자의 몸(객체적 몸)만이 보 일 뿐 그 마음은 보이지 않는다. 이에 반해 동양의 한의학에서는 몸을 그 안쪽에서 주체로 보는 관점 이다. 이는 일상생활에서 자신의 몸에 대해 느끼고 있는 방식으로 자신의 몸을 자신이라고 생각하기에 마음과 몸은 분리되지 않는다[야스오, 『몸과 우주』(지식산업사, 2004), 96쪽].

인다. "몸을 잊어버리고 총명함을 막아버리라"라든가 "신과 형을 위로하다", "몸은 강호에 있고, 마음은 궁궐에 있다", "형체를 다스리고 마음을 다스리다"[21] 등에서와 같이 형신 개념을 병렬적으로 표현하고 있다. 나아가 "사람의 정신은 하늘의 것이며, 육체는 땅의 것이다. 사람이 죽어서 정신이 하늘문으로 들어가고, 육체가 땅의 뿌리에 돌아갈 때 어찌 나라고 하는 존재가 있을 수 있겠는가"[22]라고 하여 양자의 내원이 다르고 귀속 또한 다르기에 상대적 독립성을 갖는 이원론의 경향을 보인다. 그러나 그것은 표피적인 면에 주목한 것에 불과하다. 왜냐하면 도가의 형신관념에는 기 개념을 함축하고 있기 때문이다.

2) 기 일원론적 형신 관계

장자는 죽음, 즉 인간 형체의 사라짐에 대해 기뻐하고 있다. 장자의 아내가 죽었을 때 질그릇을 두드리며 노래를 불렀고, 자상호의 죽음에 그의 막역지우(莫逆之友)인 자금장과 맹자반은 거문고를 뜯으며 노래하고 있었다(「대종사」). 몸이 죽는다고 그가 영원히 없어지는 게 아니기에 인간의 몸뚱이가 없어진다고 슬퍼할 일이 아니라는 것이다.

---

21) 『莊子』「在宥」, 墮爾形體, 吐爾聰明, 倫與物忘, 大同乎涬溟, 解心釋神. 「徐无鬼」, 勞君之神與形. /「讓王」, 身在江湖之上, 心居乎魏闕之下. 「則陽」 今之人, 治其形, 理其心.

22) 『淮南子』「精神訓」, 是故精神者天之有也, 而骨骸者地之有也, 精神入其門, 而骨骸反其根, 我尚何存.

아내가 죽은 당초에는 나라고 어찌 슬퍼하는 마음이 없었겠소. 그러나 그 태어나기 이전의 근원을 살펴보면 본래 생명이란 없었던 거요. 그저 생명이 없었을 뿐만 아니라 본래 형체도 없었고, 비단 형체가 없었을 뿐 아니라 본시 기(氣)도 없었소. 그저 흐릿하고 어두운 속에 섞여 있다가 변해서 기가 생기고, 기가 변해서 형체가 생기며 형체가 변해서 생명을 갖추게 된 거요. 이제 다시 변해서 죽어가는 거요. 이는 춘하추동이 서로 사철을 되풀이하여 운행함과 같소. 아내는 지금 천지라는 커다란 방에 편안히 누워 있소. 그런데 내가 소리를 질러 따라 울고불고 한다면 나는 하늘의 운명을 모르는 거라 생각되어 곡을 그쳤단 말이오.[23]

여기서 도→기→형→생으로 이어지는 생명 탄생의 과정을 볼 수 있다. 인간의 생명체는 형체요소와 정신활동 외에 생명존재를 유지시키는 무형의 계통이 존재한다. 이것이 기 계통이다. 만물의 근원으로서의 도는 기를 통해 만물을 화생한다. 도의 선재성(先在性)이 생명이 생산되는 궁극 근원이지만 기의 변화는 생명 형성의 관건으로서, 기가 없으면 도의 생명력은 잠재적 형식존재로만 있게 되어 현실적 생명으로 전화될 수 없다.[24] 기 자체는 생명이 아니지만 생명의 가장 현저한 특징을 구유하고 있는 셈이다. 기는 자기의 형태를 부단히 변화시킬 수 있다. 한 번 변하여 형체가 되고 다시 변하여 생명이 된다. 생명의 생산에서 사망까지는 기의 질변의 결과에 해당되므로 생명 현상은 기의 변화 현상이다. 사망은 기로 복귀하는 것일 뿐이다.[25] 장자는 인간의 삶과 죽음을 기의 모임(聚)과 흩어짐(散)으로 본다. 그리고 기의 변화 현상(氣化)은 심지어 부패

---

23) 『莊子』 「至樂」, 莊子曰 不然, 是其始死也, 我獨何能無槪然, 察其始, 而本無生, 非徒無生也, 而本無形, 非徒無形也, 而本無氣, 雜乎芒芴之間, 變而有氣, 氣變而有形, 形變而有生, 今又變而之死, 是相與爲春秋冬夏四時行也, 人且偃然寢於巨室, 而我噭噭然, 隨而哭之, 自以爲不通乎命, 故止也.

24) 李霞, 『生死智慧－道家生命觀研究』, 106～107쪽.

25) 『莊子』, 「知北遊」, 解其天弢, 墮其天袠, 紛乎宛乎, 魂魄將往, 乃身從之, 乃大歸乎.

한 것이 다시 신기한 것이 되고(復化), 신기한 것이 다시 부패한 것으로 변화하기도 한다. 천하는 하나의 기로 통한다.[26]

  '형신론'에서 중요한 점은 바로 이 기 개념의 제기에 있다. 표면적으로 일단은 인간을 정신과 형체로 나누지만 중점은 기로 향하고 있기 때문이다. 기를 강조하는 것은 곧 형신불분리를 전제로 하는 것이다. 『장자』의 생사취산(生死聚散)의 기론은 『회남자』에 이어져 형・기・신 관계에 대한 주목할 만한 정의를 보이고 있다. 회남자의 이런 명제화는 바로 한대 기화론적 우주론, 천인상관설과도 관계된다. 천지 사이에 기가 유행하고 있듯이 인간의 생명체계도 형과 신 사이에 기가 흐르고 있다고 보았다. 오직 인간만이 소우주이며 대우주인 천지와 유사하다고 보는 것이다.[27]

> 형은 생명이 머무는 장소이고, 기는 생명을 채우고 있는 것이며, 신은 생명을 제어하는 것이다.[28]

  형은 생명의 집으로 생명을 적재하고 있다. 기는 생명체 내에 흐르고 있는 것으로 생명을 지탱한다. 정신은 생명의 주재로 생명체의 각종 활동을 지배한다. 3자의 유기배합과 협조작용이 생명이 존

---

26) 『莊子』「知北遊」, 人之生, 氣之聚也, 聚則爲生, 散則爲死, 故死生爲徒, 吾又何患 故萬物一也, 是其所美者爲神奇, 其所惡者爲臭腐, 臭腐復化爲神奇, 神奇復化爲臭腐, 故曰 通天下一氣耳, 聖人故貴一.

27) 김용섭, 『회남자철학의 세계』, 278~279쪽. 김용섭은 이에 대해 "『회남자』에서는 인간의 존재구조를 설명하는 제 개념들의 내용과 그 관계가 분명하게 설정되어 있지 않다. 이런 비통일성과 불명료함은 『회남자』의 인간구조론을 이해하는 데 큰 난점이다. 예를 들면 어떤 곳에서는 형과 신으로 구분하고, 다른 설명에서는 形・氣・神으로, 또 다른 곳에서는 形・神・氣・志로 설명하고 있다. 대부분의 연구가들은 형・기・신 3원론을 중심으로 분석하고 있다"고 말하면서 그러나 자신은 形・神・氣・心 4요소로 이루어졌다고 본다고 한다. 김용섭은 신을 사유활동의 주관자로, 심을 감정작용의 주관자로 나누어 보고 있다.

28) 『淮南子』「原道訓」, 形者生之舍, 氣者生之充, 神者生之制.

재하는 기초이다. 형·기·신 3자의 관계는 쌍방 영향을 주는 관계
이다.

몸 안에 맺힌 기가 흩어져서 되돌아오지 않으면 정신이 충실하지 못하게 된다.
기가 올라간 채 내려오지 않으면 사람을 곧잘 노하게 만들고, 내려간 채 올라오
지 않으면 사람을 곧잘 잊기 쉽게 만든다. 올라가지도 내려가지도 않은 채 몸의
한가운데 있으며 가슴에 닿아 있으면 병을 일으킨다.[29]

이제 사람이 사물을 잘 식별하고, 소리를 잘 알아듣고, 몸을 잘 움직여 관절을
굴신시킬 수 있으며, 그 총명함이 흑백과 추미를 구별할 수 있고, 그 지혜가 동
이와 시비를 분별할 수가 있는 것은 왜 그럴까. 그것은 기가 충실하고, 신이 그
지휘를 하고 있기 때문이다.[30]

또 혈기와 오장도 정신에 대해서 결정적 작용을 한다. "혈기가
오장에 오로지 모여 있어 밖으로 함부로 새어나가지 않으면 가슴
과 배가 충실하고 기욕은 없어진다. 그러면 눈귀가 맑아지고 시청
력이 좋아진다. 이를 明이라 한다. 오장이 마음에 따라 달라지지
않으면 사악한 뜻이 사라지고 행위는 바르게 된다. 그러면 정신이
활발해지고 기가 흐트러지지 않는다. 정신이 활발해지고 기가 흐트
러지지 않으면 마음은 안정된다. 마음이 안정되면 균형이 잡히고,
그러면 만사에 통달하며, 만사에 통달하면 신이 된다. … 9규는 정신
의 창문이고, 기지(氣志)는 오장의 심부름꾼일 뿐이다."[31] 이와 같이

---

29) 『莊子』 「達生」. 夫忿滀之氣, 散而不反, 則爲不足, 上而不下, 則使人善怒, 下而不上, 則使人善
忘, 不上不下, 中身當心, 則爲病.

30) 『淮南子』 「原道訓」. 今人之所以眭然能視, 營然能聽, 形體能抗, 而百節可屈伸, 察能分白黑, 視
醜美, 而知能別同異, 明是非者何也, 氣爲之充, 而神爲之使也.

31) 『淮南子』 「精神訓」. 夫血氣能專於五臟而不外越, 則胸腹充而嗜慾省矣, 胸腹充而嗜慾省, 則耳
目清聽視達矣, 耳目清聽視達, 謂之明, 五臟能屬於心而無乖, 則敎志遯而行不僻矣, 敎志遯而行
之不僻, 則精神盛而氣不散矣, 精神盛而氣不散則理, 理則均, 均則通, 通則神. …夫孔竅者精神之
戶牖也, 而氣志者五臟之使候也.

3자는 상호 의뢰, 상호 영향의 관계에 있으며, 어떤 하나도 다른 두 개에 영향을 미칠 수 있다. 어느 "하나라도 제 위치를 잃으면 나머지에게도 모두 영향을 미치는 것"이다.[32] 그래서 형·기·신 각각의 위치에 대해 "각각 자기 위치에 처하여 그 직분을 지켜야 하며(各處其位 守其職)", "각각 그 마땅한 바에 거하고(各居其宜)", "자기 위치를 잃지 않아야(不失位)" 한다며, '지켜야 할 위치(所守之位)'를 강조하고 있다. 그 형·기·신이 지켜야 할 위치를 상실한 예가 바로 미친 사람이다. 미친 사람이 살아 있다는 점에서는 보통 사람들과 다를 바 없건만 사람들의 웃음거리가 되는 것은 그들의 '형과 신이 모두 그 거소를 잃었기' 때문이다.[33] 형·기·신 각각의 위치와 직분이란 무엇을 말하는 것인가. 형체가 불안상태에 처하면 손상되고, 원기가 부당하게 운용되면 새어나가고, 정신이 마땅한 바가 아닌 곳에 쓰이면 혼란스러워진다.[34] 즉 우리 몸이 제 기능을 발휘하지 못하는 것은 형·기·신이 제 위치를 잃기 때문이라고『회남자』는 보고 있다. "이목이 성색지락에 빠져들면 오장이 요동하여 안정되지 않고, 오장이 안정되지 않으면 '血氣'가 끓어올라 멈추지 않는다. 혈기가 멈추지 않으면 '精神'이 밖으로 치달아 내면을 지키지 못한다. 그래서 화복이 닥쳐오는 것이 비록 산과 같다 하더라도 이를 알 도리가 없다"[35]고 보았듯이 기는 생명

---

32)『淮南子』「原道訓」, 一失位 則三子傷矣. 是故聖人使人各處其位, 守其職, 而不得相刊也.

33)『淮南子』「原道訓」, 今夫狂者之不能避水火之難而越溝瀆之險者, 豈無形神氣志哉, 然而用之異也. 失其所守之位, 而離其外內之舍.

34)『淮南子』「原道訓」, 故夫形者非其所安也而處之則廢, 氣不當其所充而用之則泄, 神非其所宜而行之則昧. / "형과 기 신은 '각자 자신들의 합당한 처소에 거처함으로써' 천지의 운행에 따른다."

35)『淮南子』「精神訓」, 耳目淫於聲色之樂, 則五臟搖動而不定矣. 五臟搖動而不定, 則血氣滔蕩而不休矣. 血氣滔蕩而不休, 則精神馳騁於外而不守矣. 精神馳騁於外而不守, 則禍福之至, 雖如丘山, 無由識之矣.

력, 활력으로서 육체에 연계됨과 동시에 기력으로서도 神을 동요시킨다. 기의 운동작용으로 형과 신은 열린 관계구조가 되는 것이다. 기는 신체상으로는 '혈기'로, 정신상으로는 '기지' 또는 '신기' 등으로 표현되고 있다.

기는 음양 2기로 나누어진다. 물체와 사람 몸 안에는 자연에서 받은 음양의 기가 들어 있다.[36] 음기와 양기가 서로 통해 화합('交通成和')함으로써 질서 있는 평형화해상태에 처한 후에야 만물과 생명을 생성할 수 있다. 그러나 음양의 형체는 볼 수 없고,[37] 단지 운동성을 띠는 말들로 표현될 뿐이다. '채우다(充)', '흘러 내버려지다(泄)', '모이고 흩어지다(聚散)' 등에서 보이듯 기란 어떤 움직임, 즉 동적인 그 무엇을 의미한다. 기란 신비한 무엇이 아니라 사물이나 현상을 보다 더 잘 설명하기 위한 용어이다. 눈에 보이지는 않으나 형태를 지니기 이전의 방향성 있는 움직임을 기라 하는 것이고 그 구체화를 형이라 하는 것이다. 이는 사물에 대한 보다 나은 이해를 촉진할 수 있기에 형성된 개념인 것이다.[38] 움직임을 가능하게 하는 힘은 우리 눈에 보이지 않는다.[39] 이 보이지 않는 몸과 개념적으로 같은 핵심용어가 바로 기이다. 기 개념은 운동성·유동성·변화 가능성을 함축하고 있다.

기일원론적 형·기·신의 입장에서 보면 정신과 육체는 일방적 인과관계로만 설명되지 않는다. 기는 심리와 생리, 정신현상과 생

---

36) 『莊子』「則陽」, 陰陽者 氣之大也. / 「秋水」, 自以比形於天地, 而受氣於陰陽.

37) 『莊子』「田子方」至陰肅肅, 至陽赫赫 肅肅出乎地 赫赫發乎天 兩者交通成和而物生焉 或爲之 紀而莫見其形.

38) 한의학은 바로 우리 몸 안에서 기가 흐르는 통로를 형상화한 것이다. 이는 움직임으로만 존재하고, 보이지는 않는 몸을 드러내고자 한 것이다.

39) 김시천, 「기와 정을 통해본 몸의 현상학」(『기학의 모험2』, 들녘, 2004), 247쪽.

명현상 사이에서 공시적 동조작용을 일으키는 에너지로써, '보이는 몸'과 '보이지 않는 몸'의 분리될 수 없는 중층적 구조를 이끈다.[40) 몸을 보는 시각을 기에 의한 초시각적 공시적 관점으로 바꾸어야 한다. 그러므로 형신 관념이 주는 함의는 인간의 몸을 회화적 이미지의 이차원으로 평면화시키지 않고, 건축적 이미지의 삼차원적 일원론으로, 입체적으로 파악하려는 것이라 하겠다.

---

40) 그래서 도교 내단에서는 이 기를 더 세분화·단계화시켜 기수련의 이론근거로 삼게 된다.

3. 정신과 함께하는 몸

1) 몸 다스리기의 근본

형과 신이 기의 움직임으로 상통하는 것이기에 형의 수련을 통해서도 신에 영향 줄 수 있고, 신의 수련을 통해서도 형에 영향 줄 수 있다. 그렇지만 몸생명에 있어 형·신 어느 것이 더 중요한가. 여기서 장자는 양형(養形)보다는 양신(養神)을 더 중요시 여김으로써 더 근본적 역할을 하는 것은 형체보다는 신으로 여기고 있다. 그래서 장자는 "숨을 내쉬고 들이쉬고 하여 심호흡을 하며, 곰이 나뭇가지에 매달리듯 하고, 새가 목을 길게 늘이듯 체조를 한다 함은 오래 살려고 하는 것일 뿐이다. 이는 장생법의 수행자, 육체를 단련하는 사람, 팽조 같은 장수자가 좋아하는 짓이다"[41]라고 말하며 과도한 양형에 반대한다. 이러한 팽조 같은 사람에 대해 "세상 사람들은 육체만 보양하면 그것으로 생명을 보존할 수 있다고 생

---

41) 『莊子』「刻意」, 吹呴呼吸, 吐故納新, 熊經鳥申, 爲壽而已矣. 此道引之士, 養形之人, 彭祖壽考者之所好也.

각한다. 그러나 아무리 육체를 보양해도 결국 생명을 보존할 수가 없다면 세속적 일이 무슨 소용 있겠는가. 부족하다 하면서도 하지 않을 수 없는 까닭은 육체를 보양한다는 속된 생각에서 떠나지 못하기 때문이다"[42]라고 말하고 있다. 이는 양형 자체를 반대하기보다 장수만을 목적으로 하는 양형을 비판한 것이지만 몸 다스리기에 있어 양신이 빠질 수 없다는 것을 보여준다. 이러한 입장은 『회남자』에서도 마찬가지이다. "몸을 다스리는 데 최상은 정신을 기르는 것이고, 그 다음이 육체를 기르는 일이다. 나라를 다스리는 데 있어 최상은 도에 의한 감화를 기르는 일이고, 그 다음이 법을 바르게 하는 일이다. 정신이 청정하고 심지가 평정하며 신체의 백 마디가 모두 안정되는 것이 양성의 근본이고, 살갗을 윤기 나게 하고 장과 배를 충만하게 하고, 욕구에 맡기는 것은 양생의 말단"[43]이라고 보고 있다.

인간의 생명활동 중에서 주도작용을 일으키는 것을 '형'보다는 '신'으로 여긴 점은 『장자』나 『회남자』에서 일관적이다. '형'보다는 '그 형체를 부리는 것(使其形者)'과[44] '형제를 지배하는 것(君形者)'을, '발'보다는 '발보다 더 존귀한 것(尊足者)'을 근본적인 것으로 보았고, '나무'보다는 '나무를 살게 하는 것(使木生者)', '형체'보다는 '형체를 채워 주고(充形者)' '생명을 살게 하는 것(生生者)'을, '사물'보다는 '사물을 변화시키는 것(化物者)' 등을 더 중심에

---

42) 『莊子』「達生」, 悲夫, 世之人以爲, 養形足以存生, 而養形果不足以存生, 則世奚足爲哉 雖不足爲 而不可不爲者 其爲不免矣.

43) 『淮南子』「泰族訓」, 治身 太上養神, 其次養形, 治國 太上養化, 其次正法, 神淸志平, 百節皆寧, 養性之本也, 肥肌膚, 充腸腹, 供嗜慾, 養生之末也.

44) 『莊子』「德充符」, 今吾來也, 猶有尊足者存, 吾是以務全之也. / 所愛其母者, 非愛其形也, 愛使其形者.

두고 있다.

> 무릇 나무의 죽음이란 '푸르게 만드는 것'이 없어지는 것이다. 대체로 나무를 '살게 하는 것'이 어찌 나무 그 자체이겠는가. 마찬가지로 '형체를 채워 주는 것'은 형체가 아닌 것과 같다. 그러므로 '생명을 살게 하는 자'는 죽는 일이 없고, 삶을 부여받은 것이 죽는다. '물체를 변화시키는 자'는 변화된 적이 없고, 변화를 받는 것이 변화하는 것이다.[45]

형체(形)는 마멸되지만 '형체를 채워주는(充形)', '형체가 아닌(非形)' 것, 즉 정신은 변화한 적이 없다.[46] 형체를 지켜 주는 것은 정신이기 때문이다. 그래서 장자는 "정신을 안에 간직한 채 고요히 있으면 형체도 저절로 올바르게 될 것이며, 당신의 정신이 형체를 지키면 형체는 오래 살 것이다"[47]라고 말하였다. 신은 비물질적 주동력을 나타내며 불멸한다. 형체에는 생사가 있으나 신은 일체 생명으로 하여금 생명의 힘이 되게 한다. 그러나 여기서 주의할 것은 도가가 형체와의 관계에서 신을 말하는 것이지, 형체를 무시하고 신만을 강조하는 게 아니라는 점이다. 정말 "생명을 존중하는 자는 자신의 몸을 다치게 하지 않기"[48] 때문이다. 나아가 『회남자』에 와서는 '형체'와 '정신'의 뚜렷한 대립구가 제시되면서 "신이 형보다 귀하다"고 단정적으로 말하게 되며,[49] 형신관계는 주종(主從) 관계

---

45) 『淮南子』「說山訓」, 畫西施之面, 美而不可說, 規孟賁之目, 大而不可畏, 君形者亡焉. / 「精神訓」, 夫木之死也, 青青去之也, 夫使木生者, 豈木也, 猶充形者之非形也. 故生者未嘗死也, 其所生則死矣. 化物者未嘗化也, 其所化則化矣.

46) 『淮南子』「精神訓」, 故形有摩而神未嘗化者.

47) 『莊子』「在宥」, 抱神以靜, 形將自正, 必靜必淸, 無勞汝形, 無搖汝精, 乃可以長生.

48) 『莊子』「讓王」, 能尊生者, 雖富貴不以養傷身, 雖貧賤不以利累形.

49) 『淮南子』「詮言訓」, 神貴於形也, 故神制則形從, 形勝則神窮. 회남자의 형신론은 한대 천인상응설과 밀접하게 연관된다. "정신은 하늘에서 받은 것이고 형체는 땅으로부터 받은 것이다", "머리의 둥근 것은 하늘을 상징하고, 발의 네모진 것은 땅을 상징한다. 하늘에는 사시, 오행, 구해, 366일이 있으며

로서 표현된다. "정신으로써 주(主)를 삼는 자는 형이 신을 좇게 되어 이로움이 되나, 형으로써 신을 제어하는 자는 신이 형을 따르게 되어 해로움이 된다."[50] 신이 주도하면 형신이 모두 각각 자기 자리를 얻게 되어 서로 이익이고, 형이 신을 제어하면 정신작용의 발휘에 영향을 주어 형체 내지 전체 생명의 건강에 상해를 끼칠 수 있다. 물론 이런 일방적 주종관계에 대해 신도 형의 조건이나 상황에 의해 영향을 받는 것을 말하기 때문에[51] 일방적 주재 지배관계가 아니라 상호 쌍방적 관계라고 말하기도 하지만[52] 주종관계에 더 치우치고 있는 것이다.[53] 양형만으로는 한계가 분명하기 때문이다. 「원도훈」에 양신에는 5개 방면의 극치경계가 있음을 말한다. 덕(德), 정(靜), 허(虛), 평(平), 순수(純粹)의 이 5가지를 잘 양신하면 신명이 상통하고 오장이 안정되고 신체가 건강하고 이목이 총명해진다.[54] 이러한 양신 우위의 입장에서 더 나아가 장자는 형체를 온전하게 하려면 무엇보다 세상과 세속 사무를 버려야 한다고 요구한다.

몸을 위해 수고하는 일에서 벗어나고 싶다면 세속적인 일을 내버리는 것만 못하

사람은 사지, 오장, 구규, 366마디가 있다" 등등의 대비관계는 바로 천인상응설의 입장에서 인간의 신체구조를 구명하고 정신과 육체를 소속시키려는 것으로 동중서의 천인상응설과 구분할 수 없다. 이 점이 바로 『회남자』의 형신론이 『장자』와 크게 다른 점이라 할 수 있다.

50) 『淮南子』「原道訓」 以神爲主者, 形從而利, 以形爲制者, 神從而害.

51) 『淮南子』「說山訓」 形勞則神亂.

52) 이석명, "회남자의 무위론 연구"(고려대 박사학위논문, 1997), 22쪽. / 이석명, 『회남자』(사계절, 2004), 122쪽. "형기신 사이에 비록 기능과 역할의 차이는 있을지라도 가치론적 우열의 차이는 있을 수 없다."

53) 『淮南子』「精神訓」, '主從'이란 말 외에도 회남자에서는 '本末' 관계로도 비유하고 있다. "是故或求之於外者, 失之於内, 有守之於内者, 得之於外, 譬猶本與末也, 從本引之, 千枝萬葉, 莫不隨也."

54) 『淮南子』「原道訓」, "故心不憂樂, 德之至也, 通而不變 靜之至也, 嗜慾不載 虛之至也, 無所好憎 平之至也, 不與物散 粹之至也 能此五者, 則通於神â, 通於神â者, 得其内者也, 是故以中制外, 百事不廢, 中能得之, 則外能牧之, 中之得則五臟寧, 思慮平, 筋力勁强, 耳目聰明, 疏達而不悖, 堅强而不궤."

다. 세상을 버리면 번거로움이 없어지고, 그러면 마음이 평안해지고, 그러면 날로 새로워지는 무한한 삶을 얻고, 도에 가까워진다. 세속적 일을 버리라. 그러면 몸은 지치지 않게 되고, 목숨을 잃어버리면 정신은 손상되지 않기 때문이다. 대저 몸이 온전하게 보존되고 정신이 자연으로 돌아가면 자연의 조화와 하나가 된다. 천지란 만물의 어버이이다. (천지의 두 기가) 합쳐지면 사물의 형체가 이루어지고, 흩어지면 본래의 근원으로 돌아간다. 몸과 정신이 손상되지 않고 있는 것을 '자연과 함께 움직인다'고 한다. 정성을 다해 그 극치에 이르면 오히려 자연을 돕는 것이 되기도 한다.[55]

도가의 기일원론적 형신론에 있어서 진정한 양생법은 체조를 하고 음식을 조절하고 생활을 질서 있게 관리하는 것에 한정되지 않으며, 그렇다고 명상이나 한가로운 일상생활의 지속에 있는 것이 아니다. 그런 것은 양생에 도움은 되지만 궁극적 양생이 아닌 것이다. 언제든지 무너질 수 있는 것이다. 근본적으로는 바로 삶에 대한 태도에서 결정 난다. 아무리 형체를 위하고, 마음을 수양한다고 하는 양생법이라도 삶에 대한 태도가 다르다면 진정한 양생이 될 수 없는 것이다. 결국 "사람이 세속에 얽매어 있으면 반드시 그 형체는 밖으로 매어져서 신이 새어나간다. 따라서 심신이 허탈해지는 병에 걸리게 마련"[56]이기 때문이다.

2) 몸의 기화(氣化) 수련

양신의 수련이란 무엇인가. 앞에서 살펴보았듯이 신은 인격신

---

55) 『莊子』 「達生」, 夫欲免爲形者, 莫如棄世, 棄世則無累, 無累則正平, 正平則與彼更生, 更生則幾矣, 事奚足棄, 而生奚足遺, 棄事則形不勞, 遺生則精不虧, 夫形全精復, 與天爲一, 天地者萬物之父母也, 合則成體, 散則成始, 形精不虧, 是謂能移, 精而又精, 反以相天.

56) 『淮南子』 「俶眞訓」, 夫人之拘於世也, 必形繫而神泄, 故不免於虛.

(god)의 의미가 아니라 심의 신묘한 작용력(spiritual power)을 의미한다.57) 이 힘이 어떤 능력을 의미하는지는 장자에 나오는 신무(神巫)와 신인(神人)의 비교를 통해 알 수 있다. 이는 주문으로 혼령을 불러내는 무당(神巫)인 계함은 사생·존망·화복·수요(死生存亡 禍福壽夭)를 예언하는 능력을 가지고 있다. 그러나 장자는 이런 능력을 가진 계함을 비판한다.58) 그렇다면 『장자』에 많이 등장하는 '신인(神人)'들은 어떤 능력을 가지고 있는가. 「소요유」 편에 나오는 막고야산의 신인은 "피부는 얼음과 눈처럼 희고, 처녀같이 부드러우며, 곡식을 먹지 않고, 바람과 이슬을 마시며, 구름을 타고 용을 몰아 천지 밖에서 노닌다. 신이 한데 집중되면 모든 것이 병들지 않고 곡식도 잘 익는다." 게다가 "외계의 사물에 의해 피해를 입는 일이 없고, 홍수가 나서 하늘에 닿을 지경이 돼도 빠지는 일이 없으며, 큰 가뭄으로 금속과 암석이 녹아 흘러 대지나 산자락이 타도 뜨거운 줄 모른다."59) 신인의 힘은 정나라 무당처럼 예언의 능력이 아니다. 대신 신인의 효력은 그의 정신을 집중시킴으로써 사물을 원래 자연 그대로 번성하게 만들어 피해로부터 벗어나게

---

57) 후대의 중국 도교에서 신 개념에 대한 의미는 이와 다르게 전개된다. "중국에서 선교사였던 앙리 도레 신부에 의하면 중국인은 인간생활과 일상의 취미의 모든 면에서 신들(gods)을 가지고 있다. 농부, 사공, 배우, 주정꾼, 문인, 죄수, 상인, 우물, 난로, 변소 등등의 각각은 divine patron을 갖고 있다. …중국의 gods는 patron saints의 문제이다."[Kristofer Schipper, *Taoist Body*(translated by Karen Duval, Univ. California Press, 1993), 32~33쪽.] / 이에 반해 『하상공장구』에서 신은 종종 오장신(五臟神)을 지칭한다. 오장에 머무른다고 하는 5가지 생명력으로 간에는 魂, 폐에는 魄, 심장에 神, 신장에 精, 비장에 志라는 각각의 생명력이 있다는 것. 오장신은 실체적 존재를 지칭하는 것이 아니라 의학적 의미를 지니는 것에 불과하다[이석명, 『노자도덕경 하상공장구』(소명출판사, 2005)]. / 그러나 후대 도교의 모산파의 경전인 『황정경』에서의 오장신은 인격신적 존재이다[오상무, 「노자 하상공장구의 근본사상 논구」(『도가철학』 4집, 2002), 161쪽].

58) 『莊子』「應帝王」, 鄭有神巫季咸, 知人之死生存亡禍福壽夭, 期以歲月旬日若神.

59) 『莊子』「逍遙遊」, 藐姑射之山有神人居焉, 肌膚若氷雪, 綽約若處子, 不食五穀, 吸風飮露, 乘雲氣, 御飛龍, 而遊乎四海之外, 其神凝, 使物不疵癘, 而年穀熟.

할 수 있다는 것이다. 계함이 삶과 죽음에 관한 지식을 소유한 반면 신인은 삶과 죽음에 의해 영향받지 않으며, 사물에 대한 어떤 특별한 지식도 없으면서 어떤 힘도 가지고 있지 않다. 대신 단지 사물에 의해 영향받지 않을 뿐이다. 이 구분은 결정적이다.[60] 신인들은 외물에 의해 조정당하지 않는다는 의미에서, 또 외물로 인해 괴롭지 않다는 의미에서 의존적이지 않다. 신인이란 하나의 신이 된 인간이 아니라, 자신의 정신을 전적으로 수양하고 그래서 외물로 하여금 그 태어날 때부터 부여받은 바를 실행시킬 수 있게 하며, 외물에서 자유로이 소요하는 사람이다.[61]

이 같은 신의 기능 발휘는 기에 의존하게 된다. 기가 잘 보존될 때 신의 기능이 제대로 발휘된다. 기가 새어나가면 신의 기능은 온전해질 수 없다. 인간 몸은 몸 자체를 기 에너지로 충만하게 함으로써 몸 자체를 변화시킬 수 있다. 정신수양이 일정 정도에 이르면 생명상태가 질적 변화를 발생시켜 화복 생사의 변화를 초월할 수 있다는 것이다. 이런 양신의 기수련의 대표적 예가 바로 심재(心齋)이다. 원래 심재는 남을 감화시키기 위한 방법으로 제기된 것이지만 여기에는 심신 문제가 깔려 있다.

> 공자가 말했다. 그걸로 어떻게 남을 감화시킬 수 있겠느냐. 너는 아직도 자기 생각에만 얽매여 있다. 재계하라. 마음의 재계이다. … 먼저 마음을 하나로 통일하라. 귀로 듣지 말고 마음으로 듣도록 하고, 마음으로 듣지 말고 기로 들어라. 귀는 소리를 들을 뿐이고, 마음은 밖에서 들어온 것에 맞추어 인식할 뿐이지만 기란 텅 비어 무엇이나 다 받아들이려 기다린다. 참된 도는 오직 빈곳에만 모인다.

---

60) Michael J. Puett, "Nothing can overcome Heaven; The notion of spirit in the Zhuangzi"(*Hiding the World in the World*, edited by Scott Cook, State Univ. of New York Press, 2003), 250~251쪽.

61) Puett, "Nothing can overcome Heaven; The notion of spirit in the Zhuangzi", 258쪽.

이 '비우게 하기'가 곧 심재이다. 안회가 말했다. 심재를 하기 전에는 안회라는 제 자신이 실재처럼 존재했었습니다. 이제 심재를 실천하여 제 자신이 존재하지 않게 되는 것, 이것을 '비움'이라 하는 것입니까. 중니가 말하였다. 충분하다. … 그러면 위나라에 가서 명예에 의해 마음이 흔들리지 않을 것이다. 그러면 그런 대로 무난하리라. …귀나 눈을 안으로 통하게 하고, 마음의 작용을 밖으로 향하게 하면 귀신(gods)과 정신(spirits)도 찾아와 머문다. 하물며 사람이 찾아옴은 더 말할 나위 있겠느냐. 이것이 '만물의 변화'이니 우임금이나 순임금이 의지했고, 복희나 궤거(전설의 제왕)가 평생 실행한 바였다. 하물며 이들보다 못한 범인들이야 더할 나위 있겠느냐.[62]

'마음으로 듣지 말고 기로 들어라'가 바로 심재, '마음 굶기'의 요체이다. 여기서 기는 심과 구별된다. 기로 듣는다는 것은 기가 몸 안에서 자연스레 유행하도록 하는 것으로 인위적 간섭을 하지 않는 것이다.[63] 이는 기수련이요 몸수련과 관련된다. 왜 마음과 기의 기능을 서술하는 데 '듣다'란 말을 사용하는가. 진(晉)대 『열자』 주석가 장잠은 "일단 정신이 통합되면 듣기, 보기는 귀와 눈에 의존하지 않는다. 이때 신체의 모든 부분은 하나로 동화된다"고 말하였다.[64] 이는 곧 '감각기관의 氣化'이다. 모든 감각을 기로 완전 통일된 하나의 전체성으로 동화시키도록 해야 한다. 그리하여 인간 몸

---

62) 『莊子』 「人間世」, 仲尼曰 若一志, 無聽之以耳, 而聽之以心, 無聽之以心, 而聽之以氣, 聽止於耳, 心止於符, 氣也者, 虛而待物者也, 唯道集虛, 虛者心齋也. 顔回曰, 回之未始得使, 實自回也, 得使之也, 未始有回也, 可謂虛乎. 夫子曰, 盡矣, 吾語若 若能入遊其樊, 而無感其名, …夫徇耳目內通, 而外於心知, 鬼神將來舍, 而況人乎, 是萬物之化也, 禹舜之所紐也, 伏戲几蘧之所行終, 而況散焉者乎.

63) 李霞, 『生死智慧 - 道家生命觀研究』, 297쪽.

64) 楊儒賓, translated by Scott Cook, "From 'Merging the Body with the Mind' to 'Wandering in Unitary Qi'; A discussion of Zhuangzi's Realm of the True Man and its Corporeal Basis"(Hiding in the World in the World, edited by Scott Cook, State Univ. of New York Press, 2003) 121쪽에서 재인용. 『열자』 「황제편」에서 열자가 체회된 깨달음의 궁극영역을 서술할 때 "내외를 넘어서 나의 눈은 나의 귀와 같아지고, 나의 귀는 코와 같아지고, 코는 입과 같아지고 동일하지 않은 것이 없다. 나의 마음은 통합되고, 나의 형체는 흩어지고, 뼈와 살은 뒤섞이고, 나는 결국 모르겠다. 바람이 나를 태우는 것인지 내가 바람을 타는 것인지"라고 말했다.

은 철저히 변형 재생된다. 이때 의식적 마음의 기능이 몸의 고집
센 저항을 변형하는 데 사용된다. 그런 변형이 가능한 주된 이유는
마음은 기이고 몸 또한 기로 구성되어 있기 때문이다. 그러나 둘은
같은 기이지만 후자는 생리학적 구조에 의해 제한되어 있고 오직
몸의 작동법칙에 따라서만 작동될 수 있다. 반면에 마음은 더 민첩
하다. 기는 만들어져 있는 어떤 것이 아니라 기는 인도되어야 하는
것이다. 초기단계에서는 심(心)이 인도자의 역할을 하지만 정신 발
달이 좀 더 이루어지면 몸의 각 부분들이 동등하게 전환된다. 이렇
게 기화된 몸에는 귀신들과 정신(신묘한 작용력)이 와서 머문다고
했다.[65] 이렇게 본다면 그 사람을 신인으로 만드는 힘은 각각의 안
에 내재되어 있으며, 그 힘은 형체와 분리된 정신의 결과도 아니고,
외부적 인격신의 힘도 아니다. 결국은 기의 정신화(spiritualization)
이다.[66]

---

65) 楊儒賓, "From 'Merging the Body with the Mind' to 'Wandering in Unitary Qi'; A discussion of
Zhuangzi's Realm of the True Man and its Corporeal Basis", 98쪽, 103~104쪽.

66) Schipper, *Taoist Body*, 41쪽.

4. 몸의 해방과 정신의 소요

심재에서 보이는 기-허-도는 어떤 본질적 연관을 갖는가. 일단 몸이 기로 변형되면 몸은 외부세계와 상호 연결되는 채널이 된다. 기는 자연스레 흘러 몸의 안과 밖을 연결하게 되고, 그의 몸의 기는 우주의 기의 순환에 참여하게 된다. 이때 기는 무한한 우주와 인간 존재 사이에 본질적 동일성을 부여하는 근거이다. 만물 존재 및 생성의 근거이자 주객통일의 매개인 기를 체험하는 수행을 통해 우주가 자발적이며 연속적으로 끊임없이 운동하는 화해의 정체라는 사실을 직관적으로 체득하게 된다.[67] 장자는 이런 체험이 주는 고도의 이미지를 침묵, 평정, 고요의 영역에 거주한다고 말한다. 진인(眞人)의 무행위, 침묵, 투명함은 일상적 수련의 덕을 말하는 것이 아니다. 그것은 우주의 순환과 공존함을 말하는 것이다. 그의 의식과 몸의 기가 우주의 기와 함께 섞여 흐른다. 그때의 마음을

---

67) 김성환, 「장자 지북유편에 나타난 체도론」(『철학연구』 70집, 대한철학회, 1999), 128~129쪽. "이와 관련해 도가에서 제시하는 수양을 통한 직관적 체험은 우주의 유기체적 조화를 전제로 하는 한에서만 가능하다는 것에 주목할 필요가 있다."

우리는 '소요하는' 마음이라 부를 수 있다.[68] 모든 인간은 우주와 상호 관련되는 지점을 셀 수 없을 정도로 많이 가지고 있다고 한다.[69] 이런 신묘한 힘은 자신을 수련시킴으로써 얻어진다. 수양이란 '우주의 질서와 조화되는 행동'을 완전할 때까지 여러 번 반복함으로써 그 기를 강화시키는 것이다. 그리하여 자연의, 우주의 환경으로 통합되어 가는 것이다. 이 과정을 이해하기 위해서는 다음을 알아야 한다. 인간 개체의 몸은 태어날 때 완전하지 않다는 것, 인간의 몸은 세계를 구성하는 다양한 기의 순간의 혼합물이며, 훈련과 자아완성을 통해 기를 이끌어 가는 것이다.[70] 앞에서 장자의 수련 목적은 사물을 부리고 예언하는 능력을 배우는 게 아니라 더 이상 사물에 얽매이지 않음으로써 자신을 해방시키는 것이라 하였다. 이 자아 해방은 곧 '천(天)으로부터 받은 것'을 따르는 것과 결합되어 있다. 정신의 해방은 천의 질서의 수용에 의존한다. 더 이상 만물에 의존하지 않는다는 것으로부터 오는 해방은 천의 질서 수용을 내포한다. 이것이 포정의 몸짓에 나타난 심신관계이다.[71]

포정이 문혜군을 위해 소를 잡은 일이 있다. 손을 대고 어깨를 기울이고, 발로 누르고, 무릎을 구부리는 동작에 따라 (소의 뼈와 살이 갈라지면서) 서걱서걱 빠

---

68) 楊儒賓, "From 'Merging the Body with the Mind' to 'Wandering in Unitary Qi'; A discussion of Zhuangzi's Realm of the True Man and its Corporeal Basis", 10~111쪽, 113쪽 "소요의 의미는 몸의 수단으로 한 먼 곳으로의 여행도 아니며 사고(思考)의 사방 육합을 넘어서는 것을 말하는 것도 아니다. 바로 초경험적 상태의 세계와 함께하는 정신적 기의 출현과 순환을 말하는 것이다. 이 소요유는 외부적 소요가 아니라 내면적 조망이다. 그 조망은 경치가 없고 바라볼 대상도 없다. 그래서 내면의 조망은 단지 단 하나의 기의 순환일 뿐이다. 그러면 그의 몸은 천천히 기화되어 존재의 순환으로 흩어진다."

69) Schipper, *Taoist Body*, 41쪽.

70) Schipper, *Taoist Body*, 41~42쪽.

71) Puett, "Nothing can overcome Heaven; The notion of spirit in the Zhuangzi", 256~257쪽.

극빠극 소리를 내고, 칼이 움직이는 대로 싹둑싹둑 울렸다. 그 소리는 그 음률에 맞고 은나라 탕왕 상림의 무악에도 조화되며, 요임금의 경수의 음절에도 맞았다. …제가 반기는 것은 도입니다. 재주보다야 우월한 것이죠. 제가 처음 소를 잡았을 때는 눈에 보이는 것이란 모두 소뿐이었으나, 3년이 지나자 이미 소의 온 모습은 눈에 안 띄게 되었습니다. 요즘 저는 정신(神)으로 소를 대하고 있고 눈으로 보지는 않습죠. 눈의 작용이 멎으니 '정신의 자연스런 작용(神欲)'만 남습니다. 천리를 따라(依乎天理) 소가죽과 고기, 살과 뼈 사이의 커다란 틈새와 빈 곳에 칼을 놀리고 움직여 소의 몸이 생긴 그대로를 따라갑니다. …살이 뼈에서 털썩 하고 떨어지는 소리가 마치 흙덩이가 땅에 떨어지는 것 같습니다. 칼을 든 채 일어나서 둘레를 살펴보며 잠시 머뭇거리다 마음이 흐뭇해지면 칼을 씻어 챙겨 넣습니다. 문혜군이 말했다. 훌륭하구나 나는 포정의 말을 듣고 양생의 도를 터득했다.[72]

포정의 테크닉(技)이 도로 나아갈 때 감각기관이 멈춰지고 '정신의 자연스런 작용'인 신욕(神欲)이 움직인다. 신욕은 포정 사건에서 몸의 참여를 가져왔다. 신욕은 직관지처럼 자연스레 사지와 백골을 움직이고 모든 기술행위를 창조한다. 이때 포정이 소 잡는 행위는 춤이고, 음악이고, 뮤지컬이다. 손ー어깨ー발ー무릎ー몸 전체의 온전함 속에서 모든 과정을 인도하고 이끄는 신욕이 있다. 감각기관이 멈추어지고 신욕이 작동하는 것은 각개 감각기관의 비지각화와 몸 전체의 지각화가 동시에 작동하는 것이다.[73] 이 지점에서 몸은 철저히 변형되어 기의 명령만을 듣는다. 몸은 더 이상 개체가 아니라 우주의 모든 존재적 순환이 통과해야 하는 응결점이 된다. '오랜' 몸의 훈련 속에서 그의 형·기·신이 완전 합체되어 나타난 몸

---

72) 『莊子』「養生主」, 庖丁爲文惠君解牛, 手之所觸, 肩之所倚, 足之所履, 膝之所踦, 砉然響然, 奏刀騞然, 莫不中音, 合於桑林之舞, 乃中經首之會. …臣之所好者道也, 進乎技矣, 始臣之解牛之時, 所見無非牛者, 三年之後, 未嘗見全牛也, 方今之時, 臣以神遇, 而不以目視, 官知止而神欲行, 依乎天理, 批大卻, 導大窾, 因其固然, 技經肯綮之未嘗, 而況大軱乎. …謋然已解, 如土委地, 提刀而立, 爲之四顧, 爲之躊躇滿志, 善刀而藏之, 文惠君曰善哉, 吾聞庖丁之言, 得養生焉.

73) 楊儒賓, "From 'Merging the Body with the Mind' to 'Wandering in Unitary Qi': A discussion of Zhuangzi's Realm of the True Man and its Corporeal Basis", 108쪽.

짓을 끝낸 후 그의 희열은 '사방을 둘러보고 막힘이 없는' 깊은 충족감으로 이어진다.

완벽한 기술 행위의 특징은 정신적인 것과 육체적인 것의 통일을 나타낸다. 마음과 몸은 너무 민감하게 상호 작용함으로써 어느 것이 명령하는 것이고, 어느 것이 명령받는 것인지 쉽게 나뉠 수 없다. 육체의 행위는 정신의 현전을 명기하고, 정신적 행위는 육체의 움직임을 통해 설명된다.[74] 포정의 몸 훈련에 의한 기술은 심신이원론에서 해방된 자의 이상을 묘사하고 있다. 여기서 주목할 것은 어떤 사실에 대한 이론적 지식의 습득에 의해서가 아니라 몸으로 얻는 실천적 지식이 천리(天理)에 더 가까이 갈 수 있다는 점이다.[75] 즉 포정의 몸짓 자체의 현장성과 즉흥성으로 터득되는 심신합일의 실천지이다. 기술의 완벽성은 단지 테크닉 차원의 장인의 성숙도가 아니라 인간 심신의 문제와 연결된다. 포정 외에도 기술(skill)의 완벽성은 지혜나 테크닉, 용기와 관계되는 것이 아니라 순수한 기를 지켰기(純氣之守) 때문에 가능하다.[76] 포정은 바로 이 기의 조절을 통해 원래 자생(自生)의 원리를 가지고 있는 '몸의 자연'을 회복하고 인간의 몸과 닮은 대자연의 몸(Cosmic Body)을 체현함으로써 정신 해방과 몸의 해방을 동시에 느끼며, 그야말로 '몸을 활발하게 움직임으로써 지극한 즐거움'을 맛볼 수 있었다.

---

74) Yearly, "Zhuangzi's Understanding of Skillfullness and The Ultimate Spiritual State"(Essays on Skepticism, Relativism, and Ethics in the Zhuangz, edited by Paul Kjellberg and Philip J. Ivanhoe, State Univ. of New York, 1996), 172쪽.

75) Robert Eno, "Cook Ding's Dao and the Limits of Philosophy"(Essays on Skepticism, Relativism, and Ethics in the Zhuangzi), 127쪽.

76) 『莊子』「達生」, 子列子問關尹曰 至人潛行不窒, 蹈火不熱, 行乎萬物之上而不慄, 請問, 何以至於此, 關尹曰, 是純氣之守也, 非知巧果敢之列.

5. 맺음말

　『장자』와 『회남자』를 중심으로 살펴본 도교 이전 도가의 기일원
론적 심신관계론은 심신이원론의 존재론적 관심이 아니라 기를 중
점으로 하는 수양론적 함의를 갖는다. 즉 우리 몸은 근원적으로 수
양을 필요로 하는 몸이며, 이는 기에 의해 형신 불분리의 중층적
구조를 갖는다. 이를 통해 우리는 몸과 정신 사이에는 근원적 분리
가 없으며, 몸은 정신 안에 있다는 심신관계를 확인할 수 있다. 그
리고 다시 우주적 몸(Cosmic Body)과 합일할 수 있는 인간 몸의 무
한한 영역 속에서 몸의 해방과 정신의 해방을 지향하는 도가의 심
신관계의 특징을 볼 수 있었다. 장자는 인간의 생명을 우주의 기화
유행(氣化流行) 속에 위치시킴으로써 인간의 몸생명이 가지고 있
는 무한한 정신의 능력(神)이 바로 천(天)으로부터 부여받은 것이라
는 근거를 보여준다. 유안(劉安)이 『회남자』를 쓴 목적이 바로 "정
신을 안정시키고 기를 길러 지극한 조화를 배양하게 함으로써 '천
지로부터 받은 바'를 '자기 스스로 즐기게 하기(自樂)' 위한 것이었

고"77) 장자도 '천으로부터 받은 것을 최상으로 발휘할 것(盡己所受 於天「응제왕」)'을 강조했다. 이 모두는 바로 몸을 바탕으로 이루 어지는 것이다. 이는 도가철학의 지향점이 신체론적 근거 위에 서 있음을 보여준다.

도가의 기일원론적 심신관계론은 타인에게 '보이는 몸'의 수치 적인 단련에만 몰두하고, '보이지 않는 몸'의 진정한 활신(活身)의 즐거움을 망각하고 있는 현대사회에 시사점을 주고 있다. 이러한 관점은 사회적 규범에 구속되어 있는 몸의 해방을 일깨우고 진정 한 몸생명을 모색하게 하는 가치론적 의의를 갖는다. 도가의 심신 대립을 넘어선 정신 해방은 몸을 경시하고 정신적 관념세계에만 머무는 것이 아니라 몸의 해방과 함께하는 것이다. 몸 따로 정신 따로가 아니라 몸을 정신 안으로 가져와서 다시 그 몸을 바라볼 때 우리 몸은 '천으로부터 받은 무한한 작용력'을 '스스로 즐길 수' 있 을 것이다. 그럼으로써 유한한 육체와 무한한 정신세계에 대한 자 각을 통해 진정한 몸의 생명성을 추구할 수 있을 것이다.

---

77)『淮南子』「要略」, 凡屬書者… 外與物接而不眩, 內有以處神養氣, 晏煬至和, 而己自樂所受於天 地者也.

참고문헌

『莊子』
『淮南子』

김용섭, 『회남자철학의 세계』, 대구: 경산대출판사, 1997.
야스오, 『몸과 우주』, 서울: 지식산업사, 2004.
이석명, 『노자도덕경 하상공장구』, 서울: 소명출판사, 2005.
이석명, 『회남자』, 서울: 사계절, 2004.
조동일 외, 『기학의 모험 2』, 서울: 들녘, 2004.
존슨, 노양진 역, 『마음속의 몸』, 서울: 철학과 현실사, 2000.

김병환, 「양주학파의 자연생명사상」, 중국철학 7집, 중국철학회, 2000.
김성환, 「장자 지북유편에 나타난 체도론」, 철학연구 70집, 대한철학회, 1999. 05.
김성환, 「도학, 도교, 도가, 그 화해가능성의 재조명」, 도교학연구 16집, 한국
　　　　도교학회, 2000.
오상무, 「노자하상공장구의 근본사상 논구」, 도가철학 4집, 한국도가학회, 2002.
박원재, 「도가의 이상적 인간상에 대한 연구」, 고려대 박사학위논문, 1996.
이석명, 「회남자의 무위론 연구」, 고려대 박사학위논문, 1997.

李霞, 『生死智慧－道家生命觀硏究』, 北京: 人民出版社, 2004.
鄭開, 『道家形而上學硏究』, 北京: 宗敎文化出版社, 2003.
王叔岷, 「淮南子引莊學擧偶」, 『道家文化硏究』14집, 北京: 三聯書店, 1998.

Scott Cook edit, *Hiding the World in the World*, State Univ. New York Press, 2003.

Paul Kjellberg and Philip Ivanhoe edit, *Essays on Skepticism, Relativism and Ethics in the Zhuangzi*, State Univ. of New York, 1996.

Kristofer Schipper, Karen Duval translate, *Taoist Body*, Univ. California Press, 1993.

John Emerson, "Yang Chu's Discovery of the Body", *Philosophy East & West*, vol.46, No.4., Univ. Hawaii Press, 1996.

성명과 형기*
: 욕망 조절의 성리학적 도식

김경호

* 이 논문은 한국학술진흥재단의 기초학문연구지원(KRF2005－079－AM0016)에 의해 작성된 논문임.

1. 인간의 본질과 가치론적 층위

　　본 논문은 성리학의 주요 개념인 性命과 形氣[1]를 통해 형기(외면)보다는 성명(내면)에 가치 비중을 두고자 했던 성리학적 규범의식의 형성과 변이 과정을 가치론의 관점[2]에서 조명하는 것을 목적으로 한다. 이것은 내적인 본질을 이루고 있는 성명과 육체적인 특질을 보여주는 형기의 문제를 이분함으로써 天理를 확보·보존하여 실현하고, 人欲으로서의 지나친 欲求와 欲望을 조절·통제하여 제거하고자 했던 성리학의 도덕적 지향 의식을 분석하려는 것이다.

---

1) 性命과 形氣 두 개념이 성리학의 철학적 논의에 짝 개념으로 사용된 것은 인심도심과 관련한 주희의 언술에서이다(『중용장구』 서). 따라서 지금까지 성명과 형기 개념은 주로 인심과 도심의 문제를 해명하는 논의에서 성명−도심, 형기−인심의 도식에 적용되어 왔다. 그러나 개별적 개념으로서의 성명과 형기는 인간의 내면적 본래성과 신체성, 곧 마음과 몸에 관련한 성리학의 주요 논의(性, 心, 情, 四端, 七情, 人心, 道心, 天理, 人欲, 知覺)와 직접적으로 연관되어 있다. 이러한 점에서 마음과 몸의 문제에 직접적으로 관련되는 성명과 형기 개념을 욕망을 조절하여 합례적인 행위의 준칙으로 삼으려 했던 논의, 곧 인간의 본성(性)과 마음(心), 그리고 감정(情) 관련한 담론들과 직접적으로 관련되기 때문에 본고에서는 인심도심의 문제에 한정하지 않고, 본연성과 기질성, 사단과 칠정의 문제에도 적용하여 사용한다.

2) 여기서 가치론의 관점은 야마다케이지의 입장을 따른다. 야마다케이지는 "존재가 드러내는 다양한 의미, 전달하는 다양한 정보를 인간이 개인 혹인 사회집단의 생존목적에 따라 선택적으로 수용할 때, 그것은 선택하는 주체에 있어 하나의 가치가 된다"고 본다. 그리고 다양한 가치를 포함하는 체계 속에서 다른 모든 가치가 파생하고, 또 그 근거가 되는 것이 '가치의 공리'이며, 이것을 '가치이념'으로 파악한다. 야마다케이지, 김석근 역, 『주자의 자연철학』, 통나무, 1992. 371쪽.

이를 위해서 인간의 본래성과 심신 문제에 접근하는 성리학의 논의 틀인 본성론(본연성과 기질성), 사칠론(사단과 칠정), 인심도심론(인심과 도심) 등 주요한 철학적 담론을 기존에 주로 논의되어 온 존재론적·인식론적 관점을 지양하고 가치론의 관점에서 재해석하고자 한다.

생물학적 존재로서의 인간은 성명과 형기를 통해 내면적 본질과 신체적 특질을 이룬다는 점에서 이는 본래적인 것이다. 그러나 문화적 존재로서의 인간은 내면적 각성과 도덕적 판단 그리고 윤리적 행위에 의해 가치를 창출한다는 점에서 성명과 형기에 대한 논의는 자연스럽게 가치론적 우열의식이 개입하게 된다. 가치론적으로 차이를 상정하는 것은 현실적으로 드러나는 악의 문제(欲求·欲望·非禮)를 합리적으로 설명하고 아울러 이를 조절 통제(存天理遏人欲)하면서, 적극적으로 선을 실현하기 위한 성리학적 도식(방법론)이 응집된 결과이다. 이러한 인간 존재에 대한 해명은 성리학의 理와 氣라고 하는 존재론적 개념을 통해 심성의 문제와 연결되고, 이것은 실천철학적인 수양공부로 구체화된다.

따라서 본 논문은 정주성리학과 조선성리학에서 논의되고 있는 성명과 형기의 개념을 통하여 인간의 본래성은 육체(몸)와의 관계 속에서 어떻게 드러나게 되며, 육체(몸)에 타재된 성명은 마음과 어떠한 관계를 맺는가를 가치론의 측면에서 고찰하고자 한다. 이 논의는 심신일원론의 관점을 지향하는 성리학적 사유에서 어떻게 심신의 구성요소들을 가치론적으로 구분 지으면서 몸으로부터 비롯하는 욕망을 조절·억제하면서 성리학적 가치규범을 심화시키고 있는가를 구명하려는 것이다.

논자는 성리학에서 성명과 형기의 논의를 통해 욕망을 조절하려고 했던 방식을 현대 사회에서 그대로 적용하자고 주장하는 것은 아니다. 다만 그러한 논의 속에 내함되어 있는 가치론적 의미를 재해석함으로써 욕망의 충돌을 방지하고 합리적으로 욕구를 실현할 수 있는 방법론을 모색해 보자는 것이다. 이는 욕망의 질주로 치닫는 오늘의 현실을 비판적으로 검토하고 반성적으로 고찰할 수 있는 계기를 제공할 것으로 판단한다.

2. 성명과 형기 그리고 욕망의 문제

유학의 전통에서 성명과 형기는 性, 命, 形, 氣, 理의 단일 개념이 陰陽五行, 氣質, 氣稟 등과 결합하여 시대와 문화적 공간에 따라 다양하게 논의됨으로써 매우 복합적인 개념으로 등장한다. 이 개념은 인간의 몸과 마음을 구성하는 신체성과 본래성에 관한 논의를 그 중심축으로 하고 있다는 점에서 성리학적 인간 이해의 관점을 극명하게 보여준다.

성리학의 인간 이해에 있어서 인간은 모든 존재자 가운데 우주자연의 이치와 기운을 가장 많이 닮은 빼어난 존재이다.[3] 인간은 하늘로부터 부여받은 천성으로서 성명을 본구한 도덕적인 존재[4]인 동시에 우주자연의 섭리에 따라 육체로서의 形과 氣質을 품부받은 존재로 인식하기 때문이다.

인간의 내면적인 본래성을 의미하는 性과 인간이 수행해야 할 당위적 명령의 성격을 띠는 命[5]은 유가적인 자연관과 윤리관이 결합된

---

3) 『太極圖說』. "惟人也得其秀而最靈."
4) 『中庸章句』. "天命之謂性, 率性之謂道."

형태이다. 인간의 본성이라는 것은 하늘로부터 부여받은 명령에 의한 것이고, 그 명령은 우주자연의 이법을 의미하는 것(性卽理)이기도 한데, 형기를 통해 본성으로 자리한다. 이러한 사고는『중용』에서 "하늘이 명한 것을 일러 본성이라 한다"[6]고 표현되어 있고,『대학』에서는 "사람이 하늘에서 얻은바, 허령하고 어둡지 않아서 중리를 갖추어 있고 만사에 응하는 것"인 明德으로 제시되고 있다.[7] 주희는 命과 性을 "명은 명령과 같으며, 성은 바로 리이다"[8]라고 해석하고 있다.

이처럼 하늘로부터 부여받은 인간의 본성은 仁義禮智信의 덕성으로 대표되고, 이러한 덕성으로 말미암아 인간은 타 존재와 다른 유적 특성을 드러내게 된다. 그리고 이러한 덕성은 반드시 실현되어야 한다는 당위 의식의 표현으로 '부림을 당함이나 운명적 제한인 명'과는 차원을 달리하는 '도덕성으로서의 명'이다.[9]

이에 대하여 인간의 신체성을 의미하는 形氣는 유가의 전통적인 陰陽觀과 五行觀이 결합한 사고이다. 기는 음양과 오행(수화목금토)이라는 차별성을 갖는다. 이때 음양은 음기와 양기를 말하고, 이 두 기운은 서로 상반되는 성질, 곧 따뜻함과 차가움, 밝음과 어둠, 굳셈과 부드러움 등의 성질을 지닌다. 오행은 음양이 교차하여 변화하고 서로 융합하는 과정에서 파생되는 것이다. 여기서 오행의 기운을 음양의 氣와 구별하여 質이라고 부른다. 음양과 오행을 합

---

5) 장재는 인간의 본성은 선하지 않음이 없고, 인간의 명은 바르지 않음이 없다고 이해한다.『正蒙』,「誠明」. "性於人無不善… 命於人無不正."

6)『中庸章句』. "天命之謂性."

7)『大學章句』. "明德者, 人之所得乎天, 而虛靈不昧, 以具衆理而應萬事者也."

8)『中庸章句』. "命猶令也, 性卽理也."

9) 김낙진,『21세기의 동양철학』, 을유문화사, 2005, 84쪽 참조.

하여 氣質이라는 표현이 가능하며, 이 기질의 결합에 의해서 이루어진 사물의 형체가 形氣[10]라는 개념이다.

이렇게 본다면, 인간의 내면적 본질을 이루는 성명은 마음속에 들어와 있는 우주자연의 이치로서의 본래성이고 외형적 특성을 이루는 형기는 우주자련의 기운을 품부받아 육체를 구성하는 기질이다. 인간은 성명의 존재인 동시에 형기의 존재이며, 성명과 형기는 당연히 본래적인 것으로 인정된다. 그렇기 때문에 기본적으로 성명과 형기의 문제는 인간의 도덕적 본성과 마음 그리고 육체적 특질을 나타내는 것으로서 생득적인 것이라는 점에서 가치적 우열을 상정할 수 없는 것이다.

그러나 인간은 성명의 존재로서 도덕적 지향성을 갖지만, 한편으로 형기의 존재로서 생래적으로 욕구와 욕망의 존재[11]이다. 인간의 본성이 육체의 감각기관을 통해 구체화되는 마음의 현상은 감정으로 드러나는데, 욕구와 욕망은 그 감정의 한 내용이다. 따라서 인간이 형기의 존재인 한에서 몸으로부터 비롯하는 욕구 또한 당연히 본래적인 것이다. 나아가 인간이 기질적 한계를 벗어나서 고원한 이상을 희구하는 것 역시 욕망의 한 형태로써 인간의 실존적 한계를 초극하게 하는 힘이기도 하다. 이처럼 生生하려는 생명의 욕구는 삶의 원동력으로 작동한다는 점에서 생래적인 특성을 지닌다.[12]

---

10) 形氣는 '몸'을 의미하는데, 이것을 좀 더 엄밀히 나눈다면, 心氣와 身氣로 나눌 수 있다. 맹자는 마음을 大體, 四肢를 小體로 구분하며, 이이의 경우에 있어서도 心氣와 身氣를 구분하기도 한다.

11) 말렉 슈벨에 따르면, 인간은 자신이 절감하는 모든 욕구에 부응하기 위해 점점 더 다양한 방법으로 욕망을 표현해 왔으며, 욕구와 욕망은 인간에게 가장 필연적인 요소라고 지적한다. 욕망은 '존재(타자)에 대한 결핍(자크 라캉)'이며, 또한 '부재하는 것에 대한 탐욕(아우구스티누스)'이기도 하다. 말렉 슈벨, 서민원 역, 『욕망에 대하여』, 동문선, 2001. 7～13쪽 참조.

12) 欲求와 欲望은 인간의 본래적 특성이지만, 그러나 욕구·욕망의 실현 과정에서 빚어지는 갈등은 인간과 인간, 인간과 사회의 관계 속에서 심대한 장애를 초래하기도 한다. 따라서 공자 이래로, 욕구·욕망

공자의 경우에도 인간의 기본적인 食色의 욕망을 인정한다.[13] 다만 그는 식색과 같은 본능적인 욕구를 충족하는 과정에서 지나치게 확대되거나 모자라지 않게(過不及) 道에 따른 절제를 강조한다. 맹자는 비록 耳目口鼻·四肢에 의한 飮食男女와 같은 食色을 본능으로 보면서도, 이것은 기질적인 제약을 갖기 때문에 본성이라고 볼 수 없고 한다.[14] 그는 本心을 보존하기 위해서는 욕망을 적게 할 것(寡欲)[15] 강조하지만, 인간은 기본적으로 생리적 욕구와 욕망을 가진 존재이다.

욕망의 문제를 적극적으로 논의하는 순자는 맹자와 달리 인간의 욕구와 욕망이란 인간이 태어나면서 하늘로부터 받은 것이기 때문에 없을 수 없는 자연스러운 것이라고 인정한다.[16] 순자는 寡欲의 입장(老子, 孟子, 宋鈃)과 無欲·去欲의 입장(老子)을 비판하면서[17] 욕망은 "비록 다 없앨 수는 없지만 욕망을 추구하는 것은 절제될 수 있다"고 본다.[18] 욕망의 추구는 제한적일 수밖에 없다. 왜냐하면 욕망을 추구함에 있어 기준(度量)과 한계(分界)가 없으면 분란이 일어나기 때문이다.[19] 순자는 이러한 욕망을 조절하는 節欲

의 실현과 관련하여 무수한 논의가 있어 왔고, 유학에서는 과도한 욕구를 조절·통제하기 위한 조화의 기제를 모색하여 왔다. 그 대표적인 것이 禮로서, 예에 준거한 合禮的 行爲와 이를 통한 학습과 자기 규율을 통하여 개인의 가치 실현과 사회적 통합을 유도한다.

13) 윤사순은 仁을 실현하는 방법으로 제기했던 '恕'를 통해 공자의 욕망에 대한 관점을 네 가지의 측면에서 분석한다. 「유학 윤리의 현대적 변용－欲의 관점을 위주로」, 『범한철학』 17, 1998. 9쪽.

14) 『孟子』, 「盡心下」. "口之於味也. 目之於色也. 耳之於聲也. 鼻之於臭也 四肢於安佚也. 性也. 有命焉. 君子不謂性也."

15) 『孟子』, 「盡心下」. "養心, 莫善於寡欲. 其爲人也寡欲. 雖有不存焉者, 寡矣. 其爲人也多欲. 雖有存焉者, 寡矣."

16) 『荀子』, 「禮論」. "人生而有欲."「正名」. "欲不待可得, 所受乎天也."

17) 김철운, 「순자에서 욕망의 규제와 보장」, 『哲學』 66. 한국철학회. 2001 59~63쪽 참조.

18) 『荀子』, 「正名」. "欲雖不可去, 求可節也."

19) 『荀子』, 「禮論」. "欲而不得, 則不能無求, 求而無度量分界, 則不能不爭."

의 기준으로 마음의 사려판단에 의하여 파악되는 '道'20)(고금의 표준)의 인식과 '禮'21)를 설정한다.

이처럼 원시유가에서는 인간의 도덕적 지향을 근본적인 것으로 간주하지만, 몸을 통한 욕구와 욕망 또한 당연한 것으로 간주한다. 다만 욕구와 욕망을 추구하고 또 그것의 실현이 갖는 현실적인 기반의 제약을 인정하기 때문에 절욕 혹은 과욕을 제시하고 있다.

그러나 이러한 흐름은 송대에 들어 성리학이 선불교와 도가(교)와 대항하면서 인간의 본래성을 강조하는 경향 속에서 새로운 형태로 전개된다. 성인의 경지는 학습을 통해서 도달할 수 있다(聖可學)22)는 기치를 내건 송대 성리학에서, 인간은 비록 성명과 형기의 존재로 이해되기는 하지만, 성명과 형기를 가치론적으로 구분하고 욕구·욕망에 대해 제한을 가하려는 시도가 나타나기 시작한다.23)

성명과 형기에 대한 가치론적 지향은 성명이라고 하는 본래성(본연성)의 측면이 인간의 도덕적·윤리적 선함을 담보하는 것인 반면, 형기라고 하는 신체성은 품부된 바에 따라 淸濁粹駁의 차이성을 갖는 것으로 이해함으로써 형기보다는 성명의 우위성을 확보하려는 경향을 보여준다. 성명과 형기에 대한 인식이 일원적 차원에서 가치적 지향에 의해서 이원화되어 가고, 욕구와 욕망의 문제 또한 인간의 도덕적 이상을 실현하기 위한 성리학적 이념의 공고화로 한층 억제되어야 할 대상으로 인식된다는 것이다.

---

20) 『荀子』, 「正名」. "道者,古今之正權也."

21) 『荀子』, 「禮論」. "制禮義以分之, 以養人之欲, 給人之求."

22) 『通書』, 「聖學」. "聖可學乎, 曰可."

23) 오종일은 원시유가(맹자·순자)로부터 송학에 이르기까지 욕망의 문제에 대한 입론과 지향은 정도의 차이가 있지만 '인간의 도덕성과 합치된 욕망의 실현'에 대해서는 일치하고 있다고 지적한다. 「유학사상에 있어서 '욕'의 문제」, 『범한철학』 17, 범한철학회, 1998. 55쪽.

인간의 본래성은 성명에서 비롯하기 때문에 항상 도덕적 윤리적으로 선한 측면으로 인식되지만, 기품과 형기에서 비롯하는 욕구로 인하여 왜곡될 가능성 또한 내포하고 있다.[24] 이 과정에서 성명과 형기를 어떻게 이해하여야 하는가 하는 논의가 파생되고, 본래적으로 인정되었던 성명과 형기에 대한 인식은 점차 가치론적으로 이분화 되는 경향을 초래하게 된다. 따라서 성명을 온전히 보전하고 구현하기 위한 노력은 형기로 인한 장애를 극복하는 과정으로 표현되기도 한다. 그것이 성명과 형기의 이분이고, 이러한 내용은 존재론적인 리와 기의 개념을 구사하여 성명과 형기를 설명하는 방식으로 나타난다. 진덕수는 이를 다음과 같이 설명한다.

> 성명은 단지 하나의 도리이다… 그런데 그것들을 각기 명이'라 부르기도 하고 성이라 부르기도 하는 것은 무엇 때문인가? 대체로 성은 리이지만 사람이 생겨나는 것은 텅 빈 리로만 이루어지는 것은 아니기 때문이다. 형체를 얻어야 비로소 리가 실릴 수 있게 되니, 실제로 기를 벗어나지 않는다. 천지의 기를 얻으면 형체가 이루어지고 천지의 리를 얻으면 본성이 완성된다.[25]

性命은 인간이 우주자연의 이법(所以然之理)을 품부받아서 당위적으로 실현해야 할 마땅한 도리(所當然之理)이다. 그런데 이러한 성명은 우주적인 이법이 인간의 육체를 통하여 본성으로 자리하게 된다는 점에서 기질적인 특성을 고려하지 않을 수 없다. 진덕수는 이러한 점에서 하늘의 이치(天卽理)가 인간의 이치(性卽理)로 자리할 때, 인간의 육체는 본성을 담는 형체이고, 몸을 이루는 형체는

---

24)『大學』. "但爲氣稟所拘, 人欲所蔽, 則有時而昏, 然其本體之明."
25)『北溪字義』.「性」.

기라는 것이다. 곧 사람은 리와 기의 결합으로 이루어진 존재이고, 이때 성명을 리로, 형기를 기의 개념을 통해 설명하고 있다.

그러나 이러한 리기 개념을 통한 설명방식은 리와 기의 층위를 나누어 보려는 시도로 나타난다. 형기보다는 본성을, 기보다는 리를 근원자로 설정하여 가치론적 우위를 확보하려는 성리학적 시도는 주돈이의 『太極圖說』을 재발굴하여 높이 평가하는 주희의 입장을 통해 확인할 수 있다. 주돈이는 원래 도가의 수련도라고 추정되는「태극도」26)를 유가적 입장에서 수정하여「태극도설」을 지으면서 우주자연과 인간의 발생과정을 설명하고 있다.

> 무극이면서 태극이다. 태극이 움직여서 양을 낳고, 움직임이 지극하여서는 고요하니, 고요하면 음을 낳는다. 고요함이 지극하여서는 다시 움직이니, 한 번 움직이고 한 번 고요함이 서로 그 근본이 된다. 음으로 나누어지고 양으로 나누어져서 양의가 성립한다. 양이 변하고 음이 합하여져 水・火・木・金・土를 낳으니, 이 오행의 기질이 차례로 펼쳐져서 四時가 운행한다. …이 오행이 생성함에 각각 그 性을 하나씩 이루고, 무극의 眞과 음양오행의 精氣가 묘합하여 엉켜서 건도는 남성성을 이루고 곤도는 여성성을 이루니, 음양의 두 정기가 서로 감응하여 만물을 化生하므로 만물이 낳고 낳아서 변화가 끝이 없다.27)

주희는 이러한 주돈이의 태극도설을 적극적으로 수용하고 재해석하면서 "그러나 무극이란 말을 하지 않으면 태극은 하나의 사물과 같이 취급되어 온갖 변화의 근본이 되기에 부족하고, 태극을 말하지 않으면 무극은 공적한 것이 되어서 모든 변화의 근본이 될 수 없

---

26) 유명종, 『송명철학』, 형설출판사, 1987, 38쪽.

27) 『太極圖說』. "無極而太極. 太極動而生陽, 動極而靜, 靜而生陰, 靜極復動, 一動一靜, 互爲其根. 分陰分陽, 兩儀立焉. 陽變陰合, 而生水火木金土, 五氣順布 四時行焉… 五行之生也, 各一其性. 無極之眞, 二五之情, 妙合而凝, 乾道成男, 坤道成女, 二氣交感, 化生萬物, 萬物生生, 而變化無窮焉."

다"[28]고 하여 우주의 근원인 태극이 곧 무극과 다르지 않음을 밝히고, 이때 태극은 인간의 본성(리)임을 천명한다.[29] 주희는 태극을 본성(리)으로 해석하고, 태극의 동정에 의해서 생성되는 음양오행은 기로 파악하여 존재론적으로 리가 기보다 우위에 있음을 논증하려 한다. 이러한 입장은 태극으로서의 리가 음양오행과 결합하여 인간의 형체(몸)를 이룰 때 본성으로 자리하게 된다고 이해함으로써 인간의 도덕 실천의 가치론적 영역에서도 동일하게 적용하려는 경향을 보여준다.[30]

인간의 본성은 태극으로서의 리로, 인간의 몸을 이루는 육체적 특성은 기로 이해하면서 리와 기를 가치론적으로 구분하려는 것은 결국 성명으로서의 리와 형기로서의 기를 구분하려는 의식과 동일하다. 따라서 이러한 경향성은 욕구와 욕망의 문제를 도덕적 지향으로 대체하려는 경향으로 나타난다.

주돈이의 경우, 성인은 배워서 도달할 수 있는 존재이다.[31] 그는 성인을 성취할 수 있는 핵심적인 방법은 욕망을 적게 하거나(寡欲) 절제하는 것(節欲)이 아닌 아예 욕망을 아예 없애는 것(無欲)이라고 이해한다.[32] 기의 변화 운동에 주목하는 장재의 경우에는 주돈이와 달리 인간의 기질적 특성에 의한 생리적 욕구와 욕망을 인정한다. 그러나 그에게 있어서도 天理를 실현하기 위해서는 기질에

---

28) 『朱熹文集』 36권, 「答陸子美」. "然殊不知不言無極, 則太極同于一物, 而不足爲萬化之根. 不言太極, 則無極淪于空寂, 而不能爲萬化之根."

29) 『退溪全書』, 「聖學十圖」. "朱子曰圖說, 首言陰陽變化之原, 其後卽以人所稟受明之自, 惟人也得其秀而最靈純粹, 至善之性也, 是所謂太極也."

30) 이 입장은 조선성리학의 이황이나 이이에게서도 동일하게 나타나는 것이기도 하다. 이황의 경우에는 그의 말년 저작인 『聖學十圖』에서 『太極圖說』을 제1도에 배치하고 있고, 이이는 그의 『聖學輯要』에 「태극도설」을 인용하고 주희를 비롯한 성리학자들의 설명을 부기하고 있다.

31) 『通書』, 「聖學」. "聖可學乎, 曰可."

32) 『通書』, 「聖學」. "聖可學乎, 曰可. 曰有要乎, 曰有. 請問焉, 曰一爲要, 一者無欲也, 無欲則靜虛動直."

의해서 파생되는 사사로운 인욕은 제거되어야 할 대상이다.[33] 인간이 지닌 자연 발현적인 욕구와 욕망, 곧 인심에 대해서 적극적인 제재를 주장하는 인물은 程頤이다.[34] 그는 인간의 본래적인 욕구와 욕망의 마음(人心)을 공적인 실현을 방해하는 사사로운 욕망(私欲)이라고 규정하면서 이러한 사사로운 욕망에 의한 人欲을 제거하고 天理를 실현할 것을 강조한다.[35] 주희의 경우에는 인간이 갖는 욕구와 욕망의 마음, 곧 인심을 본래적인 것으로 인정한다. 그것은 인간이 육체를 가진 존재로서 생리적 욕구나 생물학적 욕망의 측면이기 때문이다.[36] 문제는 신체성(형기)로부터 비롯한 인심에서 사사로운 욕망(私欲)으로의 변이이다. 따라서 주희는 인욕의 사사로움을 제거하고 천리의 실현을 주장하게 된다.

이처럼 성리학자들은 인간의 본래적 측면을 표현하는 성명과 육체적 특성을 표현하는 형기 개념을 리와 기의 개념을 적용하여 가치론적으로 구별함으로써 성명인 리[선의 근거]가 형기에서 비롯하는 욕구・욕망에 의해 왜곡되지 않고 실현될 수 있는 방법론을 강구하게 된다. 욕망을 억제・조절하기 위한 논의는 성리학의 주요 쟁점인 본연성・기질성, 사단칠정, 인심도심을 통해 구체적으로 나타나게 된다.[37]

---

33) 『正蒙』, 「大心」. "燭天理如向, 萬物無所隱, 窮人欲如專顧影間, 區區於一物之中爾."
34) 정이는 욕망을 '…에 대한 지향성'으로 파악한다. 『二程集』, 145쪽. "只有所向便是欲."
35) 『二程集』, 312쪽. "人心私欲, 故危殆, 道心天理, 故精微, 滅私欲則天理明矣."
36) 정상봉・황갑연・전병술・안재호, 「중국유가철학에 있어서의 이성과 욕망의 관계」, 『시대와 철학』 14-2, 한국철학사상연구회, 2003. 512쪽 참조.
37) 욕구와 욕망을 다스리는 실천적인 방법론은 성리학적인 수양의 문제로 귀결되는데, 몸과 마음의 수양 문제를 다루는 이 주제는 차후의 연구과제로 남겨 놓는다.

3. 욕망을 조절하기 위한 성리학적 도식

1) 본성론에서 성명과 형기의 문제

인간의 본래성을 문제 삼을 경우에는, 성명(리)의 측면에서 본연지성에 대한 문제가 나타나고, 형기(기질)의 측면에서 기질지성의 문제가 논의된다. 그러나 성리학적 본성론은 本然之性을 기의 측면이 배제된 리(純善)의 측면에서 파악하고, 氣質之性은 리를 포함하지만 주로 기질(兼善惡)의 측면에서 파악한다는 점에서 이미 가치론적 구분이 이루어지고 있다. 기질지성을 곧장 악이라 할 수 없지만, 본연지성에 비해서는 가치론적으로 열등하다고 이해하는 것이다. 여기서 본연지성을 회복하고 기질지성으로 인한 장애를 제거하기 위한 실천적 노력이 요청된다.

송대에 들어 본성의 문제는 리기론의 정립과 함께 다양하게 전개되는데, 張載는 기론을 중심으로 이 문제에 접근한다. 그는 "태허가 있으므로 천의 이름이 생겼고, 기의 변화가 있으므로 도의 이름이 생겼다. 허와 기를 합하여 성이라는 이름이 생겼다"[38]고 하여 기의 본체인 太虛가 기의 변화 과정(聚散)에서 인간의 형체 속에 존재할 때 본성이라는 것이 구체화된다고 이해한다. 그는 기의 허명함을 천지지성을 삼고 형기를 품수한 이후를 기질지성이라고 이해하여[39] 두 층위의 인성을 각기 天地之性과 氣質之性으로 구분한다.[40]

장재에 있어서 본성은 본래적인 천지지성이 형기를 통하여 구체화될 경우 기질지성이 된다는 것으로, 이때 천지지성과 기질지성은 생득적이다. 그는 인간이 형기의 존재인 한에 있어서 갖게 되는 기질적인 욕구의 측면, 곧 '달려들어 빼앗고자 하는 성질(攻取之性)'[41]이나 음식남녀와 같은 것도 모두 본성의 한 측면으로 인정한다.[42] 그러나 형기(신체성)에 의해 구체화된 기질지성의 경우, 군자가 성으로 여기지 않는 부분이 있고, 기질지성을 잘 되돌리면 천지지성이 보존된다고 본다.[43] 이러한 장재의 이해는 기질지성이 인간의 본성인 천지지성과 함께 본래적인 것이기는 해도 가치적으로 구분되고 있음을 시사한다. 따라서 장재는 기질변화론을 제기하면서 천지의 변화에 잘 따라서 時中을 이룰 때, 인간의 현실적 구체성인 기질지성의 한계를 극복하고 천지지성을 회복하게 된다고 보는 것이다.[44]

---

38) 『正蒙』,「太和」. "由太虛 有天地名 由氣化 有道之名 合虛與氣 有性之名 合性與知覺 有心之名".
39) 『正蒙』,「誠明」. "形而後有氣質之性 善反之則天地之性存焉 故氣質之性 君子有弗性者焉".
40) 구스모토 마사쓰구에 따르면, 장재의 인간성에 대한 이해는 도덕의 보편성과 영원성의 근거를 찾으려는 맹자의 성선론적인 입장과 현실적이고 구체적인 문제에 천착하는 순자의 성악설을 종합하는 가운데서 모색되었다고 이해한다. 구스모토 마사쓰구, 김병화 외 역, 『송명유학사상사』, 예문서원, 2005. 93~94쪽 참조.
41) 『正蒙』,「誠明」. "攻取氣之欲, 口腹於飮食, 鼻舌於臭味, 皆功取之性也."
42) 『正蒙』,「乾稱」下. "飮食男女皆性也. 是烏可滅."
43) 『正蒙』,「誠明」. "(氣質之性)善反之則天地之性存焉, 故氣質之性, 君子有弗性者焉."

본성의 근본을 이루고 있는 성명이 형기로서의 신체성과 분리되어 존재할 수 없다고 파악하는 것은 程顥도 장재와 마찬가지이다. 정호는 "생명성 그것을 일러서 성이라고 한다. 성은 곧 기이고, 기는 곧 성이므로 생명성 그것을 이르는 것"[45]이라고 하여, 성명으로서의 인성은 초월적인 '그 무엇'이 아니라 '바로 여기 존재하는 형기로서의 생명성 그 자체'에 상즉해 있다고 이해한다. 따라서 그는 본성에 성선의 요소뿐만 아니라 성악의 측면도 함께 긍정한다.[46] 이렇듯 정호가 본성을 성명과 형기의 두 측면에서 구분하지 않는 것은 그의 '道亦器'의 이해와 상통한다. 그는 신체성을 통해 형성되는 현실적인 본성을 성명에 의해 형성되었다고 하는 본구적인 본성과 가치적으로 구분하려고 하지 않는다는 점에서 일원적이다. 정호가 이처럼 본성을 가치적으로 구분 짓지 않는 것은 결국 인간이란 존재는 선험적인 본래성에 의해 자신을 정립해 가는 것이 아니라 '생명성 그 자체의 과정에 도드라지는 욕구와 욕망'[47]의 갈등을 경험하면서 본래적인 자신을 형성해 간다고 보기 때문이다. 여기서 본래적인 자신이란 천지의 덕과 소통할 수 있는 인간 본연의 성을 말한다. 곧 우주자연의 생의와 상통하는 인간의 생명이 정호가 생각하는 본래성이다.[48] 그것은 仁으로 대표된다.[49]

---

44) 장재는 천지지성을 회복하는 구체적인 공부로 窮理盡性을 언급하고 있으며, 이것을 토대로 禮를 알고 예에 따라 행할 것을 강조한다. 『正蒙』,「誠明」. "窮理盡性, 則性天德, 命天理."「至當」. "知禮成性而道義出."

45) 『二程集』. "生之謂性, 性卽氣, 氣卽性, 生之謂也."

46) 『二程集』. "惡亦不可不謂之性也."

47) 정호는 이를 生意라고 이해한다.

48) 구스모토 마사쓰구, 김병화 외 역, 『송명유학사상사』, 예문서원, 2005. 1394쪽 참조.

49) 정호는 이러한 인간성의 총화를 仁으로 파악하고(「識仁」), 誠과 敬의 태도를 끊임없이 견지해 나가야 한다는 입장이다.

송대 성리학에서 리의 의미를 존재론적인 측면뿐만 아니라 가치론적인 측면에서 자리매김하는 인물은 程頤이다. 정이는 '성은 곧리(性卽理)'라고 하여 리를 본성이라고 정의한다. 이것은 천지자연의 理法으로서의 성명(본성)은 형기의 존재(몸)에 들어와 기질지성으로 자리한다는 것을 의미한다. 이때의 본성은 天命之性으로, 생래적으로 부여된 인간의 자질인 '才'[50]에 놓여있는 현실성으로서의 氣質之性과는 가치적으로 구분된다. 따라서 정이는 "본성만 논하고 기질의 성을 논하지 않는다면 갖추어지지 않는다. 기질의 성을 논하고 본성을 논하지 않으면 밝혀지지 않는다"[51]고 하여 도덕성의 근거인 성명(본성)의 측면과 욕구·욕망의 기반인 형기(기질)의 측면을 명백히 함으로써, 두 층위의 인성이 갖는 특질과 한계를 분명히 하려는 의식적 지향을 보여준다.

朱熹는 장재의 본성론(천지지성과 기질지성)을 정이가 정의한 '性卽理'의 명제에 의거하여 자기 철학으로 재해석함으로써 본성의 존재론적 근거를 모색한다. 주희는 성의 근거로 천리를 설정한다.[52] 주희는 장재가 천지지성을 태허(기)로 이해한 것과 달리, 본연지성은 오로지 리를 가리켜 말한 것이고, 기질지성은 리와 기를 겸해서 말한 것으로 이해한다.[53] 이러하기 때문에 주희에 있어서 리로서의 본성은 마음의 본체이자 순선 그 자체이며, 기질지성은 선악이 혼재된 것이다. 이것은 본연지성과 기질지성의 층위를 나누어 보고 있다는 것을 의미한다.

---

50) 『二程全書』 권24.
51) 『二程全書』 권7. "論性不論氣不備, 論氣不論性不明."
52) 『朱子語類』 권5, 「性理」. "性者, 卽天理也."
53) 『朱子語類』 권4, 「性理」. "論天地之性, 則專指理言, 論氣質之性, 則以理與氣雜而言之."

그러나 한편으로 주희는 본연지성은 형기(기질)에 의해 제한을 받는 것이라고 이해한다. 이때에 구체적인 차별성이 드러나게 되는데, 이를 구슬의 비유를 통해 설명하고 있다. 즉 맑은 구슬이 물속에 있을 때, 그 자체로서 맑은 구슬은 물의 淸濁에 따라 그 보이는 형태가 다르게 된다는 것이다.[54] 맑은 구슬은 본연지성을 말한다. 이것이 물이라고 하는 신체성에 타재되어 현실적인 기질지성을 이루게 되며, 신체성을 이루는 형기의 장애 여부에 따라서 본연성이 영향을 받을 수밖에 없다는 현실적 한계를 인정한다.[55]

이처럼 주희는 성즉리의 명제를 통해서 본성의 가치를 확고하게 보장할 수 있는 이론적 근거를 모색한다. 이것은 인간의 도덕적 근거를 객관적인 우주 자연으로부터 찾으려는 시도이고, 그러한 도덕적 원리가 형기(육체) 속에 본성으로 자리 잡고 있다는 것을 확증하려는 것이다.

조선조 성리학에서 본성에 대한 이해는 주희의 이해 방식에서 크게 벗어나지 않는다. 이황은 본성을 기질지성과 본연지성으로 구분한다. 이황은 爲主의 측면에서 리와 기를 나누어서 본연지성과 기질지성을 설명한다. 본연지성은 오로지 리만을 가리켜 말한 것이지만 그래도 기가 없을 수 없고, 기질지성은 리기를 겸하여 말한 것이기 때문에 리나 기를 어느 하나를 '위주'로 구분할 수 있다는 입장이다. 즉 '리를 위주'로 말할 경우 본연지성이라고 할 수 있고, '기를 위주'로 말할 경우 기질지성이라고 구분할 수 있다는 것이다.

이황과는 달리 이이의 경우에 있어서 기질지성과 본연지성은 존

---

54) 『朱子語類』 권4.

55) 이러한 점에서 본연성을 본존하고 확충하며, 기질성의 제약을 극복하려는 주희의 공부론이 마련된다.

재론적으로 구분되는 것은 아니다.[56) 이이는 爲主의 관점을 적용할 경우, 리와 기가 동시적으로 관계되어야 하는데 본연지성과 기질지성은 이러한 조건을 충족하지 못한다는 것이다. 즉 기질지성의 경우에는 리와 기를 겸해서 말한 것이고 또 기질(형기)의 측면을 위주로 하였기 때문에 '주기'라고 할 수 있지만, 본연지성은 오로지 성명(리)의 측면에서 말한 것이기 때문에 '주리'라고 할 수 없다는 것이다. 따라서 기를 배제한 리로서의 본연지성을 인정한다고 할지라도 본성이란 리가 氣質과 결합된 연후에 드러나는 것이므로[57) 형기의 존재가 갖는 현실적인 인성은 기질지성뿐이다. 이러한 점에서 이이는 기질지성이 본연지성을 포함하는 관계로 이해한다.[58)

그렇다면 이황과 이이가 본성을 논의하면서 보여주는 이러한 차이점은 무엇에 기인한 것일까? 이황은 본연지성과 기질지성을 구분하려 하고 이이는 어째서 기질지성 속에 본연지성을 포함하려 한 것일까? 이렇게 본연지성과 기질지성을 이해하는 상이한 입장은 결국 욕구와 욕망의 근거인 형기라고 하는 기질적인 측면을 배제할 것인가, 아니면 그것조차도 포함해서 본성을 논해야 할 것인가의 문제로 축약된다. 다시 말하면 본연지성의 순수성을 기질에 장애로부터 어떻게 지켜낼 것인가와 현실적인 기질의 문제를 인정하고 그것으로부터 본연지성을 어떻게 확보할 것인가의 논의인 셈이다. 이황이 리를 위주로 한 성명의 차원에서 본연지성을 논한 것은 형기의 가변성을 배제한 순선한 이치로서의 본성의 영역을 '따

---

56) 이이는 이황의 주리 주기의 구분법에 따라 본연지성과 기질지성을 이분하려는 성혼을 비판한다.
57) 『栗谷全書』 권12, 22쪽, 「答安應休」. "理不能獨立, 必寓於氣, 然後爲性."
58) 『栗谷全書』 권9, 35쪽, 「答成浩原」. "本然之性, 則不兼氣質而爲言也. 氣質之性, 則却兼本然之性."

로 확보' 하려는 의도로 파악된다. 즉 도덕규범의 근거로서 선험적으로 내재한 본성을 견인하여, 이것은 형기를 포함하는 기질지성과 가치적으로 차이가 있음을 드러내려 한다. 이황의 입장과 달리 이이는 본연지성의 측면을 인정하면서도 현실적인 인성은 기질지성이라고 파악한다. 이것은 두 측면에서 살펴볼 수 있는데, 첫째는 도덕적인 행위규범의 근거로서 본연지성은 인간의 내면에 확고하게 내재되어 있다는 것이고, 둘째는 현실적으로 드러나는 인성의 방향을 본연지성의 방향으로 되돌리고자 하는 의지적 노력이 수반되어야 함을 강조한다는 것이다. 이이는 형기에 따른 가변적 인성을 주목한 것이 아니라, 형기의 존재인 한에서 인간의 한계를 인식하고 그러한 기질의 장애를 극복하여 본연성을 회복하고자 하는 것이다.

2) 사칠론에서 성명과 형기의 문제

인간의 감정은 어떻게 드러나는가? 그 발출의 근거는 무엇인가? 사단과 칠정이라고 하는 감정의 발출문제는 관점에 따라서 끊임없는 논쟁을 유발해 온 조선성리학의 핵심 주제이다.[59] 사단칠정의 문제는 형식적으로 우주자연과 세계의 구성 원리를 설명하기 위한 두 개념인 리와 기를 통해 해명하고 있다는 점에서는 존재론적인 성격을 띠고 있다. 그러나 이 논의는 실제적으르 인간의 감정을 문제 삼으면서 악으로 흐를 수 있는 형기(기질)의 장애를 제거하고,

---

59) 조선시대의 사단칠정론에 관한 대표적인 연구서로 『四端七情論』(민족과사상연구회, 서광사, 1992)을 참고할 만하다.

궁극적으로 도덕적인 선을 어떻게 확보·실현할 것인가 하는 점이 논의의 핵심이기 때문에 가치론적 성격을 띠고 있다.

심성정의 관계는 '마음이 성정을 통섭·주재(心統性情)'하는 것으로 이해된다. 성명으로서의 내재된 본래성이 외부의 자극에 의해 신체성의 감각기관에 반응하여 마음작용으로 드러나는 의식의 흐름이 곧 감정(情)이다. 주목해야 할 점은 사단과 칠정으로 드러나는 과정에서 마음의 작용과 형기의 관련성이다.

주희에 따르면, 본성은 마음의 이치고 감정은 본성의 움직이다. 그리고 마음은 본성과 감정을 주재[60]하는 동시에, 마음은 본성과 감정을 포괄한다. 즉 본성은 체이고 감정은 용으로서 본성과 감정은 모두 마음으로부터 나온다는 것이다. 그렇기 때문에 마음은 본성과 감정을 통솔(주재)할 수 포괄할 수 있다. 이처럼 주희는 심통성정을 통하여 마음과 본성을 분리하면서도 성정은 마음의 주재와 외연 속에 포함되어 있으므로 서로 분리될 수 없는 것이라고 이해한다.

한편 주희는 오행으로 이루어진 구체적 사물로서의 심장과 다른 신묘불측하면서 영명한 형체가 없는 기의 정밀한 것(精爽)으로서 '심'을 상정한다. 이때 기로서의 마음의 능력이 곧 지각능력이며, 지각하는 내용은 마음의 이치가 된다. 지각능력(能知覺)인 기에 의해 지각되는 내용(所知覺)은 마음속에 성으로서 존재하는 리(心之理)라 이해한다.

이러한 심성정의 관계로부터 본래성이 마음의 작용을 통하여 구체화되는 감정의 발출은 '본성이 발동하여 감정으로 드러난다'는

---

60) 『朱子語類』 권5, 「性理二」.

性發爲情의 도식에 의거하고, 감정 일반을 지칭하는 七情과 도덕 감정을 지칭하는 四端으로 구분된다.[61] 이러한 감정의 발출 과정은 이황의 사단칠정에 대한 인식은 압축적인 그림의 형태로 제시된 '심통성 정도'에 잘 드러나고 있다.

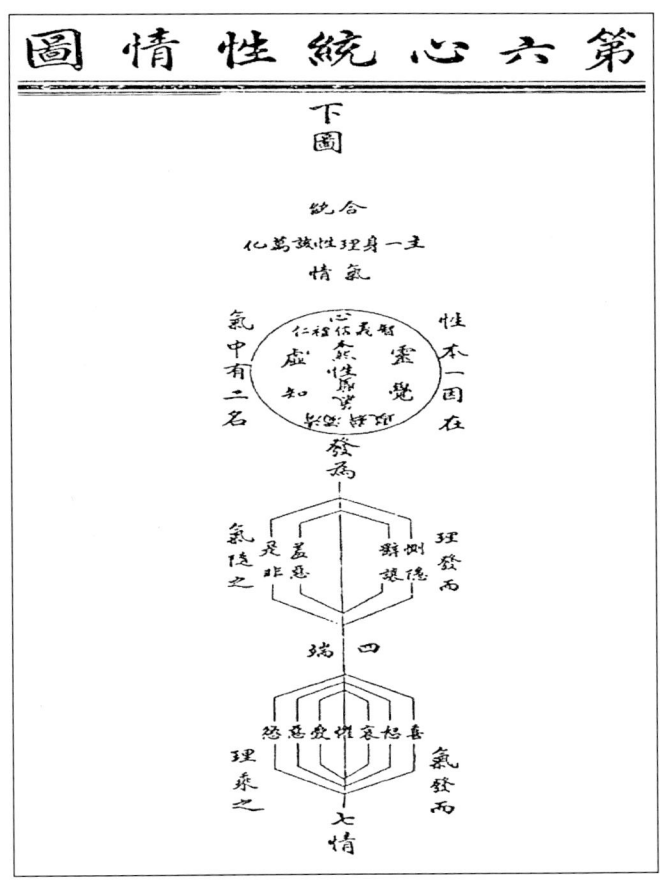

---

61) 사단과 칠정은 인간의식의 한 양상을 보여주는 개념이기도 하지만, 이것은 사실 유학(성리학)의 사회문화적 전통 속에서 구성된 일종의 문화적 개념이기도 하다.

리에 작용성을 부여하고자 했던 이황은 마음의 작용을 理氣之合으로 보고 있는데, 이것은 감정의 발현 과정에서도 리가 일정한 역할을 한다는 것을 전제로 한 구도이다. 따라서 이황은 감정이 드러날 때 마음속에 들어 있는 심통성정도의 중간부분처럼 리가 주도적인 역할을 할 경우(理發) 리가 발하여 순수한 도덕 감정인 사단이 드러난다고 본다(四端, 理發而氣隨之). 반면 리가 주도적인 역할을 하지 못할 경우(氣發) 심통성 정도의 하단 부분처럼 악의 가능성이 농후한 칠정이 발현된다(七情, 氣發而理乘之)고 구분한다.62) 이렇기 때문에 사단과 칠정은 각기 발출의 양상이 다르다는 것이고, 그러한 점에서 리·기를 분속하여 '주리'·'주기'의 입장에서 파악할 수 있고,63) 또한 호발·상수의 측면에서도 설명될 수 있다는 것이다.64)

이와 같이 사단과 칠정을 각기 구분하여 파악하려는 이황의 의도는 행위의 준칙으로서 도덕적 규범의 근거를 사단에 정초하고자 함이다. 기질적 요소에 의해 좌우되는 칠정은 선악미정인 것이기는 해도 그러한 불완전성을 행위의 근거로 삼을 경우 욕구와 욕망으로 흐를 가능성이 농후하다는 것이다. 따라서 이황은 형기의 요소가 배제된 사단을 본성에 근거하는 것으로 파악하고자 하며, 이러한 사단의 발출은 허령지각한 마음의 전일한 상태를 요구하는 것

---

62) 『退溪全書』 권16, 21쪽, 「答奇明彦論四端七情第二書」 改本.

63) 『退溪全書』 권16, 29쪽, 「答奇明彦論四端七情第二書」 改本. "公意以謂四端七情, 皆兼理氣, 同實異名, 不可以分屬理氣. 滉意以謂就異中而見其有同, 故二者固多有渾淪言之, 就同中而知其有異, 則二者所就而言, 本自有主理主氣之不同. 分屬, 何不可之有."

64) 『退溪全書』 권16, 30쪽, 「答奇明彦論四端七情第二書」 改本. "蓋人之一身, 理與氣合而生, 故二者互有發用, 而其發又相須也. 互發則各有所主可知, 相須則互在其中可知. 互在其中, 故渾淪言之者固有之, 各有所主, 故分別言之, 而無不可."

이기도 하다.[65)]

　이황이 형기의 요소를 배제한 성명으로부터 비롯하는 사단에 중점을 두고 分屬의 입장에서 사단칠정 문제에 접근했다면, 이이는 성명이 내재된 본성을 근거로 하여 형기에 의한 감정의 왜곡을 방지하는 데 중점을 두고 渾融의 입장에서 사단칠정의 문제에 접근한다. 이이는 이황의 사단칠정론이 사단과 칠정이 근거하는 두 개의 근본을 설정하는 오류를 범하고 있다고 지적한다. 따라서 이이는 사단칠정에 대해 소종래의 입장이나 주리주기에 의한 구분법을 부정한다.

　이이에 따르면, 리는 형이상자요, 기는 형이하자이지만, 이 리와 기는 분리될 수 없는 것이고, 이미 서로 떨어질 수 없으면 그 발용도 하나이기 때문에 각각 발용하는 것은 있을 수 없는 것이라고 한다.[66)] 이이는 이황과 같이 사단을 리발로, 칠정을 기발로 나누어 보는 것은 리와 기를 두 가지의 별개의 것으로 나누는 것이며 마음을 둘로 나누는 것과 같기 때문에 잘못된 것[67)]이라 하여, '互發不可'[68)]의 입장을 천명한다.

　이처럼 사단칠정의 문제는 인간의 감정을 마음속의 선한 본성

---

65) 이황은 사단과 칠정으로 발현되기 이전의 본성을 담고 있는 마음의 상태를 허령지각이라고 표현(심통성정 하도)하고 있는데, 이러한 점에서 지각작용은 단지 인심도심의 문제에만 적용되는 것이 아니라 사단칠정의 문제에서도 적용되어야 한다. 지각작용을 인심도심의 문제에 한정하고자 하는 논의는 지각을 計較商量하는 意에 초점을 맞춘 것인데, 본성이 감정으로 드러난다 하더라도 허령지각한 마음의 작용이 개입되기 때문에 사단칠정의 문제에 있어서도 지각작용은 중요하게 언급되어야 한다.

66) 『栗谷全書』 권10, 12쪽, 「答成浩原」. "理形而上者也, 氣形而下者也, 二者不能相離, 旣不能相離, 則其發用一也, 不可謂互有發用也. 若曰互有發用, 則是理發用時, 氣或有所不及, 氣發用時, 理或有所不及也. 如是則理氣有離合, 有先後 動靜有端, 陰陽有始矣, 其錯不小矣."

67) 『栗谷全書』 권9, 36쪽, 「答成浩原」 附問書. "今若曰, 四端理發而氣隨之, 七情氣發而理乘之, 則是理氣二物, 或先或後, 相對爲兩岐, 各自出來矣."

68) 『栗谷全書』 권10, 5쪽, 「答成浩原」. "非氣則不能發, 非理則無所發, 無先後, 無離合, 不可謂互發."

[리]에 근거한다고 인정하는 점에서는 동일하지만, 그것을 파악하는 관점에 따라 차이를 보여준다. 이황의 경우에는 가변적 현실에서 사단과 같은 순선의 도덕 감정을 발현하기 위해서는 형기적인 요소를 배제한 성명과 같은 도덕규범의 근거(소종래) 설정이 급선무라고 이해하고 있다. 반면에 이이는 사단과 칠정이 본성에 근거하여 발출되는 것이기는 해도 현실적인 인간의 감정상태는 형기에서 비롯하는 욕구·욕망의 영향을 배제할 수 없는 것으로 파악한다. 따라서 그는 발출한 감정이 중절할 수 있는 방안을 모색하며, 이 과정에서 誠意의 문제를 제기하면서 감정의 중절을 위한 노력, 곧 時中을 구하기 위한 수양공부의 필요성을 제기한다.

이렇게 본다면, 사단칠정의 문제는 도덕적 행위와 윤리적 실천을 담보할 수 있는 당위적인 가치규범의 설정을 전제로 하지만, 인간의 마음을 통해 본래성이 드러나는 과정에서 형기성(육체성)을 배제해야 하는가, 아니면 용인할 수밖에 없는가 하는 논의로 집약된다. 이러한 당위적인 측면과 현실적 측면의 대립각은 온전히 당대의 삶의 조건과 결부되어 하나의 가치이념으로 자리하기 때문에 사단칠정론이라고 하는 담론의 형성과 그 전개과정은 주체의 문제와 직결[69]하여 조선 후기까지 지속적으로 논의되는 것이다.

---

69) 논자는 사단칠정론이 조선사회에서 지속적으로 논의되고, 또 이론적 대립을 통해 학파적 분기를 가져오게 되는 것은 개념 그 자체의 문제보다 가치규범을 어떻게 정립해 나아가고 그 주도권을 누가 획득하는가에 따라 달리 파악될 수 있다고 판단한다. 따라서 사단칠정론을 진리 그 자체가 아닌 하나의 담론이라는 차원에서 고찰하는 것도 새로운 해석을 도출할 수 있는 방법적 시도라고 생각된다.

3) 인심도심론에서 성명과 형기의 문제

형기의 문제는 사람이면 누구나 갖는 마음인 人心과 의리에 관계된 가치적 개념인 道心의 조절과 확충의 문제로 나타난다. 성명의 바름(性命之正)과 형기의 사사로움(形氣之私)으로부터 비롯된다는 인심과 도심의 문제는 정주성리학자들뿐만 아니라 조선조 성리학자들에게서도 지속적으로 논의된다. 이 논의는 천리를 실현하고 욕구로부터 파생하는 다양한 욕망의 장애인 인욕을 어떻게 조절·통제할 것인가의 문제로 귀결된다. 따라서 천리를 보존하는 방법과 사사로운 인욕을 막는 실천적 방법론을 요청하며, 아울러 기질적 한계를 지닌 육체성에서 파생하는 욕망을 어떻게 조절·통제할 수 있는가를 문제 삼는다.

『상서』의 16자 心法[70]에서 비롯한 인심도심에 대한 논의는 신체성에 담긴 마음이란 것이 얼마나 위태롭고 가변적이며, 또한 그러한 마음의 불안정성을 야기하는 신체성의 문제를 해결하기 위한 철학적 모색이기도 하다. 정이는 인심과 도심을 극단적으로 이분한다. 인심은 사욕이기 때문에 위태롭고 도심은 천리이기 때문에 정미하여서 사욕을 없애면 천리가 밝아진다고 한다.[71] 내재하는 본성을 담고 있는 것이 마음이지만, 정이는 인간의 마음은 才라고 하는 기질적인 요인에 의하여 사사롭게 영향받을 수 있다고 본다. 이 때문에 인심을 이기적 욕구로서의 사욕이라 보는 것이고, 그러한 점에서 인심으로서의 사욕을 제거하게 되면 정미한 도심으로서의 천

---

70) 『尙書』, 「大禹謨」. "人心惟危, 道心惟微, 惟精惟一, 允執厥中."
71) 『二程遺書』. "人心私欲故危殆, 道心天理故精微, 滅私欲則天理明矣."

리가 드러나게 된다고 보는 것이다. 정이는 사적인 마음을 논하기도 하는데, 公的인 일을 수행할 때 마음속에 어떠한 의도를 갖고 행하게 되면 이미 공적인 마음을 잃어버리고 오히려 私的인 마음에 빠질 수 있음을 경계하기도 한다.[72]

인심을 곧바로 사사로운 욕구(私欲)로 정의한 정이의 견해에 대하여 주희는 다른 입장을 표명한다.[73] 주희는 인심과 도심을 인욕과 천리의 관계로도 설정하지 않는다.[74] 그는 『중용장구』서에서 형기의 사사로움에서 생겨나는(或生於形氣之私) 인심과 성명의 올바름에 근원하는(或原於性命之正) 도심을 지각(知覺)의 관점에서 구분한다.[75] 여기서 고려해야 할 것은 形氣-私-生-人心과 性命-正-原-道心 그리고 知覺의 문제이다.

형기라고 하는 신체성은 개별적인 것이고, 이 개별적인 신체성에 의해 '발생하는 마음'은 감각적 욕구이기는 해도 누구나 갖는 생래적이고 본능적인 마음이다. 그것을 주희는 인심이라 부른다. 이 점에서 인심을 파악하는 주희의 견해는 정이가 私欲으로 규정한 것과는 다르다. 성명이라고 하는 내재적인 덕성은 보편적인 가치를 띠는 올바른 것이다. 그리고 이 덕성(仁으로 대표되는 것)으로부터 '유래하는 마음'은 인간이 하늘로부터 부여받은 것이기 때문에 생래적이기는 하지만 도덕적인 마음이다. 그것을 도심이라고 부른다. 즉 耳目口鼻의 감각기관에 의한 감각적 욕구로 드러나는 것은 인

---

72) 『二程全書』 권19. "人纔有意於爲公, 便是私心."

73) 정이와 주희의 인심도심에 관한 논의는 리기용, 「율곡 이이의 인심도심론 연구」, 연세대박사학위논문, 1995. 30~49쪽 참조.

74) 『朱子語類』 권5, 「尙書」. "若說道心天理, 人心人欲, 卻是有兩箇心, 人只有一箇心."

75) 『中庸章句』序. "心之虛靈知覺, 一而已矣, 而以爲有人心道心之異者, 則以其或生於形氣之私, 或原於性命之正, 而所以爲知覺者不同."

심이며, 道義와 같은 도덕에 근거하여 드러나는 것은 도심이라고
정의한다. 이렇게 본다면 인심은 인간이 처한 상황에 직면하여 '끊
임이 생겨나는 마음'이고, 도심은 새롭게 생겨나는 것이 아니라
'원래 있었던 마음'이 된다.

　그런데 인간이 육체를 지닌 존재인 한에서 끊임없이 생겨나는
마음(人心)은 '타자에 대한 욕망'이다. 나의 외부에 대한 끊임없는
희구와 열망은 나의 결핍을 충족시킬 것을 요구한다. 그러한 면에
서 타자에 대한 욕구와 욕망이 지나치게 될 경우, 갈등과 분쟁을
야기하고 인심은 인욕으로 흐르게 된다.[76] 따라서 이러한 흐름을
조절·통제할 기제가 필요한데, 주희는 이를 도심이 주도하여 인심
을 따르게 해야 한다는 입장으로 정리한다.[77] 이이는 이러한 입장
을 도심으로 인심을 절제하고 인심이 항상 도심의 명령을 들어야
한다는 '人心聽命於道心'으로 표현하고 있다.[78]

　주희는 인심과 도심을 지각의 관점에서 파악한다. 그는 "도리를
지각한 것은 도심이며, 성색취미를 지각한 것은 인심"[79]이라고 이
해한다.[80] 이것은 주희가 현실적 인간의 마음은 도심(분별력)과 인
심(감각지각)이라는 두 층차의 마음이 항상 함께 작용하고 있음을
인정하는 것이고, 각각의 층위에서 지각하는 내용이 다르다는 것을

---

76) 김기현은 인심을 '부도덕에 흐를 위험성이 있는 마음', 인욕을 '부도덕한 마음'이라고 정의한다. 「퇴계
　　와 율곡의 인심도심설 비교 연구」, 『철학연구』 8, 고려대학교 철학연구소, 1984. 54쪽.

77) 『朱子語類』 권5, 「尙書」. "以道心爲主, 而人心每聽命焉已."

78) 『栗谷全書』 권14. 4쪽, 「人心道心圖說」. "必以道心節制, 而人心常聽命於道心."

79) 『朱子語類』 권5, 78쪽, 「尙書·大禹謨」. "但知覺得道理底是道心, 知覺得聲色臭味底是人心."

80) 주희의 인심도심에 대한 규정에 대하여 허동양은 다음과 같이 해석한다. 『中庸章句』序. "東陽許氏
　　曰, 人心發於氣, 如耳目口鼻四肢之欲, 是也. 然此亦是人身之所必有, 但有發之正不正爾, 非全不
　　善, 故但云危, 謂易流入於不善, 而沒其善也. 道心發於理, 如惻隱羞惡辭遜是非之端, 是也. …抵
　　人心, 可善可惡, 道心全善而無惡."

의미한다.[81] 마음은 허령하기 때문에 지각할 수 있고, 지각하는 내용은 마음의 이치이다.[82] 지각능력(能知覺)인 기에 의해 지각되는 내용(所知覺)은 마음(심)속에 성으로서 존재하는 리(心之理)이기 때문에 지각은 단순히 대상사물을 감각하고 인식하는 데 그치지 않고, 도덕적 자각의 측면까지 아우르는 개념이다. 이 때문에 주희는 지각의 내용이 다르다고 하는 점에서 인심과 도심을 구분하고 있다.

이황은 인심도심의 문제에 있어서 사단칠정과 연계하여 이해하는데, 그는 "인심은 인욕의 근본이고, 인욕은 인심의 유출이다… 그러므로 곧 명칭이 인욕이 되었으니, 인심에서 변칭된 것"[83]이라 이해한다. 이 말은 형기의 사사로운 욕구로부터 비롯한 인심이 지나치게 될 경우 인욕으로 빠질 수밖에 없다는 점을 경계한 것이다.[84]

이이는 마음의 작용을 '心是氣'라 이해한다.[85] 그리고 마음의 두 양상인 인심과 도심은 하나의 마음에 대한 두 가지 이름일 뿐이어서, 마음의 작용이 일어나는 순간에 그것이 도덕과 의리를 지각하게 될 경우 도심이 되고, 구체를 위한 감각적 욕구를 지각하게 될 경우 인심이 된다고 본다. 성명에 의해서 본래적으로 갖추어진 심체로서의 성(천리)을 그대로 실현하는 하는 것이 도심이고, 도심과

---

81) 김미영, 「인심도심설을 통해 본 성리학의 몸담론」, 『철학』 73, 한국철학회. 2002. 11쪽 참조.

82) 『朱子語類』 5권. 85, 「性理2」. "所覺者, 心之理也. 能覺者, 氣之靈也."

83) 『退溪全書』 권40. 9쪽, 「答喬姪問目」. "人心者, 人欲之本, 人欲者, 人心之流. …故乃名爲人欲, 而變稱於人心也."

84) 이 구절을 들어서 이황이 인심을 인욕으로 이해하였다고 하는 주장은 제고되어야 할 것이다.

85) 이이가 '心是氣'(『栗谷全書』 10권. 28쪽, 「答成浩原」)를 말하는 것은 인심과 도심이라고 하는 마음의 두 층위는 '마음이 드러난 상태'이고, 그러한 작용은 '氣'에 의한 것이라는 점을 지적하고자 한 의도이다. 이 점에서 이이는 마음을 '活物'(『栗谷全書』 14권. 40쪽, 「自警文」)로 이해하며, 이 마음은 이치로서의 性과 구분되는 것이기도 하다(『栗谷全書』 12권. 20쪽, 「答安應休」. "性理也, 心氣也). 그러나 이이가 이해하는 마음은 기본적으로 '合性與氣'의 존재이다(『栗谷全書』 14권. 4쪽, 「人心道心道說」. "合性與氣, 而爲主宰於一身者, 謂之心 김경호, 「율곡 이이의 심성론에 관한 연구」, 고려대 박사학위논문. 128~129쪽 참조).

마찬가지로 심체로서의 성에 근원하지만 드러나면서 바뀔 수 있는 욕구적 마음의 상태(천리인욕혼재)가 인심이다.[86] 인심이나 도심은 모두 마음이 이미 드러난(已發) 상태인데, 성명의 본연성이 지각을 통해서 그대로 드러나게 될 경우가 천리를 실현한 도심이다. 천리가 실현된 도심은 아주 미미하기 때문에 은미하다. 그리고 형기의 사사로움에서 생겨나서 천리와 인욕이 혼재한 것이 인심이다. 이 인심은 천리가 아직 실현되지 않은 상태이면서도 아직 인욕으로 흐르지 않은 상태이다. 따라서 인욕으로 흐를 가능성이 농후하기 때문에 위태롭다고 하는 것이다. 그러나 인심과 도심은 하나의 마음에 대한 두 가지 명칭일 뿐이다. 인심과 도심의 분기를 주희처럼 지각의 문제로 이해하는 이이의 입장은 마음의 도덕적 근거인 천리가 단지 실현될 가능성으로 존재하는 것을 확인하는 데 그치지는 않는다. 이것이 지각의 차이로 인심도심을 구분하는 주희의 입장과 다른 점인데, 그는 적극적으로 인심이 어떻게 구체적인 도심이 되고 또 인심이 어떻게 인욕으로 전이되는가에 주목한다. 여기서 인심과 도심을 올바로 변별할 수 있는 지각의 문제와 精察·誠意와 같은 공부가 제기되며, 마음을 다스리는 治心의 수양공부를 위해서는 무엇보다 먼저 잘못됨을 알고(知非), 잘못된 것을 알았을 경우에는 '제재'를 통하여 욕망을 억제[制伏]해야 한다는 실천적 행위가 동시에 요구된다는 것이다. 이이는 인심을 절제시키는 기준으로 도심을 잡고 있다. 그래서 인심의 어긋남을 막을 수 있는 기준으로 도심의 명령을 따를 것[人心聽命於道心]을 주장한다.[87]

---

86) 『栗谷全書』 권9, 37쪽, 「答成浩原」. "心之虛靈知覺, 一而已矣, 而有人心道心之二名, 何歟. 以其或生於形氣之私, 或原於性命之正, 理氣之發不同, 而危微之用各異, 故名不能不二也."

이렇게 보면 이이는 인심과 도심을 지각 작용의 결과로만 한정하는 것이 아니라 도심이라는 기준을 통해서 도심의 확충 및 인심이 도심의 명령을 들음으로써 인심의 도심화를 강조하고 있는 것이다. 이이는 도덕적 감정의 적극적 발현도 중요하지만, 우선 타자에 대한 욕망을 억제할 수 있는 중절과 같은 수양공부를 제시한다. 그러나 억제나 중절과 같은 수렴의 측면이 강조될 경우, 주체의 자각적이고 능동적인 행위를 통해서 인간의 가치를 실현하기보다는 욕망의 조절·억제라는 수동적 성격을 띠게 된다. 그러므로 이이는 여기에 현상으로 드러나기 이전의 미발의 상태에서 천리를 보존하고 배양하는 경 공부를 강조함으로써 천리에 의한 인욕의 억제와 더불어 천리가 실현(현상화)된 도심의 확충을 제기한다.

---

87) 『栗谷全書』 권14, 4쪽, 「人心道心圖說」.

4. 보편적 덕성과 자기실현

성리학에서 인간은 형기와 성명으로 육체와 마음 그리고 본성을 이루는 존재로 파악된다. 그렇기 때문에 성명과 형기의 문제를 다루는 것은 마음의 본질(심체)과 마음 관련 현상에 대한 논의와 직접 관련된다. 이처럼 성명과 형기의 문제는 육체를 지닌 생물학적 인간의 존재 양태에 대한 논의이고, 아울러 자각적이고 규범적인 도덕적 주체에 대한 논의이기도 하다. 따라서 논자는 성명과 형기를 중심으로 한 본성론과 사칠론, 인심도심론을 살펴본 것이다. 앞서 고찰한 대로, 핵심적인 문제는 인간이 지닌 욕구와 욕망의 근거인 형기라는 기질적인 측면을 인정할 것인가, 아니면 선험적으로 내재하는 도덕규범과 윤리적 행위실천의 근거인 성명만을 인정할 것인가이다.

그렇다면 성리학자들은 왜 이러한 성명과 형기의 문제를 중요한 철학적 개념으로 설정했을까? 궁극적으로 이들이 지향하고자 하는 바는 무엇일까? 성명과 형기의 문제는 성리학자들에게 선한 행위를 할 수 있는 인간의 근거는 무엇인가 하는 물음을 던지는 주제이다. 이들에게 있어 인간은 비록 성명을 품부받은 성선의 존재이기는 하지만, 그러나 항상 우려하는 점은 인간의 육체를 구성하고 있는 형기에 의한 장애의 발생이다. 장애는 타자에 대한 지나친 욕구·욕망으로 표출되는 것이고, 이것은 성리학자들에게 부중절한 것 혹은 악의 현상으로 파악된다. 따라서 현실적으로 드러나는 악의 문제, 곧 부중절한 현상을 제거하기 위한 자기 점검과 실천적 노력이 요청되는 것이다.

논자가 판단할 때, 성리학자들이 성명과 형기의 문제에 주목한 것은 일상성에 드러난 인간의 실존적 현실에 대한 관심에서 비롯하였다고 본다. 이들은 하늘로부터 부여받은 인간의 본래성에 정초한 도덕적 인간의 모습을 상정하지만, 일상의 생활 세계에서 보이는 부조리한 삶의 세계는 혼란스런 욕망의 세계이다. 따라서 이들은 인간의 내면적 본질을 이루는 성명의 문제를 근간으로 하여 신체적 특성을 이루는 형기에서 파생하는 욕구·욕망의 문제를 해명함으로써 욕구와 욕망을 조절하여 성리학적인 가치이념을 '바로 여기'에서 구현하고자 하였다. 성명과 형기의 문제는 결국 '인간은 어떤 존재이고 또 어떻게 살아야 하는가'라고 하는 삶의 태도와 지향성에 응축되어 있다고 본다. 이는 곧 인간의 완전한 자기실현은 어떻게 가능한가라는 점에 집중하는 것이기도 하다.

논자는 성명과 형기를 통한 성리학자들의 가치론적 지향점을 인간이 지닌 보편적 덕성의 실현, 곧 자유의 실현 문제로 이해한다. 이것은 공자가 비록 70의 나이에서나 가능하다(從心所慾不踰矩)고 했지만, 욕망의 존재인 인간이 자연 발현적인 욕구·욕망을 추구하더라도 그것에 구속되지 않는 자유를 성취하는 것이다. 일상 속에서 그러한 자유자재한 삶을 구현하는 것, 그것이 바로 이들 성리학자들이 성명과 형기를 가치론적으로 논의하면서 지향한 도덕적 이상이다.

욕망에 대한 조절과 통제를 통하여 인간의 본래성을 보존·확충하고자 하는 성리학의 기본 도식은 현대적인 관점에서 볼 때, 개인의 자유로운 욕망을 억압하는 사회적 통제 양식을 산출하였다는 점에서 부정적이다. 그러나 그러한 도식이 통용될 수 있었던 당대의 사회·제도·문화적 측면을 고려하여 이 문제에 접근해 본다면 새로운 평가적 이해를 도모할 수 있으리라고 본다.

결국 성명과 형기에 대한 논의는 육체(몸)와 마음의 관계를 통해서 신체성이 갖는 욕구, 욕망은 어떻게 조절·통제되어야 하며, 우주자연의 이법으로서의 본성을 과연 어떻게 보존·확충할 것인가에 대한 논의이다. 즉 성명에 근거하는 인간의 본래성과 형기에서 비롯하는 신체성의 욕망을 끊임없이 논구하면서 시대를 넘어 보편적인 인간의 도덕적 행위와 윤리적 실천을 담보할 수 있는 당위적인 가치규범의 정립을 위한 모색이었다. 이러한 점어서 이 논의는 성리학적 도덕 윤리 규범의식을 어떻게 정초할 것인가 하는 가치지향적 담론의 성격을 띠고 있다.

참고문헌

『朱子語類』,『退溪全書』,『朱熹集』,『栗谷全書』,『二程全書』,『正蒙』,『通書』,『北溪字義』,『荀子』

구스모토 마사쓰구, 김병화 외 역,『송명유학사상사』, 예문서원, 2005.

김경호,「율곡 이이의 심성론에 관한 연구」, 고려대학교 박사학위 논문, 2002.

김기현,「퇴계와 율곡의 인심도심설 비교 연구」,『철학연구』8, 고려대학교 철학연구소, 1984.

김낙진,『21세기의 동양철학』, 을유문화사, 2005.

김미영,「인심도심설을 통해 본 성리학의 몸담론」,『철학』73, 한국철학회, 2002.

김철운,「순자에서 욕망의 규제와 보장」,『철학』66, 한국철학회, 2001.

말렉 슈벨, 서민원 역,『욕망에 대하여』, 동문선, 2001.

야마다케이지, 김석근 역,『주자의 자연철학』, 통나무, 1992.

오종일,「유학사상에 있어서 '욕'의 문제」,『범한철학』17, 범한철학회, 1998.

유명종,『송명철학』, 형설출판사, 1987.

윤사순,「유학 윤리의 현대적 변용－欲의 관점을 위주로」,『범한철학』17, 범한철학회, 1998.

이기용,「율곡 이이의 인심도심론 연구」, 연세대학교 박사학위 논문, 1995.

정상봉·황갑연·전병술·안재호,「중국유가철학에 있어서의 이성과 욕망의 관계」,『시대와 철학』14－2, 한국철학사상연구회, 2003.

良知와 知覺[*]
: 도덕성의 신체적 근거에 관한 심학적 정초

김미영

* 이 논문은 2005년 한국학술진흥재단의 지원에 의하여 연구되었음.

1. 문제제기

황종희는 명대 학술사를 정리한 『명유학안』에서 왕양명이 없었다면 예로부터 내려오던 학맥이 끊어졌을 것이라고 하면서 명대 학술계에 활력을 불어넣은 인물로 왕양명을 꼽고 있다. 그리고 기존의 주자학을 그대로 답습하던 학술계의 풍토에 새로운 전기를 마련한 이론이면서, 이후 양명학이 다양한 학파로 분기되는 기점이 되는 사상으로 치양지설을 들고 있다.[1] 그만큼 양명학의 핵심사상과 이후 양명학의 흐름을 이해하기 위해서는 '치양지설'을 이해하는 것이 매우 중요하다. 양명 역시 자신의 제자 陳九川에게 "나는 이 양지설을 온갖 죽을 고비와 갖가지 시련(百死千難)을 겪고 난 후에야 얻을 수 있었다"[2]고 하고 있다. 이는 양명 스스로도 자신의 핵심사상을 만년에 어렵게 얻어 낸 양지설에서 찾고 있다는 것을 의미한다. 이처럼 '양지'라는 개념 자체는 맹자 이래로 사용되던 오랜 역사를 지닌 개념이지만, 양명에 의해서 재탄생되면서 철학계

---

1) 黃宗羲, 『明儒學案』 卷10 姚江學案.
2) 『王陽明全集』 卷34 年譜2 16년 신사 선생 50세 강서에 있을 때.

에 중요한 개념으로 떠오르게 되었다.

양명 만년에 형성된 그의 치양지설[3]은 당시 학계에 만연되어 있던 지식인들의 병폐를 극복하기 위한 노력의 결과 탄생되었다. 따라서 당시 학계의 병폐를 무엇으로 보는가는 양명의 치양지설 성립 배경을 이해하는 데 관건이 되는 부분이라고 할 수 있다. 테오도르 드 베리는 16~17세기에는 불교나 도교의 영향력이 약화되고 있었기 때문에 이단과의 대결문제보다는 관직과 과거시험체계와 관련된 문제가 더 절박한 문제였다[4]고 하고 있다. 그리고 김영민 역시 자아와 세계 사이의 통합이라는 전체로서의 신유학 기획에 큰 위협이 되는 것은 속학이었으며, 이 속학에 대한 극복을 통해 명대 중기 유학자들이 정주학을 변형하고 새로운 관점을 제시할 수 있게 되었다[5]는 점을 강조한다. 이들의 주장처럼 양명학의 성립과정에는 과거시험을 통하여 관직에 나아가는 것을 목표로 하는 공부를 속학이라 비판하며 진정한 도덕주체 확립을 위한 공부의 재확립이 매우 중요한 과제로 인식되고 있었다. 즉 양명학의 중심 명제인 '心卽理'는 도덕 주체와 세계가 분리될 수 없다는 점을 강

---

3) 양명의 치양지설이 언제 확립되었는가에는 논란이 있다. 왜냐하면 전덕홍의 「양명선생년보」에는 50세에 비로소 치양지의 가르침을 내걸게 되었다고 하고 있으며, 황관의 「양명선생행장」에는 갑술년 즉 43세 때 비로소 양지의 뜻으로 배우는 사람들을 가르쳤다고 하고 있기 때문이다. 그러나 山本正一은 양명의 제자 진구천의 기록에 의하여 양지설은 49세에 완성되었다고 한다. 이 관점을 이어서 山下龍二는 전덕홍이 50세라고 한 것은 전덕홍은 이때에야 양지의 가르침을 들었기 때문이며, 황관이 43세라고 한 것에 대해서는 치양지설을 처음 제창했다고 하는 의미는 단순히 經의 의미를 발견하는 것을 지칭하는 것이 아니고, 격물이나 그 외의 교리보다도 치지가 근본적인 문제라는 것을 주장한 점에 의미가 있다고 하면서 그 이전에도 양지를 언급하긴 했지만 사상의 전회로 치양지설을 제창한 시기는 49세로 보아야 한다고 주장하고 있다(山下龍二,『陽明學の研究』上, 成立編, 現代情報社, 199~203쪽 참조).

4) WM. Theodore de Bary, 'Intorduction' "Self and Society in Ming Thought", Columbia Univ. Press, 1970년.

5) Youngmin Kim, "Redefining the Self's Relation to the World: A Study of Mid－Ming Neo－Confucian Discourse", Harvard Univ., 2002년, 40쪽.

조함으로써 도덕주체로 거듭나도록 천명한 것이라 할 수 있다.

그러나 속학을 극복해야 한다는 문제의식을 공유한 당시 지성계에서는 그 극복방법으로 불교나 도교의 수양법에 경도되는 경향이 있었다는 것 역시 부인하지 못한다. 이러한 경향은 양명이 자신의 이론체계를 정립하기 이전까지의 행적에서도 드러나며, 제자들과의 문답을 통해서도 드러난다. 그러므로 양명이 만년에 내놓은 치양지설은 당시 속학을 극복하면서도 불교나 도교의 수양법과 구분되는 유가 공부론을 제시한 것이라 할 수 있다. 그러한 과정을 통하여 정립된 치양지설에서 우리는 양명 心身觀의 특징을 읽어 볼 수 있게 된다.

이에 본고에서는 먼저 양명이 50세 전후에 깨달은 양지 개념의 형성과정에서 불교나 도교의 수양법을 비판하는 것이 중요한 역할을 하였다는 점을 강조하고자 한다. 그리고 그의 치양지설에 기존의 인설이 어떠한 방식으로 수용되었고, 변용되었는가를 살펴보겠다. 그리고 인설이 양지설로 전회하는 과정에서 양명이 양지와 지각의 관계를 어떻게 바라보고 있는가를 살펴봄으로써 그의 심신관을 도출해 보겠다.

2. 양명학에서 '치양지설'의 등장 배경

　야마노이 유는 "주자는 리 개념을 분석한 결과 몇 가지 개념규정을 하였지만, 양명은 혼일적인 양지 개념으로 때와 장소에 따라 상이한 설명을 덧붙이고 있다"고 하며, "주자는 뛰어난 체계적 이론가였지만, 양명은 이론가는 아니었다"[6]고 평가하고 있다. 야마시타 류지 역시 학적 이론체계로 본다면 양명학은 결코 완전한 것은 아니었지만, 사람들에게 큰 자신감을 주고 속박감이나 무력감을 제거한다는 점에서 분명히 종교적인 강한 작용을 하게 되었다고 본다.[7] 그러나 테오도르 드 베리의 경우는 왕양명 사상이 가지고 있는 모호성이 철학자로서는 약점에 해당하는 것이겠지만, 오히려 사상을 전파하는 교사라는 측면에서 보았을 때는 강점이었다고 한다. 즉 그가 이러한 모호성을 용인하지 않았다면 그의 학파 안에서의 토론과 논쟁은 활발하지 않았을 것이며, 개인과 지역적 차이가 있을

---

6) 山井 湧, 「〈心卽理〉〈知行合一〉〈致良知〉の意味: 陽明學の一性格」『明淸思想史の硏究』, 東京大學出版會, 1980년.
7) 山下龍二, 『陽明學の硏究』上, 現代情報社, 昭和46年.

여지가 없었을 것이라고 한다.[8] 이처럼 이들 모두 양명사상을 평가하면서 양명사상에 내재된 모호성을 지적하고 있다. 그런데 양명사상에 내재된 모호성을 이론적 결함으로 보아야 할 것인가, 아니면 양명사상의 독특한 특징으로 보아야 할 것인가? 이는 그가 자신의 이론을 정립하는 과정에서 당시 학계에서 '극복되어야 할 것'을 무엇으로 보았는가를 해명하는 과정에서 분명하게 드러날 수 있을 것이다.

양명은 49세에 쓴 「상산문집서」에서 상산 당시 학술계의 문제점을 지적하고 있다. 이는 양명이 당시 사상계의 병폐를 진단하는 것과 연장선상에 있다고 할 수 있다. 양명이 제기한 당시 지성계의 병폐는 지리한 공부, 즉 속학에 몰두하는 경향과 공허한 공부 즉 佛老의 수양에 몰두하는 경향이었다. 양명은 이들 중 전자는 "내 마음이 곧 사물의 이치이니 결코 외물에 의지할 것이 없다"는 것을 모르고 있다고 하여 비판하였고, 후자는 "사물의 이치가 바로 내 마음이므로 외물을 버려두어서는 안 된다"는 것을 모르고 있다[9]고 하며 비판하고 있다. 따라서 양명이 '내 마음이 곧 사물의 이치'라고 하는 것과, '사물의 이치가 곧 내 마음'이라고 한 언명 속에 함축된 내용을 살펴본다면, 그가 만년에 '양지설' 내지는 '치양지설'을 통해서 주장하고자 한 바가 무엇이었는지 분명하게 드러날 수 있을 것이다.

먼저 그는 '내 마음이 사물의 이치'라는 주장을 '외물에 의지할

---

8) WM. Theodore De Bary, 'Individualism and Humanism', "Self and Society in Ming Thought", Columbia Univ. Press, 1970년.
9) 『王陽明全集』卷7 象山文集序(庚辰) 49세.

것이 없다'는 공부방법을 도출하는 근거로 제시하고 있다. 이는 사물의 이치가 내 마음과 분리되어 있다고 생각하여 내 마음과 분리되어 있는 외부사물의 이치를 탐구해야 한다는 주장에 대한 비판이다. 즉 도덕 주체는 외물에 의존해서 성립하는 것이 아니라는 주장으로, 이는 당시 속학을 비판하며, 도덕적인 자각 내지 체험을 통한 도덕 주체성립의 필요성을 강조한 것이다. 주체의 자각 내지 체험을 강조하는 것은 불교나 도교 수양법에서도 지향하는 바이기도 하였다. 따라서 양명은 당시 학자들이 속학을 비판하면서 도교 수양에 몰두하는 경향 역시 비판하게 된다. 그리하여 또다시 양명은 '사물의 이치가 바로 내 마음'이라고 하면서 '외물을 버려두어서는 안 된다'고 하는 공부방법론을 주장하게 된다. 이는 공부과정에서 외계세계의 존재를 긍정하는 방식이라 볼 수 있다. 이는 그가 정좌에 몰두하던 제자를 비판하면서 '일을 통해서 연마하는 공부를 해야 한다(事上磨鍊)'[10]고 하는 공부방법론을 제시한 것과 일맥상통한다.

따라서 양명이 말년에 양지설을 내놓을 때 주된 관심은 당시 名利를 좇는 풍조를 비판하면서도 불교나 도교 수양법 특히 불교 정좌법과 구분되는 공부론을 제시하는 것이었다고 할 수 있다. 이에 그는 공부과정에서 내 마음에 대한 성찰 못지않게 외계세계의 존재를 긍정하는 이론을 정립할 필요가 있었다. 이것이 '사물의 이치가 바로 내 마음'이라고 한 언명으로 표현된 것이다. 따라서 이 언명은 '내 마음이 곧 사물의 이치'라는 언명의 동어반복으로 보면

---

10) 『王陽明全集』卷3.

안 된다.

이는 그가 계미년 그의 나의 51세 때 「유원도에게 보낸 편지」에서 "세상일을 끊고 사려를 막아서 자신의 靈明을 배양하면서도 공적함에 빠지지 않는 공부를 하려고 한다"는 유원도의 주장을 비판하는 곳에서도 잘 드러난다. 이때 그는 "명도의 「定性書」를 잘 음미해 보면 '定'의 의미는 이러한 뜻이 아니다"고 한다. 그는 "세상일을 끊고 사려를 막아 虛靜함에 치우치면 아마도 空寂의 性을 배양할 것이니, 공적에 빠지지 않으려 해도 어쩔 수가 없을 것이다…병에 따라 약을 쓸 줄 알아야 하듯이, 약으로 인해 병이 나는 것도 알아야 한다"[11]고 한다. 여기서 약으로 인해 병이 난다고 하는 것은 당시 속학을 비판하면서 불교나 도교의 수양법을 차용하게 되었을 때 나타나는 병폐라 할 수 있다.

따라서 양명이 만년에 내놓은 치양지설은 바로 불교나 도교의 수양법을 극복하는 과정에서 제출되었다고 할 수 있다. 후대에 양명사당을 중수하면서 글을 쓴 태학사 이춘방은 양명사상의 핵심을 '양지를 실현하는 공부' 즉 致良知라고 하며, 이 설이 확립되는 과정은 정명도의 「定性書」와 「識仁」에 대한 해석이 이루어지는 과정과 긴밀하게 연관되어 있다[12]고 주장한다. 결국 도덕 주체의 형성은 외물에 의존해서 성립하는 것도 아니고, 외물과 무관하게 성립하는 것도 아니라는 양명의 주장은 정명도의 '본성을 동요시키지 않고 안정시켜야 한다는 주장(定性)'과 '인을 파악해야 한다는 주장(識仁)'을 '致良知' 속에 종합하여 제시함으로써 만년에 완성

---

11) 『王陽明全集』5卷 與劉元道(癸未).
12) 『王陽明全集』卷39 重修陽明王先生祠記 1484쪽.

되었다고 할 수 있다.

따라서 양명이 만년에 '양지설' 내지는 '치양지설'을 제안한 것과 불교의 정좌법을 비판하는 이론적 전제인 '사물의 이치는 내 마음'이라고 한 주장을 이해하기 위해서는 정명도가 「정성서」에서 제안한 내용을 숙지할 필요가 있다. 정명도 「정성서」의 주된 내용[13]은 바로 올바른 공부방법론의 정립에 대한 것이었다. 짧은 글이지만 이 글에서는 흔들리지 않는 마음의 상태란 어떻게 가능하며, 어떠한 상태를 의미하는가라고 하는 내용을 다루고 있다. 주희의 경우는 정명도의 「정성서」를 그의 초년에 지은 것이라고 하면서, 「정성서」는 정명도 사상을 이해하는 데 중요한 글이 아니라고 한다. 왜냐하면 주희는 심과 성 개념을 엄격하게 구분하였는데 이 글에서는 심의 문제를 다루면서 성을 언급하고 있기 때문이다.[14]

---

13) 이른바 일정하게 유지한다는 것은 움직임도 일정하게 유지함이요, 고요함도 일정하게 유지함이다. 보내는 것도, 맞아들이는 것도 없으며, 안도 없고, 밖도 없다. 만일 외물을 밖에 있다고 생각하여 자신을 그 것에 따르게 한다면 이는 자신의 본성을 내외로 나누는 것이다. 또한 본성을 밖에 있는 사물을 따르는 것으로 생각한다면 밖에 있을 때 무엇이 안에 있겠는가? 외부의 유혹을 끊는 것에 뜻을 둔다면 본성에 안과 밖이 없다는 것을 모르는 것이다. 이미 안과 밖을 두 근본이라고 여긴다면 또한 어찌 일정하게 유지함을 말할 수 있겠는가? 무릇 천지의 한결같음은 그 마음으로 만물을 두루 갖추고 있으면서도 무심하고, 성인의 한결같음은 그 마음으로 만사에 순응하면서도 마음을 냄이 없다. 그러므로 군자의 학문은 확 트여 공평해서 사물이 오면 그 리에 따르는 것만 한 것이 없다... 사람의 감정에는 각기 가려짐이 있으니 그러므로 도에 합당하지 않다. 대개 문제는 사사로움과 지혜의 사용에 있다. 사사로우면 행할 때 사물에 응할 수 없고, 지혜를 사용하면 명각을 저절로 그러함으로 여길 수 없다. 오늘날 외물을 싫어하는 마음으로 어떤 사물에 의한 걸림도 없는 경지를 비추어 구하니 이는 거울을 뒤집어 놓고 비추려고 하는 것이다... 성인은 기뻐해야 할 상황에서 기뻐하고, 화내야 할 상황에서 화를 내니 성인의 기뻐함과 화냄은 마음에 달린 문제가 아니고 상황(物)에 달린 문제이다. 이렇다면 성인이 어찌 외물에 응하지 않는 것이겠는가? 어찌 외물을 좇는 것을 잘못으로 여기고 성인이 어찌 외물에 응하지 않는 것이겠는가? 어찌 외물을 좇는 것을 잘못으로 여기고 다시 내면에 있는 것을 구하는 것을 옳다고 할 수 있는가? ...『二程文集』卷三 明道文集三 文集2-1 所謂定者 動亦定 静亦定. 無將迎. 無內外. 苟以外物爲外 牽己而從之 是以己性爲有內外也 且以性爲隨物於外則當 其在外時何者爲在內是 有意於絶外誘而不知性之無內外也. 旣以內外爲二本則又鳥可遽語定哉! 夫天地之常以其心普萬 物而無心 聖人之常以其情順萬事而無情 故君子之學莫若廓然而大公物來而順應... 人之情各有 所蔽 故不能適道 大率患在於自私而用智 自私則不能以有爲爲應迹〈一作用〉用智則不能以明覺 爲自然 今以惡外物之心 而求照無物之地 是反鑑而索照也... 聖人之喜. 以物之當喜 聖人之怒以 物之當怒 是聖人之喜怒 不繫於心而繫於物也 是則聖人豈不應於物哉! 鳥得以從外者爲非 而更 求在內者爲是也...

그러나 앞서도 보았듯이 양명 만년사상이 형성되는 과정에서 정명도의 「정성서」는 중요한 역할을 하였다.

외물에 흔들리지 않는 마음의 상태인 '定'이 의미하는 것이 무엇인가를 설명한 정명도의 「정성서」는 양명이 불교 정좌공부를 비판하는 근거로 제시한 '사물의 이치는 내 마음이니 외굴을 버려두어서는 안 된다'는 주장을 뒷받침해 주는 것으로 활용된다. 즉 외물을 따르는 것을 무조건 마음의 흔들림으로 보아 외물과의 접촉을 차단해야 한다는 견해를 비판한 것이다. 결국 정명도가 「정성서」를 통해서 주장하고자 한 것은 외계존재에 대한 긍정방식이었다. 양명이 정명도의 「정성서」를 중시한 것도 바로 이 때문이었다고 할 수 있다. 여기서 정명도는 내외를 구분하지 않음으로써 내외를 모두 긍정하고 있다. 그리고 이것이 가능한 토대는 바로 '廓然而大公 物來而順應'이라는 공부하는 주체의 학문하는 자세라 할 수 있다. 따라서 이때 외물은 자기 자신의 구성물인 점에서 긍정된 것이라기보다는 있는 그대로의 존재긍정이라 할 수 있다. 여기서 외부세계를 있는 그대로 반영할 수 있는 마음의 상태인 '공평함'을 정명도는 '인'으로 보고 있다. 즉 그는 만물과 일체가 되는 것을 인으로 여기고, 이는 편파적이지 않는 공평한 자세로 드러난다고 생각하였기 때문이다. 따라서 양명은 정명도의 「定性書」와 함께 「識仁」을 그렇게 중요하게 생각하였던 것이다.

이처럼 내외이분법을 부정함으로써 내외를 모두 긍정하는 입장은 양명 53세에 처조카인 諸陽伯이 천하사물의 이치는 무궁한데

---

14) 『朱子語類』卷95 101項.

양지 확충만으로 이 이치를 다 드러낼 수 있겠는가라고 제기한 질문에 답하는 곳에서도 읽을 수 있다. 즉 그는 다음과 같이 말한다.

> "심의 체는 성이니, 성은 리이다. 천하에 어찌 마음 밖에 성이 있으며, 어찌 성 밖에 리가 있으며, 어찌 리 밖에 마음이 있겠는가?"[15]

여기서 심의 체로서의 성은 인간 마음의 지향이 발현되기 이전의 상태에 존재하는 가지가지의 이치로 볼 수 있다. 따라서 양명이 여기서 '양지의 확충만으로 외계의 모든 이치를 드러낼 수 있는가?'라는 질문에 '성'과 '리' 개념을 함께 언급하고 있는 것은 바로 외계의 모든 존재를 성리로 포괄하고 있다는 것을 의미한다. 따라서 마지막에 '理 밖에 마음이 없다'고 한 것은 바로 마음의 지향은 마음의 작용을 촉발하는 외계존재가 없을 때 작용할 수 없다는 것을 의미한다. 외계존재는 인간의 마음과 분리되어 말할 수 없지만 그렇다고 마음에 의해서 구성된다고 보고 있지도 않다.

즉 외계존재는 인간마음에 작용을 일으킬 수 있는 모든 존재로 물질세계에만 한정되지 않는다. 그래서 그는 物을 事로 해석한다. 이는 그가 주도통에게 보낸 글에서 "기가 곧 성이고, 성이 곧 기이니 원래 성과 기는 구분될 수 없는 것이다"[16]고 하는 것과 함께 고찰해 보면 더 분명하게 드러난다. 주자학에서는 리/기, 심/성을 엄격하게 구분하여 개념의 적용범위를 한정하고 있지만, 양명은 주자학에서는 양립 불가능한 개념을 교차하면서 설명한다. 이는 양명이

---

15) 『王陽明全集』卷8 書諸陽佰卷.
16) 『王陽明全集』卷2 啓周道通.

내/외, 심/신, 심/물의 경계를 부정하기 때문이다. 여기서 성과 기를 함께 논급하는 것도 '성'으로 모든 존재를 포괄할 수 있다는 측면에서 접근할 때 문제가 해소될 수 있다. 따라서 주희의 내/외 심/신, 심/물의 개념규정에 의해 양명사상을 이해하고자 하면 그 의미가 드러나지 못하게 된다.

그렇다면 내/외, 심/신, 심/물의 경계를 넘나들면서 자신의 이론을 펼친 양명사상을 드러내기 위해서 어떠한 접근방법이 필요한가? 이는 그가 도덕 주체의 자기실현을 설명하는 방식에서부터 접근해 보아야 할 것이다. 따라서 다음 절에서는 도덕 주체의 자기실현인 치양지설 성립과 밀접한 관련이 있는 인설의 수용과 변용을 통해 외계 존재긍정이 어떠한 방식으로 설명되고 있는지 살펴보도록 하겠다.

3. '致良知說'의 성립 - '仁說'의 수용과 변용

　양명사상 형성과정에서 양지 개념을 창안하기 이전과 이후 인 개념에 변화가 있었다. 즉 양명 47세 이전의 어록인 「전습록」에서 는 '인은 천지만물을 일체로 여기는 것'[17]이라고 하고 있다. 『전습록』에는 주희가 강하게 비판하였던 주장인 '천지만물을 일체로 여 기는 것을 인이라고 한다'는 언명이 자주 등장한다. 그러나 53세의 글에서는 천지만물을 일체로 여기는 것만으로 인을 규정하는 것은 부족하다고 하면서 사랑이라는 도덕 감정과 옳고 그름이라고 도덕 직관을 함께 아울러야 한다는 점을 지적하고 있다.[18]

---

17) "격물치지에서 평천하에 이르기까지 단지 모두 명명덕일 따름이다. 비록 친민이라고 하더라도 명덕의 일이다. 명덕은 이 마음의 덕으로 인이다. 인은 천지만물을 일체로 여기는 것이니 한 사물이라도 빠지 게 되면 나의 인에 미진한 부분이 있게 된다." 『王陽明全集』卷1 "自格物致知至平天下, 只是一箇 明明德. 雖親民亦明德事也. 明德是此心之德, 卽是仁. 仁者以天地萬物爲一體, 使有一物失所, 便 是吾仁有未盡處."

18) "사랑의 본체는 진실로 인이라고 할 수 있다. 단지 옳은 것을 사랑하는 경우도 있고 옳지 못한 것을 사랑하는 경우도 있으니, 반드시 옳은 것을 사랑해야 사랑의 본체이며 인이라고 할 수 있다. 만약 단지 널리 사랑한다는 것(博愛)만 알고, 옳고 그름을 논하지 않는다면, 또한 잘못된 곳이 있을 것이다. 나는 일찍이 博字는 公字만큼 그 뜻을 다 드러낼 수 없다고 하였다. 대개 글자 뜻만 해석해도 단지 그 대 강을 얻을 수 있을 것이다. 정미하고 심오한 뜻은 사람들이 생각하여 자득하는 것에 있으니 말로 일깨 울 수 있는 것이 아니다…. 『王陽明全集』卷5 與黃勉之 2 갑신(53세) 195쪽 "…然愛之本體固可 謂之仁, 但亦有愛得是與不是者, 須愛得是方是愛之本體, 方可謂之仁. 若只知博愛而不論是與不

따라서 시마다 겐지가 그의 『주자학과 양명학』 저자 후기에서 자신의 양명학 연구는 왕양명 사상에서 만물일체설의 본질적인 중요성을 자각함으로써 일단락되었다고 하는 주장은 재고해 볼 필요가 있다. 즉 그는 그의 저서에 양지와 만물일체의 결합이란 항목을 두어 "만물일체의 인을 양지"라고 하며, "양지는 만물일체의 인과 합치되면서 지행의 통일, 자타의 통일로 진전되는 동시에 스스로 생동하면서 그치지 않는 것이 되었다"[19]고 주장한다. 물론 양명사상 이해에 있어 만물일체설이 중요한 부분을 차지한다는 점은 분명하다. 그러나 만물일체의 인을 양지라고 했다는 주장만으로는 양명 사상의 핵심이론이라 할 수 있는 양지설의 의미가 제대로 드러날 수 없다. 그러한 의미에서 본 절에서는 '인'에 대한 해석을 둘러싸고 이루어졌던 논의들을 양명이 '양지'라는 개념 속에 어떠한 방식으로 종합하고 있는지 살펴보고자 한다.

신유학이 성립된 이래 인설을 둘러싸고 이루어진 모든 논의들은 한유가 '博愛'를 '仁'으로 해석한 부분을 정이가 비판하면서 "'仁'은 '性'이고, '愛'는 '情'이다"고 하였고, 이를 이정문하 제자들이 각기 다른 방향으로 부연설명하는 과정에서 이루어졌다. 주희는 44세에 쓴 「인설」에서 당시 인에 대한 대표적인 두 해석, 즉 양시와 사상채의 해석을 비판한다. 양시는 "사랑은 인이 아니다. 만물이 나와 하나가 되는 것을 인의 체라고 한다"고 하였으며, 사상채는 "사랑은 인이 아니다. 마음에 지각이 있는 것이 인의 명칭"이라고

是, 亦便有差處. 吾嘗謂博字不若公字爲盡. 大抵訓釋字義, 亦只是得其大槩, 若其精微奧蘊, 在人思而自得, 非言語所能喻⋯."

19) 시마다 겐지, 『주자학과 양명학』(김석근, 이근우 옮김), 까치, 1986, 161~173쪽(島田虔次, 『朱子學と陽明學』, 岩波書店, 1967년).

하였다. 이는 명도의 「식인설」을 계승한 것이기도 하다. 즉 명도는 "배우는 사람들은 반드시 먼저 인을 파악해야 한다. 인은 혼연히 만물과 일체를 이루고 있으니, 의로움, 예, 앎, 믿음이 모두 인이다"[20]고 하고 있다. 여기서 '인을 파악해야 한다'고 할 때 지각작용이 들어가 있으므로, 명도의 인 개념에는 인을 지각으로 해석하는 측면과, 만물일체로 해석하는 측면이 모두 내재되어 있다고 할 수 있다.

그러나 주희는 이 글의 의미를 묻는 제자들에게 대부분 부정적인 평가를 내리고 있다. 그 이유는 두 가지로 요약될 수 있다. 첫째는 공부과정에서 '인을 파악해야 하는 것'이 선행되어야 마음을 보존하는 공부가 성립될 수 있다고 보고 있기 때문이며, 둘째는 사물과 마음의 경계를 무시하고 있기 때문이다.[21] 주희는 심/물, 성/정의 구분을 분명히 하여 공부과정에서 서로 혼용되지 않도록 하고 있다. 따라서 理인 仁은 性에 속하지 情에 속할 수 없으며, 인식대상으로서의 물은 나와 분리되어 있는 존재로, 파악해야 할 대상이지, 자신의 지향에 의해 구성되는 존재는 아니다. 따라서 그는 인을 '心之德 愛之理'라고 하고 있다. 이처럼 주희는 理, 氣, 心, 性의 개념정의를 분명히 해 두고 개념 간의 연관관계를 설명하고 있으므로 그의 이론은 체계적인 이론이라고 평가할 수 있다.

---

20) 『二程遺書』2上－28 學者須先識仁 仁者渾然與物同體, 義禮知信皆仁也 識得此理, 以誠敬存之而已. 不須防檢, 不須窮索, 若心懈則有防, 心苟不懈, 何防之有. 理有未得, 故須窮索. 存久自明, 安待窮索. 此道與物無對, 大不足以名之, 天地之用, 皆我之用. 孟子言萬物皆備於我, 須反身而誠, 乃爲大樂⋯此體以此意存之, 更有何事. 必有事焉而勿正, 心勿忘勿助長, 未嘗致纖毫之力, 此其存之之道, 若存得便合有得. 蓋良知良能元不喪失, 以昔日習心未除, 却須存習此心久則可奪舊習. 此理至約⋯〈明〉.

21) 『朱子語類』卷97 22항.

그러나 양명은 앞서도 보았듯이, 인간의 도덕 실천에 있어서 가장 중요한 것은 인간 감정이 배제된 도덕 원리가 아니라, 도덕 감정과 도덕 직관으로 보고 있다. 이는 양지 개념의 의미에 그대로 드러나 있다. 비록 양명 자신도 이러한 양지 개념은 자신의 자각에 의해서 깨달은 것이지 누군가에게 전수받은 것이 아니라고 말하고 있지만, 그의 독창적인 양지 개념 속에는 기존에 도덕 감정과 도덕 직관으로 인을 정의하던 전통이 결합되어 있다고 할 수 있다. 따라서 그는 "올바른 것을 사랑해야 사랑의 본체라 할 수 있고, 이를 인이라고 한다"[22]고 설명하여 사랑이라는 감정과 인의 층차를 구분하고 있지 않으며, 도덕 감정과 옳고 그름을 가리는 도덕 직관이 결합되었을 때를 인으로 설명하고 있다.

그러면 양명은 주희가 양시와 사상채의 인설을 비판하면서 제기한 문제에 어떠한 방식으로 답변할 수 있을까? 이 답변이 성공적이라면 양명학이 지닌 모호성의 의미가 드러날 수 있을 것이고, 그렇지 못하다면 불완전한 이론체계로 평가할 수 있을 것이다. 먼저 주희는 「인설」에서 양시 입장에 대하여 "한 몸이라고 포괄적으로 말하는 것은 사람들로 하여금 모호함과 뒤섞여 있게 하여 삼가고 절실한 공부가 없게 만든다. 그 폐단은 사물을 나로 여기는 데까지 이른다"고 한다. 이는 결국 '외계존재를 잊은 것(一忘)'이라고 평하고 있다. 주희는 리를 파악하기 위해서는 외부사물을 대상으로 한 이치탐구가 필요하다고 생각하였으므로 이렇게 양시의 인설을 비판한 것이다.

---

22) 주) 18 참조, 『王陽明全集』卷5 與黃勉之 2.

그리고 사상채에 대해서는 "지각이라고만 말하는 것은 사람으로 하여금 당혹스럽고 조급하게 하여 침잠하는 맛이 없게 된다. 그 폐단은 욕구를 리로 생각하는 것이다"고 한다. 이는 결국 '조장(一助)'하게 된다고 평하고 있다. 주희는 지각으로 발용되기 이전의 마음상태를 배양할 수 있다는 점을 인정하게 되어 이렇게 사상채의 인설을 비판한 것이다.

즉 주희는 마음 밖 외물의 이치를 파악해야 하는 공부와 지각되기 이전 미발상태에서 체인공부가 모두 필요하다는 입장에서 인에 대한 두 해석을 비판하고 있다. 그는 심/물은 분리되어 있지만 그에 관통되어 있는 리는 동일하다는 입장이므로 심/물에 관통되어 있는 理를 다른 방식의 공부를 통해 내면화해야 함을 강조한다.

반면 주희가 비판한 인에 대한 두 해석을 모두 수용하고 있는 양명은 심물, 심신이 분리되어 있지 않으므로 심에 대한 공부와 물에 대한 공부가 분리될 수 없다는 점을 입증해야 할 것이다. 이는 양명이 54세에 「顧東橋에게 답하는 편지」에서 읽어 볼 수 있다.

"마음은 몸의 주재자이며 마음의 허령명각이 바로 본연양지이다. 그 허령명각의 양지가 감응하여 움직인 것을 의념, 즉 지향성이라 한다. 양지가 있은 후에야 의념이 있게 되고, 양지가 없으면 의념도 없다. 양지는 의념의 체가 아니겠는가? 의념이 작용하려면 반드시 외물이 있어야 한다. 외물은 바로 사태이다… 의념이 있는 곳에 사물이 없은 적이 없으니 이 의념이 있으면 사물이 있고 이 의념이 없으면 사물도 없다. 사물은 의념의 작용이 아니겠는가?"[23]

그는 여기서 '의념이 작용하려면 반드시 외물이 있어야 한다'고

---

23) 『王陽明全集』卷35 嘉正4年 乙酉年 「答顧東橋璘書」.

하고, 또 '사물은 의념의 작용'이라고 하고 있다. 이는 사물이 의념을 작용하게끔 만든다는 의미에서 사물은 의념의 작용이라고 한 것이지, 단지 외계존재는 의념에 의해서 구성된 것임을 강조한 것은 아니라고 할 수 있다. 이 역시 양명의 외계존재 긍정방식이라는 측면에서 해석할 때 서로 모순없이 이해될 수 있다.

이처럼 내/외, 심/물의 이분법을 넘어섬으로써 양자를 모두 긍정하고자 한 양명은 자신과 세계의 긍정을 통해 도덕 주체가 어떠한 방식으로 자신이 직면한 세계에 반응할 것인가의 문제에 관심이 있었으며, 이에 답하는 과정에서 心身관계에 대한 그의 입장이 분명하게 드러나게 된다. 따라서 심/물, 성/정을 엄격하게 구분하여 그 개념으로 자신의 체계를 구성한 주자학 전통에서 규정된 개념틀로 양명학을 분석해 본다면, 충돌하는 지점이 매우 많게 되며, 모호한 사상으로 불릴 수 있다. 따라서 심/물, 성/정의 이분법을 넘어서서 내외를 모두 긍정하고 있는 양명사상을 평가하기 위해서는 주자학을 다룰 때처럼 심성, 리기 개념만으로는 그 면모가 분명하게 드러날 수 없게 된다. 오히려 양지와 지각의 상호 관계를 통해 살펴보게 되면 좀 더 그 의미가 잘 드러날 수 있을 것으로 생각한다. 그러면 다음 절에서 양지와 지각의 상호작용 속에 나타난 심신관계를 살펴보도록 하겠다.

4. 양지의 실현과정에 나타난 心身관계
-도덕성의 신체적 근거

　앞서 언급하였듯이 양명학에서 심신관계는 심물관계 즉 도덕을 실현하기 위해 도덕 주체가 세계와 어떠한 방식으로 연관되어 있는가를 설명하는 것과 긴밀히 결합되어 있다. 따라서 자연스럽게 외부세계와 소통할 수 있는 지각작용을 중요하게 생각한다. 그러나 이 지각작용에는 도덕 원리가 내재되어 있지 않으므로 도덕을 실현하기 위하여 강조한 양지의 실현과정에서 이 지각이 어떠한 위치를 차지하는가 하는 문제가 양명 만년에 제자들 사이에서 치양지설을 둘러싸고 이루어진 논의들의 주된 내용이었다. 그 내용을 통해서 우리는 양명의 심신 관계를 이해할 수 있을 것이다.

　양명 제자들은 양지설을 이해하는 과정에서 양지와 지각의 관계에 대하여 질문하게 된다. 이에 대하여 양명은 "양지는 보고 듣는 것으로 말미암아 있는 것이 아니다. 그러나 보고 듣는 것은 양지의 작용이 아닌 것이 없다. 따라서 양지는 보고 듣는 것에서 제약을 받는 건 아니지만, 그렇다고 보고 듣는 것에서 떨어져 있지도 않다"[24]고 한다. 이에서도 볼 수 있듯이 '良知'란 사람이 태어나면서부터 가지고 있는 올바른 마음작용으로 경험 독립적이면서 경험을 통해서만 해명될 수 있는 선천적인 도덕성의 근거라고 할 수 있다. 따라서 도덕성의 구현인 '양지의 실현(치양지)'은 인간의 경험과 떨어져서 논의될 수 없다. 이때 인간 경험의 내용은 지각작용을 통해서 이루어진다. 따라서 '양지'와 '지각'의 관계를 탐구해 본다면, 양명이 도덕을 실현한다고 할 때 도덕 주체와 세계가 어떠한 방식으로 자리매김되는지 이해할 수 있을 것이다.

앞서 논의된 것처럼 양명은 만물을 자신과 하나로 여기는 것과 마음에 지각이 있는 것으로 인을 해석하던 것을 각각 도덕 감정과 도덕 직관이라는 측면으로 그의 양지설에 그대로 반영하게 된다. 이에 따라 그의 '천리를 보존하고 인욕을 제거한다'는 공부방식에도 변화를 겪게 된다. 즉 천지만물을 일체로 여기는 것으로 인을 정의할 경우, 인의 회복을 위해서는 사심이나 사욕의 제거가 관건이 된다. 왜냐하면 천지만물을 나의 몸으로 생각하는 인의 마음은 사심이나 사욕 때문에 가려지기 때문이다.[25] 따라서 '천리를 보존하고 인욕을 제거'함으로써 천지만물을 한 몸으로 생각하는 인의

---

24) 『王陽明全集』卷2 答歐陽崇一.

25) "인이란 천지만물을 일체로 여겨 자신이라고 여기지 않는 것이 없다. 그러므로 자신이 서고자 하면 다른 사람을 서게 하고 자신이 이루고자 하면 다른 사람을 이루게 한다… 무릇 군자의 학문은 자기 자신을 위한 학문이다. 자기 자신을 위하기 때문에 반드시 극기하여야 한다. 극기하면 자신이 없게 되고 자신이 없게 되면 아집이 없게 된다. 세상의 학자들은 자사자리한 마음을 가지고 있어서 스스로는 자기 자신을 위하는 공부를 한다고 하면서 타락하고 공허함에 빠지고, 스스로 아집이 없다고 하면서도 자신의 견해가 분분하게 된다. 아! 스스로 성인에 뜻을 둔 학문이라고 여기는데 곧 말세쿨노의 삿되고 치우친 견해에 떨어지면서 알지 못하고 있으니 애석하다…." 『王陽明全集』卷8 書王嘉秀請益卷(甲戌) 43세 "仁者以天地萬物爲一體, 莫非已也. 故曰己欲立而立人, 已欲達而達人… 夫君子之學, 爲已之學也. 爲已故必克已, 克已則無已, 無己者無我也. 世之學者, 執其自私自利之心, 而自任以爲爲已, 淪焉入於墮墮斷滅之中, 而自任以爲無我者, 吾見亦多矣. 嗚呼! 自以爲有志聖人之學, 乃墮於末世佛老邪僻之見 而弗覺. 亦可哀也…."

마음을 회복해야 한다는 주장이 나오게 된다. 이러한 경향은 이후 마음의 본체를 배양하는 것의 중요성을 강조하는 귀적파에게서 잘 나타난다. 귀적파 학자들은 양지와 지각을 구분해야 하며 양지는 지각작용의 억제 내지는 지각작용의 통제를 통해서만 현현할 수 있다고 주장한다.

그러나 양명의 치양지설의 본의를 잘 드러내려면 도덕 실현과정에서 외계의 존재를 있는 그대로 인정하면서 외계와의 소통을 가능케 하는 지각작용에 대한 재발견에 주목해야 한다. 이를 통한 외계존재의 긍정은 바로 도덕 실현에서 인간의 신체성을 강조하게 된다. 따라서 치양지설을 제창한 이후 양명은 인의 회복을 언급할 때 옳고 그름을 가릴 수 있는 도덕 직관인 '양지의 작용'에 더 주목하게 된다. 물론 이때 역시 사욕의 제거가 논의되지 않는 건 아니지만, 점차로 도덕 직관으로서의 양지가 발용하는 측면에 더 주목하게 된다. 이는 그가 치양지를 창안한 초기에 제자 진구천과 나눈 대화에서도 엿볼 수 있다.

> "너의 양지가 너 자신의 준칙이다. 너의 의념이 있는 곳에서 그것이 옳으면 옳은 것을 알고, 그르면 그른 것을 알아 조금도 속일 수가 없다. 네가 그것을 속이려고 할 때 실제로 그것에 의지하여 행한다면 선은 바로 보존되고 악은 바로 제거되어 그곳 어느 곳에서든 온당하고 만족스러울 것이다. 이것이 바로 격물의 참된 비결이며, 치지의 실질적인 공효이다. 만약 이러한 참된 기틀에 의지하지 않는다면, 어떻게 격물하겠는가? 나 또한 최근에 이와 같은 것을 분명하게 체득하였으니, 처음에는 그것에 의지하는 것만으로는 부족하다고 생각했는데 정밀하고 자세하게 보니 조그마한 흠도 없었다."[26]

---

26) 「傳習錄」 卷下 206항.

여기서 우리는 '천리를 보존하고 인욕을 제거한다'는 주장에서 '양지의 실현'이라는 방향으로 사상의 중점이 옮겨 가는 것을 엿볼 수 있다. 그는 "이치를 궁구하는 것은 사물을 탐구하고 앎에 이르며 뜻을 정성스럽게 하고 마음을 바르게 하는 것을 겸하여 공부하는 것이다… 그런데 오늘날 단지 격물만 들어서 그것을 이치를 궁구한다고 한다면 이것은 격물의 뜻을 얻지 못할 뿐 아니라 이치를 궁구한다는 뜻도 잃게 된다"[27]고 한다. 결국 이치를 탐구한다는 의미는 바로 공부과정에 心身 즉 心物이 함께 작용하여 이루어진다는 의미이다. 이는 외계존재를 의념을 불러일으키는 작용의 측면에서 그리고 양지는 의념이 가능하게 하는 토대로서 의념 속에 통합되므로 이 속에서 세계에 대한 무한긍정이 이루어질 수 있다.

이는 양명이 양지설을 창안해 내던 즈음 주자학자인 나흠순이 제기한 문제에 답하는 것에서도 읽어 볼 수 있다. 즉 나흠순은 "도를 인식하는 것은 진실로 어렵고 도를 체득하는 것은 더욱 어렵습니다. 도는 진실로 밝혀지기 쉽지 않으며 배움은 진실로 강론하지 않을 수 없습니다. 자신이 인식한 것으로 마침내 최고의 준칙으로 삼을 수는 없을 듯합니다"라고 하며 최고의 준칙인 리를 밝히는 공부의 필요성을 강조하였다. 이에 대하여 양명은 "도는 반드시 체득한 후에야 인식할 수 있는 것이니 도를 인식한 이후에 도를 체득하는 공부를 더하는 것은 아니다"[28]라고 하고 있다. 이는 앞서 이치를 궁구한다는 의미는 이미 그 안에 심신이 함께 작용하고 있으므로 마음의 지향성과 몸의 외계와의 작용이 동시에 이루어진다는

---

27) 『王陽明全集』卷35 嘉正4年 乙酉年 「答顧東橋璘書」.
28) 『王陽明全集』卷2 答羅整菴少宰書.

주장과의 연장선상에 있다고 할 수 있다.

따라서 현성파인 왕기는 "양지는 지각을 말하는 것이 아니다. 그러나 지각을 버리고서 양지는 없다"[29]고 하면서 양지의 작용성을 철저하게 밀고 나가 인간행위의 방향성을 이 작용성 밖에서 찾으려 하지 않는다. 따라서 외계와 소통하는 지각작용을 양지의 작용을 차단하는 역할을 하는 것으로 보는 것이 아니라, 오히려 그 의미를 확대시키는 것으로 보게 된다. 따라서 인욕의 발생근거로 지각작용을 바라보는 귀적파의 입장과는 차이가 있게 된다. 이들은 오히려 지각작용의 차단 자체를 양지의 의미를 협소하게 국한시키는 것으로 보아 제거해야 할 대상으로 바라보게 된다.

따라서 그가 도덕 실현을 위하여 이치를 파악해야 한다고 할 때 인식대상과 인식 주체는 분리될 수 없다. 왜냐하면 도덕 감정과 도덕 직관은 대상과 주체가 만나는 순간에 작용하는 것이기 때문이다. 그는 이 도덕 감정과 도덕 직관의 통합체로서의 양지를 제시하면서 심물 심신의 이원성을 넘어서 양자를 동시에 긍정할 수 있게 된 것이다. 그는 양지 그 자체는 끊임없이 의미를 창출하는 주체이면서 의미의 내용을 지칭하고 있다는 것을 보여주고 있다. 그리고 이것은 양지를 도덕 감정과 도덕 직관의 결합으로 보면서 이와 같은 도덕 감정과 도덕 직관이 대상과 만남과 동시에 자연적으로 발현될 수 있다고 보기 때문에 가능하다. 따라서 양명학의 주요 명제인 '마음 밖에 일이 없다'거나, '마음 밖에 물이 없다'거나, '마음 밖에 리가 없다'라는 주장은 양지 개념이 창안되면서 어떠한 존재

---

29) 『明儒學案』卷12 292쪽.

도 마음과 분리되어서 존재할 수 없음을 강조한 것이 된다. 그것은 바로 양지의 실현을 떠나서는 의미 있는 세계가 드러날 수 없다는 의미이다. 즉 의미세계를 구축하는 결정적 요소가 바로 도덕 감정과 도덕 직관의 발휘라는 것이다. 따라서 이때 도덕 감정과 도덕 직관은 외물에 의해 촉발되는 수동적인 반응에 한정되는 것이 아니라 외계 세계의 존재에 반응함으로써 적극적으로 세계 내의 의미연관을 이룬 것이라 할 수 있다.

의미 있는 세계의 창출은 인간의 도덕 감정과 도덕 직관에 의해 가능하다고 보는 양명학에서 리는 인간의 인식작용에 의해 파악해야 하는 대상이 아니다. 오히려 양명학에서 理는 도덕 감정과 도덕 직관으로 발휘된 주체이면서, 이 주체에 의해 창출되는 세계라고도 할 수 있다. 따라서 리는 인간이 외부세계와 접촉을 통해 작용하게 되는 인간의 신체성과 분리될 수 없게 된다. 이러한 신체성의 표현을 지각작용으로 볼 수 있다. 따라서 양명후학들 사이에 '양지'와 '지각'의 관계를 어떻게 설정할 것인가와 관련된 논의들이 중요한 관심사로 떠오르게 된다. 즉 "대상을 변별하는 감각의 인식작용으로서 곧 당면한 감각과 과거의 경험을 연합시킨 것"[30]이라는 지각에 대한 사전적인 정의로나, 지각을 氣의 작용으로 보고 있는 송명유학자들의 견해에 의거해 본다면, 지각은 신체성과 밀접한 관련이 있다.

반면 양지란 앞서도 언급했듯이 마음작용이긴 하나 경험 독립적으로 존재하는 도덕성의 근거이므로 감각의 인식작용만으로는 설

---

30) 『大漢和辭典』 知覺.

명될 수 없는 도덕성의 원리가 내재되어 있다. 따라서 양자의 동일성을 강조할 것인가, 아니면 차별성을 강조할 것인가에 따라 '양지실현'을 바라보는 관점에 차이가 빚어지게 된다. 그리고 이러한 관점의 차가 양명학 분파들의 학문적 경향을 이해하는 데 중요한 논제로 자리 잡게 된다. 이는 도덕 직관으로서의 양지에 신체성이 얼마나 게재될 수 있는가의 문제와 관련 있다. 따라서 양명은 양지설을 제시하면서 인간에게 의미 있는 세계는 어떤 고정된 세계가 아니고 인간의 마음작용에 의해서 끊임없이 확대되는 세계이므로 이 의미의 확대과정에 인간의 신체성을 매개로 외계세계를 긍정하면서도 이를 인간의 마음과 분리시키지 않는 이론틀을 정립했다고 할 수 있다.

참고문헌

『大漢和辭典』
『明儒學案』
『王陽明全集』
『王陽明全書』
『二程遺書』
『朱子語類』

시마다 겐지, 『주자학과 양명학』(김석근, 이근우 옮김), 까치, 1986.
WM, Theodore De Bary, 'Individualism and Humanism', "Self and Society in
      Ming Thought", Columbia Univ., Press, 1970년.
山下龍二, 『陽明學の研究』上, 現代情報社, 昭和46年.
山井 湧, 「<心卽理> <知行合一> <致良知>の意味: 陽明學の一性格」『明
      淸思想史の研究』, 東京大學出版會, 1980년.
Youngmin Kim, "Redefining the Self's Relation to the World: A Study of Mid
      −Ming Neo−Confucian Discourse", Harvard Univ., 2002년.

신기(神氣)*
: 심(心)·신(身) 대립구도의 극복을 위한 실학적 해법

김철운

* 해당 내용 없음.

1. 들어가는 말

　최한기(崔漢綺: 1803~1877)[1]는 서구 문물이 물밀듯이 밀려오던 19세기의 급변하던 시대 상황에서 기존의 학문 방법들이 드러낸 한계를 깊이 인식하였다. 그 한계란 바로 '몸의 감각적 욕구를 억제하고, 마음에서 모든 이치를 구하는' 성리학의 학문 방법과 관념적이고 추상적인 '음양오행(陰陽五行) 내지 『주역』이라는 경전에서 사물의 이치를 구하는' 기철학(氣哲學)의 학문 방법이었다. 그는 이러한 학문 방법에서 벗어나 보다 구체적이고 객관적인 '몸의 경험세계'에서 사물의 이치를 구하는 그 자신의 새로운 학문 방법

---

1) 최한기는 후대 학자들에 의해서 다음과 같은 다양한 평가를 받았다. 즉 그는 "실학사상과 개화사상의 가교자"(이우성, 「증보 명남루총서 해제」, 한국의 사상가 10인—『혜강 최한기』(서울: 예문서원, 2005), 62쪽)이고, "동양의 유학정신을 바탕으로 서양의 과학적 지식을 수용하여 이 둘을 창조적으로 결합시킨 동서양학문의 가교자"[권오영, 『최한기의 학문과 사상 연구』(서울: 집문당, 1999), 83쪽]이고, "자연과학적 기초 위에 성립한 근대 氣哲學의 완성자"[금장태, 『한국 근대의 유학사상』(서울: 서울대출판부, 2000), 266쪽]이며, "광범히 수입된 서구라파 자연과학을 토대로 하여 훌륭한 유물론적 有氣的 철학을 수립한 학자"[편집부 엮음, 『조선철학사연구』(광주: 광주출판사, 1988), 269쪽]라는 것이다. 또한 그의 사상은 "조선조 성리학에서 주기론의 계열을 계승하면서 실학파에서 경시된 인식론적 문제까지 제기하여 성리학과 실학의 止揚으로 파악하려는 견해"[이돈녕, 「최한기의 명남루집」, 『실학연구입문』(서울: 일조각, 1973), 364~371쪽]이며, "진보관과 운화의 개념으로 일관 통일하는 氣一元論的 입장"[윤사순, 『국역 기측체의 해제』(서울: 민족문화추진위원회, 1979), 18쪽]이라는 것이다.

을 제출하였다. 그것은 다름 아닌 '본래부터 일정한 본원이 있다고 여겨 나의 지식의 미진한 것을 궁구하는 궁리(窮理)의 학문 방법'과 차별화된, 즉 '찾아갈 수 있는 조리를 가지고 취하거나 버리는 것을 징험하는 활법인 추측의 학문 방법'이었다.[2] 그의 이러한 학문 방법은 결국 '그 당시의 시대를 극복하고 새로운 시대로 나아가기 위한 그 자신의 현실에 대한 강한 인식'[3] 속에서 출현된 '실학적 성격을 지닌 새로운 유학'[4]의 중요한 근거였다.

그럼 최한기의 그러한 학문은 어디에 뿌리를 두고서 출현되었는가? 즉 그것은 표면적으로는 기존의 학문 전통이 시대의 한계를 뛰어넘지 못하였다는 그 자신의 깊은 시대 인식과 그 맥을 같이하지만, 보다 근본적으로는 그 자신이 '근세'라고 말한 근대 서양의 과학 기술에 대한 충격에 더 큰 원인이 있었다. 그가 전통 유학에 서양의 과학 기술을 접목시켜 자신만의 독특한 '기학(氣學)'적 학문 체계를 재구성해 낸 점은 그러한 사실을 충분히 보여준다. 때문에 그에게서 '서양 과학 기술의 수용'이란 단순히 그러한 접목을 통하여 동양의 정신적 가치, 특히 전통 유학의 가치를 높이기 위한 차원이 아니라 이 세계의 올바른 인식과 실천을 위한 객관적인 학문 방법을 확립하고, 그것을 통하여 급변하는 시대 상황에 능동적으로 대처하며, 이전보다 더 나은 인간적 삶을 추구하기 위한 차원에서 진행되었다. 따라서 그의 주된 관심은 급변하는 시대에서 요구되는 '인간 존재의

---

2) 『推測錄』 권6, 「窮理不如推測」, "窮理之學, 有一定之本元, 而究吾知之未盡, 推測之學, 有條理之可尋, 而驗取捨之活法."[최한기의 원문 번역은 주로 김낙진·강석준의 『신기통』(서울: 여강출판사, 2004 개정판), 민족문화추진회의 『國譯 氣測體義(1, 2.)』와 『仁政』(서울: 민족문화추진회, 1980), 손병욱의 『氣學』(서울: 통나무, 2004) 등을 참조하였음을 밝힌다]

3) 최진덕, 「혜강 기학의 이중성에 대한 비판적 성찰」, 『혜강 최한기』, 125쪽.

4) 윤사순, 『국역기측체의 해제』, 9쪽.

구체적이고 경험적인 문제'에 집중될 수밖에 없었다.[5]

최한기는 그러한 시대 인식 속에서, '마음과 몸에 대한 가치 이분법적 도식'을 강조하는 성리학의 입장에서 벗어나 '마음'과 '몸'의 유기적 관계를 중시하는 자신만의 독특한 심신관(心身觀)을 제출하였다. 왜냐하면 그러한 이분법적 도식이 비록 그 이전부터 오랫동안 사상계를 지배해 온 하나의 거대한 사조였음에도 불구하고, 그에게서 그것은 더 이상 이 세계의 올바른 인식과 실천을 위한 학문 방법이 아니었기 때문이다. 따라서 그는 '어떠한 이치도 갖추고 있지 않는 텅 빈 마음의 내면세계에서 모든 이치를 구하는' 성리학의 입장을 '쓸모없는 학문(허학虛學)'에 종사하는 것으로, '구체적인 몸의 경험세계에서 사물의 이치를 구하는' 기학적 입장을 '쓸모있는 학문(실학實學)'에 종사하는 것으로 보았던 것이다.

결국 최한기는 그러한 이유로 '몸과 욕구에 대한 일방적인 억압을 해소하고 마음과 몸의 조화를 추구하는' 기제로 '자연과 인간을

---

5) 최한기는 과연 전통의 계승자인가, 아니면 이탈자인가? 이는 최한기의 학문 체계를 이해하는 데에 아주 중요한 문제로 부각되는데, 이에 대해 학자들의 주장에는 크게 네 가지가 있다. 첫째는 東西融合論로써[신원봉, 「혜강의 기화적 세계관과 그 윤리적 함의」(한국학 대학원 박사학위논문, 1994), 4쪽], 유교 윤리와 서양 과학을 결합시켜 서양의 과학적 성취를 통해 유교의 의미를 되찾으려그 하였다는 것이다[신원봉, 「최한기의 기학연구」, 한국의 사상가 10인—『혜강 최한기』, 313쪽]. 둘째는 '유학과 서양학문과 불교를 종합한 和三歸一論'으로써[손병욱, 「혜강 최한기 기학의 연구」(고려대학교 박사학위논문, 1993), 26쪽], 동양적인 일원론의 바탕 위에서 서구 과학을 수용·결합시켰다[손병욱, 「혜강 최한기 철학의 기학적 해명」, 한국의 사상가 10인—『혜강 최한기』, 297쪽]. 셋째는 東道西器論으로써, "기 개념을 중심으로 東道와 西器가 연결되고… 기라는 기존의 성리학 개념에 서양 과학의 내용을 담은 학문이라는 것이다."(허남진, 「혜강 과학사상의 철학적 기초」, 한국의 사상가 10인—『혜강 최한기』, 255쪽) 넷째는 東西取捨論으로써[박희병, 『운화와 근대』(서울: 돌베개, 2005 초판 2쇄), 32~33쪽], 동양과 서양의 상호 주체성을 인정하였다는 것이다. 이 주장들은 여전히 많은 논의를 필요로 하겠지만 종합하면, 그의 '기학'은 '실학사상이나 개화사상의 요소뿐만 아니라 전통 유학의 여러 내용과 서구의 자연 과학 지식을 종합한 성격을 띤다'는 것이다. 그런데 그 자신이 『論語』의 忠恕와 『大學』의 格物致知를 推測의 원형으로 간주하여 자신의 학문적 토대가 전통 유학에 있음을 강조한 점에서 본다면(『推測錄』 권1, 「聖學及文字推測」, "論語之忠恕, 推也. 黙識, 測也. 大學之格物致緊矩并言推測也. 可見其義之一揆也."), 그가 전통의 계승자인가 하는 논의는 차치하더라도 그가 전통의 이탈자가 아님은 분명하다고 할 수 있다.

통괄하는' '신기'神氣 개념을 상정하여, '마음과 몸의 이분법적 도식'을 벗어나고자 하였다. 따라서 그에게서 무엇보다도 중요했던 일은 '내부 세계(형질의 기)와 외부세계(천지 유행의 기)의 소통', 즉 이 세계의 인식과 실천을 가능하게 하는 '몸'의 중요성을 환기시켜, '몸'과 '마음'의 조화를 추구하는 동시에 궁극적으로 인간과 자연의 통일적 관계를 지향하는 것이었다.

2. 신기의 생성과 인간 기질의 변화

1) 기(氣)와 리(理)

과연 '기'와 '리'는 대립적 관계인가, 유기적 관계인가? 특히 성리학의 입장에서 '리'는 '기'에 앞서 있거나 '기'와 독립해 있는 선험적 존재로써, '몸'의 경험세계가 아니라 '마음'의 내면세계에서만 관통할 수 있는 하나의 궁극적 실체였다. 이러한 '기를 리의 주재 아래 두는 입장'은 결과적으로 인간의 경험적 소산이자 삶의 근원, 즉 살아서 꿈틀거리는 '자연'에 대한 억압 구조를 드러냈다. 하지만 최한기는 그러한 '기에 대한 리의 주재성'을 부정하고, '기'를 중심으로 하면서도 '기'와 '리'의 유기적 관계를 중시하는 입장을 제출하였다. 때문에 그에게서 '리'는 오직 운화하는 모든 사물들의 내재적 속성이자 생명체의 생명원리로, '기'의 움직임에 의해서 모이고 흩어질 때에 그 움직임에 내재하는 '기의 작용법칙(條理)'일 뿐이었다. 다시 말해 '리'는 '기'가 부단히 작용하는 물리적 세계,

즉 '기'라는 '유형적 존재'[6]의 전제하에 그 법칙성이 발휘될 수 있기 때문에 그것은 결코 '유형적 리'의 범주를 벗어나지 않게 된다는 것이었다. 이는 바로 그가 '리와 기의 선후 차이를 인정하는 속에서 리를 중심으로 기를 논의하지 않았고', '기와 리의 유기적 관계를 인정하는 속에서 기를 바탕으로 하여 리를 논의하였음을 의미한다.'[7]

그럼 최한기에서 '기'는 구체적으로 어떠한 함축적 내용을 가지는가? 먼저 '기'는 "인간과 자연의 모든 현상을 포괄하는 개념"[8]으로, 모든 물체의 형성 이전에도 존재하였고, 모든 물체의 소멸 이후에도 여전히 존재한다. 때문에 '천지에 가득 차 있고 만물에 스며들어가 있는 것', 즉 '모였다 흩어졌다 하는 것', '모이지 않고 흩어지지 않는 것' 중에 어느 하나라도 '기' 아닌 것이 없다.[9] 이러한 '기'는 천지 사이에서 끊임없이 순환하는데, 인간을 비롯한 천지 만물은 모두 이러한 기의 순환(기의 조화)으로 인하여 생성 변화한다.[10] 그렇다면 그의 말대로 '말로 표현할 수도 없고 분석하기도 어려운' '한 덩어리의 활동체'[11]인 '기'는 어떻게 그러한 생성 변화

---

6) 『氣學』 권1, 17, "運化之氣, 卽有形之神, 有形之理也."

7) 『神氣通』 권1, 「心性理氣之辨」, "聚神氣而究通之, 則理在氣中而流行, 不先於氣, 不後於氣, 不可分屬也."
『推測錄』 권2, 「遊行理推測理」, "理是氣之條理, 則有氣必有理, 無氣必無理. 氣動而理亦動, 氣靜而理亦靜, 氣散而理亦散, 氣聚而理亦聚. 理未嘗先於氣, 亦未嘗後於氣, 是乃天地流行之理也."
『推測錄』 권2, 「大象一氣」, "氣者, 克塞天地, 循環無虧, 聚散有時, 而其條理謂之理也. 氣之所數, 理卽隨有, 擧其全體而謂之氣一, 則理亦是一也. 擧其分殊而謂之氣萬, 則理亦是萬也."

8) 이종란, 「최한기 인식이론의 성격」, 한국의 사상가 10人 ―『혜강 최한기』, 153쪽.

9) 『神氣通』 권1, 「天人之氣」, "克塞天地, 漬洽物體而聚而散者, 不聚不散者, 莫非氣也. 我生之前, 惟有天地之氣, 我生之始, 方有形體之氣. 我沒之後, 還是天地之氣. 天地之氣, 大而長存."

10) 『氣測體義』 「序」, "蓋天地人物之生, 皆由氣之造化, 而後世之閱歷經驗."

11) 『神氣通』 권1, 「氣之功用」, "大凡一團活物."

를 가능하게 하는가? 여기서 그는 그 자신의 아주 중요한 개념 하나를 제출하였는데, 이는 다름 아닌 '기의 본성'이자 '운동성(신기의 부단한 생성활동)'을 가리키는 '활·동·운·화(活·動·運·化)'[12]이었다. 이러한 '활'·'동'·'운'·'화'의 본성을 가장 완전하게 실현하고 있는 것이야말로 '운화의 기(神氣)'이다. 이 '기'는 '활'·'동'·'운'·'화'라는 네 가지 성질의 상호 작용으로 인하여 '활'·'동'·'운'·'화'의 본성을 완전하게 드러냄으로써 천지 만물의 모든 생명 활동을 뒷받침하는 무한한 공능을 갖는다.[13] 이것이 가능한 것은 '운화의 기'가 갖는 기질상의 특징 때문인데, 즉 '형질의 기(大氣의 기질)'는 결코 '모든 사물의 근본이자 원천'[14]인 '운화의 기'의 '활'·'동'·'운'·'화'를 제약하지 않는다는 것이다. 따라서 '형질의 기'는 항상 '운화의 기'로 말미암아 모여 이루어질 뿐이다.[15]

그런데 인간은 그러한 '활'·'동'·'운'·'화'의 본성을 내재하고 있는 생명체로써, 특히 인간의 몸은 오장육부와 정혈이 '운화의 기'를 본받아 몸 안의 기의 운화를 이루기 때문에 인간은 오직 자신의 기질을 변화시켜 내면에 품부된 고유한 '활'·'동'·'운'·'화'가 완전하게 드러나도록 해야만 한다. 그리하여 최한기는 이 '활'·'동'·'운'·'화'의 단계에서, '활'을 생기(生氣: 생명성)로, '동'을

---

12) 『氣學』 권1, 56, "夫氣之性, 本是活動運化之物."

13) 『氣學』 권2, 1, "活動運化四字, 洽盡大氣無窮之用而未有不達. 兼總諸曜遲速之轉而無所妨碍. 人物始終倫常之行, 兆朕咸備. 無意於生養萬物, 萬物從運化而生養, 無思於收藏萬物, 萬物隨運化吏收藏."

14) 『氣學』 권1, 77, "有運化神氣, 爲萬事萬物之本源."

15) 『氣學』 권1, 6, "氣有形質之氣, 有運化之氣. 地月日星萬物軀殼, 形質之氣. 雨暘風雲寒暑燥濕, 運化之氣也. 形質之氣. 由運化之氣而成就, 大者長久, 小者卽散, 無非運化氣之自然也."

진작(振作: 운동성)으로, '운'을 주선(周旋: 순환성)으로, 화는 변통
(變通: 변화성)으로 각각 규정하고, 그 각각의 우등함을 온전하게
드러낼 때에만 비로소 인간은 그 인간다운 삶을 영위해 나갈 수 있
다고 보았다.

> 사람은 활·동·운·화의 본성으로 활·동·운·화의 외물을 접하여 활·동·
> 운·화의 일을 수행한다. 언뜻 보면 대략 비슷하지만, 상세히 분별하면 차이가
> 생기는 까닭은 네 가지 타고난 자질에 균등하고 균등하지 못함이 있기 때문이다.
> 네 가지가 다 균등하고 적절하면 결함이 없다. 그러나 균등하지 않으면 저절로
> 우등함과 열등함이 있게 된다. 활이라는 것은 생기이다. 이것이 우등하면 오래
> 살고 인자할 것이다. 동이라는 것은 진작이다. 이것이 우등하면 앞과 뒤를 알 것
> 이다. 운이라는 것은 주선이다. 이것이 우등하면 적절하고 마땅할 것이다. 화라는
> 것은 변통이다. 이것이 우등하면 개물성무할 것이다.[16]

  하지만 여기에는 한 가지 아주 어려운 문제가 남아 있다. 즉 인
간에게는 그 타고난 자질인 '형질'에 균등하고 균등하지 못함이 있
기 때문에 사람마다 그러한 '활'·'동'·'운'·'화'의 일을 수행함
에는 그 우등함과 열등함의 차이가 생긴다는 점이다. 그렇다면 '활'·
'동'·'운'·'화'의 '우등함'과 '열등함'은 왜 생기는 것인가? 그것
은 모두 인간의 귀·눈·입·코·손·발 등을 포함한 오장육부의
큼과 작음·강함과 약함, 정혈의 맑음과 탁함, 많고 적음에 기인한
다는 점에서, 우리가 '운화'를 통하여 그 우등함과 열등함을 알아
서 부족한 것을 보충해 주는 일은 무엇보다도 중요하다.[17] 때문에

---

16) 『氣學』 권2, 78, "人以活動運化之性, 接活動運化之物, 行活動運化之事. 泛觀之, 則大略相同, 詳
細欠闕, 自有不同, 由於四者稟質有均不均. 四者均適, 未有欠闕. 若不均, 則自有優劣. 活者生氣
也, 優則壽而仁. 動者振作也, 優則知先後. 運者周旋也, 優則能宜適. 化者變通也, 優則開物成務."
17) 『氣學』, 권2, 78, "有所優, 則必有所劣. 活劣, 則生氣不足, 動劣, 則振作不足, 運劣, 則周旋不足,
化劣, 則變通不足. 四者之中有一優三劣, 或一劣三優, 或二優二劣. 是皆由於臟腑之大小强弱, 精

여기서는 형질의 균등하지 못함을 제거하고, 인기(人氣)의 '활'·
'동'·'운'·'화'를 모두 우등하게 하기 위한 기질 변화가 요청된
다. 다시 말해 인간에 있어서 "본연지성의 활·동·운·화가 기질
의 제약 때문에 그 본래의 기능을 다하지 못하므로 본연지성의 회
복을 위한 기질 변화가 요청된다"[18]는 것이다.

2) 기질(氣質)의 변화

최한기에서 '신기'[19]는 '하늘의 신기'와 '인간의 신기'로 구별되
는데,[20] '하늘의 신기'가 운화하고 유행하는 활동 속에 그 자신을

血之淸濁多寡, 有此不等. 至於耳目口鼻手足之用, 亦類此不等. 然若知其優劣而補不逮者, 運化也."

18) 손병욱, 「혜강 최한기 철학의 기학적 해명」, 한국의 사상가 10인 - 「혜강 최한기」, 285쪽.

19) 神氣 개념의 유래에 대한 학자들의 주장은 크게 두 가지로 나누어 볼 수 있다. 첫째, 神氣 개념은 동
양의 氣哲學에서 비롯되었다[신원봉, 『최한기의 기학연구 - 사상형성 과정을 중심으로』(한국정신문화
연구원 한국한 대학원 논문집 제4집, 1989), 193~217쪽]. 한편 신원봉은 「혜강 기학에 나타난 주
자학의 전환과 근대과학의 영향」에서 최한기의 神氣 개념이 『黃帝内經』의 의학적 개념으로부터 유래
되어 자연 일반의 생명력으로 확대되어 간 것으로 본다[신원봉, 같은 논문, 『허강 최한기』(서울: 청계,
2004), 221~226쪽]. 둘째, 神氣 개념은 도교의학 내지 동양의학과 같은 전통적 경험학에 연원을
두고 있다[이승환, 『이 땅에서 철학하기 - 21세기 한국철학의 새로운 방향의 모색』(우리사상연구소 한
국외국어 대학교 대학원 철학과, 1996), 22~24쪽. 권오영, 『최한기의 학문과 사상연구』, 131쪽.
이 두 주장에 근거하면 우리는 다음과 같이 말할 수 있다. 즉 그는 성리학의 입장과는 달리 경험적이고
과학적인 기학(氣學)을 제기하였고, 또한 기철학의 氣 개념을 神氣 개념으로 바꾸어 그것을 통해 神
氣의 경험적 세계를 재구성해 냈으며, 더 나아가 『神氣通』과 『推測錄』 등에서 '몸'에 대한 전문적
의약 지식을 많이 언급하면서도 그것을 항상 '몸의 감각기관을 통한 외부세계의 경험'과 관련지어 논
의하였다. 따라서 그의 神氣 개념이 형식상 전통적 기철학과 동양 의학에서 차용하였다고 하더라도,
그것은 내용상(心學·氣哲學·道敎 등을 비판한 점으로 볼 때에) 그 자신의 창의적이고 독창적인 사
고의 결정물이었다고 할 수 있다.

20) 『神氣通』 권3, 「器可變通氣不可變通」, "天之神氣, 人之神氣, 本是一也." 최한기에서 神氣의 神
이란 '氣가 운동을 통해 발휘하는 무한한 효용성'을 가리킨다(『神氣通』 권1, 「通有得失」, "神者, 氣
之德也."『神氣通』 권1, 「知覺優劣從神氣而生」, "神者, 氣之精華, 氣者, 神之基質也."『神氣通』
권1, 「通神」, "所爲神者, 乃氣之精華."『神氣通』 권1, 「氣之功用」, "擧其全體無限功用之德,
總括之曰神."『氣學』 권1, 2, "…氣之能曰神, …."『氣學』 권1, 9, "神者, 乃指其運化之能, 故
運化之氣卽是神也."『氣學』 권2, 23, "氣之發, 而伸者爲神."『氣學』 권2, 91, "蓋神通神奇之
靈, 指其不可測不可知 而言也."『氣學』 권2, 92, "活動運化氣之靈, 强名曰神). 그리하여 그는
氣가 곧 神이고, 神이 곧 氣라는 입장에서(『仁政』 권5, 「神卽氣」, "幷言神氣, 則神包氣中, 單言

드러내는 것이라면, '인간의 신기'는 몸의 감각기관을 통한 외부세계의 경험을 저장하여 추측하고 변통하는 활동 속에서 인간 존재를 드러내는 것이다. 물론 여기서 그의 주된 관심은 '인간의 신기'로서의 '형질의 기'에 집중된다. 왜냐하면 '하늘의 신기'에서 보면 '신기'는 '형질'의 제약을 전혀 받지 않지만, '인간의 신기'에서 보면 인간 각각의 '신기'는 하나의 동일한 '기'일지라도 '형질'에서 보면 그 각각의 신기는 사람마다 서로 다르기 때문이다. 다시 말해 '신기'가 들어갈 '형질'은 사람마다 서로 다르기 때문에 인간의 '신기'는 '형질'에 의해 제약을 받는다는 것이다.[21]

그럼 우리가 그러한 제약으로부터 벗어날 수 있는 방법은 있는가? 최한기는 '형질의 생성 요인'과 '신기의 생성 요인'에 근거하여 그 해결 방법을 제시하였다. 먼저 '형질'은 '태어나면서 이미 갖추어진' 선천적 요인인 '(사람들이) 살고 있는 (지방의) 토지와 물', '부모의 정기와 혈기', '천지의 신기'와 '태어난 이후에 얻은' 후천적 요인인 '습관' 등 모두 네 가지 요인의 관여로 생성되었다는 것이다.

> 이미 사람으로 태어난 바에는 마땅히 형질이 어디로부터 생겼는가를 연구하여 타고난 신기가 형질에 따라 다르다는 것을 통달해야 한다. (사람들이) 살고 있는 (지방의) 토지와 물 그리고 부모의 정기와 혈기가 형질의 근본 토대가 되고 나서 성장하며, 익히게 되는 것(습관)은 천지의 신기에 의존되는 것이다.[22]

神, 則氣之功用顯著也. **氣卽神, 神卽氣**, 而古之人, 多以神氣爲二, 易入于虛誕奇異."), 神氣를 氣와 특별히 구분 없이 사용하였다.

21) 『神氣通』 권1, 「氣質各異」, "氣是一也, 而賦於人, 則自然爲人之神氣, 賦於物則自然爲物之神氣, 人物之神氣不同, 在質而不在氣." 『神氣通』 권1, 「四一神氣」, "神氣則天地人皆同, 形質則天地人各不同."

22) 『神氣通』 권1, 「四一神氣」, "旣爲人身, 宜究形質之所由生, 以達所稟神氣隨形質而有異也. 所居

다음으로 '신기'는 '태어나면서 이미 갖추어진' 선천적 요인인 '하늘', '토지', '부모의 정기와 혈기'와 '태어난 이후에 얻은' 후천적 요인인 '보고 들음과 물들고 익숙함(경험)' 등 모두 네 가지 요인의 관여로 생성되었다는 것이다.

> 사람의 신기가 생성되는 요소에는 네 가지가 있다. 첫 번째는 하늘이다. 두 번째는 '토지'이다. 세 번째는 '부모의 정기와 혈기'이다. 네 번째는 '보고 들음과 물들고 익숙함'이다. 위의 세 조목은 이미 타고난 것이니 다시 그칠 수 없고, 아래의 한 조목은 실로 변통하려는 노력에 달려 있는 것이다.[23]

그럼 '형질의 생성' 요인과 '기질의 생성' 요인 사이에는 어떠한 상응 관계가 형성되는가? 즉 이 둘의 생성 요인을 비교해 보면, 형질의 생성 요인인 '천지의 신기', '부모의 정기와 혈기', '(사람들이) 살고 있는 (지방의) 토지와 물' 등은 그대로 '형질'에 들어올 '신기'의 생성 요인인 '하늘', '부모의 정기와 혈기', '토지' 등으로 바뀐다. 그러나 '형질'의 '습관'만은 그대로 '신기'의 생성 요인인 '보고 들음과 물들고 익숙함(경험)'으로 바뀌지 않고, 도리어 '형질'에 들어올 '신기'의 생성 요인인 '보고 들음과 물들고 익숙함(경험)'에 따라서 '형질'의 '습관'이 변할 뿐이다.[24] 간단하게 말해 '신기'의 '보고 들음과 물들고 익숙함(경험)'이 바뀌면 형질의 '습관'이 바뀐다는 것이다. 왜냐하면 '신기'의 생성 요인에서 앞의 세 가지 요인은 '태어나면서 이미 갖추어진' 것으로, 우리가 어떻게 할 수 없는

之水土. 父母之精血. 爲形質之根基而生成, 所習陶鑄乎天地之神氣."

23) 『神氣通』, 권1, 「四一神氣」, "是故人身神氣生成之由有四. 其一天也. 其二土宜也. 其三父母精血也. 其四見聞習染也. 上三條, 其有所禀, 不可追改. 下一條, 實爲變通之功夫."

24) 손병욱, 「혜강 최한기의 철학적 구조」, 『최한기의 철학과 사상』(서울: 철학과 현실사, 2000), 148쪽.

것인 반면에 뒤의 한 가지 요인은 '태어난 이후에 얻은 것'으로, 우리의 후천적 노력만으로도 얼마든지 바뀔 수 있는 것이기 때문이다. 따라서 인간 기질의 변화란 그러한 '태어난 이후에 얻은(보고 들음과 물들고 익숙함: 경험)' 것을 바꾸어 나가는 것이다.

결국 최한기의 이러한 '신기'의 '보고 들음과 물들고 익숙함(경험)'에 대한 강조는 인간의 기질이 '하늘', '토지', '부모의 정기와 혈기'라는 선천적 요인에 의해서 고정되어 있지 않고, '몸'의 감각 기관을 통한 외부세계의 '보고 들음과 익숙함(경험)'이라는 후천적 노력에 의해서 변화될 수 있음을 충분히 보여주었다. 여기서 그 후천적 노력이란 '보고 들음과 물들고 익숙함(경험)'에 의하여 형성되는 '마음'의 추측 능력이 발휘되는 것인데, 이 추측 능력으로 인하여 인간 기질의 변화가 가능한 것이다.

3. '몸' 중심의 심신관의 전개

1) '내외지통(內外之通)'의 중심 - '몸'

현실 세계에서 인간의 '몸'은 아주 중요한 기능과 역할을 담당한다. 즉 '몸'은 단순히 먹고 마시고 잠자는 등의 육체 활동부터 무언가를 생각하고 판단하고 결정하는 정신 활동에 이르기까지 우리의 삶 전반의 활동을 포괄한다. 분명히 우리가 '눈으로 색깔을 보고, 귀로 소리를 듣고, 코로 냄새를 맡는 등의 감각기관의 경험'과 '그 경험을 그 안에 받아들여 추측하는 마음의 인식 작용', 그리고 '그 것을 외부에 행하는 실천 행위' 등은 모두 반드시 몸을 통과해야만 가능하다. 이와 같이 우리의 모든 활동이 '몸'을 중심으로 하여 이루어지게 된다면 그것은 결코 우리의 삶의 과정에서 억압되거나 배제되어서는 안 될 것이다.

그런데 전통적으로 인간의 '몸'은 그렇게 긍정적으로만 받아들여지지가 않았다. 특히 성리학의 입장에서 '마음'은 '몸'의 주인이

자 몸을 주재하는 궁극적 실체로써 그 안에 모든 사물의 이치를 본래부터 갖추고 있는 공간으로 이해된 반면에 '몸'은 단지 그 이치의 관통을 저해하고 방해하는 아주 저급한 것으로 이해되었다. 다시 말해 인간의 '몸'은 인간의 선한 본성을 왜곡하거나 파괴하는 주범인 동시에 사사로운 개인의 욕망을 불러일으키는 원천으로 간주되었다. 이러한 입장은 결국 '몸'보다는 '마음'을 우선하는, 특히 몸의 감각기관에 대한 불신을 철저하게 조장하여 '몸에 대한 마음의 지배'를 더욱 공고화하였다. 하지만 최한기는 그러한 '몸에 대한 마음의 지배'를 부정하고, '몸'의 중요성을 부각시켜 '몸'을 통한 외부세계와의 대화를 시도해 나갔다. 그리하여 그는 인간의 '몸'을 오직 눈과 귀 등의 각종 감각기관이 어울려 있으며, 기계적으로 움직임과 동시에 신기가 운화하는 공간으로 보았다.

> 사람의 형체는 바로 하나의 기계이다. 안에는 신기가 담겨 있고, 밖으로는 온갖 수응과 활용을 접하고 있으며, 귀·눈·입·코·손·발·머리·몸통도 각각 접촉 응용하는 기물을 가지고 있다.[25]

분명히 최한기에서 인간은 몸을 받아 태어남과 동시에 정신 능력을 부여받는 존재로, 육체와 정신이 분리되지 않는 '몸' 그 자체로 이해되었다. 즉 인간의 '몸'은 '천지유행의 기'에 의해 '신기'를 부여받은 것으로, '몸'에는 제규제촉(諸竅諸觸)이라는 감각기관도 있고, '신기'라는 정신 활동도 있으며, 몸 바깥에는 감각기관에 의해 경험되는 사물이 있다는 것이다. 즉 "일신에는 이미 통하는 바

---

25) 『神氣通』권2, 「窮格器用」, "人身形體, 是一器械也. 內盛神氣, 外接酬用. 耳目口鼻手足頭體, 又各有所接用之器物."

의 신기가 있고, 통할 수 있는 (몸의) 감각기관이 있으며, 몸 바깥에는 통을 경험하는 만물이 있어 각각 신기를 드러낸다"[26]가 그것이다. 이와 같이 그는 '몸' 안에 신기와 감각기관이 있음을 강조하여, 신기가 하늘과 접하거나 사물에 도달함에는 반드시 몸을 통과해야 한다고 보았다. 만약 '몸'을 통과하지 않는다면 신기는 단지 어떠한 내용도 없는 공허함만을 드러내게 될 뿐이지만, '몸'을 통과한다면 그것은 그 안에 보다 구체적인 내용을 갖게 되고, 그것을 외부에 실행하면 실행되는 그 각각은 그 마땅함을 얻게 된다는 것이다.

> (운화의 기가) 몸을 통과하여 하늘과 접하니 (몸과 하늘의) 댁락이 관철되고, (운화의 기를) 몸에서 미루어 물체(物體)에 도달하니 몸과 물체의 냄새와 맛이 상통한다. 크고 작은 운화를 통솔하여 그것을 뭇 사업에 조처하견 수신제가치국평천하(修身齊家治國平天下)는 모두 그 마땅함을 얻게 될 것이다.[27]

뒤에서 보겠지만, 최한기에서 '감각기관'을 통한 외부 사물의 경험이 '몸'을 통과하여 신기의 활동 공간인 '마음'에 저장되어 추측될 때에만 비로소 우리의 인식이 가능하게 되고, 또한 이러한 과정을 통해 형성된 인식은 반드시 '몸'을 통과하여 의부에 행해질 때에만 비로소 우리의 실천이 가능하게 된다. 이와 같이 우리 세계의 올바른 인식과 실천은 반드시 '몸'을 통과하여 이루어진다는 점에서, 인간의 '몸'을 떠나 있는 '신기'는 결코 어떠한 경우든지 마음에 뿌리박혀 있는 '추측의 리'를 통하여 천지 유행의 기에 부합할

---

26) 『神氣通』 권1, 「通有源委」, "一身之上, 旣有所通之神氣, 又有可通之諸竅. 一身之外, 又有驗通之萬物."
27) 『氣學』 권1, 77, "透於身, 而接於天脈絡貫徹, 推於身而達於物, 臭咮相通. 統大小之運化, 擧而措諸事業, 修齊治平, 皆得其宜."

수 없는 것이다.[28]

결국 최한기는 '몸'을 무조건 억제하거나 배척할 것이 아니라 적극적으로 활용하여 외부세계와의 소통을 가능하게 하는, 즉 우리의 모든 경험과 인식의 출발점이자 그것을 바탕으로 앎이 성립되고 실천되는 구심점으로 삼았던 것이다. 바로 그가 '몸'은 모든 것을 주재하며, 몸을 통해 사람의 신기가 곧바로 천기와 통한다고 본 근거는 여기에 있었다.[29]

2) '몸'을 통한 '신기'의 경험적 세계

(1) '마음' – '추측 공간'

최한기에서 인간의 '신기'는 주로 인간의 '마음'을 가리킨다. 즉 "옛사람들이 말하는 마음의 본체가 곧 신기이다"와 "몸에 있는 신은 마음이라 한다"[30]가 그것이다. 이 '마음'은 본래부터 그 안에 어떠한 이치도 갖추고 있지 않는 텅 빈 공간으로, 단지 사물의 이치를 추측하는 능력만을 가지고 있을 뿐이다.[31] 즉 '마음'은 그 안에

---

28) 즉 '몸'을 통과하지 않는다면 '형질의 기'는 결코 '천지 유행의 기'에 원만하게 소통될 수 없는 것이다. 최한기는 이러한 '通' 단계를 세 가지로 나누고 그 각각에 대하여 다음과 같이 설명하였다. 첫째는 '제규제촉諸竅諸觸의 통'으로, 일에 앞서 그 범위의 통이다. 이는 몸의 감각기관을 통한 외부세계의 경험에 기초한다. 둘째는 周通으로, 일을 실천하면서 점진하는 통이다. 이는 감각기관의 매개 작용을 통하여 자신의 신기가 천인의 마땅한 이치에 통달한 것이다. 셋째는 變通으로, 일이 끝난 후에 증험하는 통이다. 이는 신기의 추측 능력을 향상시켜 불통한 것을 통하게 하는 것이다(『神氣通』 권1, 「通有始中終」, "凡通有三等, 先事而範圍之通, 踐事而有漸進之通, 後事而有證驗之通.").

29) 『氣學』 권1, 5, "人之心氣直通天氣. 從鼻呼吸橐籥一身, 暢達榮衛, 則人身之臟腑軀殼, 器械也."

30) 『仁政』 권9, 「善惡虛實生於交接」, "古所謂心體, 卽神氣也."『仁政』 권12, "在身之神氣謂之心."

31) 『推測錄』 권2, 「氣生聲色」, "心無體, 以推測事理爲心."

'추측의 리'가 뿌리박혀 있어 지난 것을 헤아리고 아직 일어나지 않은 일을 판단하는 사고 능력을 발휘한다는 것이다.[32] 하지만 문제는 우리의 인식이 그러한 추측 능력을 기반으로 형성되었다고 하더라도 '마음의 본체'에서는 결코 그러한 능력이 처음부터 일어나지 않는다는 점이다.

그럼 '마음의 본체'에서 그러한 추측 능력은 어떻게 발휘되는가? 최한기는 마음의 본체를 우물과 거울에 비유하여 그 작용을 다음과 같이 설명하였다. 즉 마음의 본체는 순수하고 맑은 우물이나 거울과 같아서 그 어떠한 사물이나 빛깔도 그 안에 담고 있지 않지만 여기에 하나의 사물을 비추거나 빛깔을 첨가하면 비로소 그것들은 그 하나의 사물을 비추거나 하나의 빛깔을 드러낸다. 이와 같이 우물과 거울의 본체는 그 안이 텅 비어 있어서 아무것도 갖추어진 것이 없지만 그것들이 사물을 비추거나(거울) 빛깔을 물들이는(우물) 능력을 발휘할 수 있는 것은 바로 그 안에 외부의 사물을 인식할 수 있는 능력이 있기 때문이다. 마찬가지로 마음의 본체도 본래 텅 비어 있어서 그 어떤 이치도 갖추고 있지 않지만 거울과 우물이 그렇듯이 마음도 그 안에 그러한 능력이 있기 때문에 외부 사물을 받아들여 지식을 쌓아 갈 수 있는 것이다.[33] 이렇게 본다면 '마음'은 그 홀로 독립해 있거나 그 안에 모든 이치를 갖추고 있는 궁극 실체가 아니라 오직 '마음' 밖의 외부 사물과의 긴밀한 접촉을 통해

---

32) 『推測錄』 권1, "蓋推測之理, 藏根於心, 心乃神氣之淸者也. 有時心氣動, 則推測之理亦隨而活動."
『推測錄』 권2, "人心自有推測之能, 而測量其已然, 又能測量其未然, 是乃人心推測之理也.

33) 『推測錄』 권1, 「如鏡如水」, "如鏡照物, 森羅萬象, 非素具也. 如水應氣, 流注活潑, 隨其機也."
『推測錄』 권1, 「本體純澹」, "心之本體, 譬如純澹之井泉. 就井泉而先添靑色, 次添紅色, 次添黃色, 稍俟而觀之, 靑色泯滅, 紅色漸迷, 黃色常存. 所存黃色, 亦非久泯滅."

서만 '통'하는 사물의 이치를 갖추는 '추측의 공간'일 뿐이다.

> 물(物)도 없고 사(事)도 없는데 신기만 부질없이 발하면 통하는 것이 없다. 사(事)와 물(物)은 있으나 신기가 발하지 않아도 통하는 것이 없다. 사(事)와 물(物)이 있고 신기가 따라서 발해야만 바야흐로 통하는 것이 있게 된다.[34]

> 마음이 아직 물(物)과 접하지 않으면 마음은 저대로 마음이고 물(物)은 저대로 물(物)이지만 물(物)과 접하게 되면 마음이 물(物)에 가 있게 되어 물(物)의 이치를 경험할 수 있다.[35]

거듭 말하지만, 최한기에서 '마음'은 본래부터 사물의 이치를 그 안에 갖추고 있지 않고, 오직 '몸을 통한 외부세계의 경험'을 저장하여 추측하는 속에서만 사물의 이치를 갖출 수 있을 뿐이다. 바로 그가 오직 '마음에서 사물의 이치를 구할 뿐이고 사물을 추측하지 못하는 사람'과 오직 '물리로서 알기 어려운 것을 신비에 돌릴 뿐이고 추측을 바꾸어 적합한 이치를 구하지 않는 사람', 그리고 오직 '자기의 잘못된 견해를 천리라 할 뿐이고 사물마다의 특수한 천리를 돌아보지 않는 사람' 등을 비판한 근거는 여기에 있었다.[36] 특히 하나의 마음으로 만 가지 변화의 근원을 삼는 사람들처럼, 모든 일을 자신의 내부에서 탐구한 이후에 사물에서 살핀다면 이는 오직 자기를 위주로 하는 주관적인 병에 걸려, 자신의 삶의 참된

---

34) 『神氣通』 권1, 「通虛」, "無物無事而神氣徒發, 無所通也. 有事有物而神氣不發, 無所通也. 有事有物而神氣隨發, 方有所通也."

35) 『推測錄』 권1, 「推物理明己德」, "心未與物接, 心自是心, 物自是物. 及其與物交接, 是乃推心在物而物之理可驗."

36) 『推測錄』 2권, 「天人有分」, "或以爲萬理皆具於我心, 事物之理, 惟窮究於心, 不識推事物而測事物. 或以物理之不合於其心者, 必歸之于幽隱, 而不求推測之轉換得宜. 或以己見之誤得, 謂之天理之同然, 而不顧物物各殊之天理."

모습을 왜곡시킬 뿐이기 때문이었다.[37]

따라서 최한기에서 '마음'은 그러한 추측 능력이 있기에 그 이치를 갖출 수 있는데, 여기서 중요한 사실은 그 '추측' 능력조차도 몸의 감각기관을 통한 외부세계의 경험의 경과가 오랫동안 쌓여 익숙해질 때에만 형성된다는 것이다. 때문에 '마음'이 그러한 경험을 하나로 모아서 저장하여 추측하는 공간이라고 한다면 그 이치는 당연히 '마음의 내면세계'가 아니라 '몸의 감각기관을 통한 외부(경험)세계'에 존재하는 것이다.

(2) '감각기관(諸竅諸觸)' – 경험의 매개체

최한기에서 '마음'은 '일신(一身)을 주관하는 기'[38]로서 결코 '몸의 감각기관'을 배제하고 그 추측 능력을 발휘할 수 없다. 즉 몸의 감각기관을 통한 외부세계의 경험이 없다면 마음은 결코 그러한 경험을 한 곳으로 모아서 저장하지 못하기 때문이다.[39] 여기서 '마음'에 저장된 "경험은 신기를 생성시키는 중요한 요소로서 신기가 단순히 천부적인 능력에만 국한된 것이 아니라 후천적인 노력의 산물이라는 것을 아울러 말하고 있는 것이다. 그러므로 최한기는 경험을 중시하였으며, 그러한 경험적인 학습에 의해 신기의 능력이 향상된다고 보았던 것이다."[40]

---

37) 『氣學』 권2 10. "蓋以一心爲萬化之源者, 凡事皆先究於心以後, 稽于事物, 主我之病所由始也. 曷若以事物運化, 得之于外, 藏之于心, 隨機而行之于外, 無主我之病, 有順天之效."

38) 『推測錄』 권2, 「積漸生力」, "心乃一身之主氣也."

39) 『氣學』 권2, 18. "目以色爲活動運化之見, 耳以聲爲活動運化之聞, 鼻以臭爲活動運化之嗅, 口以飲食爲活動運化之味, 手以執持爲活動運化之用, 足以踐履爲活動運化之行, 輻湊收藏爲活動運化之心."

이와 같이 최한기는 '마음의 추측 능력'과 '몸의 감각기관을 통한 외부세계의 경험'의 유기적 관계를 강조하고, 심학·도교·의학학설·상서 등 주장들을 비판하였다. 즉 심학은 마음의 내면세계만을 중시하여 몸의 감각기관을 저급한 것으로 보았고, 도교는 정신을 중시하여 보고 듣는 등 감각경험을 경시하였고, 의학학설은 바깥의 병을 어떠한 근거도 없이 내부에 결부시켰으며, 상서는 사람의 형체만을 보고 사람의 길·흉·수·요를 단정하였다는 것이다.[41] 그에게서 오직 '몸'의 감각기관을 통한 경험을 배제하고 '마음'에서 사물의 이치를 구하는 행위는 결국 이 세계의 올바른 인식과 실천을 방해할 뿐이었다. 그리하여 그는 '몸의 감각기관'을 '몸을 구성하고 있는 하나의 기계'로 파악하고, 몸의 감각기관이 통하는 것은 모두 신기의 작용이 된다고 보았던 것이다.

> 사람의 형체는 바로 온갖 쓸모가 갖추어진 신기를 통하는 기계이다. 눈은 빛깔을 나타내기 위한 거울이요, 귀는 소리를 듣기 위한 대롱이요, 코는 냄새를 맡기 위한 통이요, 입은 내고 들임을 위한 문이요, 손은 물건을 잡기 위한 기구요, 발은 운전을 하기 위한 바퀴이다. 이 모든 것이 한 몸에 부속되어 있고 신기가 주재하여 모든 구멍과 촉각으로부터 여러 가지 현상들을 거두어들이며 사람의 감정과 사물 이치가 신기에 푹 배어 있다가 그것이 발현될 때에는 속에 집적되어 있던 사람의 감정과 사물의 차이가 모든 구멍과 촉각으로부터 그대로 행해지는 것이니, 이것이 곧 천형의 떳떳한 법칙이다. 빛깔이 눈으로 통하지만 천하의 빛깔이 다 신기의 작용으로 되고, 소리가 귀로 통하지만 천하의 소리가 다 신기의 작용

---

40) 박종홍, 「최한기의 과학적인 철학사상」, 『한국철학연구－中』(서울: 동명사, 1979), 319쪽. 여기서 經驗이란 "색깔이 눈에 통하고 소리가 귀에 통하고 맛과 냄새가 입과 코에 통하듯이" 감각경험을 가리키는 '形質의 通'을 가리킨다(『神氣通』 권1, 「通之所止及形質通推測通」, "天地生物, 各具形質, 色通于目, 聲通于耳, 味臭通于口鼻, 是乃形質之通也.").

41) 『神氣通』 序, "專攻心學之人, 以諸竅諸觸爲卑屑而貪究性命之理. 淸淨守眞之人, 以視聽爲耗精而甘作聾瞽之事. 醫書辨說, 以發外之疾病. 附會於臟腑血脈. 相書所言, 以形局色態, 欲占窮達壽夭, 俱未免乎過不及之差也."

으로 되며, 후각 미각 촉각이 전부 입·코·손·발로 통하지만 사물의 운동이
다 신기의 작용으로 되는 것이다. 실천과 경험·추이와 변통은 형체에서 시작하
여 사물 현상에서 결과를 나타내는 것이니, 만일 발현되는 원인을 규명하지 않는
다면 발현된 결과를 어떻게 정돈하겠는가?[42]

여기서 보듯이, '신기'는 오직 몸의 감각기관을 통해서만 경험과
기억을 할 수 있는 동시에 그 축적된 경험을 가지고 아직 경험되지
않은 것을 추측해 나갈 수 있을 뿐이다. 때문에 외부세계의 경험을
가능하게 하는 '몸'의 감각기관이 막혀 버린다면 우리는 어떠한 경
험도 할 수 없고, 설령 그 감각기관이 막혀 버리지 않았더라도 기
억과 경험이 없다면 우리가 평생에 걸쳐 듣고 보는 경험은 모두 새
로 듣고 새로 보는 일회성의 경험에 그치고 말 것이다.[43] 우리가
어제 경험했던 것이 오늘 새롭게 느껴지지 않는 것도 바로 그 이전
에 경험되었던 것이 '신기'의 '추측' 공간인 '마음'에 저장되었기에
가능한 것이다. 따라서 '몸의 감각기관'은 '신기'가 외부세계의 인
정(人情)과 물리(物理)를 하나로 모아서 저장하여 추측하고, 다시
그 안에 쌓인 인정과 물리를 외부에 실행하는 데에 있어서 추측의
재료, 즉 '경험'을 제공해 주는 하나의 중요한 매개체인 것이다.[44]

---

42) 『神氣通』, 「序」 "天民形體, 乃備諸用通神氣之器械也. 目爲顯色之鏡, 耳爲聽音之管, 鼻爲嗅香
之筒, 口爲出納之門, 手爲執持之器, 足爲推運之輪, 總載於一身, 而神氣爲主宰, 從諸竅諸觸而收
聚人情物理. 習染於神氣. 乃其發用, 積中之人情物理, 從諸竅諸觸而施行, 卽踐形之大道也. 色從
目通而天下之色皆爲神氣之用, 聲從耳通而天下之聲皆爲神氣之用, 臭味諸觸具通於口鼻手足, 而
事物之運動皆爲神氣之用. 閱歷經驗, 推移變通, 源於形體, 委於事物, 若不修明發用之源, 何以整
頓發用之委哉."

43) 『神氣通』 序, "捨此耳目口鼻手足諸觸, 有何一毫可得之理可驗之事乎. 雖有此諸竅諸觸, 若無神
氣之記繹經驗, 平生屢聞數見之事物, 皆是每每初見聞之事物也."

44) 『神氣通』 권1, 「收得發用有源委」, "有能不由諸竅諸觸而通達人情物理者乎. 又有能不由諸竅諸
觸而收聚人情物理習染於神氣者乎. 又有能不由諸竅諸觸而接濟酬應於人物者乎."

(3) '추측(推測)'[45] – '마음의 사고 작용'

　최한기에서 지각이 경험이고, 경험이 몸의 감각기관을 통하여 이루어진다면[46] 그러한 '경험' 이전의 '신기'는 그 안에 어떠한 지각 내용도 가질 수 없다. 때문에 '신기'는 '몸의 감각기관을 통한 외부세계의 '경험'이 없이는 그 추측 능력을 발휘하여 어떠한 인식 근거도 마련할 수 없고, 오직 그러한 경험의 오랜 축적을 통해서만 그 추측 능력을 발휘하여 인식 근거를 마련할 수 있을 뿐이다. 여기서 우리는 비로소 감각적 경험을 넘어 보편적 인식과 실천의 길로 나아갈 수 있는 것이다. 즉 "추측의 리에 근거하여 운화의 리를 헤아려야 한다"[47]가 그것이다.

　그럼 그러한 '추측'은 구체적으로 어떠한 내용을 가지는가? 먼저 '추측'의 "추가 이미 증험된 측이고, 측이 추의 변통이라면"[48] '추'는 몸의 감각기관을 통한 것으로, 즉 이미 정해진 것을 판단하는 것을 가리키고, '측'은 '추'를 바탕으로 감각기관을 통하지 않은 것으로, 즉 아직 정해지지 않은 것까지 추리하는 것이라고 할 수 있다. 그렇다면 '추측'은 '몸의 감각기관을 통한 외부세계의 경험'을

---

45) 여기서 推는 因·以·由·遂로써 인식의 근거와 추리의 뜻을 내포하며, 測은 量·度·知·理로써 판단의 뜻을 포함한다. 즉 『論語』의 忠恕란 推에 해당하고, 黙識이란 測에 해당하며, 『大學』의 格物致知와 絜矩란 推와 測을 함께 말하였다는 것이 그것이다(『推測錄』 권1, 「聖學及文字推測」, "論語之忠恕, 推也. 黙識, 測也. 大學之格物致絜矩幷言推測也. 可見其義之一揆也. 四部諸書交義聯結處, 只以字義括之, 因字以字由字遂字, 乃推之義也. 量字度字知字理字, 是測之義也. 其餘擬類倣似之字, 不暇推擧."). 따라서 推測을 벗어나서는 어떠한 학문적 근거도 세울 수 없는 것이다. 왜냐하면 推와 測에는 각각 그 원인과 근거가 있어야 하는데, 원인과 근거가 없다면 결국 그것은 알 수 없는 괴상한 것이 되기 때문이다(『推測錄』 권1, 「捨其不可」, "推必有因, 測必有以, 無因無以, 是爲罔兩.").

46) 『神氣通』 권1, 「經驗乃知覺」, "神氣者, 知覺之根基也, 知覺者, 神氣之經驗也, …無經驗則徒有神氣而已, 有經驗則神氣自有知覺耳."

47) 『仁政』 권8, 「理卽氣」, "在天地有運化之理, 在人身有推測之理, 人以推測之理, 思量運化之理."

48) 『推測錄』 권1, 「推如器測如用」, "推是已驗之測也. 測是推之變通也."

기반으로 경험할 수 없는 것에까지 나아가기 때문에 우리는 그것을 통하여 모든 인식을 경험적 지각에만 한정시키지 않고, 사유를 통한 판단에까지 인식의 영역을 넓힐 수 있다.

따라서 '추측'은 단지 하나의 경험에서 다른 하나의 경험으로, 구체적인 경험에서 보편적인 인식으로, 다시 보편적인 인식에서 실질적인 실천으로 나아가게 한다. 이것이 마음의 기능이다. 이는 바로 그가 '마음을 물질적 실체로서보다 추측의 인식 활동으로서 파악하고 있음을 충분히 보여준다.'[49]

> 마음의 기능은 본 것을 미루어(推) 보지 못한 것을 헤아리고(測), 들은 것을 미루어(推) 듣지 못한 것을 헤아리고(測), 익숙한 것을 미루어(推) 익숙하지 못한 것을 헤아리고(測), 있는 것을 미루어(推) 없는 것을 헤아리는(測) 것이니, 삼라만상이라는 것은 이 미루고 헤아리는(推測) 것 가운데의 한 가지일 뿐이다.[50]

분명히 '마음'의 '추측' 능력은 우리가 태어나면서부터 곧바로 발휘되는 것이 아니라 오랫동안 몸의 감각기관을 통한 외부세계의 경험이 쌓인 이후에야 비로소 발휘될 뿐이다. 때문에 그 '추측' 능력이 비록 경험과 같을 수 없고, 또한 경험을 통해 얻어진 것은 아니지만 그 능력이 발휘되기 위해서는 반드시 그러한 '경험'에 기반을 둘 수밖에 없는 것이다. 왜냐하면 '몸'의 감각기관을 통한 외부세계의 '경험'만 있고 마음의 '추측' 활동이 없다면 우리의 경험은 오직 어떠한 일정한 기준이 없는 일시적인 감각적 경험에만 머물 뿐이고, 반면에 신기의 '추측' 작용만 있고 '몸의 감각기관을 통한

---

49) 금장태, 「기철학의 전통과 최한기의 철학적 특성」, 한국의 사상가 10人 – 『혜강 최한기』, 219쪽.
50) 『推測錄』 권1, 「推測卽是知」, "心之所能, 推測而測其未見. 推聞而測其未聞. 推習而測其未習. 推有而測其無有, 則萬象森羅云者, 特是推測中一事耳."

경험'이 없다면 우리의 인식과 실천은 오직 내용이 없는 공허한 메아리에 불과할 뿐이기 때문이다. 따라서 최한기는 '추측'도 증험에 의거해야 '쓸데없고 번잡스러운(虛雜)' 곳에 빠지지 않는다고 보고,[51] '추측'을 다시 경험적 증험으로 검증할 것을 요구하였던 것이다.

결국 최한기는 '마음'의 본체가 아니라 '운화'의 활동 현상에 관심을 기울이면서 '몸'의 감각기관을 통한 외부세계의 경험에 기반을 두어 '마음'의 '추측' 능력을 이끌어 냈던 것이다.[52] 따라서 그에게서 '운화'하는 자연 세계와의 소통을 위해서라면 먼저 몸의 그러한 '경험'을 통하여 '추측' 능력을 향상시키고, 더 나아가 그것을 외부에 실행·변통하는 등, 이 세계의 올바른 인식과 실천을 이끌어 내는 일은 아주 중요한 것이었다.

---

51) 『仁政』 권9, 「依據證驗」, "心之推測, 不有依據證驗, 易入于虛雜."

52) 『氣學』 권2, 7, "運化者天人之行也. 推測者人之知也. 不由天人運化之氣, 將何以推測也. 故曰先行後知."

4. 몸 중심의 가치론적 세계

1) '욕망' 긍정의 범위

과연 성리학의 입장처럼 인간의 선한 본성을 발현하여 도덕적 삶을 지향한다는 명목 아래, 그 출발부터 '욕망'을 억압·제거하는 일은 옳은가? 즉 그것의 추구는 궁극적으로 인간의 선한 본성을 왜곡하거나 파괴하는가? 더 나아가 "인욕을 제거하면 천리가 보존되고, 천리가 보존되면 인욕이 없어진다" 내지 "인욕을 천리에 따르게 한다"라는 주장처럼, 우리가 '인욕'을 '천리'와 대립되는 것으로 간주하여, 인간의 욕망에 대한 부정적 태도를 취하는 일은 바람직한가?

최한기는 "인간은 욕망의 세계에서 태어난다"라고 하여,[53] 인간은 욕망을 피할 수 없는 존재이기 때문에 그것은 그 출발부터 제거되어야 할 대상이 아니라 더욱더 권장되어야 할 대상이라고 보았

---

53) 최진덕은 '욕망'을 "활·동·운·화 하는 기의 세계에 대한 지적 욕망"이라고 규정한다(최진덕, 「혜강 기학의 이중성에 대한 비판적 성찰」, 『혜강 최한기』, 109쪽).

다. 분명히 인간의 욕망이란 본래 선천적으로 주어진 자연스런 본성으로, 결코 그 무엇에도 만족하지 못하는 속성을 가진다. 때문에 우리가 이러한 욕망의 만족을 위해서라면 끊임없이 안에서 바깥으로 욕망을 추구하는 것은 당연한 일인지도 모른다. 바로 그는 그러한 욕망의 외부로의 추구를 당연한 것으로 받아들이고, '욕망'에 대한 긍정적 태도를 취하였다. 왜냐하면 그의 "욕망이 없으면 아무것도 하지 못하고, 욕망이 있어야 무언가를 할 수 있다"[54]는 말처럼, 우리가 어떠한 행위를 하지 못하는 것은 모두 욕망이 없기 때문이고, 언제든지 자신이 원하는 일을 할 수 있는 것은 모두 욕망이 있기 때문이다. 따라서 '싫어하는 것을 피하고, 좋아하는 것을 추구하는 것이 인간의 욕망이라면'[55] 우선 그것은 당연히 '선'과 '악'의 가치와는 상관없는 인간의 자연스런 본성으로 억압·제거되어서는 곤란하고, 적극적으로 활성화시켜 현실 생활 속에서 끊임없이 추구되어야 한다. 따라서 그에게서 인간의 '욕망'은 인간의 약동하는 삶을 더욱 용솟음치게 해 주는 원동력으로 볼 수 있다는 점에서, 이것에 대한 억압·제거는 결국 인간의 그러한 삶에 대한 파괴만을 가져올 뿐이었다.

이와 같이 최한기는 인간의 욕망에 대한 긍정적 태도를 취하는 속에서, '인욕에 대한 천리의 절대적 지배력'을 강조하는 성리학의 입장을 전면적으로 부정하고, '천리'와 '인욕'의 관계를 새롭게 설정해 나갔다. 그에게서 '인욕'이란 '천리'와 대립되는 존재가 아니라 단지 '천리'를 거역하는 것일 뿐이다. 다시 말해 천리 밖에 인욕

---

54) 『仁政』 권4, 「無欲有欲」, "無欲而無爲, 有欲而有爲."
55) 『神氣通』, 권1, "避惡趨好, 爲欲."

이 따로 있지 않고, 천리 안에 인욕이 있기 때문에 '천리'를 따른다면 이것은 더 이상 '인욕'이 아니라 '천리'이고, 거역한다면 이것은 '인욕'이라는 것이다. 그렇다면 '인욕'이 '천리'를 거역하는 것이긴 하지만 그것은 분명히 '천리' 안에 있기 때문에 우리는 그것을 결코 억압·제거할 것이 아니라 적극적으로 나서서 '천리'가 되도록 노력해야 할 것이다. 따라서 "인욕을 제거하면 천리가 보존되고, 천리가 보존되면 인욕이 없어진다"는 말은 '인욕을 제거하면 천리가 보존되지 않고, 천리가 보존되면 인욕은 없어지는 것이 아니라 천리가 된다'로, "인욕을 천리에 따르게 한다"는 '인욕을 천리에 따르게 하면 인욕은 더 이상 인욕이 아니라 천리이다'로 바꾸어 이해하는 것이 보다 더 타당할 것이다.

> 천리를 거스르면 인욕이 되고, 천리를 해치면 사욕이 되고, 천리를 따르고 완성하면 도덕이 된다. …천리와 인욕은 양단이 아니고 다만 천리에 대해 따름과 거스름이 있을 뿐이다. …천리 밖에 인욕이 있는 것이 아니고, 인욕 밖에 다시 천리가 있는 것이 아니다. 천리를 따르지 않는 것이 인욕이고, 인욕이 다시 천리를 따르면 인욕이라고 말하지 않는다.[56]

그럼 '인욕'이 천리가 되는 근거는 어디에 있는가? 다시 말해 '욕망'이 긍정될 수 있는 범위는 어디까지인가? 앞에서 우리는 몸의 감각기관을 통한 외부세계의 경험을 통하여 인간의 마음에 뿌리박혀 있는 '추측의 리'를 발휘할 때에만 인간의 감각경험을 넘어 보편적 인식과 실천의 길로 나아갈 수 있다고 보았다. 그렇다면 '인

---

56) 『推測錄』권2, 「人天物天」, "逆於天理, 爲人欲, 害於天理, 爲私欲, 順成天理, 爲道德. …天理人欲, 不是兩端, 就天理而有順逆耳. …天理之外, 非有人欲, 人欲之外, 复有天理也. 天理之不順, 爲人欲, 人欲之复順天理, 不謂之人欲."

욕'이 '천리'가 되는 근거는 다름 아닌 '추측의 리'에 있다. 이 '추측의 리'는 나와 하늘을 가로막고 있는 잘못된 편견을 제거하여 나와 하늘을 소통시키는 한편 나를 제약하는 역할을 한다는 점에서, 이러한 추측의 리에 어긋나지 않는 욕구, 그러면서 활·동·운·화에 필요한 욕망은 모두 인정되는 것이다.'[57] 따라서 우리가 그러한 '추측의 리'의 범위 내에서 자신이 욕망하는 바를 선택한 다음에 다른 사람의 욕망을 헤아린다면 선함과 악함이나 귀함과 천함 등 제반 문제에 임해서도 적절한 조치를 취해 나갈 수 있는 것이다.[58]

결국 최한기는 그러한 '경험에 바탕을 둔 추측의 리'에 어긋나지 않는 '욕망'만을 인정하고, 현실 생활에서 '욕망'을 적극적으로 받아들이는 태도를 취하였다. 바로 그가 인간의 물질적 욕망을 제거할 것이 아니라 물질적 욕망을 적극적으로 권장하고, 그것을 통하여 그 도를 깊이 연구하여 밝혀야 한다고 말한 근거도 여기에 있었다.[59]

2) 선악 판단의 근거

과연 우리는 '선'과 '악'을 어떻게 알 수 있는가? 즉 그 둘의 판단 근거는 선험적인가, 아니면 후천적인가? 즉 성리학의 입장에서 선과 악이란 선험적으로 우리의 내부에 내재되어 있는 것으로, 즉

---

57) 손병욱, 「학문 방법론을 통해서 본 기학의 구조와 성격」, 『혜강 최한기』, 306쪽 참조.
58) 『仁政』 권4, 「無欲有欲」, "氣不足者, 有欲而不能遂, 氣有餘者, 常溢其欲, 欲多者, 多爲人用, 欲少者, 少爲人用, 無欲者, 不爲人用, 亦不可以用人, 又不可測人之用. 夫人生於欲世界, 先自擇我所欲, 又測人之少欲, 善惡貴賤, 交接運化, 可以措施, 若不識人之欲, 我之欲, 生者乎, 死者乎."
59) 『仁政』 권11, 「除物論」, "無除物欲, 不如因物欲而究明其道, 貨色科, 物欲之大者, 而亦是運化中事. …不以道之貨色科, 謂之物欲, 以道之化色科, 豈可務除而廢人事乎."
『推測錄』 권6, 「物欲自有中正」, "物欲不可頓除, 亦不可沈着, 自有中正之至善."

그 둘은 서로 바뀔 수 없는 고정불변적인 것이다. 그리하여 여기서는 모든 사물의 이치가 마음에 갖추어져 있다고 보기 때문에 마음에서 그 이치를 잘 궁구하는 것은 선악 판단의 기준이 있어서 아주 중요한 관건이었다. 하지만 최한기는 '선'과 '악'이 선험적으로 내재되어 있다는 성리학의 입장과는 다르게 그 둘의 판단 근거를 인간의 '몸의 감각기관을 통한 경험세계'에 두고서, '선'과 '악'이란 본래 정해진 위치가 없기 때문에 선이 악이 되고, 악이 선이 되는 등 수시로 바뀔 수 있음을 강조하였다.

그럼 최한기에서 '선'과 '악'의 판단 근거는 구체적으로 무엇인가? 앞에서 보았듯이, 그는 주관적인 '마음'의 내면세계가 아니라 객관적인 '몸'의 경험세계에서 사물의 이치를 구할 것을 강조하였다. 즉 우리는 '몸의 감각기관을 통한 외부세계의 경험'을 '마음'에 저장하여 추측하고, 다시 그것을 외부에 사용해야 한다는 것이다. 때문에 그러한 '경험'을 통한 '추측'의 과정에서 무엇보다도 중요한 것은 몸의 감각기관 기능이 얼마나 적절했느냐이다. 즉 "모든 행위의 선과 불선은 우선 감각기관의 기능이 적절했느냐 그렇지 못했느냐에 달려 있다"[60]가 그것이다.

이와 같이 '선'과 '악'은 아무런 연고 없이 저절로 나오는 것이 아니라 경험을 통한 추측의 결과에 따라서 달라지는 것이다. 엄밀하게 말해, 우리가 '선'과 '악'을 판단할 수 있는 근거는 바로 그러한 감각기관의 경험을 통한 추측의 결과가 증험되었기에 가능하다. 예컨대, 이는 최한기가 '선'과 '악'을 천하의 공공(公共)과 사욕(私

---

60) 『推測錄』 권1, 「諸竅通氣」, "百行之善不善, 物物先由於諸竅之功庸, 得宜與, 不得宜."

欲)에 근거하여 설명하는 것에서 충분히 알 수 있다. 즉 우리의 추측이 천하의 공공을 따르게 된다면 그것은 선이 되며, 사사로운 욕망을 따르게 되면 그것은 악이 된다. 다시 말해 우리의 추측이 사사로운 욕망을 변통하여 천하의 공의에 도달할 수 있다면 선이 되며, 사사로운 욕망을 조절하지 않고 변통하여 천하의 공의에 이르고자 한다면 악이 된다는 것이다. 때문에 선의 실현 과정, 즉 자기 한 몸만을 위하는 사사로운 욕망을 조절하고 변통하여 천하의 공의에 이르게 하는 과정에서, 몸을 통한 감각경험에 기반을 두어 어떻게 추측하였고, 또 다시 그 결과를 어떻게 증험하였느냐는 아주 중요하다.[61] 다시 말해 '선'과 '악'은 '추측'의 과정을 통하여 구체화되기 때문에 우리가 몸의 감각기관을 통한 경험에 근거된 '추측'의 결과를 어떻게 증험하고 변통하느냐는 아주 중요하다는 것이다.

그런데 여기에는 한 가지 중요한 사실이 있다. 즉 우리의 경험을 통한 추측 결과가 반드시 모두 선한 것만이 아니라는 점이다. 다시 말해 감각경험을 통한 추측 결과는 그 감각기관의 속성상 개인에 따라서 편차가 있기 때문에 이치에 맞는 것도 있고, 이치에 맞지 않는 것도 있다는 것이다. 따라서 그 결과가 선이 되기 위해서는 반드

---

61) 『推測錄』 권4, 「克己」, "善與不善, 皆出於推測, 不是無緣而自發也. 究其所推之有異, 一由於道義, 一由於己私. 道義者, 天下之公共, 己私者, 一身之熾欲."
『神氣通』 권3, 「變通在初及私欲之分」, "從其私欲而變通者, 多, 從其公議而變通者, 寡. 私欲在於一己, 晝夜究索, 無有限載. 公議出於衆人, 百世是非, 自有收定, 可將私欲而變通於公議矣. 不可以私欲公議. 分作兩件事, 而不相關也. 又不可肆私欲而變通公議者."
여기서 '선'과 '악'의 기준을 천하의 공공성(도의)에 둔다는 것은 그것이 단순히 개인적인 것에 머무는 것이 아니라 모든 사람들의 합의와 동의에 근거하는 속에서 선악이 결정된다는 것을 의미한다. 그리하여 최한기는 선과 악을 결정하는 주체로 백성을 상정하였다(『推測錄』 권1, 「善惡有推」, "我好之而民不好之者, 非善也. 我惡之而民不惡之者, 非惡也. 是不以一人之好惡爲善惡, 以烝民之好惡爲善惡也."). 그의 이러한 선악에 대한 이해는 "인간 사회에서의 도덕규범의 기준을 공리에 두고서 선험적 윤리가 아닌 구체적인 사회 체계 속에서 합당한 도덕 체계의 성립을 중시하였음을 말한다."(황경숙, 「혜강 최한기 사상의 근대적 성격」, 『혜강 최한기』, 491쪽)

시 '천지 유행의 기'에 부합해야 하는 것이다. 그렇다면 우리는 어떻게 그 결과를 '천지 유행의 기'에 부합되게 할 수 있는가? 분명히 최한기에서 '선'과 '악'은 선천적으로 한 번에 고정되는 것이 아니라 우리의 후천적 노력으로 언제든지 바뀔 수 있는 것이다. 즉 그 둘은 비록 우리가 살아 있는 동안 끊임없이 경험을 축척한다는 점을 전제하지만 그런 속에서 오직 절대적으로 변할 수 없는 대립적 관계가 아니라 상대적으로 항상 변할 수 있는 가변적 관계일 뿐이다. 왜냐하면 그의 "평생의 선과 악은 익힌 바에 있다"[62]는 말처럼, 사람이 일평생 축적한 '몸의 감각기관을 통한 경험'에 기반을 두어 추측의 결과를 증험한 상태에서만 비로소 '선'과 '악'을 판별할 수 있기 때문이다. 다음의 말은 그러한 사실을 충분히 보여준다.

> 선악은 정해진 이름은 있으나 정해진 위치는 없다. 모든 일에 선악이 있으며 일이란 이 한 몸이 끝날 때까지 시시각각으로 생기는 것이어서, 평생의 일들을 모두 따져 보아야만 최종적으로 그 사람이 선했느냐 악했느냐 하는 것을 결정할 수 있다. 하나의 일만 가지고 말한다면 선 위에 선이 있어 끝이 없으며 악 아래에 악이 있어 끝이 없으므로 선악의 정해진 위치를 말할 수는 없다. 이것을 아는 사람은 이미 실천한 작은 선에 만족하지 않고 다시 더 큰 선을 구한다."[63]

여기서 보듯이, 오늘 "증험된 추측의 결과가 선으로 확정되었더라도 이것이 출발점이 되어 또 다른 것이 유추되어 증험된다면 후자의 선은 앞의 선보다 한 단계 높은 선이 되는 것이다. 마찬가지로 내일도 오늘과 똑같은 단계를 밟아 나가는 것이다. 이와 같이

---

62) 『推測錄』 권1, 「善惡類推」, "平生之善惡, 在於所習."
63) 『推測錄』 권5, 「改過遷善」, "善惡有定名, 而無定位, 事事有善惡, 而事必隨年月生生, 與此身爲終閼, 則統計終始, 而善惡之名定矣, 就其行事言之, 則善上善無窮, 惡下惡無窮, 而善惡無定位矣, 知此義者, 不以踐行之善自足, 而更求善道."

몸의 감각기관을 통한 경험을 받아들여 추측하는 과정에서 많은 단계의 선이 정립되는 것이다."[64] 때문에 오늘 쌓은 선은 작은 선에 지나지 않고, 내일 쌓는 선도 작은 선에 지나지 않겠지만 우리가 끊임없이 오늘 쌓은 작은 선에서부터 내일의 더 큰 선으로 확대해 나간다면 결국에는 '천하 유행의 리'에 부합하게 될 것이다. 따라서 '선'의 실현에서 중요한 것은 오직 오늘 쌓은 작은 선에 만족하지 않고, 더 큰 선을 향하여 끊임없이 몸의 감각기관을 통한 경험에 기반을 두어 추측 결과를 증험하고 변통해 나가는 것뿐이다.

결국 최한기에서 '선'과 '악'은 본래부터 그 절대적 판단 기준이 없고, 단지 몸의 감각기관을 통한 외부세계의 경험이 추측 작용을 통해 천지유행의 기와 소통하였을 때에만 선악 판단의 기준을 비롯한 도덕성, 인의예지의 덕 등이 바르게 되는 것이다. 바로 그가 '측은지심'과 '양지'나 '양능'에서 나온 '사랑'과 '공경'을 태어나면서 본래부터 인간의 마음속에 갖추어져 있는 것이 아니라 많이 듣고 많이 보는 등의 오랜 경험에 따른 추측의 결과에서 나온 것이라고 단정하였던 근거는 여기에 있었다.[65]

---

64) 신원봉, 「최한기의 기화적 윤리관」, 『최한기의 철학과 사상』, 282~283쪽 참조.
65) 『推測錄』 권1, 「愛敬出於推測」, "是以愛親敬兄, 實出於積年染習之見聞推測矣. 所謂愛敬出於良知良能者, 特擧其染習以後而言也. 非謂染習以前之事也."

5. 맺음말

　우리는 최한기가 '마음'과 '몸'의 대립 구도를 극복하기 위한 기제로 '신기' 개념을 상정하고, 그것을 통하여 어떻게 '마음'과 '몸'의 대립 구도를 넘어 그 둘의 조화를 추구하였는가에 대하여 살펴보았다. 끝으로 우리는 지금까지의 논의를 간략하게 살펴보고, 또한 그의 심신관이 가지는 사상적 의의도 간략하게 서술하면서 본 논의를 마칠까 한다.

　최한기에서 무엇보다 중요했던 일은 '기보다는 리에 절대적 우위를 두고, 모든 이치가 본래부터 마음에 모두 갖추어져 있기 때문에 마음에서 모든 사물의 이치를 구해야 한다'는 성리학적 입장을 벗어나는 것이었다. 그리하여 그는 모든 존재를 '기'로 파악하는 동시에 그것을 항상 존재하는 '유형성'이자 '활'·'동'·'운'·'화'하는 '운동성'으로 파악하였고, 이를 통하여 '몸의 감각기관을 통한 외부세계의 경험'에서 사물의 이치를 구하는 새로운 학문 방법을 제출하였다. 바로 그가 그러한 '기'의 물리적 세계에서 만물과 세계의 현상들이 전개되고 순환하면서 일통하는 '신기'의 경험적 세계를 그려 냈던 근거는 여기에 있었다.

그러한 세계에 대한 관심은 최한기로 하여금 전통적으로 저급하게만 취급받아 왔던 인간의 몸의 중요성을 새롭게 환기시켜, 우리에게 반드시 '마음'의 내면세계가 아니라 '몸'의 경험세계에서 사물의 이치를 구할 것을 요구하게 만들었다. 왜냐하면 '마음'이란 그 안에 어떠한 이치도 갖추고 있지 않는 텅 빈 공간으로, 오직 몸의 감각기관을 통한 외부세계의 경험을 통해서만 그 안에 뿌리박혀 있는 추측 능력을 발휘할 수 있기 때문이다. 분명히 '몸'의 그러한 경험은 마음에 저장되어 추측될 때에만, '마음'의 추측 능력은 몸의 그러한 경험을 통하여 연구되고 증험될 때에만 그 참된 가치를 드러낼 수 있다.[66] 바로 우리가 '마음'의 추측 능력을 통하여 그 감각적 경험을 넘어 보편적 인식과 실천으로 나아갈 수 있는 근거는 여기에 있다. 이는 바로 그가 몸의 감각기관을 통한 외부 사물의 경험을 인간의 사유 능력인 추측을 통해 인식하고, 그 인식을 다시 몸으로 실천하여 천지 유행의 기와 소통하는 것을 궁극 목표로 삼았음을 의미한다.

결국 최한기의 그러한 '몸'의 중요성에 대한 강조는 결과적으로 몸을 통한 신기의 경험적 세계의 기틀을 확립하여, 인간의 후천적인 노력(보고 들음과 물들고 익숙함: 견문·습염見聞習染)으로 인간 기질이 변화될 수 있음을 충분히 보여주었다. 따라서 혹자의 주

---

66) 『神氣通』 권1, 「通虛」, "盖神氣原是活動之物, 難得常靜, 易致幻妄. 須從事物上硏究, 又從事物上驗試. 不可驗試者, 不必硏究, 當待驗試者, 亦可硏究. 若不顧驗試, 徒欲通事物, 混濛無準的明知, 何可進就."

장처럼 최한기의 "새로운 인식론은 낡은 허학을 파괴하는 데는 효과가 있을지 모르나 새로운 실학을 세우는 데는 별 효과가 없었다"[67]고 하더라도, 그의 기학이 "가치론을 중심으로 하면서 직관적인 방법에 의존하는 성리학적 사고로부터 탈피하여 근대적인 사유 방식으로 나아가는 과정에서 체계화된 전형적인 사상체계"[68]이었음을 고려한다면 그것은 변화하는 시대에 하나의 학문 방법으로 충분한 효과가 있었다고 할 수 있다.

---

67) 최진석, 「혜강 기학의 이중성에 대한 비판적 성찰」, 『혜강 최한기』, 158쪽.
68) 허남진, 「혜강 과학사상의 철학적 기초」, 한국의 사상가 10인-『혜강 최한기』, 270쪽.

참고문헌

崔漢綺, 『明南樓全集 1～3』, 여강출판사, 서울 1986.

_____, 『(국역) 人政 1～4』, 민족문화추진위원회, 서울 1985.

_____, 『(국역) 氣測體義 1～2』, 민족문화주친위원회, 서울 1986.

_____, 『神氣通』(김락진, 강석준 역, 여강출판사, 서울 1996.

_____, 『氣學』, 송봉욱 역, 여강출판사, 서울 1992.

권오영, 송병욱 외, 『혜강 최한기』, 청계, 서울 2004.

서욱수, 『최한기의 세계 인식』, 소강, 서울 2005.

예문동양사상연구원·김용헌 편저, 『한국의 사상가 10인 - 혜강 최한기』, 예
　　　문서원, 서울 2005.

윤사순, 『한국유학논구』, 현암사, 서울 1985 2쇄.

이현구, 『최한기의 기철학과 서양과학』, 성균관대학교 출판부, 서울 2000.

최영진 외, 『최한기의 철학과 사상』 철학과 사상사, 서울 2000.

편집부, 『조선철학사연구』, 도서출판 광주, 광주 1988.

한국철학회 편, 『한국철학사(하)』, 동명사, 서울 1987.

강원모, 「혜강 최한기의 윤리교육론 연구」, 충남대학교대학원 박사학위논문,
　　　1998. 10.

권오영, 「최한기의 기설과 우주관」, 『한국학보』 66호, 1991.

금장태, 「최한기의 인간관 연구」, 『철학적 인간관』, 한국정신문화연구원, 1985.

김용헌, 「최한기 철학에 나타난 윤리설」, 『현대이념연구』 9권, 군산대 현대이
　　　념연구소, 1994.

김용헌, 「최한기의 서양과학 수용과 철학 형성」, 고려대학교대학원 박사학위
　　　논문, 1995. 6.

손봉욱, 「혜강 최한기 기학의 연구」, 고려대학교대학원 박사학위논문, 1994.

이현구, 「최한기 기학의 성립과 체계에 관한 연구」, 성균관대학교 박사학위논문, 1993.
허남진, 「조선후기 기철학 연구」, 서울대학교대학원 박사학위논문, 1994. 5.
하춘덕, 「혜강 최한기의 신기에 관한 연구」, 동아대학교 석사학위논문, 1984.

그리스 성 담론에 나타난 에로스와 윤리적 자기 형성*
:「향연」을 읽는 상이한 방식: Nussbaum과 Foucault의 경우

양운덕

* 이 논문은 2005년도 기초학문육성 인문사회분야 지원사업의 일환으로 한국학술진흥재단의 지원으로 연구된 것임(KRF－2005－079－AM0016).

1. 문제제기: 「향연」(의 여백)을 어떻게 읽을 것인가?

플라톤의 「향연」의 주제는 '에로스(erōs)'이다. 그런데 그것은 어떤 에로스이고, 왜 에로스는 진리와 관계 맺는가?

우리는 이 대화가 당대의 에로스 이론을 다양하게 제시한 뒤에 마지막으로 디오티마의 진리-에로스를 결론으로 제시하는 점을 잘 알고 있다. 이런 주장은 에로스와 진리의 관계를 확정해서 에로스가 진리를 찾는 한 단계이며 에로스를 바탕으로 아름다운 대상들로부터 그것을 뛰어넘은 '아름다움 자체'로 상승하는 과정을 제시한다.

그런데 「향연」에서 디오티마의 진리가 제시되고 나서도 대화가 끝나지 않고, 알키비아데스가 개입하는 까닭은 무엇인가? '진리-이후'에 무엇을 더 보완하거나 구체화할 필요가 있기 때문인가? 왜 소란스러운 장면과 함께 알키비아데스가 등장하는, 거의 주목받지 못하는 마지막 장면이 덧붙여지는가? 이 장면은 디오티마의 논리를 보완하는 것인가? 연구자들이 이 장면에 별로 주목하지 않는 까닭은 무엇인가? 보편적 진리가 제시된 이후의 불필요한 장면이기 때문인가? 그리스적 동성애가 언급되는 것을 피하기 위해서 인가? 아니면 아무런 내용이 없기 때문인가? 알키비아데스는 자신이 소크라테스를 사랑한 얘기를 하면서 소크라테스의 금욕적인 사랑을 예찬한다. 왜 이런 사랑은 시선을 벗어난 채 텍스트 바깥에 머물러 있는가?

이 부분에 특정한 의미가 있다고 할 수 있는가? 만약 알키비아데스의 사랑을 어떻게 해석할 수 있는가? 디오티마의 진리-에로스 이론과 관련하여 알키비아데스의 사랑을 어떻게 자리매김할 것인가? 왜 에로스는 진리 탐구에 중요한가?

이 글은 알키비아데스의 에로스에 주목하는 Nussbaum과 Foucault의 관점을 참조해서 알키비아데스의 에로스를 어떻게 (재)해석할 수 있는지를 살피고자 한다. Foucault는 당시의 동성애적 사랑을 윤리적 문제틀로 재조명하면서 소크라테스의 진리-에로스가 소년애의 난점을 해결하는 대안으로서 제시되었다고 본다. Nussbaum은 알키비아데스의 사랑이 디오티마의 보편적 에로스, 진리 이론과 상이한 관점에서 에로스-진리의 문제를 제기한다고 본다.

이처럼 두 이론가는 에로스를 '진리 탐구의 틀'에서 살피면서 상이한 관점을 제시한다. 이런 논의를 통해서 「향연」에 제시된 에로스와 진리 관계를 새롭게 주제화하고 디오티마의 에로스 이론의 여백을 살펴보자.

2. 에로스에서 진리로

1) 아름다움 자체를 향한 길

먼저 에로스와 진리가 주제화되는 디오티마의 에로스 이론과 알키비아데스가 등장하는 장면을 살펴보자.

디오티마는 (자신에 앞서 제기된) 에로스에 관한 논의들을 비판적으로 검토하면서 에로스의 '본질'을 제시한다.

먼저 디오티마는 앞선 논의들을 비판하면서 사랑의 '대상'을 질문함으로써 새로운 문제를 마련한다. 에로스는 어떤 것에 대한 사랑인가(199d, e)? 누군가가 사랑을 추구한다면 그것이 사랑이 결핍되었기 때문이다. 에로스가 어떤 것에 대한 사랑이라면, 그것은 자기가 이미 지니고 있는 것이 아니라 자기에게 결핍된 것을 추구함이다. 예를 들어서 에로스가 행복을 추구한다면 에로스는 행복이 결핍된 상태에 있다. 이렇게 보면 에로스는 아름다움을 추구하는 까닭에 아름답지 않은 것이고, 선한 것을 지니지 않았기에 선을 추구한다(201b, c). 이처럼 디오티마는 '사랑의 수사학'이 아니라 '사랑의 진리'를 추구한다. 에로스의 본질은 무엇인가?

디오티마는 (신화를 빌려서) 에로스가 이중성을 지닌 중간적인 존재라고 지적한다. 옳은 의견이 지식과 의견의 중간인 것처럼, 에로스는 선과 악의 중간에 있다. 에로스는 선하지도 악하지도 않지만, 선한 것을 추구할 수도 있고, 그 반대를 추구할 수도 있다. 이런 에로스는 可死的인 것도 不死的인 것도 아닌 중간 존재(daimon)이다(202e). 에로스는 인간과 신을 중개하는 자, 곧 인간의 기도와 희생제물을 신에게 전하고 신들의 명령과 보답을 인간에게 전달하는 자이다. 그것은 중간에서 간격을 메우고 만물을 하나가 되게 한다.[1]

인간은 선한 것을 사랑하고, 가능한 한 영원히 소유하려고 한다(205b, 206a). 그러면 어떤 방법으로 그렇게 할 수 있는가? 디오티마는 육체와 '정신으로' 아름다운 것을 출산하는 방식을 제시한다(206b). 이 가운데 정신적 출산이 중요한데, 이는 지적인 능력이 없는 사람이 몸으로 출산하는 것처럼 지성적 능력을 지닌 사람은 정신적으로 출산할 수 있기 때문이다.

사랑은 맹목적으로 아름다운 것을 지향하는 것이 아니라 아름다운 것을 낳으려는 노력이다. 이런 출산은 可死的인 것 속에서 不死的인 것을 추구한다(207d). 이런 출산은 낡고 늙은 것을 넘어서는 새롭고 젊은 것을 남겨서(208b) 자신의 동일성을 초시간적으로 유지하려는 방식이다. 정신적인 출산으로 '영원의 역사'에 동참하려는 사랑의 노력은 '불사'를 추구한다. 곧 불멸의 덕, 영원한 영광을

---

1) 지혜를 사랑하는 철학은 知者와 無知者 사이에 있다. 지혜란 가장 아름다운 것들 가운데 하나이고 에로스는 아름다운 것에 대한 사랑이므로, 에로스는 지혜를 사랑하는 것이고 지와 무지의 중간에 있다.

위해서 모든 것을 바치는 자들은 '불사적인 것을 사랑하는 자'이다 (208d, e). 정신적 생식력을 지닌 자들은 예지와 덕을 산출한다. 이 가운데 가장 위대하고 아름다운 예지는 폴리스와 오이코스의 질서를 지배하는 절제와 정의이다(209b). 신적인 성격과 덕을 지닌 자는 자기의 (정신적) 자식을 낳을 수 있는 아름다운 자를 찾는다. 그는 아름다운 육체를 반기고, 아름답고 고상한 영혼과 사귄다. 그 사람을 사모하고 정신적인 출산을 추구한다. 그는 굳은 우정을 가꾸고 육신의 자식들보다 아름답고 不死的인 자식을 공유한다(호메로스나 헤시오도스의 불멸의 작품, 뤼쿠르고스의 법)(209b~d).

디오티마는 이런 논의를 바탕으로 에로스의 궁극적 단계에 이르는 '올바른 길'을 제시한다. 이 길은 육체에 대한 사랑에서 시작한다(210a~b). 올바른 지도에 따라서 한 육체를 사랑하고 아름다운 담론을 따라서 '하나의' 육체에 대한 사랑이 영원할 수 없고(이것은 성인과 미소년의 관계를 전제한다), '한 육체'의 아름다움이 '다른 육체'의 아름다움과 크게 다르지 않음을 깨닫고 '여러 육체들'에 대한 사랑에 눈뜬 뒤에 모든 육체의 아름다움이 동일함을 자각함으로써 육체의 영역에서 '특수성에서 보편성으로' 상승한다(210b~c). 그래서 지성적으로 파악할 수 있는 보편적 육체를 사랑함으로써 육체에 대한 정욕에서 벗어나고, 교육적인 이야기를 통해서 제도와 법률에서도 아름다움을 보는 단계로 나아간다(이는 성인 남성이 사랑하는 미소년을 성숙한 존재로 만드는 것을 염두에 둔다)(210c~d). 제도나 법률에서 '지식에 있는 아름다움'으로 나아가서 아름다움을 '하나의 전체'로 보는 눈을 지니고 '아름다움의 바다'를 알게 된다. 그는 '지혜를 사랑하는 마음'이 충만하여 궁극 목표인 하나의 아름다움, '아름다움 자체'를 볼 수 있다. 에로스의 길은 '아름다운 것들'에서 '아름다움 자체'로 상승하는 길이다(210d~e). 디오티마는 '아름다움 자체'가 영원하고, 변치 않는다고 지적한다.[2]

이 상승 과정은 마치 사다리를 오르는 것처럼, 이 세계의 개별적인 아름다운 것들에서 출발하여 아름다움을 향하여 상승한다(211c~d). 하나의 아름다운 육체에서 둘, 그 이상의 아름다운 육체들로, 계속해서 모든 아름다운 육체로 나아간다. 그리고 아름다운 일과 활동으로 전환해서, 아름다운 학문을 추구하고 아름다움 자체만을 아는 완전한 학문에서 '아름다움의 완전한 모습'을 인식한다.

아름다움 자체는 어떠한 복합물도 섞이지 않은 순수한 것이고, 이런 아름다움을 관조하고 그것과 함께 있을 때에만 덕의 그림자가 아니라 덕을 낳는다. 디오티마는 그림자가 아닌 진리, 실재와 함께 사는 자는 불사의 존재가 된다고 하면서 에로스 이론을 매듭짓는다.

이런 디오티마의 에로스 이론에 동성애적 계기가 포함되어 있다. 예를 들어서 정신적 출산을 강조하는 측면은 물론이고 예지와 덕을 산출하는 사랑, 곧 국가와 오이코스를 지배하는 절제와 정의에 대한 강조, '하나의' 육체에 대한 사랑이 영원할 수 없다는 지적에서 그런 점이 드러난다.

이 가운데 육체의 교체에 대한 지적은 성인 남성과 미소년의 관계에 바탕을 둔 그리스 동성애를 두드러지게 나타낸다. 이런 소년

---

2) 그것은 특정한 곳에서만 아름답거나 때때로 아름다운 것이 아니고, 어떤 사람에게만 아름다운 것이 아니다. 이런 '보편성'으로 아름다움 자체는 독립적이고 영원한 것이다. 따라서 '특정한 아름다운 것들'은 '아름다움 자체'의 일부를 지니고, 부분적으로 그것에 참여할 뿐이다.

애에서 미소년의 육체는 시간과 함께 성숙하므로 성인 남성의 에로스는 '적절한 시기에' 우정(philia)으로 전환되어야 한다. 따라서 성인 남성은 한 사랑 대상을 다른 사랑 대상으로 교체한다. 디오티마의 에로스 이론에 따른다면, 그는 특정한 대상에 대한 집착에서 벗어나서 다른 '아름다운' 육체들을 사랑하면서 대상에 대한 집착에서 벗어나야 한다. 육체에 대한 사랑은 지성적으로 파악할 수 있는 보편적 육체에 대한 사랑으로 상승해야 하고 육체적 아름다움을 넘어선 제도와 지성의 아름다움에 눈뜨면서 아름다움 자체로 상승해야 한다.

그리고 성인 남성이 미소년을 사랑하는 과정은 사회적 성장 과정, 교육 과정이기도 한데, 이런 사랑 대상에 대한 배려에서 교육적인 이야기를 통해서 미소년이 제도와 법률의 아름다움에 눈뜨게 해야 한다. 곧 이는 성인 남성이 사랑하는 미소년을 성숙한 존재로 교육시키는 과정이다.

이런 점들을 고려할 때 디오티마의 에로스 이론은 그리스 소년애 형식을 전제하고 그것을 주제화하는 양식의 하나라고 할 수 있다.

2) 소크라테스에 대한 사랑

이렇게 이야기가 끝나는 장면에서 알키비아데스가 나타나면서 특이한 국면이 펼쳐진다. 소크라테스를 사모하는 청년, 알키비아데스는 취한 상태로 이야기를 시작한다(214e~222c). 그는 소크라테스의 매력적이고 황홀한 언어가 자기 혼을 뒤흔든다고 한다. "선생님의 말씀을 들으면 정신이 사로잡히고 심장이 격렬하게 뛰며 눈물까지 쏟아집니다." 그는 자기 마음이 노예처럼 되어서 도망칠 수밖에 없다고 한다. 소크라테스는 젊고 재능 있는 마음을 물고 늘어져 '지혜를 사랑하는 광기, 열정'에 이끌리게 한다. 알키비아데스는 누구 앞에서도 부끄러워한 적이 없지만 소크라테스 앞에서만 부끄러움을 느낀다고 고백한다.

그는 사모하는 열정으로 소크라테스와 단둘이서 밤을 보낸 얘기를 들려준다. 우여곡절 끝에 그는 마침내 소크라테스와 함께 눕게 된다. 그는 소크라테스를 유혹하고 그를 껴안고 하룻밤을 지낸다. 그런데 소크라테스가 자기를 무시하고 자신의 '꽃다운 아름다움'을 비웃고 모독했다고 한다. 그날 밤 소크라테스와 함께 잤지만 아버지나 형과 잘 때와 다를 바가 없었기 때문이다. 그는 모욕당했지만 그 누구도 흉내 낼 수 없는 소크라테스의 '자제력과 용기'에 찬탄한다. 그는 지혜를 사랑하는 마음에 심장을 물렸다고 표현한다.

3. 윤리적 주체 형성과 철학적 에로스의 새로운 질문

1) 자기 지배와 도덕적 문제의 장

먼저 Foucault의 윤리적 주체 형성에 관한 논의를 참조틀로 삼아서 디오티마와 알키비아데스의 에로스에 관한 논의를 재조명할 수 있는지 살펴보자. 이를 위해서 고전 그리스의 소년애와 관련된 윤리적 주체 형성의 문제틀을 우회함으로써 「향연」이 어떻게 소년애의 문제 지형과 연결되고 철학적 에로스가 어떻게 그것을 새롭게 주제화하는지를 살펴보자.

Foucault는 윤리적 주체 형성과 관련하여 고대 그리스 인들이 아프로디지아(aphrodisia: 성적 쾌락)를 활용하는 방식에 대해서 제기했던 도덕적 질문, '아프로디지아를 어떻게 도덕적 배려의 영역으로 구성할 수 있는가'를 통해서 도덕적 문제설정의 장(le champ de problématisation)을 재구성한다.[3]

---

3) '도덕'을 스스로가 자신의 성적 욕망을 관리함으로써 절제하는 능력을 지닌 '욕망의 주체'를 형성하려는 태도로 본다면, 곧 '자기에 대한 관계'로서 자기를 도덕적 주체로 구성하는 행위라면, 도덕적 주체에게는

Foucault는 '자기에 대한 관계로 본 도덕'을 문제 삼는 틀이 제기하는 몇 가지 주제를 살핀다(HS, 33~35). 이것은 개인이 자신의 일정한 부분을 도덕 행위의 주요한 질료로 삼는 방식과 도덕적 구속을 인정하거나 스스로 동기를 부여하는 예속화 양식(la mode d'assujetissement)을 주제로 삼는다. 또한 克己 形式을 통해서 자신을 도덕적 주체로 만들기 위해서 행위를 절제하고 성적 욕망을 이용하는 자기 나름의 실천(la pratique de soi)을 제시하는데, 이것은 도덕적 행위가 일정한 목적론(la téléologie)과 관련됨을 가리킨다.

이와 관련하여 Foucault는 성을 주제화하는 세 가지 양식을 지적한다. 개인이 자기 육체를 일상적으로 관리하는 養生術과 攝生法(diéthétique), 가장인 남성의 행위 기술인 가정(oikos) 관리술, 사랑 관계에서 성인 남성과 소년의 상호 행위 기술인 戀愛術(l'érotique)이다.

이런 양식과 관련하여 고전 그리스에서는 윤리적 주체를 형성하기 위해서 어떤 태도를 취하는가?

먼저 그리스 도덕은 성적 욕망을 부정적인 것으로 보지 않으면서 성적 쾌락(aphrodisia)을 능동적으로 향유하느냐, 아니면 수동적인 노예가 되느냐에 주목한다. 즉 (기독교처럼) 성적 행위와 도덕을 대립시키는 구도가 아니라 성적 행위와 관련된 능동성과 수동성을 구별한다.

두 번째 문제는 이런 욕망을 활용하여 '어떻게 적절한 쾌락을 취하느냐'이다. 즉 어떤 방식으로 절제하고, 욕망이나 행위를 어떻게

주체화 양식과 그 바탕인 금욕적 자기 실천이 중요하다. 따라서 성적 실천과 관련하여 도덕적 문제는 어떻게 과도한 힘을 지닌 성적 욕망과 맞서서 자기 나름대로 그것을 제어할 수 있는가가 된다.

배분하고 조절할 것인가를 문제 삼는다. 욕망을 조절하고 아프로디지아를 적절하게 선택함으로써 자신을 욕망의 주체로 형성하는 전략이 요구된다.

그리고 주체는 '자기의 실천'에서 금욕(enkrateia)을 목표로 삼고 무절제에 맞선다. '욕망과 쾌락에 맞서서 이길 수 있는가?' 자기를 지배하는 능동성을 중시하는 이런 도덕적 태도는 自制(maître de soi)를 추구한다. 이때 필요한 자기 훈련(askēsis)은 타인을 다스리기에 앞서 자신을 먼저 다스리는 것이다. 이런 '자기에 대한 배려(epimeleia heautou)'를 통해서 훈련을 쌓은 자만이 가정과 도시국가를 다스릴 자격을 갖는다.

마지막으로 이런 노력과 훈련의 목표는 지혜 또는 절제(sōphrosunē)이다. 이러한 절제는 (진리와 긴밀한 관계를 맺은) 자유를 지향한다. 곧 쾌락에 대해서 자유로운가, 아니면 노예가 되는가가 문제이다. 이러한 자유는 능동적인 상태, 타인과 자신에 대한 권력이라는 모델로 스스로를 지배할 수 있는 상태를 추구한다.

이 가운데 금욕과 자유의 측면에 관해서만 살펴보고 이를 바탕으로 소년애의 문제를 검토하자.

2) 금욕과 자유

(1) 금욕

Foucault는 고대의 금욕적 도덕이 이후의 기독교 도덕으로 계승,

심화된다고 보지 않고 고대 도덕이 기독교 도덕과 상이한 방식으로 금욕적 태도를 주제화한다고 본다.

기독교적 내면성이 주의, 의심, 해독, 조서작성, 고백, 자기비판, 유혹에 대한 싸움, 체념, 영적 투쟁 등의 형태를 통해서 자기와 관계 맺는 특정한 양식인 것과 달리 고대 도덕은 자기와 관계를 맺는 형식을 재구조화하고 이 관계를 일정한 실천과 기술로 외면적인 틀을 형성하고자 한다(HS, 74).

'금욕(enkrateia)'은 자기 관계를 통해서 쾌락을 활용함으로써 절제를 추구한다. 플라톤은 금욕에 대해서 그것이 자기를 제어하는 것(auton heauton archein)에 대해서, 그것이 "지혜로워지고 자기감정을 억누르기(sōphrona onta kai enkratē auton heauton), 자기 안에서 쾌락과 욕망을 억제하기(archein tōn hēdonōn kai epithumiōn)"라고 본다(Platon, Gorgias, 491d). 또한 『공화국』에서 네 가지 덕을 고찰하면서 금욕에 의해서 절제를 정의한다. "절제는 어떤 쾌락과 욕망에 대한 일종의 명령, 지배(kosmos kai enkrateia)이다(Platon, Res Publica, Ⅳ, 430b)."[4]

Foucault는 이런 금욕(enkrateia)이 절제(sōphrosunē)의 조건이며, 절제하기 위해서 자기를 대상으로 삼은 훈련이자 조절 형식이라고 본다. 따라서 금욕은 자기에 의한 자기 지배와 그것에 따르는 노력을 가리킨다(HS, 75～76).

이런 지배의 훈련은 투쟁관계(un rapport agonistique)를 포함한다

---

4) 아리스토텔레스에게서도 금욕은 무절제에 맞서는 자제, 긴장, 절제이다. 이것은 쾌락과 욕망과 싸워서 그것들을 지배하고자 한다. 금욕적인 사람은 자신을 쾌락에 이끌리도록 방치하지 않음으로써 이성에 부합하는 것과는 다른 쾌락을 경험한다.

(HS, 77). 금욕은 자연적이지만 잠재적으로 과도함에 이르는 힘들을 제어함으로써 절제하기 위한 것이다. 곧 쾌락에 대한 도덕적 행위의 기초는 절제하는 능력을 얻기 위한 투쟁(bataille pour le pouvoir)에 있다. 이처럼 적과 싸우는 관계는 자기에 대한 투쟁관계(une relation agonistique avec soi-même)이기도 하다(HS, 79). 따라서 싸움, 승리, 패배의 위험은 모두 자기와 자기 사이에 있다. 싸워야 할 적은 자기의 일부이고 욕망과 쾌락에 대해서 싸우는 것은 자기와 힘을 겨루는 것이다.

플라톤은 사람이 자기보다 더 강하거나 더 약하다는 (역설적인) 표현을 영혼의 '보다 좋은 부분'과 '보다 나쁜 부분'을 구분함으로써 설명할 수 있다고 본다. "본래 최상인 부분이 가장 좋지 않은 부분을 자기 지배하게 둘 때를 '자기보다 더 강하다'는 표현으로 나타내는데 이것은 찬사이다...(Platon, Res Publica, Ⅳ, 431a)."

따라서 플라톤은 자기에 대한 이런 대립으로 욕망과 쾌락에 대한 윤리적 태도를 구조화해야 한다고 주장한다. 그는 (서로 다투는 정부들의 경우에 빗대어서) 개인적인 삶에서 '각자는 자기 자신에 대해서 적'이고, 가장 영광스러운 승리는 자신에 대해서 승리하는 것이라고 본다(Platon, Lois, Ⅰ, 626d~e).

이처럼 자신에 맞서서 투쟁하는 태도는 승리를 노린다. 이런 승리는 굳건하게 자기를 지배하는 상태에 이르려는 것으로서(Platon, Lois, Ⅷ, 840c), 절제하는 주체는 욕망과 쾌락의 격렬함에 휩쓸리지 않는 완전한 지배권을 행사한다-소크라테스가 대표적인 예이다.

아리스토텔레스는 (지배와 승리로 정의되는) 금욕이 욕망의 현존을 전제하고 그것이 격렬한 욕망을 지배할수록 더 가치를 지닌다고 본다(NE, VII, 2, 1146a). 따라서 절제하는 사람은 더 이상 욕망을 갖지 않는 사람이 아니라 절도 있게 욕망하는 사람이다(HS, 81).[5]

이처럼 쾌락의 차원에서 보면, 덕은 (순결함이 아니라) 지배 관계, 제어 관계(une relation de maîtrise)이다. 개인은 쾌락을 활용하면서 스스로를 덕성 있고 절제하는 주체가 되기 위해서 지배/복종의 방식으로 자기가 자기와 맺는 관계를 세워야 한다. 이것을 쾌락과 맞서는 도덕적 실천에서 주체가 자기에 대해서 비판적인(héautocritique) 구조라고 할 수 있다(HS, 82).[6]

(2) 자유와 진리

自制가 추구하는 절제(sōphrosunē)는 자유로운 상태이다. 이런 자유의 대극을 이루는 것은 노예 상태, 곧 자기에 대한 자기의 노예 상태이다(HS, 91~93). 아프로디지아가 지닌 위험은 자기 욕망의 노예가 되는 것이다. 소크라테스는 선을 실천하는 것을 자유로운 것으로 보고 감각의 쾌락에 예속된 자가 최악의 노예 상태에 있다고 지적한다(Xenophon, memorabilia, IV, 5, 2~11).

이런 자유는 모든 (외적, 내적인) 구속에서 벗어난 해방 상태에 머물지 않는다. 충만하고 능동적인 자유는 (타인에게 행사하는 권력의

---

5) 아리스토텔레스가 유덕한 상태로 본 절제(sōphrosunē)는 욕망의 제거가 아니라 지배를 내포한다. 그것은 자기 욕망에 몸을 맡기는 방탕함(akolasia)과 아무런 쾌락도 느끼지 못하는 무감각(anaisthēsia) 사이의 중간 상태이다(NE, III, 11, 1119a).

6) 이런 투쟁을 위해서는 훈련(askēsis)이 필요하다. 이런 금욕주의는 한편으로는 덕 자체의 실천과 구별되지 않으며, 다른 한편으로는 시민을 양성하는 훈련 방식을 사용한다. "자신과 타인을 지배함(le maître de soi et des autres)은 동시에 형성된다(HS, 90)." 고대 그리스 사고에서 스스로를 도덕적 주체로 세우도록 하는 '금욕주의'는 자유인 남자의 삶, 그의 유덕한 삶의 훈련에 속한다.

틀에서) 자기 자신에게 권력을 행사함이다. 다른 사람들을 이끌어야 하는 자는 자기 자신에 대해서 완전한 권한을 행사할 수 있는 자이다(HS, 93~4). (타인들에 대한) 전제적인 권한과 (욕망에 의해서) 전제적이 된 영혼이 연결되지 않도록 정치권력을 행사하기 위해서는 내적 조절의 원칙으로서 자기에 대한 권력(le pouvoir sur soi)이 필요하다. 이때 절제는 자기에 대한 지배(la souveraineté sur soi)로서 (정의, 용기, 신중함 못지않게) 타인에 대한 지배력을 행사해야 하는 자의 덕이다. 가장 왕다운 자는 자기 자신의 왕인 자이다(basilikos, basileuōn heautou)(Platon, Res Publica, IX, 580c).

소크라테스는 타인을 지배하는 자들이 그들 자신과의 관계에서 스스로를 지배하는 자라고 본다. 이는 자기에 대한 지배가 절제하고 자신을 이기는 것, "자신의 내부의 온갖 쾌락과 욕망을 지배하는 것"이기 때문이다(Platon, Gorgias, 491d).

이처럼 자기 지배력을 능동적인 자유로 이해하는 틀은 절제하는 '남성적인' 성격과 관련된다. 가정과 도시국가에서 명령하고 권력을 행사하는 역할을 맡는 남성들은 자신에 대해서 자신의 남성적 특성을 활용해야 한다. 자기 지배는 자기에 대해서 남자가 되는 것, 억제되어야 할 것을 억제하고, 통제할 수 없는 것을 굴복시키고, 이성의 원칙을 부과하는 것이다. 곧 수동적인 상태들에 맞서서 능동적이 되는 방식이다(HS, 96).

절제하는 남성의 존재 양식을 특징짓는 자유-지배력은 진리와 관련을 갖는다. 자신의 쾌락을 지배함과 그것을 로고스에 복종시키는 것은 동일한 것이다(소크라테스는 무절제한 자들을 구지한 자라고 부른다).

(3) 실존의 미학

Foucault는 쾌락의 실천이 로고스와 맺는 관계가 기원전 4세기 그리스 철학에서 세 가지 형식으로 나타난다고 본다(HS, 100~102).

먼저 구조적인 형식으로서 절제는 로고스가 인간에게 최고의 위치를 차지하고 쾌락을 복종시킬 수 있으며 행동을 규제할 수 있음을 함축한다. 무절제한 자에게는 욕망의 힘이 우선적이라면 절제하는(sōphrōn) 자에게서 명령하고 규정하는 이성이 주도적이다. 소크라테스는 절제하는 인간을, 영혼의 여러 부분 가운데 명령하는 부분과 복종하는 부분이 의견을 함께해서 영혼의 부분들이 조화를 이루는 사람이라고 본다(Platon, Res Publica, Ⅳ, 431e~432b).[7]

그리고 절제에서 로고스는 도구적으로 행사된다. 쾌락을 지배함으로써 욕구와 시기, 상황에 적합한 쾌락을 활용하려면 아리스토텔레스가 지적하듯이 '무엇을 하고, 어떻게 하고. 언제 행해야 하는지'를 결정하는 실천적인 이성이 필요하다. 크세노폰은 절제하는 인간이 변증법적인ㅡ명령하고 토론하기에 적합하며 최상의 인간이 될 수 있는ㅡ인간이라고 보았다. 소크라테스가 지적하듯이 "절제하는 사람만이 사물 가운데 최상의 것을 존중하고 그것들을 실천

---

7) 플라톤은 인간 영혼에 대한 독특한 상을 그린다. 이런 영혼의 상을 키마이라에 비유할 수 있다. 이 괴물은 세 부분으로 이루어져 있다. 첫 번째 가장 큰 부분은 동물의 머리나 여러 머리를 지닌 형태이고, 그 다음이 사자 형태이고, 가장 작은 부분은 인간의 형태이다. 이때 여러 머리 모양을 한 부분은 감각적 욕망으로서 다수이고 제한 없는 호색적이고 탐욕적인 요소이다. 사자는 성급한 요소로서 지배와 승리를 추구하는 사납고 용감한 부분이다. 인간 부분은 현명하고 합리적인 요소이다. 이것은 진리를 인식하면서 즐거움을 얻는다. 이런 세 부분을 적절하게 종합해야만 고귀한 영혼을 이룰 수 있다. 합리적인 요소가 사자의 힘과 대담함을 이길 수는 없지만 공격성과 분노를 잘 조절해서 영혼의 가장 모호하고 가변적이고 탐욕스러운 요소를 지배해야 한다. 사자의 요소와 결합하지 않으면 인간적인 요소는 보다 저열한 힘들에 의해서 위협받고, 무법 상태의 야수성에 이끌린다. 현명한 자가 되려면 영혼 안에 있는 동물적 요소와 맞서 싸워야 한다. 플라톤은 이런 영혼의 이질적인 요소들을 조화시키는 것이 교육(paideia), 입문, 철학에 부과된 목표라고 본다(Goux, 1990, 8장).

적·이론적으로 분류할 수 있으며 좋은 것을 선택하고 나쁜 것을 삼갈 수 있기 때문이다(Xenophon, Memorabilia, Ⅳ, 5, 11)."

마지막으로 (플라톤에게서) 절제에서 로고스를 실행함은 자기에 의한 자기의 존재론적 재인(la reconnaissance ontologique de soi par soi)의 형식으로 나타난다. 소크라테스는 덕을 실천하고 욕망을 지배하기 위해서 자기 자신을 알 것을 요구한다. 이런 예는 「파이드로스」에서 자신과, 자기 욕망의 격렬함에 맞서서 싸우는 영혼의 극적인 갈등에서 볼 수 있다. 진리에 대한 영혼의 관계는 에로스의 힘, 운동, 강도를 따르면서도 동시에 에로스가 육체적 쾌락에서 벗어나서 참된 사랑이 되도록 한다.

이런 생활 형식은 로고스에 의해서, 또한 이성과 그것을 지배하는 진리와 맺는 관계에 의해서 존재론적 질서를 유지할 뿐만 아니라 그것을 관조하거나 기억하는 이들에게 아름다움의 광채를 발한다. 절제하는 삶은 진리에 따르는 것으로서 존재론적 구조를 존중하면서 동시에 아름다움을 부각시킨다. 이런 개인은 두드러지고 오래 기억될 절도 있는 행위의 조형술을 통해서 도덕적 주체가 된다.

Foucault는 쾌락에 대한 고대의 도덕적 성찰이 일정한 태도를 양식화하는 실존의 미학(une esthétique de l'existence)을 지향한다고 본다. 이런 양식화는 기독교 도덕처럼 행위를 규약화하거나 법의 보편성을 앞세우고 명령하는 것이 아니라 일종의 열린 요구로 나타난다. 성적 절제는 자기 지배(la maîtrise de soi)의 형식을 취하는 '자유의 행사(un exercise se la liberté)'이다. 이런 자기 지배는 주체가 자제하는 방식, 타인과 맺는 관계에서 자신과 관계하는 방식에서 나타난다. 이런 태도와 관련된 도덕적 가치 판단은 미에 관계되는 가치이자 진리와 관계 맺는 가치이다(HS, 106~7).

3) 소년애와 윤리적 주체 형성의 난점

(1) 소년애를 어떻게 양식화할 것인가?

Foucault는 그리스 사고에서 소년과의 사랑 관계에서 전개되는 쾌락의 활용이 독특한 문제였다고 본다. 물론 그리스인들은 동성애와 이성애를 배타적인 선택이나 근본적으로 다른 두 유형으로 보지 않았다. 오히려 구분 기준은 절제와 무절제 사이에 있었다. 따라서 (여자와 소년에 대한) 유혹을 물리칠 줄 모르는 태도는 비도덕적이다. 성인 남성과 미소년 사이의 사랑에서도 절제가 미덕이 된다(HS, 207~9).

이런 사고는 '남성적인' 성격을 지니고 수동적인 상태로 있는 것들에 대해서 능동적이 되는 자기 지배를 추구한다. 남성적인 도덕에서 자기를 도덕적 주체로 완성하는 것은 자기와 자기 사이에 남성적인 구조를 세우는 것이다. 성적 행위에서 남성적으로 됨으로써 행위를 조절하고 지배할 수 있음을 말한다.

이러한 윤리적 남성다움의 조건에서 절제가 남성적인 것이므로 무절제는 여성다움, 수동성으로 여겨진다. 곧 쾌락이나 욕망에 이끌리는 남자, 자제력이 없거나(akrasia) 무절제한(akolasia) 남자는 자신에 대해서 '여성적'이다. 이처럼 그리스적 윤리 담론에서 본질적인 것은 성적 행위에서 능동성과 수동성의 대립이다.

고전 그리스에서 소년을 사랑하는 것은 자유로운 교제였다(HS, 211~2).[8] 이 교제는 다양한 평가를 받았으며 매우 복잡한 가치부여와 평가절하의 초점이 되었다. 소년애는 교육의 실천, 철학적 가르침과 긴밀한 관계를 갖는 것이어서 소년애에 대한 성찰은 널리 유포되고 인정받는 것으로서 철학적 성찰의 대상이 되기 전에도 이미 사회적 관습으로 통용되고 주제화되었다.

Foucault는 왜 소년애가 특별하고 강한 도덕적 관심을 끌었고 많은 가치, 명령, 요구, 규칙, 조언, 권고 등의 초점이 되었는지를 질문한다(HS, 212).

그리스인들은 성적 욕망에서 적절한 도덕 형식, 쾌락을 활용하는 고유한 양식이 필요하다고 보았다(HS, 213). 그래서 남성 간의 사랑에 대한 도덕적·철학적 성찰에서 파트너 사이의 연령 차이, 상당한 정도의 신분 차이가 주제가 된다. 이미 성장한 연장자—사회적·도덕적·성적으로 적극적인 역할을 할 수 있는—와 아직 확고한 지위를 갖지 못하고 도움, 조언, 후원이 필요한 젊은이 사이에 맺어지는 이 관계에 관심을 쏟고 배려했다. 구애 관습은 두 파트너의 관계에 미적으로 아름답고, 도덕적으로 가치 있는 형식을 부여하기 위한 행동 방식과 전략을 규정한다(HS, 216~7).

한 사람은 주도하는 위치에서 구애하는데 이런 위치에 따른 권리와 의무가 주어진다. 그는 열정을 드러내고 조절해야 한다. 선물을 주고 보살펴야 하고 애인에게 일정한 임무를 진다. 다른 한 사

---

8) 법적으로 허용된다는 의미뿐만 아니라 여론에 의해서도 수용되었다. 이것은 군사, 교육 제도에 그 바탕을 두고, 종교 예식과 축일을 통해서 종교적으로 보장된 것이기도 하다. 이 교제의 우수성을 찬양하는 문학에 의해서 문화적 가치를 부여받았다(HS, 225~233).

람은 사랑을 받는 자(erōmenos)로서 너무 쉽게 굴복하지 않도록 주의해야 한다. 경솔하거나 욕심 사납게 파트너의 가치를 확인하지도 않고 몸을 맡겨서는 안 된다. 그리고 연인이 베풀어 준 것에 대해서 감사 표시를 해야 한다. 이 관계에는 협약, 행동 규칙, 행위 양식, 종국을 늦추는 지연과 억제가 필요하다.

이 관계에서 시기 문제도 중요하다. 너무 나이가 든 소년과 교제하는 성인 남자는 비난받는다. 소년이 연애 관계에서 명예로운 파트너가 될 수 없을 정도로 나이가 들었다고 여겨지는 시기에는 사랑의 관계를 (도덕적으로 필요하고 사회적으로 유용하도록) 우애(philia) 관계로 전환해야 한다. 따라서 에로스가 일시적인 관계라면, 우애 관계는 지속적이고, 애정 관계에 내포된 불균형을 제거한다.

그리스 도덕에서 소년애는 사랑(erōs)에 대한 성찰이라는 형식을 취한다. (부부관계와 달리) 서로 독립된 위치에 있고, 개방된 활동을 하는 성인 남자와 소년 사이에서는 행동을 조정하는 원칙을 관계 자체에서, 서로에게 그들을 이끄는 감정의 움직임과 그들을 상호 연결하는 애정의 본성에서 찾아야 한다(HS, 222~3).

소년은 연인 앞에서 독립적인 중심으로서, 신중함을 보여주어야 한다. 이것이 어떤 형식으로 가능한가? 사랑하는 사람의 자제를 내포하고, 사랑받는 사람도 자기 자신에 대한 지배관계(un rapport de domination sur lui-même)를 세울 수 있어야 하고 그들이 숙고하여 서로를 선택하기 위하여 서로 절제하는 관계를 형성해야 한다. Foucault는 이 관계가 소년의 명예와 관련되므로 성인보다는 소년의 관점에 우선권을 주려는 경향이 있다고 지적한다(HS, 223~4).[9]

연애술의 문제는 '어떻게 다른 사람들에게 굴복하지 않음으로써 자신의 지배력을 입증할 수 있는가'이다. 이것은 자신에 대한 자기 지배력을 입증하면서 다른 사람들의 권력과 겨루는 방식이다.[10]

(2) 비대칭적인 사랑

아프로디지아의 활용은 도덕적 평가의 원칙과 연결된다. 성관계와 사회관계의 '동형성 원칙'에 따라서 쾌락의 실천을 경쟁, 사회적 위계의 장과 같은 범주로 고찰하므로, 성 관계를 우월한 자/열등한 자, 지배하는 자/지배받는 자, 승리하는 자/패배하는 자의 관계 유형으로 파악한다(HS, 237).

---

9) 소년의 명예와 관련하여 Foucault는 데모스테네스의 저작으로 여겨지는 『에로스론』에 주목한다. 당시에 젊은이의 행위에 따른 명예와 수치는 사회적 호기심의 대상이었다. 그리스 소년에게서 명예의 중요성은 그가 도시에서 앞으로 차지할 자리, 지위와 관련된다. 따라서 젊은이가 아주 매력적이지만 명예가 불안정한 시기, 전환기를 시험기간으로 볼 수 있다. 그리고 명예와 수치의 구별이 사랑의 행위 영역에서도 이루어진다. 소년들에게서 아름다움과 사랑받는 것은 그 자체로 좋거나 나쁜 것은 아니고 그것의 활용에 따라서 그 가치가 결정된다. 이때 명예의 원칙과 우월성을 유지해야 한다는 원칙이 요구된다. 소년은 수동적으로 행위 하거나 지배를 받아서는 안 되며, 원하는 사람에게 원하는 때에 너무함에 의해서, 성적 쾌락에 이끌려서, 이해관계에 이끌려서 육체를 허락하면 불명예를 안게 된다. 소년의 중요한 자질로 요구되는 절제는 육체적 접촉에서 어떤 판별력(une discrimination)을 포함하기 때문이다.

10) Detel은 Foucault의 문제제기 전반을 공격한다. 그는 Foucault가 고대 세계에서 남색과 군사적 관계를 오해했다고 본다. 그는 남색이 일반적인 문화현상이 아니라 정치적 엘리트 집단, 폴리스의 정치적 업무를 담당하는 지도자적 역할을 하는 연사 집단처럼 정치적 엘리트 모임에 국한된 것이라고 지적한다. 그래서 지배관계로 본 남색 관계는 자유 시민으로서 사랑받는 자의 지위를 위험에 빠뜨리고 자유인과 노예 사이의 구별을 위협한다고 본다. 상호적 동성애 관계는 고대 도덕가들에게 금기사항이었고 특수하게 저급한 형식으로 인정될 뿐이다. 욕망과 이익을 교환하면서 사랑받는 미소년은 값비싼 선물을 받을 수 있지만 성적 유혹은 받지는 않았다. Foucault가 소년애와 관련하여 금욕과 절제를 강조하는 점도 시민의 무장, 군사적 능력의 문제틀로 파악해야 한다고 보면서, Foucault가 무엇보다도 군사적 무장 관계가 남편의 지위에 있는 시민의 가부장적 지배에 위협을 초래하는 점에 주목하지 않았다고 비판한다. 고대 세계에서 결혼은 나이 든 남편과 어린 부인 간의 비대칭적 관계로 이루어지므로 동성애 관계와 구조적으로 유사하다. 그렇지만 그 상황은 결혼의 경우보다 복잡하다. 결혼은 고대 도시 국가의 가장 중요한 사회경제적 단위이다. 남편의 성적 행위의 도덕적 관심은 정치적 경력을 위한 자질이 아니라 자기-존중의 전면적 상실을 초래할 수 있는 오이코스에 대한 위협과 남편의 명예에 관한 것이다. 따라서 오이코스의 경영에 관한 학문이 중요하고, 성인 남성이 오이코스의 우두머리로서 부인, 매니저, 피고용인, 노예를 다루는 기술에 주목해야 하는데, Foucault는 이와 관련된 권력관계를 보지 않았다고 지적한다(Detel, (1998) 서론과 4장 이하의 논의 참조).

아테네인들은 성적 쾌락의 관계에서 지배당하는 자가 시민의 정치 활동에서 지배자의 위치를 차지할 수는 없다고 본다. 소년은 자신의 매력 때문에 사랑 대상이 될 수 있지만 그가 성인이 되면 더 이상 쾌락의 대상이 아니라 사회적 권한과 지위를 담당해야 한다.

이것이 아프로디지아와 관련된 그리스 도덕에서 '소년의 모순'이다. 한편으로 젊은이는 쾌락의 대상으로 (합법적이고 명예로운 대상으로) 인정받았다(법과 예절을 지키면서 소년을 사랑하고 욕망을 만족시키는 것을 비난하지 않는다). 하지만 다른 한편으로 소년은 성인이 될 것이므로 계속 지배당하는 형식하에서 쾌락의 대상에 머물러 있을 수만은 없다.

요컨대 성적 쾌락을 느끼고 소년과 함께 쾌락의 주체가 되는 것은 문제가 되지 않지만, 쉽사리 쾌락의 대상이 되는 소년은 비난받는다. 이는 수동적인 주체가 자신을 지배하고 다른 사람을 능가할 수 있는 능동성을 지니지 못하기 때문이다(HS, 243).

이런 난점 때문에 소년에게 특별한 행위가 요구된다. 그는 그가 맡은 역할과 하나가 될 수 없을 때 거부하고, 저항하고 달아나야 한다. 만약 그가 그 역할을 수락한다면, 그가 굴복한 사람의 조건(재능, 지위, 미덕)과 기대할 수 있는 이익(지속적인 우애, 미래를 위한 사회적 후원, 수련을 위한 것일 때에는 명예로운 이익이다)에 동의해야 한다(HS, 246).[11]

Foucault는 철학적 연애술, 사랑에 대한 소크라테스-플라톤적인

---

11) "따라서 성인 남자와 소년의 관계에서 성행위는 가능한 한 성인 남자를 멀리 두려는 거부, 회피, 도주의 놀이를 벌이면서, 그리고 성행위가 언제 어떤 상황에서 이루어질지를 정하는 교환 과정에서 이루어져야 한다(HS, 247)."

성찰도 이런 문제제기의 영역에서 출발한다고 본다. 어떻게 쾌락의 대상을 훌륭한 자기 쾌락의 주체로 만들 것인가(HS, 248)?

철학적 에로스는 이런 쾌락의 문제를 어떻게 진리의 문제로 변형시켰는가? 통상적인 에로스와 달리 소크라테스가 알키비아데스를 사랑하는 것이 아니라 왜 (아름다운) 알키비아데스는 (아름답지 않은) 소크라테스를 사랑하는가?

4. 철학적 사랑, 진리를 위한 사랑

1) 철학적 사랑은 사랑의 문제틀을 어떻게 바꾸었는가?

Foucault는 소크라테스의 철학적 연애술이 그리스 성문화에 도전한다고 본다. 철학은 소년애에 따르는 난점인 쾌락 대상의 지위에 관한 문제에 '다르게' 답하기 때문이다. 그는 디오티마와 소크라테스의 주장이 '사랑의 문제 틀을 변형하는' 점에 주목한다(HS, 259~268). 이렇게 바뀐 문제틀은 디오티마가 강조한 에로스의 어떤 측면들과 연결되는가?

먼저 철학적 에로스는 사랑의 지향점을 바꾼다. 곧 사랑행위의 상호성과 균형에 따른 긴장을 사랑의 실재인 '진리'를 지향하도록 한다. 철학적 에로스는 에로스의 본질과 기원을 묻는다. '에로스는 무엇이고 그 본성과 행위는 어떤 것인가' 이 질문은 의무론적 문제 대신에 존재론적 문제를 도입한다(HS, 259~260).

철학적 에로스는 어떻게 사랑 행위에서 '사랑의 실재'로 관심을 옮겨 놓았는가? 전통적 논의는 연인을 사로잡을 격렬한 감정과 사랑을 전제했다. 이때의 관심은 두 파트너가 어떻게 행위 하는가이다. 사랑하는 자는 어떻게, 어떤 형식으로, 어느 정도로, 어떤 설득 수단으로 어떤 우정의 보증을 제시하면서 목표에 도달할 것인가? 사랑받는 자는 어떻게, 어떤 조건에서, 어떤 저항과 시련을 거쳐서 스스로 받아들여야 하는가?

이와 달리 디오티마는 사랑의 '본질'과 기원에 대해 질문한다. 이제 문제는 "사랑은 무엇이고, 그 본성과 행위는 어떤 것인가?"이다. 이런 존재론적인 질문으로 논의 대상이 바뀌었다. 「향연」의 대화자들은 칭찬받을 사랑/비난받을 사랑, 선한 사랑/기만적 사랑을 구별하고 허용된 것/금지된 것의 경계를 문제 삼으면서 합치를 추구하는 기술을 주제로 삼는다. 그런데 디오티마는 사랑받는 자로부터 사랑하는 자로 초점을 바꾼다. 사랑을 사랑 대상이 아니라 '사랑'에서 구할 때 그 진리가 드러난다. 따라서 에로스이론은 사랑의 중간적 성격, 결핍, 무지와 지의 관계를 다룬다.

두 번째로 철학적 사랑은 사랑 대상(사랑받는 소년)에 대한 관심을 '사랑 자체'로 바꾼다. 플라톤의 틀은 '사랑 자체'를 주제화하고 아름다운 것들을 뛰어넘어서 '사랑의 진리', '아름다움 자체'를 추구하도록 한다. 곧 사랑받는 소년의 위엄이나 사람들의 존중이 아니라 사랑의 실재나 형식을 규정한다(HS, 260~2).

전통적 논의는 사랑 대상에 대해서 질문한다. 사랑받는 자가 어떠해야 하는지에 비추어서 육체의 아름다움이 아니라 영혼의 아름다움을 찾고, 필수적인 교양을 지니고 자유롭고 용기 있는 성격을 중시한다. 소년과 연인에게 명예로운 것은 어떤 형태인가, 사랑받는 자에 대한 존경은 어떤 것인가 등이 문제이다.

그런데 철학적 에로스는 (사랑 대상이 아니라) '사랑 자체'에 관심을 갖는다. 디오티마는 사랑에 빠진 자가 집착할 수 있는 아름다운 것들을 뛰어넘어서 '사랑의 진리', 순수함과 형식의 단일성에 따라서 '아름다움 자체'를 보려고 한다.

그래서 사랑하는 대상이 소년의 육체가 아니라 '영혼'으로 바뀐다. 그래서 사랑받는 소년의 위엄이나 사람들의 존중 대신에 사랑하는 자가 사랑의 실재나 형식을 규정하는 것이 초점이 된다.

이때 육체관계를 (가치절하 하지만) 배제하지 않는다. 디오티마가 지적하듯이, 하나의 육체에서 여럿의 육체로 옮겨 가고 이런 상승을 통해서 아름다움이 충만한 영역에 이른다. 여기에서 참된 에로스는 육체를 배제하지 않고 '육체를 통해서' 진리와 관련을 맺는다.

세 번째로 철학적 에로스는 사랑하는 자와 사랑받는 자의 불균형을 진리라는 '공동 목표'를 추구하는 틀로 바꿔 놓는다. 에로스가 진리와 관련되면서 사랑받는 자도 '주체로서' 에로스의 힘으로 진리에 이를 수 있다는 조건으로 두 연인이 결합한다(HS, 262~4).

곧 철학적 연애는 파트너 간의 불균형에 따른 난점을 사랑의 일치를 통해서 해결한다. 관례상 사랑받는 소년은 사랑하는 자와 동등한 자격을 지닌 능동적인 주체가 아니다. 소년애가 끝나고 에로스가 우정으로 바뀔 때에야 비로소 두 연인의 상호성이 가능하다.

이와 달리 에로스가 진리와 관련되면서 두 연인이 결합방식이 바뀐다. 진리 앞에서 사랑받는 자도 사랑하는 자와 함께 같은 진리를 추구하므로 사랑받는 자도 주체가 되어야 한다. 사랑의 변증법은 두 연인에게 같은 감정을 일으키고, 사랑은 두 사람 모두를 진리로 이끈다. 사랑하는 자와 소년은 함께 진리를 추구하는 '사랑의 동지이자 진리의 동지'가 된다.

　마지막으로 철학적 사랑은 사랑받는 소년의 미덕에서 자제력을 행사하는 자에 대한 사랑과 지혜 쪽으로 관심을 전환시킨다. 연애술에서 소년이 적절한 자제로 명예를 추구하는 점에서 주도적이라면, 진리를 에로스에서는 진리를 사랑하는 자, 진리의 지배자가 소년을 인도한다. 그는 사랑받는 자가 자기 욕망을 극복하도록 하고 스스로 완벽한 지배력을 행사하여 사랑의 방향을 역전시키고 아프로디지아를 포기하는 원칙을 내세운다(HS, 264~8).

　기존 연애술에서 구애는 '사랑하는 자'의 몫이고 저항은 소년의 몫이다. 그래서 소년의 적절한 호응이 그의 명예, 위엄과 관련된다. 그런데 진리를 추구하는 에로스에서는 상대방을 인도하여 쾌락에서 벗어나도록 할 자는 가장 참되게 진리를 사랑하는 자이다. 사랑에서 현명한 자는 '진리의 지배자'이다. 그의 역할은 사랑받는 자가 자기 욕망을 극복하고 더 강하게 되도록 가르치는 것이다.

2) 진리의 사랑을 구현하는 소크라테스

　이제 알키비아데스의 소크라테스에 대한 사랑을 논의할 수 있다. 철학적 에로스가 에로스에서 진리로 상승하는 과정을 제시함으로써 그 과정을 이끌 '새로운 인물'이 나타난다. 누가 사랑을 이끌고, 누가 이끌리는가? 누가 사랑하고 누가 사랑받는가? 진리를 향한 사랑을 누가 이끄는가?

진리－에로스의 '새로운 인물'은 사랑하는 자의 자리에서 자신에 대한 완벽한 지배력을 행사한다. 그는 사랑의 방향을 역전시키고 그 역할을 바꾼다. 그는 아프로디지아를 포기하는 원칙을 제시하고 진리를 원하는 모든 젊은이들에게 사랑 대상이 된다.

사랑하고 사랑받는 역할이 완전히 바뀌어서 소년들이 소크라테스를 사랑한다. 그들은 소크라테스를 따라다니고, 그를 매혹시키려고 하고, 그의 애정을 확인하고, 지혜의 보물을 얻기를 갈망한다. 그들이 '사랑하는 자'의 위치에 서고, 볼품없는 육체를 지닌 늙은 이는 '사랑받는 자'가 된다.

알키비아데스가 시험했듯이 소크라테스는 그들의 유혹에 저항할 수 있는 한에서 사랑받는다. 소크라테스는 그들에게 어떠한 욕망도 지니지 않을 뿐만 아니라 참된 사랑의 힘으로 진리를 사랑한다. 소크라테스는 '사랑의 화신'이다. 이런 맥락에서 자기 욕망을 지배하는 자의 지혜는 (소년의 명예가 아니라) 참된 사랑의 대상과 굴복하지 않는 원칙을 나타낸다.

(알키비아데스가 지적하듯이) 소크라테스는 육체적 인내와 영혼의 에너지를 자기에게 집중시킬 수 있는 능력, 자제력을 지닌다. 이 능력들이 '에로스의 놀이'에서 소크라테스가 자기에게 행사할 수 있는 '지배력'을 보여준다. 이런 능력이 청년들의 고귀한 사랑 대상이고 그들을 '사랑의 진리'로 이끈다. 소크라테스는 이 관계에서 자신에게 권력을 행사하는 참된 지배자이다.

이처럼 철학은 동성애에서 비롯된 사랑행위의 상호성과 균형에 관한 문제를 사랑의 실재－진리에 대한 탐구－으로 관심을 바꾸고, 사랑 대상에 대한 관심을 '사랑 자체'로 바꾼다. 사랑하는 자와 사랑받는 자의 불균형에서 진리라는 같은 목표를 츠구하는 틀로, 사랑받는 소년의 미덕에서 자제력을 행사하는 자(철학자 소크라테스)에 대한 사랑과 지혜로 관심을 전환시킨다.

Foucault는 이런 맥락에서 플라톤의 연애술이 지닌 특성들을 지적한다. 이런 연애술은 그리스 문화에서 성인 남성과 미소년의 관계에 따르는 난점, 즉 쾌락 대상의 지위에 관한 문제에 다른 답을 제시한다. 사랑받는 개인의 문제에서 사랑 자체의 본질로 초점을 바꿈으로써 쾌락 대상에 따른 난점을 해결한다. 곧 사랑관계가 진리관계로 바뀌고 젊은이의 역할은 전도된다. 이 틀에서 사랑받는 청년은 참된 지배자를 '사랑하는 자'가 된다.

소크라테스의 연애술은 사랑받는 자의 저항과 사랑하는 자의 혜택 베풀기가 균형을 이루는 데 관심을 갖지 않는다. 문제는 '사랑하는 자의 에로스가 참된 것과 관계 맺느냐'이다. 따라서 이 연애술은 명예와 불명예란 구분 대신에 자신의 '고유한 실재'를 되찾는 과정을 보여준다. 곧 초점이 (상대방의 환심을 사려는 것이 아니라) '주체의 금욕'과 함께 '진리를 향하여 나아가는 것'에 있다.

그러면 알키비아데스의 사랑을 어떻게 해석할/자리매김할 수 있는가? Foucault가 지적한 것처럼 소크라테스―디오티마의 에로스론은 그리스적 소년애를 수정, 변형한 것이다. 알키비아데스의 사랑은 디오티마의 에로스론을 구체적인 대상―소크라테스에 적용한 것이다. 소크라테스는 (사랑받는 자의 위치에서) 사랑하는 청소년들을 진리 추구의 장으로 이끈다. 아름다운 육체에 대한 일시적인 사랑은 아름다움 자체에 대한 영원한 사랑으로 상승하는 과정에 포함되고 그 의미가 달라지면서 사랑의 '본질'은 진리가 된다. 만약 알키비아데스가 자신의 사랑이 실패했다고 본다면 전통적인 시각을 고수하기 때문이다. 하지만 그의 소크라테스에 대한 사랑은 외관과 달리 진리의 지배자가 이끄는 철학적 지혜의 바다에 들어서는 것이다. 알키비아데스는 소크라테스가 이끄는 항해에서 소년애의 사랑을 따를 것인지, 아니면 소크라테스의 진리-사랑으로 나아갈 것인지 결정해야 한다.

5. 알키비아데스의 특수한 에로스 - 진리

Nussbaum은 플라톤의 보편적 진리관이 지닌 지배하는 사고의 여백에서 알키비아데스가 던진 새로운 질문에 주목한다. 그녀는 새로운 진리에 대한 제안으로 플라톤의 진리 - 에로스 이론의 여백을 주제화한다. 그는 플라톤의 사고가 연민, 상호성, 개별성 등을 주제화하기 어려운 사고라고 지적하면서[12] 특수한 것들의 진리와 연약하고 상처 입기 쉬운 선을 사고하고자 한다. 이런 맥락에서 디오티마의 진리가 지닌 보편성을 에로스의 관점에서 재고하도록 하는 실마리를 제공하는 알키비아데스의 에로스는 흥미로운 문젯거리이다. 사랑은 이성을 전복시킬 수 있을까?

---

12) 에로스의 특성을 이성적 사고에 포함시키는 플라톤 - 디오티마의 에로스 이론은 연민, 상호성, 개별성을 다루기 어렵다(Nussbaum, 2001, 496~9).

1) 「향연」의 여백, 특수한 사랑의 진리

알키비아데스는 자신의 얘기 서두에서 진리를 주제로 삼는다.[13] 소크라테스가 자기를 웃음거리로 만들 생각이냐고 묻자 "나는 진리를 말할 겁니다(214e1)"라고 한다. 이어서 자신의 진리—이야기를 한다. "여러분, 나는 소크라테스를 비유를 통해서(di' eikonōn) 칭찬할 겁니다. 이분은 농담이라고 할지 모르겠지만 내 비유는 진리를 위한 것이지 농담을 위한 것이 아닙니다(215a)."

알키비아데스는 보편적인 사랑이 아니라 '특수한' 사랑을 선택한다. 그 본성에 대한 定義나 설명이 아니라 특수하고 우연적인 개인을 향한 특수한 열정을 주제로 삼는다. 그 자신의 고유한 경험을 통해서 얻은 에로스에 관한 인식을 추구한다[이런 종류의 앎을 비극에서 '경험을 통해서 앎/겪음으로써 인식함(pathonta gnōnai)'이라고 한다]. 그는 비유가 본질에 관한 참된 보편적 설명을 제시할 수 없는데도 비유나 유사성을 이용해서 진리를 전달하려고 한다(FG, 185).

아마 이런 주장을 뒷받침하려면 사랑에 관한 특수한 '진리들'이 있고, 그것들은 특수한 열정을 쏟은 경험을 겪음으로써만 배울 수

---

13) Nussbaum은 '갑작스럽게(exaiphnēs)' 알키비아데스가 나타나는 장면과 그의 감각적 형상에 주목한다(FG, 184~5). 갑자기(exaiphnēs) 바깥에서 소란이 일고 알키비아데스의 목소리가 들리고 매우 취해서 아가톤을 찾는 고함소리가 들린다. 그는 담쟁이와 오랑캐꽃으로 엮은 화환을 머리에 쓰고 많은 리본을 머리에 달고 나타난다(212e). 아름다운 것의 형상은 정신의 눈에만 나타나고 "어떤 얼굴이나 손이나 신체적인 것으로 나타나지/참여하지(metechei) 않는"(211a) 것으로서, "흐림 없이 순수하게 혼합되지 않은 채로 인간의 살과 여러 빛깔과 사멸하는 것들에 더럽혀지지 않은 채로"(211e) 나타나야만 한다. 그런데 아름다운 자, 알키비아데스는 감각적 상상력과 사멸하는 신체의 혼합된 모든 불순함을 지닌 채 나타난다. 곧 그의 목소리를 들을 수 있고 생생한 움직임을 볼 수 있고, 오랑캐꽃 향기를 맡을 수 있다(212e1~2). 형상을 인식하는 능력은 안정되고 확고하고 세계의 사건들과 무관하게 행사되는 능력 안에 있다. 그렇지만 특정한 대상인 알키비아데스를 보고 듣는 능력들은 신체의 느낌들과 지각들이고 취약하고(vulnerable) 지속적이지 않은 것이다. 이러한 알키비아데스의 등장으로 자족적인(self-sufficient) 철학자의 성찰적인 세계로부터 '갑자기' 일상 세계로 돌아온다. 취약한(vulnerable) 대상을 다루는 인식은 존재하는가?

있다고 주장해야 할 것이다. Nussbaum은 이런 점에서 알키비아데스가 도덕적 배움에서 시적이거나 문학적인 텍스트의 역할을 옹호하는 전통에 선다고 본다(FG, 185). 물론 소크라테스는 철학적 지혜의 이름으로 경험에 바탕을 둔 논의를 거부한다. 그는 사랑의 에피스테메를 요구한다(177d). 에피스테메는 (알키비아데스의 '겪으면서 배우기'와 달리) 연역적이고 학문적이고 보편자를 대상으로 삼는다. 소크라테스는 에피스테메를 구현하는 定義를 탐구하면서 모든 특수자들을 포괄하는 보편적인 설명을 추구한다. 'X란 무엇인가?'에 답하기 위해서 특수한 사례들을 나열하거나 이야기를 할 수는 없다. 소크라테스적 철학은 반복할 수 없는 것, 특수한 경우의 감각적 측면들을 넘어선다(FG, 186~7).

알키비아데스의 이야기는 '사랑이야기(love story)'이고, 그것도 '하나의' 사랑이야기이다. 알키비아데스는 에로스에 관해서 이야기하고, 한 사람(유일한 대상인 소크라테스)에 관해서 이야기한다. 이런 사랑의 열정이나 사랑 대상을 일반적 술어로 기술할 수는 없다. 그의 사랑 경험은 일회적이고 단일한 개인에게 결부된 것이어서 그의 이야기는 이런 단일함을 드러내고 그것을 소통이 영역에 제시하려고 한다(FG, 187).

Nussbaum은 알키비아데스와 소크라테스의 성적 역할에 관한 혼동을 지적한다(FG, 188). (아름다운 청년인) 알키비아데스는 사랑받는 자(erōmenos)로 시작하지만 능동적인 사랑하는 자(erastēs)로 되고, 반대로 소크라테스는 사랑받는 자(erōmenos)가 된다(222b).

그리스 동성애 관습에서 사랑받는 자는 아름다운 자이다. 그는 자신의 매력을 알고, 그를 원하는 이들과 관계 맺으면서도 스스로에 탐닉한다(self-absorbed). 그는 타자의 우정, 충고, 도움을 평가하면서, 사랑하는 자들이 그의 신체를 애무하도록 허락하거나 거부한다(Dover, 1978, 96).[14] 이때 사랑받는 자는 내적으로 자랑스러운 자족감(proud of self-sufficiency)을 느낄 것이다. 그는 끈질긴 유혹의 대상이지만 자기 자신을 고수한다. 이런 점에서 그는 마치 신, 신의 형상과 같다(FG, 188).

알키비아데스는 젊은 시기에 이런 종류의 완결된(closed) 상태로 자기에 탐닉한 존재였는데 소크라테스를 향한 사랑의 경험 때문에 자신을 갑작스럽게 개방하려는 어찌할 수 없는 욕망에 이끌린다. 소크라테스의 현존 때문에 지각함의 주체가 아니라 지각되는 (being perceived) 존재가 되어서 두려움과 고통스러운 감정에 휩쓸린다 (FG, 188~9).

> "나는 일부러 내 귀를 막고 마치 세이렌들로부터 도망치는 것처럼 이분으로부터 멀리 달아나 도망칩니다. 만일 이렇게 하지 않는다면 나는 이분 곁을 떠나지 못하고 늙어 죽을 때까지 따라다닐 테니까요(216a~b)."
> "이분의 말을 들을 때 내 심장은 미친 듯이 춤추고 코뤼바스의 심장보다 더 격렬하게 두근거리며 눈에서 눈물이 마구 쏟아집니다(215e)."

그는 소크라테스에 의해서 (보는 자가 아니라) 보이는 대상이 되고, (얘기하는 쪽이 아니라) 얘기를 듣는 수동적인 지위에 놓인다.

> "나는 다른 누구에게도 부끄러워할 줄 모르지만 오로지 이분 곁에서만은 부끄러

---

14) (그리스의 성적 회화에 관한 연구에서 드러나듯이) 그는 때때로 끈덕진 사랑하는 자들이 그의 욕망을 이른바 '다리들 사이의 교류(intercrural intercourse)'로 만족시키도록 허락한다. 도버는 신체적 접촉이 이루어지기 전에도 사랑하는 자(erastēs)의 성기는 때때로 발기한 상태이지만 사랑받는 자(erōmenos)의 것은 허약한 상태로(flaccid) 있다고 지적한다.

움을 느낍니다. … 나는 이분이 인간 세계에서 없어졌으면 좋겠다고 생각하기도 합니다. 만일 그렇게 되면 더욱 슬퍼지라는 것도 잘 알고 있지요. 나는 이분을 어떻게 해야 할지 전혀 알 수 없답니다(216b∼c)."

Nussbaum은 그가 사랑하는 자에게 열린 채로 상처 입기 쉬운 지위에 놓인 점에 주목한다. 사랑받는 자(erōmenos)의 달힌 세계에서는 자신의 결함과 소중한 것이 드러나지 않지만 사랑하는 자에 의해서 인식되는 상태(being-known)에서는 (사랑하는 자의 눈에 자신의 불완전함이 드러나므로) 부끄러움의 고통을 겪는다(FG, 189).

알키비아데스는 그의 역할과 관련해서 혼란을 겪는다. 그는 자신이 대상으로서 욕망할 만한desirable 존재임을 안다. 그는 자신의 아름다움에 자신감을 지녔지만—'내 청춘의 꽃다운 아름다움'(217a)—지금 그는 타자의 조명(illumination) 아래에 놓여 있다.

Nussbaum은 그가 혼란에 빠진 것은 소크라테스를 알려는 심층적인 욕망 때문이라고 지적한다(FG, 189). 그의 말은 이중적이다. 한편으로는 성적이고 성적 목표, 상상과 분리될 수 없는 비유이지만 동시에 다른 한편으로 에피스테메적이고 ("그가 알고 있는 모든 것을 듣고자 하고"(217a)) 모든 것을 알고자 한다. 곧 "성적인 욕구와 인식론적인 욕구(epistemological need)가 결합된 욕망"(FG, 190)이다. 알키비아데스는 성적 목표로서 신체적 친밀함을 지니면서도 철학적 대화 욕구를 충족시킬 대상을 추구한다.

Nussbaum은 성적 욕망과 지혜를 추구하는 욕망이 '구조적으로 평행관계'를 지닌다고 지적한다(FG, 190). 양자 모두 세계 안의 대상들을 향하고, 어떻게든 이 대상들을 포착·소유하려고 한다. 양자는 아름다움과 선함에 의해서 일깨워질 수 있고 선함의 본성을 인식하고자 한다. 양자는 대상을 분리되고 자기 완결된 실체(self-complete entity)로서 숭배하고 그것과 합체되려고 한다.

나아가 Nussbaum은 알키비아데스가 논쟁적으로 반-소크라테스 적인 것을 요구하는 점에 주목한다(FG, 190). 특수한 타자를 사랑하는 자의 인식은 (신체적이고 지성적인 친밀함을 통해서 획득한 것으로서) 그 자체가 단일한(unique) 실천적 인식이어서, 소크라테스적인 진리 요구에 걸맞지 않다.

양자를 비교해 보자(FG, 190~1). 선에 관한 소크라테스적 인식은 감각들과 분리된 순수한 지식을 통해서 획득된 것으로서, 보편적인 진리들을 산출한다. 이것은 모든 아름다운 것들에 참될 뿐만 아니라 다양한 아름다운 경우들을 하나로 포괄한다.

이와 달리 사랑하는 자의 인식은 감각, 감정, 지성의 상호작용으로 얻어진 것으로서 '특수한' 진리이자 특수한 판단이다. 이런 직관적 판단들은 보편적인 규칙에 앞서서 우리를 이끄는 것이다. 사랑하는 자는 자신의 연인에게 반응할 때 定義나 일반적인 지침이 아니라 직관적 감각의 기초에서 어떻게 반응할지를 결정한다(물론 사랑의 판단들과 대응들이 비합리적이기만 한 것은 아니다).

알키비아데스는 소크라테스가 규칙에 집착하고 특수한 것 자체를 보고 느끼기를 거부하는 점이 온당하지 않다고 볼 것이다. 그는 소크라테스의 덕성들에 감동받지만 그의 인식은 '그 이상을' 보려고 하고, '다르게' 보고자 한다(FG, 190~1).

Nussbaum은 알키비아데스가 요구하는 인식의 특성을 살핀다 (FG, 191).

두 종류의 상이한 인식은 모두 진리들과 관계된다. 알키비아데스는 소크라테스에 대한 표현할 수 없는 친숙함(ineffable familiarity)이 아니라 소크라테스에 관한 진리를 얘기하는 능력을 주장한다. 그는 사랑하는 자의 내밀함(intimacy)을 통해서 보다 깊고 참된 설명이 가능하다고 본다.

Nussbaum은 사랑하는 자의 인식이 지식 모델로 포착될 수 없는 일종의 '~할 줄 앎(knowing-how)'이라고 본다. 사랑하는 자는 그가 사랑받는 자를 '어떻게 대하는지'를 알아야 그를 인식한다고 할 수 있다(상이한 시기와 상황에서 어떻게 말하고, 보고 움직이는지를 알고, 어떻게 즐거움을 주고 어떻게 쾌락을 받아들이는지, 사랑받는 자의 지적·감정적·신체적 요구들의 복잡한 관계망을 어떻게 다룰지 알아야 한다).

이런 인식은 면식을 요구하고 고유한 진리들을 말하는 능력과 관련된다. 알키비아데스는 상황의 특수성들에 관한 지성, 상상력, 감정들의 반응으로 이루어진 일종의 실천적인 인식을 제시한다. 사랑받는 자에 관련된 특수성을 포착하는 사랑하는 자의 인식은 심층적이고, 다양한 사례들 가운데 하나에 국한되지 않는다. 이런 자기-이해는 실천적 지혜에 근본적일 수 있다. 알키비아데스는 (비록 그의 목표가 좌절되었지만) 소크라테스의 독특한 기이함(unique strangeness)에 관한 진리를 말할 수 있다(FG, 191~2).[15)16)]

---

15) 신체적 내밀함의 실패로 실천적인 인식의 특정한 부분(part)이 알키비아데스에게 상실된 까닭에 소크라테스의 특정한 부분은 어둠 속에 남겨진다. 성(sexuality)은 개인적 내밀함의 은유이고, 또한 '접촉'과 인식의 결합으로 은유가 주장하는바 이상이기도 하다.

16) 이런 인식에 열려 있는 까닭에 알키비아데스는 고유한 의미의 사랑받는 자가 아니다. 타자를 수용하기 위해서는 (세계에 대해서 닫혀 있는) 자족적인 존재여서는 안 된다. 자신이 아름답다는 자만심을 버리고 세계, 곧 타인들의 행위가 이루어지는 세계 안의 대상이 되어야 한다. 이런 대상은 초월적 대상 대신에 현실 세계에서 의미를 추구하는 점과 관련된다.

Nussbaum은 알키비아데스의 감성적 특면들이 지닌 정치적 함의에 주목한다. 알키비아데스는 자신을 비유하는 "담쟁이덩굴과 오랑캐 꽃 화관을 쓰고"(212e 1~2) 나타나고, 그 자신을 진리를 이야기하는 이미지로 장식한다. Nussbaum은 오랑캐 꽃 화관이 아프로디테의 상징이자 뮤즈가 쓴 관이기도 하다고 지적한다. (비유로 진리를 말하는) 알키비아데스는 자신을 시인, 영감 넘치는 시의 신으로 제시한다(FG, 193).

또한 오랑캐꽃 화관은 (핀다로스의 단편이 지적하듯이) 아테네의 상징이기도 하다.[17] 이 화관은 기이하고 무너지기 쉬운(fragile) 민주주의의 번성에 관한 상징이다. 알키비아데스는 그 자신의 특수자, 반복 가능한 속성들보다는 단일한 개인들, 규칙들보다는 직관들에 대한 관심을 환기시킨다. 이런 측면은 아테네의 교육과 정치적 특성과 관련된다. 아테네의 교육은 법에 대한 비천한 복종을 명령하는 대신에 독창적인 것과 과감한 것에 가치를 두고, 덕과 봉사하는 삶을 살며 고귀함을 지닌 자유로운 인간의 선택을 긍정한다(FG, 193~4).

그것은 규칙보다는 실천적 지혜와 사랑하는 자의 인식을 위한 각자의 능력에 의존한다.(투키디데스의 페리클레스는 시민들을 모아서 "도시의 권력을 매일매일 보고 그 도시를 사랑하는 자(erastas autēs)(Ⅱ, 43)가 되게 한다." 법이나 공포가 아니라 에로스가 행위를 이끈다. 이런 에로스에 의거하므로 알키비아데스처럼 행운과 비합리적 열정에 좌우된다(Edmunds, 1975, 10장; FG, 194).

---

17) 오! 빛나고, 오랑캐꽃 화관을 쓴 채 노래까지도 출중한/헬라스의 성채, 영광스러운 아테네여/행운의 도시여(FG, 193 재인용)

Nussbaum은 담쟁이가 디오니소스의 상징이라고 지적한다. 디오니소스는 비극과 희극의 수호신이다. 알키비아데스의 말은 비극적이자 희극적이다. 그가 좌절을 묘사하고 파멸의 전조를 보이는 점에서 비극적이라면, 이야기 화자로서 자기-해학(self-humour)을 알고, 자신의 허망함(vanity)과 환상을 드러내는 점에서 희극적이다.

Nussbaum은 비극과 희극이 같은 가치를 보존하며, 아테네 민주주의의 취약한 운명(fragile fortune)과 일정한 관련을 갖는다고 본다 (FG, 194). 디오니소스는 죽는 신이기도 하다. 그는 식물처럼, 욕망 자체처럼 儀式的 죽음과 재탄생을 겪는다. 자족적이지 않은 그는 취약함(fragility)에도 불구하고 자신을 회복하고 성장한다. 이것을 불안정한 도시, 불안정한 열정이 성장하고 번성함을 암시한다고 볼 수 있다(FG, 194~5).

2) 사랑에 대한 비난과 알키비아데스의 진리 열정

Nussbaum은 플라톤의 비난에 맞서서 알키비아데스의 긍정적인 측면을 제시하고자 한다. 플라톤은 개인적 에로스를 역병이라고 비난한다. 이 에로스를 용납할 수 없는 이유는 무엇인가?

이를 알키비아데스에 관한 문제에 연결시켜 보자. 먼저 알키비아데스에게 일어난 사건과 그의 호기심이 소크라테스적인 덕의 굳건함/기념비(stone)에 장애가 된다. 소크라테스는 형상을 향한 그의 상승에서 형상 자체와 매우 비슷하게 된다 — 단단하고 분할할 수 없고 불변적인 것. 그의 덕성은 학문과 선 자체의 동화(assimilation)를 추구하고, 알키비아데스의 지식이 관련되는 지상적인 특수한 선들을 거절한다(FG, 195).

소크라테스는 신체적 영향에 무관심하다. 그는 신체와 분리된 상태(dissociation)에 있는 것처럼 벌거벗은 알키비아데스와 함께 누워서도 '꽃다운 아름다움을 비웃고'(219 c) 어떤 자극도 받지 않는다. 그의 정신은 투과할 수 없음(impenetrability)을 지니고 어떠한 방식의 영향에도 동요하지 않는다. 그는 '돌'과 같고, 타인들을 돌로 바꿔 놓는다(FG, 195).

알키비아데스는 사랑하는 자를 향한 자신의 열림(openness)을 부정당한다. 이는 그가 사랑받는 자의 자족적인 아름다움을 포기하고 사랑하기 위해서 자기를 현실세계의 한 존재로 제시하고 사랑하는 자에게 자기를 개방하면서 고통을 겪기 때문이다. 그는 오만(hubris)의 희생물로서, 조롱받고 불명예스럽게 된다(219c, 222b, d). 그는 디오티마가 권하는 보편적 존재 대신에 소크라테스라는 개체의 개별성에 매달렸지만 바로 그 소크라테스의 거부로 상처받는다(FG, 195).

이런 사건들은 사랑하는 자를 병들게 한다. 알키비아데스가 추구하는 사랑의 영역에서 발생하는 우연적인 사건들은 어떠한 행운이나 고유한 안정성을 보장하지 않는다(200b~e). 최선의 사랑에도 두려움, 질투, 상실의 위협이 내밀한 부분에 내재한다.

알키비아데스는 매력을 지닌 타인의 굳건함(stoneness) 앞에서 굳건한 아름다움(the stone beauty)을 사랑한다. 소크라테스의 절제(temperance)가 그의 자부심에 어울린다. 또한 에로스, 권력을 지향하는 것, 그 자신의 불멸성을 지향하는 것도 그러하다.

그는 (특수자를) 사랑하는 자로서 지속적으로 갈등을 빚어내는 것을 사랑한다. 그는 대체불가능하고 공약 불가능한 대상을 사랑한다. 동시에 그는 영예와 군사적 탁월함도 사랑한다(FG, 196~7).

과연 이런 개인적 에로스는 실천적 이성이 형성하고 규제하는 공간에서 어떤 자리를 차지할 수 있는가? 에로스가 다른 선들 — 지성적, 정치적, 사회적 선 — 과 관련될 때 개별적인 에로스적 열정은 항상 불안정하다. 그것은 불안정하고 상처받기 쉽다(FG, 197).

또한 알키비아데스는 질투어린 열정 때문에 진리와 선에 무관심해진다. 사랑하는 자는 실천적 이성의 세계가 아니라 '다른 세계'에 몰두한다(215 c5; d 5; 218b 2~3). 알키비아데스의 영혼은 혼란에 빠진 채로 노예적인 조건에 얽매인 상태를 벗어나지 못한다. "나는 어찌할 바를 모르고 허망하게 주변을 헤매고 다녔습니다. 이렇게 철저하게 노예가 된(katadedoulōmenos) 적은 없었습니다(219e)." 이처럼 자율성을 잃고 자신의 고유한 이성의 계획을 추구할 수 없는 상태에서 어떻게 해야 하는가(FG, 197)? 과연 개별적 존재에 대한 사랑은 사랑에 내재하는 보편성을 추구하는 방향으로 승화될 수 있는가? 이런 승화는 사랑의 난점을 해소할 수 있는 유일한 길인가?

3) 선택 앞에서: 디오티마의 진리와 알키비아데스의 사랑

플라톤은 소크라테스와 디오티마를 통해서 에로스에서 개인적인 점을 초월해서 욕망 자체를 통해서 선으로 상승할 수 있음을 주장한다. 그러나 Nussbaum은 이런 자족성의 관점, 실천적 인식의 모델에 의문을 제기한다. 이 관점이 알키비아데스가 지적한 특수성의 측면을 배제하기 때문이다. 단일한 열정(unique passion)은 평범한 인간에게 중요하며, 단순하게 알키비아데스의 사랑에 디오티마의 '상승'을 덧붙일 수는 없다. 우리는 이 사랑'과' 동시에 디오티마가 계시한 안정된 합리성을 가질 수 없다(FG, 197~8).

Nussbaum은 선택과 실천적 지혜에 관한 플라톤적 기획을 되돌아보면서 상이한 두 종류의 가치와 인식 사이에서 선택해야 한다고 지적한다. 양자는 공약 불가능하다. 그래서 온전한 빛이 아닌 명멸하는 세계의 희비극에 참여함으로써 그 빛의 이상을 거부하거나 영원한 형상의 순수한 빛을 선택하고 그 반대편에 있는 어둠을 지워 버려야 한다. (플라톤의 주장과 달리) 두 인식을 동시에 추구할 수 없으므로 한쪽만 보고 다른 쪽에는 눈을 감아야 한다. "이성의 시선은 신체적인 눈들의 시선이 어두워져야만 분명하게 보인다 (219a; FG, 198)."

이처럼 선택은 다른 쪽의 포기를 전제하므로 특수한 에로스의 개별적 진리와 에로스를 넘어선 보편적 진리 사이에서 '종합의 기대 없이' 선택/포기해야 한다.

> "나는, 소크라테스를 따라서, 아름다운 것을 조망하는 관점(vision)으로 상승하는 쪽을 선택할 수 있다. 그러나 내가 알키비아데스를 보는/아는 한 그 계단에 첫발도 내디딜 수 없다. 나는 소크라테스처럼 오로지 디오티마가 설명하는 진리에 의해서 '설득될 때'에만 소크라테스를 따를 수 있다. 그런데 알키비아데스는 이런 확신을 빼앗아 버린다. 그는 내가 상승하는 과정에서 하나의 아름다움(a beauty)을 희생시킨다고 느끼게 하므로 나는 더 이상 그 상승이 아름다움 전체(the whole of beauty)를 포괄한다고 보지 않는다. 내가 이런 '희생', '부정' 등을 생각하는 순간에 상승은 더 이상 자족적인 것으로 보이지 않는다. 반면에 나는, 알

키비아데스를 따라서, 내 영혼을 신체로 만들고, 에로스 안에서, 그 폭력과 그것의 갑작스러운 빛에 헌신하면서, 살 수 있다. 그러나 일단 디오티마의 얘기를 들었기 때문에 그 과정이 포함하는 빛을 상실한다. 곧 합리적 계획, 하나의 세계를 만들 기회를 잃어버린다. 그래서 만약 내가 합리적 존재라면, 합리적 존재가 벗어날 수 없는 질서와 인식에 대한 심층적인 요구를 재고해야 한다. 나는 세계를 위하여, 에로스를 배반해야만 한다(FG. 198)."

알키비아데스의 문제제기는 단순히 플라톤의 에로스-진리관을 이어받는 것도 아니고 그것에 대한 전적인 부정도 아니다. 알키비아데스는 에로스에 관한 '새로운' 문제를 던진다. 소크라테스가 진리를 구현한다면, 왜 사랑받는 독특한 자인 소크라테스에 관한 사랑은 진리에 이를 수 없거나 (알키비아데스가 제안하는) 다른 진리일 수밖에 없는가? 에로스와 진리는 어떤 관계에 있는가? 에로스는 진리에 흡수되는 한 계기일 뿐인가? 에로스는 다른 종류의 진리를 추구하는 것이어야 하는가?

디오티마-플라톤은 에로스에서 진리로 상승하는 길을 제시함으로써, 독특한 것을 보편성에 포함시키는 방식으로 '변증법적' 상승을 진리 탐구 과정으로 제시한다. 그런데 알키비아데스는 그 진리를 구현하는 소크라테스를 (동성애적으로) 사랑하면서 진리 획득에 실패한다. 그가 소크라테스의 진리가 제시하는 에로스 너머의 세계, 사랑하는 자와 사랑받는 자 너머를 받아들일까? 그는 에로스와 진리가 상이하고 에로스가 진리로 흡수되지 않는다고 본다.

Nussbaum은 알키비아데스의 개별적이고 특수한 진리를 주제화하고 새로운 질문을 던지면서 선이 불변적이고 보편적인 것이 아니라 유약하고 깨뜨려지기 쉽고 상처받는 것임을 부각시킨다.

알키비아데스는 사랑하면서 진리를 추구한다. 그의 진리는 자신을 상실하고 상처받고 우연에 내맡겨진 것이지만 합리적 진리관이 보편성의 이름으로 배제한 것을 주제화할 수 있다. 그는 사랑을 넘어서는 진리가 아니라 사랑을 통한 진리에 관해서 질문한다. 알키비아데스는 사랑에 대해서 '다르게' 묻는다.

이런 사랑의 특수성은 보편에 대한 사랑의 이름에 가려질 수 있다. 연약하고 불안정한 그것은 불변적이고 굳건한 사랑의 이데아를 추구하지 않는다. 이렇게 볼 때 「향연」은 디오티마의 에로스-진리이론으로 매듭지어지는 텍스트가 아니라 홀로 밤을 지새우고 떠나가는 소크라테스와 거듭 사랑을 추구하는 알키비아데스의 헛된 추구가 이어질 열린 텍스트, 사랑에 관한 새로운 질문의 장이다.

Nussbaum은 에로스의 특성을 이성적 사고에 포함시키는 플라톤-디오티마의 에로스 이론이 연민, 상호성, 개별성을 다루기 어렵다고 지적한다. 예를 들어서 개인들에게는 질적으로 상이하고 분리되고 나름대로 살아가는 저마다의 고유한 삶이 있다. 플라톤의 사고에서는 이런 분리, 질적 차이를 사고할 여지가 없다(Nussbaum, 2001, 10장 3절, pp.496~9 참조).

6. 맺는말

지금까지 「향연」에 제시된 디오티마와 알키비아데스의 에로스와 관련된 두 관점을 살펴보았다. 이제 이런 논의와 관련하여 에로스와 진리 관계, 보편 진리와 구체적 사랑의 관계, 사랑이 주제화하는 특수한 진리를 정리하면서 글을 매듭짓기로 하자.

1. 디오티마가 지적하듯이 에로스는 진리의 기초이자 진리에 이르는 통로이다. 진리가 추상적인 초월자가 아니라 구체적인 대상들에 대한 사랑의 변증법으로 얻을 수 있는 것이라면 지혜에 대한 추구(철학적 탐구)는 이런 사랑과 맞물리는 활동이 된다.

에로스를 통해서만 진리를 얻을 수 있다면, 사랑의 대상이자 목표인 진리와 그것을 추구하는 형식이 진리의 성격을 규정할 것이다. 그래서 사랑하는 방식이 달라지면 진리를 추구하는 방식, 내용도 달라질 것이다. "어떻게 사랑할 것인가"는 "어떻게 진리를 사랑할 것인가"로 바뀐다.

이데아 이론은 경험세계와 초감각적 세계를 엄격하게 구분한다. 그런데 사랑이 진리와 관계 맺는 한 (그 진리가 초월적인 대상이라고 하더라도) 진리는 사랑을 통해서 추구하는 이상적 목표이다. 진리-에로스는 이 세계를 떠나는 것이 아니라 이 세계에서 다르게 사랑하는 것이고 그런 사랑이 진리-에로스로 구현되는 것이 아닌가? 이런 에로스와 진리의 변증법은 경험세계 너머를 추구하지만 경험세계에 대한 단순한 부정이 아니라 '내재적인 초월'이라고 할 수 있지 않은가? 그것이 아니라면 에로스는 진리에 이르는 사다리일 뿐이어서 진리를 얻고 나면 불필요한 것에 지나지 않을 것이다. 에로스는 스스로를 부정함으로써만 아름다움 자체를 얻을 수 있는가?

이와 함께 진리와 사랑의 관계에 관한 질문을 던질 수 있다. 진리는 사랑을 통해서만 구체화되고 상승의 동력을 얻는가? 사랑의 추구는 어떤 점에서 참된 것인가? 이런 사랑의 형식을 (동성애나 이성애와 무관하게) 보편적이라고 할 수 있는가? 진리 없는 에로스 없고, 에로스 없는 진리는 없는가?

2. Foucault는 그리스적 소년애를 윤리적 주체의 자기 형성이라는 맥락에 배치하면서 성적 욕망에 따른 예속과 무질서에 대비되는 자유와 절제의 덕을 양식화하는 방식에 주목하고 소년애에서 이런 윤리적 추구가 지닌 난점을 주제화한다. 특히 「향연」의 논의와 관련하여 철학적 에로스가 특수한 집단에 국한되거나 순전히 이론적인 논의에 그치는 것이 아니라 당시의 주도적인 문화와 성적 실천에 맞서서 어떻게 새로운 에

로스에 주목하고 '다른 에로스'를 통해서 진리를 추구하는 토대로 삼는 점에 주목한다.

영원성과 보편성을 추구하는 철학적 진리의 출발점은 특수한 상황과 문화적 환경이고, 소크라테스-플라톤의 철학은 그리스적 동성애라는 상황에서 특수한 문화와 윤리적 태도에 대응하는 한 방식이다. 진리추구가 특정한 에로스 문화와 일정한 관련을 맺으므로 그것은 역사적 시공간에 제한된 특수한 사랑의 경험을 그 시공간적 제약을 넘어선 보편적 진리 추구로 변형시킨 것이다.

순수한 인식과 가치를 추구하는 것으로 오인된 철학을 '새로운 사랑의 전략'이라고 지적함은 철학을 평가절하하거나 경멸하려는 것이 아니라 오히려 그것이 구체적 삶의 조건과 밀접한 관련을 맺으면서 특수한 시공간의 장, 지식과 사고의 배치, 실천 양식을 그 가능조건으로 삼는 점에 주목하도록 한다.

보편 진리의 발생은 구체적인 진리 경험과 맞물려 있다. 그런데 그 진리 내용이 보편적인 까닭에 에로스에서 진리로 상승하는 이 과정은 특수한 시대적 조건, 특정한 문화에 국한된 사고에 머물지 않고 보편성을 획득한다. 그리스 이후에 에로스와 진리의 연관은 에로스 없는 진리의 독점적 지배로 변형되고 세속적 세계의 경험과 독립된 초월적 진리의 신성화·신비화로 이어진다.[18] 초감각적 세계를 추구하면서 배제한 구체적 경험의 지반과 진리 발생의 조건에 다시 주목한다면 '역사적' 진리, 진리의 구체적 형성 과정과

---

18) 이런 신비화 때문에 「향연」은 철학적 입문서로서 보편적인 사랑과 정신적 사랑의 교훈을 담은 모든 사랑의 전범이 될 수 있었다. 뚜렷한 동성애적 문화가 노골적으로 드러나 있음에도 불구하고 이성애자들이 아무런 거리낌 없이 이 책을 자신의 사랑을 이끌 등불로 삼고, 교사들은 사랑의 변증법을 강조하면서 경험세계에서 이데아에 이르는 자연스러운 상승과정을 가르친다.

그 의미, 동학을 재고할 수 있다.

그리고 Foucault의 논의는 「향연」의 일관성을 손상하는 것처럼 보이는 알키비아데스의 사랑을 해석할 실마리를 마련한다. 철학적 에로스와 관련될 때 '알키비아데스의 사랑'이라는 구체적인 사례는 나름의 의미를 지닌다.

그것은 윤리적 자기 형성을 위하여 금욕과 자유를 추구하는 윤리적 실천의 장에서 자기를 주체화하는 양식과 관련된다. 성적 윤리를 양식화하고 미학적 실존을 마련하는 길은 두 가지 가능성을 마련한다. 그것은 쾌락을 활용하는 소년애의 양식과 이것을 변형시킨 철학적 에로스의 양식이다. 후자는 사랑을 진리 추구를 위한 공동 노력으로 형식화함으로써 전자의 난점들 - 시간적 한계, 불평등한 관계 등 - 을 해소하고자 한다. 이런 새로운 에로스를 구현하는 소크라테스는 사랑받는 자들의 사랑을 받는 지위에서 사랑하는 자의 금욕적 이상을 구현하면서 진리 사랑을 제시한다. 알키비아데스의 사랑은 이런 소년애와 진리 - 에로스가 겹치는 지점에서 발생하는 독특한 에로스의 경험이다.

3. Nussbaum은 '알키비아데스의 사랑'처럼 특수한 내용을 지닌 것에 주목하면서 보편적 진리론이 진리론이 은폐하거나 배제하는 측면을 재고한다.

알키비아데스의 사랑은 전통적인 동성애 이론으로 설명하기 어려운 사례이다. 이것은 철학적 에로스의 개별 사례에 포섭되지 않는다. 알키비아데스는 진리에로 상승하는 과정에 참여하지 않고, 소크라테스의 금욕적 이상 앞에서 여전히 육체적인 사랑을 원한다.

이런 알키비아데스의 사랑이 주장하는 내용은 동성애적 사랑이나 진리－사랑으로만 파악할 수 없다.

Nussbaum은 '에로스 너머'를 지향하는 철학적 진리가 아니라 육체에 매인 채로 고통을 겪으면서 상처받기 쉬운 에로스가 지닐 수 있는 '진리'에 주목한다. 알키비아데스는 선의 허약함(fragility of goodness)을 되새기고 철학적 보편성이 포괄할 수 없는 개별적 진리들의 특성들을 주제화한다. 물론 디오티마－소크라테스의 진리론과 알키비아데스의 에로스－진리론을 절충・종합할 수 없으므로 선택을 해야만 한다. 굳건하고 보편적인 힘을 지닌 진리인가, 연약하고 특수성을 보존하는 진리들인가? 이 선택지 앞에서 Nussbaum은 허약하고 상처 입기 쉽지만 여전히 되살아나고 번성하는 가치에 주목한다.

Nussbaum은 알키비아데스의 사랑이 지닌 특수성에 주목함으로써 소크라테스－디오티마의 보편적 사랑, 차이와 공감을 배제하는 태도를 드러내면서 특수한 사랑과 사랑의 연약함을 주제화한다(이런 시도는 개인의 사랑에 함축된 정치적 태도를 염두어 둔 것이기도 한다).

디오티마의 보편성 모델로 개별성과 차이를 긍정적으로 주제화하는 사랑을 만족시킬 수 있는가? 에로스를 포섭. 극복하려는 이성적 사고로는 연민, 상호성, 개별성의 구체적인 가치들을 다루기 어렵다. 모든 개인들을 포괄하는 단일한 사랑 모델이 아니라 개인 저마다를 주체로 인정할 수 있는 모델을 사고할 수 있는가? 진리를 위한 사랑이 감성적 측면을 배제한다면 구체적인 사랑 경험과 그것의 감성적 측면은 연약하지만 나름의 생명력을 지닌 사랑에 주목한다. Nussbaum은 사랑을 보편적 진리로 상승하는 과정이 아니라 구체적 개인들의 관계로서 상호성을 지향하는 공감과 연민의 장으로 본다. 이런 '사랑의 정치학'으로 진리의 하늘에서 사랑의 지상으로 내려온다면, 사랑의 고통과 연약함을 보듬는 경험적 개인들의 세계에서는 어떤 선을 추구해야 하는가?

4. 「향연」은 열린 대화인가? 그렇다면 「향연」은 이 글에서 다룬 해석을 포함하여 에로스에 관한 다양한 해석을 낳는 '코라'가 될 것이다. 만약 「향연」이 완결된 대화이고 에로스가 진리의 한 계기라면 알키비아데스의 사랑은 진리로 상승하는 길을 가로막는 어리석은 시도/질문에 지나지 않고, 그가 이야기하는 부분은 사족이고, 알키비아데스의 사랑이야기는 소크라테스를 향한 내밀한 고백이거나 그를 찬양하기 위한 객담에 지나지 않을 것이다.

「향연」을 '단 하나의 사랑'을 정당화하는 배타적 진리의 공간이라고 보지 않는다면, 다수의 사랑이야기들이 공존하는 '사랑들'의 토론마당이 될 것이다.

참고문헌

Aubenque, P.(2003), Etat d'exception (tr.) J. Gayraud, Seuil.

Detel, W.(1998), *Macht, Moral, Wissen: Foucault und die klassische Antike*, Suhrkamp.

Dover, K. J.(1978), *Greek Homosexuality*, Harvard Univ. Press.

_____(1994), *Greek Popular Morality: In the time of Plato and Aristotle*. Hackett.

Edmunds A. L.(1975), *Chance and Intelligence in Thucydides*, Cambridge.

Foucault, M, *Histoire de la sexualité, t. 2 L'usage des plaisirs*, Gallimard, 1984. (HS로 표기함)

_____, *Histoire de la sexualité. t. 3 Le souci de soi*, Gallimard, 1984.

_____, *L'herméneutique du sujet: Cours au Collège de France*(1981∼1982), Seuil/Gallimard, 2001.

Goux. J－J.(1990), *Oedipe, philosophe*, Paris, Aubier.

Halperlin, D. M (1952), *One Hundred Years of Homosexuality*, Routledge.

Moravscik, J. M. E.(1979) "Understanding and knowledge in Plato's dialogues", in: Neue Hefte fuer Philosophie. 1979.

North, H(1966), *Sophrosyne, Self－Knowledge and Self－Restraint in Greek Literatures*, Cornell studies in classical philosophy XXXV. Ithaca. Nussbaum, M. C.(1986) *The fragility of Goodness, Luck and ethics in Greek tragedy and philosophy*. Cambridge Univ. (FG.로 표기함)

_____(2001), *Upheavals of Thought: The Intelligence of Emotions*, Cambridge Univ.

Oksala, J (2005), *Foucault on Freedom*, Cambridge Univ.

Platon, *PLATONIS OPERA* t. 1, 2, 3, 4. Oxford University Press. 1991.

_____, *Les Lois*, texte et traduit par E. des Place et A. Diès, P.U.F. 1956.

Schmitt, C. (1922), Politische Theologie: Vier Kapitel zur Lehre von der Souveranitaet, (2판), Munchen & Leipzig: Duncker & Humblot, 1934

Strauss, L.(2001), *On Plato's Symposium* (ed) Benardete S. The Univ. of Chicago Press.

Xenophon, *Memorabilia*, text and translation by E. C. Marchant, Harvard Univ. Press, 1979.

_____, *Symposium*, text and translation by O. J. Todd, Harvard Univ. Press, 1979.

아리스토텔레스의 질료·형상설에 대한 심신 가치론적 고찰*

손병석

* 이 논문은 2005년 정부(교육인적자원부)의 재원으로 한국학술진흥재단의 지원을 받아 수행된 연구임
(KRF-2005-079-AM0016).

1. 들어가며

　고대 희랍인들에게 '인간이란 무엇인가'의 물음은 인간 '영혼(psyche)'의 본질을 묻는 말과 직결된다. 정도의 차이는 있지만 호메로스(Homeros)부터 소크라테스 이전의 자연철학자들(physiclogoi), 그리고 플라톤과 아리스토텔레스를 거쳐 이후의 스토아와 에피쿠로스, 이들 고대 철학자들에게 인간 영혼의 본성에 대한 탐구는 피해갈 수 없는 철학함(philosophein)의 핵심적 주제였음이 분명하다. 또한 이러한 인간영혼에 대한 고찰은 불가피하게 '신체(soma)'와 밀접한 관계성을 갖고 그 논의가 진행될 수밖에 없었다는 것 역시 부정할 수 없는 사실이다. 인간 영혼에 대한 물음은 곧 신체와의 유사성 및 차별성을 통해 그 가능한 답이 제시될 수 있었기 때문이다. 그러나 영혼과 신체 관계에 대한 고대 철학자들의 견해는 단적으로 규정하기 어려운 다양성을 보여준다. 이것은 인간 영혼이 지니는 형이상학적 심오함 그리고 여타의 생물과는 다른 인간신체의 기능적 복잡성, 그리고 이질적인 것으로 보이는 영혼과 신체의 상호작용의 불가해성에 기인하는 바가 크다.

이 글은 현대의 주된 철학적 관심 중의 하나인 심신관계론을 아리스토텔레스의 '질료형상론(hylomorphism)'적 영혼·신체관을 통해 조명코자 한다. 이러한 작업은 다음의 두 가지 아포리아(aporia)의 해명을 주된 목적으로 삼고 진행될 것이다. 첫 번째 아포리아는 다시 두 종류의 논제를 통해 접근될 것인데, 하나는 '아리스토텔레스의 질료형상론적 관점에서 영혼과 신체의 구체적인 상호작용이 어떻게 이루어지고 있는가' 하는 것과 다른 하나는 '인간영혼의 고유한 활동으로 간주되는 사고작용이 질료형상론과 어떻게 조화될 수 있는가' 하는 것이다. 두 번째 아포리아는 아리스토텔레스의 질료형상론적 영혼·신체관이 함의하는 가치론적 의미가 무엇인지에 관한 것이다. 이것은 질료형상론적 영혼·신체관이 단순히 인식론적 내지 존재론적 차원에만 국한되는 것이 아니라 인간의 윤리적 내지 정치적 문제의 해결을 위한 이론적 토대로 작용한다는 문제의식에 기반을 두고 있다.

2. 아리스토텔레스 이전 영혼·신체론에 대한 비판적 검토

　아리스토텔레스 자신의 영혼과 신체의 관계에 대한 본격적인 논의를 시작하기 전에 선대 철학자들의 영혼과 신체에 관한 견해를 살펴보는 것이 이 글의 진행에 도움이 될 수 있다. 그러나 이 주제에 관한 아리스토텔레스 이전 철학자들의 전승된 문헌 자체에 대한 광범위한 분석은 이 글에서 시도하기 어려운 것으로 판단된다. 그래서 필자는 아리스토텔레스가 『영혼론(De anima)』[1] Ⅰ권에서 시도하고 있는 선대 철학자들의 영혼에 관한 견해들(endoxa)에 대한 변증법적 설명방식을 이 주제에 관한 논의의 단초로 채택코자 하는데, 이것은 그 자신이 앞선 철학자들의 영혼에 관한 견해 중잘 말해진 것은 취하고, 잘못 말해진 것은 피함으로써 영혼에 관한

---

1) 이후에 인용하는 아리스토텔레스의 작품은 다음과 같이 약하여 사용한다. De Anima(영혼론) → DA, De Motu Animalium(동물 운동론) → MA, De Partibus Animalium(동물 부분론) → PA, Metaphysica(형이상학) → MT, De Generatione Animalium(동물 발생론) → GA, De Historia Animalium(동물지) → HA, Categoriae(범주론) → Cat., De Memoria et Reminiscentia(기억과 회상에 관하여) → De Mem, De Insomniis(꿈에 관하여) → De Insom, De Divinatione per Somnum (잠 속에서의 예지에 관하여) → De Div, Ethica Nicomachea(니코마코스 윤리학) → EN, Physica (자연학) → PH.

보다 객관적인 학문적 접근을 시도하는 것으로 판단되기 때문이다.

영혼과 신체관계에 대한 아리스토텔레스의 접근은 영혼의 운동 성에 관한 논제를 통해 이루어진다. 아리스토텔레스에 따르면 존재 자의 운동방식은 크게 두 종류로 나누어지는데, 하나는 '자신에 의 해서(kat' hauto)'와 다른 하나는 '다른 것에 의해서(kath' heteron)' 이다. 예를 들어 항해 중의 배는 그 자신이 직접 움직이지만 배 안 에 있는 선원들은 배의 운동에 의해 간접적으로 움직이는 것이다. 그런데 영혼은 항해하는 배와 달리 자신이 직접 움직이지는 않는 다. 영혼은 어떤 다른 것, 즉 신체에 의해 간접적으로 움직이는 것 으로 볼 수 있기 때문이다. 그러나 배 안의 선원들이 배 안에서 걸 을 수 있는 것처럼 영혼이 자신의 고유한 운동을 할 수 있는 가능 성이 완전 부정될 수는 없다. 그러면 영혼의 고유한 운동은 어떤 것일까? 여기서 아리스토텔레스는 '운동(kinesis)'을 다시 장소이동, 성질변화, 성장, 쇠퇴와 같은 종류로 나누고, 이러한 운동들의 공통 점으로 어떤 '장소(topos)'에서의 운동임을 지적한다. 그렇다면 이 러한 운동 중의 하나를 취하는 영혼의 운동 역시 공간을 점해야 한 다는 말이 되고, 이것은 영혼은 비물질적이라는 당시의 통념에 어 긋난다. 물론 장소를 점하지 않고서도 운동할 수 있는 가능성이 부 정되는 것은 아니다. 장소를 점하지 않는 흰색과 같은 것은 그것이 속한 '기체(hypokeimenon)'의 운동에 의해 움직일 수 있는 경우가 가능하기 때문이다. 그러나 영혼을 이처럼 흰색과 같은 질적인 속 성으로 이해하여 그 운동을 인정한다 하더라도, 이때의 운동을 영 혼의 고유한 운동으로 보기는 어렵다. 흰색은 그것이 속한, 예를 들 어 망토와 같은 '다른 것'에 의해 '부수적으로(kata symbebekos)' 운동하는 것으로 볼 수 있기 때문이다. 아리스토텔레스는 설사 영혼이 스스로 움직임으로써 신체를 움직인다고 해도 사정은 마찬가지라고 말한다. 이럴 경우 영혼의 운동은 신체의 운동이 될 것이고, 이는 역으로 신체의 운동이 영혼의 운동과 같은 종류가 될 수 있는 것으로 볼 수 있기 때문이다. 이것은 아리스토텔레스가 보기에 공간운동을 하는 신체와 마찬가지로 영혼 역시 공간운동을 할 수 있다는 불합리한 결론에 이르게 된다. 왜냐하면 이것은 곧 영혼이 신체를 떠나 여기저기로 움직이다가 다시 신체로 돌아올 수 있고, 따라서 죽은 신체가 다시 살아 있는 신체가 될 수도 있기 때문이다 (이상은 *DA*, 405b31~406b15 참조).

그러면 아리스토텔레스가 운동의 원인으로서의 영혼에 대한 비판을 통해 말하고자 하는 목적은 무엇일까? 그것은 영혼이 물체가 겪는 운동과 같은 종류의 운동을 하는 것이 아니라는 것이다. 이것은 영혼을 일종의 물질적 원자로 보고, 하나의 원자가 다른 원자에 부딪혀서 운동이 전달되는 데모크리토스의 기계적인 유물론적 운동 모델에 대한 비판이라 말할 수 있다. 데모크리토스는 영혼 역시 물질적인 것으로서 신체와 다른 것으로 보지 않기 때문이다. 그러나 아리스토텔레스가 보기에 이것은 영혼을 신체 속의 신체로 보면서 "마치 다이달로스가 아프로디테의 나무 조각에 수은을 넣음으로써 그것을 움직이게 한 것처럼" 신체를 움직인다는 것과 같다. 아리스토텔레스의 생각으론 이러한 데모크리토스의 원자론적 영혼관은 잘못된 설명인데, 그것은 영혼이 '어떤 결정과 사고에 따라 (dia proaireseos tinos kai noeseos)' 신체를 움직이기 때문이다(*DA.*, 406b15~25. *MA*, 6, 700b16~8, 702a19 참조). 요컨대 아리스토텔

레스는 영혼을 미세한 입자나 크기와 같은 물질적인 신체와 같은
것으로 보는 데모크리토스의 원자론적 영혼관을 부정한다고 말할
수 있다.

영혼을 신체와 다른 비물질적인 어떤 것으로 본다는 점에서 아
리스토텔레스의 영혼관은 일단 플라톤의 입장과 그 맥을 같이하는
것으로 볼 수 있다. 플라톤 역시 영혼을 비물질적인 것으로 보면서
동시에 영혼을 신체의 운동의 원인으로 간주하기 때문이다.[2] 그러

---

[2] 영혼과 신체관계에 대한 보다 이론적인 차원에서의 본격적인 논의는 플라톤에게서 나타난다. 그러나 플
라톤의 영혼·신체관은 단적으로 규정하기 어려운 이론적 복잡함을 보여준다. 이것은 플라톤의 영혼·
신체관에 대한 별도의 고찰이 필요함을 의미한다. 이러한 어려움에도 불구하고 플라톤의 초기 내지 중기
의 입장은 영혼의 비물질성과 영혼의 신체로부터의 분리성을 보여주는 것으로 말할 수 있다. 『메논
(Menon)』편에서의 상기설에 관한 설명이나 『파이돈(Phaidon)』편에서의 영혼의 불멸성에 관한 논증
은 영혼의 비물질성과 신체로부터의 분리성을 강조하는 강한 영혼중심주의적 입장을 보여주는 것이 사
실이다(Menon, 81c 계속 참조. Phaidon, 79b~99d 참조). 이 대화편들에서 플라톤은 소위 신체는
영혼의 감옥이므로, 영혼은 자신을 제한하고 오염시키는 신체로부터 벗어나서 자신의 순수성을 회복해
야만 한다고 말하고 있기 때문이다(이 밖에도 Politeia, X., 611d, Timaios, 85e). 이런 점에서 플라톤
은 신체를 구성하는 요소인 온, 냉, 건, 습의 비례적 조화가 깨지면 신체가 병들게 되고, 이로 인해 영혼
역시 무질서하게 된다는 신체중심주의적 입장에 반대한다. 그에 따르면 주도적인 것은 어디까지나 영혼
이지 신체와 같은 물질적인 것이 될 수는 없기 때문이다. 이것은 영혼이 생성과 소멸의 과정 속에 있는
신체와는 다른 것으로서, 신체와는 다른 이데아의 세계를 지향함을 뜻한다(Phaidros 67d~e, 80e). 또
한 『파이드로스(Phaidros)』편에서 플라톤은 이데아계에 선재했었던 영혼이 어떻게 인간 신체와 결합
하게 되었는지를 다양한 메타포와 신화적 방식을 통해 설명한다. 예를 들어 그는 영혼을 마부와 그가 끄
는 두 마리의 말로 비유한다(Phaidros, 246a~249d, 253c~254e). 그런데 영혼의 이데아계로의 여
행에서 마부에 순종적이지 않은 한 마리의 말이 넘어지면서 지구로 추락하게 되고, 이때 마부와 그에 순
종하는 다른 한 마리의 말 역시 함께 추락하게 된다는 것이다. 이것은 영혼이 신체에 갇히게 됨을 의미
한다. 그러나 원래의 영혼이 갖고 있었던 세 기능은 신체 속에서도 그대로 있게 되는 것으로 말한다. 즉
마부로 비유되는 이성, 마부에 순종적인 말로서의 기개, 그리고 마부에 저항하는 말인 욕구가 그것들이
다. 여기서 플라톤은 마부로 비유되는 영혼을 불멸하는 것으로, 그리고 두말에 비유되는 기개와 욕구를
필사적인 것으로 본다(Phaidros, 246a~249d, 253c~254e. Timaios, 44a). 잘 알려진 것처럼 이러
한 영혼의 세 기능은 플라톤의 『국가(Politeia)』편의 소위 영혼삼분설을 통해 보다 진전된 영혼·신체
관을 보여준다(439e~441a). 이곳에서 플라톤은 『파이돈』편에서의 영혼 對 신체의 이원론적 입장 대
신 영혼을 '이성적 부분(logistikon)', '기개적 부분(thymoeides)' 그리고 '욕구적 부분(epithymetikon)'
과 같은 세 부분으로 나누면서, 후자의 기개적 그리고 욕구적 부분을 신체와 관련된 것으로 보기 때문이
다. 그리고 그는 신체와 관련되는 하위의 기개적 내지 욕구적 부분이 상위의 이성적인 영혼의 목적실현
에 기여할 수 있다고 본다. 이는 곧 플라톤이 영혼과 신체의 상호작용을 부정하지 않는 것으로 볼 수
있다. 이런 점에서 우리는 플라톤의 영혼과 신체관을 극단적인 이원론으로 규정하기 어렵다. 더 나아가
플라톤이 이데아를 직관할 수 있는 지식 획득에 감각이 일종의 사다리와 같은 지적 자극의 주된 역할
을 할 수 있다고 본 점에서 그의 견해는 분명 데카르트적인 심신이원론과 다르다. 플라톤의 후기 대화편
『티마이오스(Timaios)』편에서의 영혼과 신체관계를 고려하면 이러한 해석은 더욱 설득력이 있다. 플라
톤은 이 작품에서 인간의 이성적 영혼까지 공간적으로 위치 지어지는 것으로 말하고 있기 때문이다. 그
러나 지금까지 상술한 것을 염두에 두더라도 여전히 문제는 남는다. 그것은 무엇보다 플라톤이 영혼과

나 이러한 사실 때문에 플라톤과 아리스토텔레스의 영혼·신체관을 동일한 것으로 보는 데는 무리가 있다. 뒤에서 보다 자세히 설명되겠지만, 그것은 무엇보다 아리스토텔레스가 플라톤과 달리 영혼을 물질적인 신체와 분리된 것으로 간주하지 않기 때문이다. 아리스토텔레스가 보기에 플라톤은 한편으론 비물질적인 영혼을 물질적인 신체와 분리된 것으로 말하면서, 다른 한편으론 영혼이 신체의 운동의 원인이고 신체 속에서 변화한다고 말함으로써 모순된 입장을 보여준다. 달리 말해 플라톤은 영혼과 신체의 분리성과 결합을 함께 주장함으로써 양자의 상호작용에 관한 분명한 설명을 제시하지 못하고 있다는 것이다(DA, 406b25~407b26 참조).

앞으로의 논의 속에서보다 분명해지겠지만 아리스토텔레스는 영혼을 물질적인 것으로 보지도 않지만, 그렇다고 영혼을 신체와 분리시키지도 않는다. 이점에서 그는 데모크리토스와 플라톤의 영혼 신체관으로부터[3] 분명한 거리(distance)를 두고 있다. 그러면 아리

신체의 결합과 그 상호작용을 인정하면서도 끝내 이성적 영혼의 신체로부터의 분리를 강조하고 있다는 사실이다. 이것은 플라톤이 기본적으로 영혼의 온전한 기능은 어디까지나 신체에 내재해서가 아니라 신체로부터 분리된 실체가 될 때만 가능한 것으로 보고 있다는 점에서 그렇다. 이런 점에서 우리는 플라톤을 데카르트적인 극단적인 이원론자로 볼 수는 없지만, 그럼에도 불구하고 그의 입장은 영혼 중심주의적인 입장을 가진 것으로 보지 않을 수 없다. 예들 들어 『국가편』 10권에서 언급되고 있는 에르(Er)신화를 통해 알 수 있듯이 플라톤은 이성적 영혼이 신체로부터 분리되어 이후의 처벌과 벌에 따라 환생할 수 있음을 인정하고 있다. 이것은 플라톤의 영혼관이 오르페우스와 피타고라스의 영혼관과 완전히 단절되지 못했음을 보여준다. 이 점에서 플라톤은 영혼과 신체의 결합을 신비적인 관계로 남겨 둔다는 비난으로부터 자유로울 수 없을 것 같다(T. M. Robinson, "The Defining Features of Mind−Body Dualism in the Writings of Plato", *Psyche and Soma*, J. P. Wright and P. Potter(eds.,), Oxford 2000, pp.37~56 참조. T. M. Olshewsky, "On the Relations of Soul to Body in Plato and Aristotle", *History of Philosophy*, pp.391~404 참조).

3) 플라톤의 영혼중심주의적인 입장은 기본적으로 오르페우스교와 피타고라스학파의 영혼관에 영향을 받은 바가 크다. 오르페우스교에 따르면 인간은 디오니소스를 죽인 죄로 제우스에 의해 벼락을 맞고 타죽은 티탄의 재로부터 제우스에 의해 만들어졌다. 이것은 인간이 티탄적인 악의 요소, 즉 신체와 디오니소스적인 신적인 요소, 즉 영혼으로 이루어져 있음을 의미한다(DK1B13). 신적인 영혼이 인간 신체 속에 갇힌 것이다. 그래서 오르페우스교의 추종자들은 영혼의 신체로부터의 해방 그리고 일련의 생과 사, 환생이라는 윤회과정으로부터 벗어날 수 있기 위해 그들 자신만의 고유한 의식과 금욕주의를 강조한다. 피타고라스(학파)에게서도 영혼은 불멸하며, 또한 윤회하는 것으로 전해진다. 이들에게 영혼은 일종의 수적

스토텔레스 자신의 영혼과 신체에 대한 입장은 무엇일까? 아리스토텔레스의 질료형상설(hylomorphism)을 살펴보아야 할 이유가 여기에 있다.

비율에 따른 조화로써 그것은 죽음 이후에도 여전히 살아 있는 어떤 것이다. 크세노파네스의 보고에 따르면(Xenophanes, Fr.7) 피타고라스는 강아지를 때리는 사람을 저지하였다고 하는데, 왜냐하면 그 개의 소리를 들었을 때, 그것이 친구의 영혼임을 알았다는 것이다. 이것은 피타고라스가 영혼의 불멸성과 그 윤회를 믿었음을 말해 주며, 이런 점에서 그는 영혼중심주의적인 생각을 강하게 가졌다고 말할 수 있다(Kir, Raven and Schofield, *The Presocratic Philosophers*, Cambrdige Univ. Press, 1983, p.220).

3. 아리스토텔레스의 질료형상론적 영혼·신체관

아리스토텔레스에 따르면 '실체(ousia)'는 세 종류가 있는데, '질료 (hyle)'와 '형상(eidos)', 그리고 이 둘의 '복합체(synolon)'가 그것이다. 이때 질료는 '가능태(dynamis)'이고, 형상은 '현실태(entelecheia)'이 다. 그리고 아리스토텔레스는 여기서 가능태인 질료를 신체로, 현실 태인 형상을 영혼으로 말한다. 결국 모든 생명체는 이 두 실체인 질 료와 형상, 즉 신체와 영혼의 복합체로 정의된다(DA, 412a6~19). 그러면 복합체를 구성하는 영혼과 신체의 관계는 어떤 것일까? 『영 혼론』 2권에서 아리스토텔레스는 "밀랍과 그것에 새겨진 형태가 하 나인가의 물음이 필요 없듯이, 형상인 영혼과 질료인 신치가 하나인 가의 질문 역시 불필요하다"고 보면서 영혼신체일원론을 강조한다 (412b6~9). 이 밖에도 그는 영혼을 "생명을 잠재적으로 가지고 있는 자연적 신체의 제일 현실태" 또는 '실체(ousia)' 내지 '형상(eidos)' 또 는 '본질(to ti en einai)'로 정의한다(412a19~20, 27~28, 412b15~17). 이러한 표현들에서 알 수 있듯 아리스토텔레스에게서 영혼과 신체의 관계는 기본적으로 질료형상론적 관점에서 규정된다고 말할 수 있다. 질료는 형상을 통해 그 규정성을 부여받고, 형상은 질료 속에서만 그 목적을 실현할 수 있듯이, 영혼과 신체는 하나의 통일된 생명체를 이루기 위해 서로를 필요로 하는 것이다. 칸트적인 표현을 통해 말한다면, 신체 없는 영혼은 공허하고, 영혼 없는 신체는 맹목적인 것이다. 물론 아리스토텔레스가 형상의 질료로부터의 분리가능성을 부정하는 것은 아니다. 우리는 『영혼론』이나 『형이상학(Metaphysica)』과 같은 작품들에서 형상의 분리가능성에 관한 아리스토텔레스의 언급을 적잖이 발견할 수 있다(*DA*, Ⅲ9, 432a22 계속 참조. *MT*, 7, 1028a31~35, 1039b20~27). 그러나 이때의 형상의 질료로부터의 분리성 역시 어디까지나 개념적인 차원에서의 분리지, 존재론적인 차원에서의 분리를 인정하는 것으로 보기는 어렵다.[4] 이와 마찬가지로 영혼은 논리적으로 신체와 분리되어 생각될 수 있지만, 실재적으로 신체와 독립되어 그 기능을 행하기는 어렵다는 것이 아리스토텔레스의 기본적인 생각이다. 그러면 아리스토텔레스는 어떤 이유에서 비물질적인 영혼과 물질적인 신체가 하나임을 주장하는 것일까? 아래의 인용문을 통해 그 가능한 답을 모색할 필요가 있을 것 같다.

> "영혼의 영향받음은 또 다른 어려움을 제기한다. 이 모든 것들은 영혼을 가진 생물에 의해 공유되는 것인가, 아니면 영혼에만 고유한 어떤 것이 있는가? 이 질문은 반드시 다루어져야 하지만 답하기는 쉽지 않다. 예를 들어 분노, 용기, 욕구, 감각 일반 등 대부분의 경우에서 영혼은 신체가 없이는 영향을 주지도 영향

---

4) P. J. Van Der Eijk, "Aristotle's Psycho-Physiological Account of the Soul-Body Relationship", *Psyche and Soma*, J. P. Wright and P. Potter(eds), Oxford 2000, p.63. C. Witt, "Hylomorphism in Aristotle", *The Journal of Philosophy*, 84/11(1987), pp.673~79. W. F. R. Hardie, "Aristotle's Treatment of the Relation of the Between the Soul and the Body", *The Philosophical Quarterly*, vol.14/54(1964), pp.61~66 참조할 것.

을 받지도 않는 것으로 보인다. 특히 사고는 영혼에 고유한 것으로 보이지만, 만약 그것이 상상의 일종이거나 또는 최소한 상상 없이 존재할 수 없다면 그것은 신체 없이 존재할 수 없다(DA, 403a3~10)."

위 인용문에서 아리스토텔레스는 영혼과 신체의 관계를 자신의 질료형상론적 관점을 통해 두 가지 중요한 점을 주장하고 있다. 하나는 분노와 같은 감정 또는 감각작용 일반과 같은 영혼의 활동이 '신체 없이는(ouk aneu somatos)' 가능하지 않다는 것이다. 다른 하나는 영혼의 고유한 활동으로 볼 수 있는 '사고작용(to noein)' 역시 그것이 '상상(phantasia)'과 관련되어 있는 한에서 신체 없이는 이루어질 수 없다는 것이다. 그러나 아리스토텔레스의 이러한 주장은 그 강조에도 불구하고 그리 간단히 수용될 수 없는 다음과 같은 후속적인 물음들을 발생시킨다. 먼저 첫 번째 주장은 무엇보다 '영혼과 신체가 과연 어떤 인과적 메커니즘을 갖고 그 상호작용이 이루어지고 있는가' 하는 것이다. 앞에서 지적한 것처럼 이 물음에 관한 플라톤의 답변이 충분치 않은 것을 고려할 때 우리는 아리스토텔레스가 과연 영혼과 신체의 상호작용에 관한 보다 진전된 설명을 설득력 있게 제시하고 있는지 묻지 않을 수 없다. 두 번째 주장은 '영혼의 종류 중 식물적 영혼이나 감각적 영혼 외에 특별히 인간에게만 고유한 영혼의 종류로 말해지는 이성적 영혼이 과연 질료형상론과 조화될 수 있는가' 하는 것이다. 이것은 『영혼론』 3권 5장에서 언급되고 있는 '모든 것을 만드는(τῷ πάντα ποιεῖν)' 이성, 즉 소위 '능동이성(poietikos nous)'을 고려할 때 더욱더 동의하기 어려운 측면이 있다. 이곳에서 아리스토텔레스는 능동이성의 불멸성과 신체로부터의 분리성을 인정하는 것으로 보이기 때문이다. 위

인용문과 관련된 이러한 잇따른 물음들은 오늘날 우리로 하여금 아리스토텔레스의 질료형상론적 영혼·신체관을 그대로 수용하기 어렵게 만드는 아킬레스 건으로 작용하는 것 같다. 그래서 필자는 아래에서 이 두 문제들에 관한 논의를 좀 더 심도 있게 살펴보도록 하겠다.

1) 영혼과 신체의 상호작용성 문제

첫 번째 주장, 즉 신체 없이는 영혼의 활동과 작용이 어렵다는 아리스토텔레스의 주장은 일단 『영혼론』 403a16~19行에서도 다시 한 번 확인된다. 이곳에서 그는 "사랑과 미움, 분노, 온순함, 공포감, 동정심, 용기 그리고 즐거움 등과 같은 영혼의 모든 영향 받음은 신체와 관련된 것으로 보인다. 왜냐하면 그것들과 동시에 신체도 영향을 받기 때문이다"라고 말하면서 영혼과 신체의 공통적인 영향 받음을 강조하고 있다. 이러한 언급 뒤에 그는 계속해서 영혼과 신체의 밀접한 관계를 감정에 관한 자연학자와 논리학자의 견해를 비판하면서 보다 분명히 한다. 즉 자연학자는 분노를 심장 주변의 피의 끓어오름 또는 뜨거움으로 정의하는 반면, 논리학자는 그것을 복수하려는 욕구의 종류로 각각 정의한다는 것이다. 그러나 아리스토텔레스가 보기에 이들의 이러한 설명은 단지 전자는 질료만을, 후자는 형상만을 말한다는 점에서 분노에 관한 일면적인 정의에 불과하다(DA, 403a20~b3 참조). 왜냐하면 분노는 심장의 피 끓음이라는 신체의 질료적 측면과 고통을 고통으로 되돌려 주려는 영혼의 형상적 측면, 이 두 측면이 결합되어 나타난 감정으로 이해되어야 하기 때문이다.

그런데 우리는 여기서 아리스토텔레스가 이러한 영혼과 신체의 공통적인 영향받 음을 양자의 임의적인 결합이 아닌 특정한 방식을 통해 이루어지는 것으로 보고 있다는 점에 주목할 필요가 있다. 이것은 위에 언급한 분노에 관한 논의가 이루어지는 부분에서의 전후맥락을 통해 알 수 있다. 이곳에서 아리스토텔레스는 한편으론 영혼의 영향 받음을 '신체 안에서 실현된 로고스(logoi enuloi)'로, 다른 한편으론 영혼의 형상이 실현되기 위해선 그것이 필히 '적절한 질료 내부에(en hylei toiadi)' 있어야만 함을 강조하고 있다. 이 말은 영혼이 지향하는 목적을 실현시킬 수 있기 위해선 그것이 임의적인 질료가 아닌, 특정한 질료와 결합해야 하고, 그 결합관계는 필히 영혼이 신체 속의 로고스가 됨으로써 가능하다는 것으로 이해할 수 있다.5) 즉 영혼과 신체의 상호작용이 양자의 특정한 구조

---

5) 여기서 '이때의 적절한 질료를 어떻게 이해해야 하는가'의 문제가 제기될 수 있다. 아리스토텔레스는 도 끼나 톱의 형상, 즉 본질을 '자를 수 있는 능력'으로 말한다(DA. 412b12～17. MT. 7. 1044a26～ 29). 그런데 이것은 도끼나 톱의 질료가 쇠일 때 가능하다. 그렇다면 나무와 같은 재료는 분명 자를 수 있는 힘을 갖고 있지 않기 때문에 도끼의 본질을 실현할 수 있는 적절한 질료가 될 수 없을 것이다. 그 런데 문제는 '이때의 도끼의 본질이 반드시 쇠라는 질료와 결합해서만 그 목적이 실현될 수 있을까' 하 는 것이다. 분명 쇠가 아닌. 금도끼나 은도끼 역시 쇠도끼만큼 자를 수 있는 능력을 능히 가진 것으로 보인다. 더 나아가 다이아몬드로 만들어진 도끼의 경우 쇠도끼보다 월등한 도끼로서의 기능을 수행할 수 있을 것으로 생각된다. 그렇다면 소위 '기능주의자들(functionalists)'이 주장하는 것처럼 도끼의 형상은 자를 수 있는 능력을 가진 어떠한 질료와 결합해서도 그 기능을 발휘하는 데 문제가 없을 것으로 보인 다. 이것은 영혼의 활동과 작용이 복수의 질료 속에서도 실현 가능함(multiple realisation 또는 compositional plasticity)을 의미하는 것으로 해석될 수 있다(M. C. Nussbaum and H. Putnam, "Changing Aristotle's Mind", Essays in Aristotle's De Anima. M. Nussbaum and A. O. Rorty(eds.,). Oxford 1992, pp.27～56 참조). 아리스토텔레스는 과연 기능주의자들이 주장하는 것처럼 형상의 복수 실현가능성을 인정한 것으로 볼 수 있을까? 아리스토텔레스가 금이나 다이아몬드 또는 날카로운 돌이 도끼의 본질로 써의 자를 수 있는 기능을 행할 수 있는 자연적인 질료가 됨을 부정하였을 것 같지는 않다. 그러나 주어 진 환경 속에서 대부분의 경우에 있어 자연적으로 구할 수 있는 재료는 아무래도 다이아몬드나 금이 아 닌 쇠가 될 것이다. 그런데 이 문제를 도끼와 같은 인공물을 통해 영혼을 가진 생명체에 적용하는 데는 아무래도 적절치 않은 점이 있기 때문에, 이보다는 본문에서 언급한 분노와 관련된 심장의 경우를 생각 해 보는 것이 문제해결에 도움이 될 것 같다. 이는 오늘날 고도로 발달된 현대의료기술에 의해 제공되는 인공심장이 자연적인 심장의 역할을 대신하고 있는 현실에 보다 적합한 예가 될 수 있기 때문이다. 그렇 다면 아리스토텔레스는 인공심장이 자연적인 심장을 대신하여 분노와 같은 영혼의 활동에 충분히 조응

적 관계 속에서 이해되어야 한다는 것이다. 예를 들어 심장의 떨림이라는 생리적 현상이 사랑이나 두려움이 아닌 분노의 감정으로 발현되기 위해선 영혼이 불의를 행한 가해자에 대한 복수를 지향케 할 수 있는 신체의 특정한 형식이 되어야 한다는 것이다. 이것은 마치 형상에 의해 규정되지 않은 질료는 단순한 무형적인 물질적 덩어리에 불과한 것처럼, 영혼의 특정한 형식에 의해 규정되지 않은 신체는 생기 없는 물질에 불과한 것과 같기 때문이다. 요컨대 아리스토텔레스는 영혼을 '신체 안에서 실현된 로고스(logoi enhuloi)'로 말하면서 영혼에 의한 신체의 규정성을 강조하는 것으로 해석할 수 있다. 그러나 여기서 우리가 주의해야 할 것은 이것이 곧 영혼의 신체에 대한 일방적 규정으로만 이해되어서는 곤란하다는 것

할 수 있는 것으로 보았을까? 그가 현대의 의학적인 경험적 데이터에 관한 정보를 인지하였다면, 분노와 같은 영혼의 감정 역시 그것이 자연적인 심장이든 인공심장이든 복수의 질료 속에서 그 기능이 실현될 수 있음을 부정하였을 것 같지 않다. 그러나 필자는 아리스토텔레스가 말하는 적절한 질료의 의미가 이런 방식으로 이해되어야 하는가에 대해선 다분히 회의적이다. 그것은 이때의 '적절한'이라는 말이 무엇보다 '자연성(physis)'의 의미와 관련지어 이해될 필요가 있기 때문이다. 다시 말해 이때의 '적절한'의 의미는 '자연적인' 질료의 의미로 이해되어야 하고, 이것은 운동과 변화의 원리가 그 자체 내에 존재함을 의미한다. 아리스토텔스적인 개념으로 말한다면 이때의 질료는 형상의 목적을 가장 최선으로 실현할 수 있는 가능성을 가진, 그러한 자연적인 기관으로 이해되어야 한다는 것이다. 노인이나 기형아의 경우처럼 그 기능이 결여된 심장을 가졌을 경우 인공심장이 오히려 영혼의 목적을 더 잘 실현할 수 있을 것이다. 그러나 이것은 테흐네(techne)의 산물로써 그 동인이 어디까지나 제작자와 같은 외적인 것이다. 그러나 아리스토텔레스가 염두에 두는 것은 어디까지나 '자연에 따라 이루어지는 것(kata physin)'이며, 이것은 정상적인 건강을 담보하고 있는 어른의 심장으로 이해되어야 한다는 것이다. 대부분의 경우에 영혼의 활동은 자연적인 신체 속에서 그 목적이 가장 잘 발휘될 수 있기 때문이다. 그가 영혼을 어디까지나 자연적 신체의 제일 현실태로 정의하고 있는 이유가 바로 이것이다. 필로포노스와 심플리키우스가 강조하는 것처럼 아리스토텔레스에게 있어 형상은 그에 '고유한 질료(epitedeia hyle)'와 결합해서만 자연적인 목적을 가장 잘 실현할 수 있는 것이다(Philoponos, *Eis to B tes Aristoelous Physikes akroaseos, Comm. in Aristot. Gr.*, XVI, Vitelli, pp.229~307. Simplikios, *Eis to B tes Aristotelous physikes akroseos hypomnema ho esti deuteron, Comm. in Aristot. Gr.*, IX, p.305 계속). 질료와 형상의 자연적 결합에 관한 논의와 관련해선 D. Moukanos, *Ta kath' auto aitia ton physei onton*, Athena 1993 참조할 것. 이 밖에도 F. D. Miller, "Aristotle's Philosophy of Perception", *Proceedings of the Boston Area Colloquium in Ancient Philosophy*, vol.15(1999), pp.177~213. S. M. Cohen, "Hylomorphism and Functionalism", *Essayn on Aristotle's De Anima*, M. C. Nussbaum & A. O. Rorty, Oxford 1992, pp.57~73. 유원기, "아리스토텔레스의 심신론은 기능주의인가?", 철학연구, 47집(1999), pp.245~264 참조할 것.

이다. 아리스토텔레스가 도끼나 톱의 예들을 통해 말하고 있는 것처럼(DA, 412b12~17. MT, 7, 1044a26~29) 도끼나 톱의 형상, 즉 '자를 수 있음'이라는 본질이 실현되기 위해선 그 질료가 나무가 아닌 쇠가 되어야 하는 것처럼, 영혼은 그 기능을 온전히 발휘하기 위해 그에 고유한 적절한 신체와 결합되어야 하기 때문이다. 이것은 마시고자 하는 욕구가 어떤 면에서 신체에서의 탈수현상에 의한 갈증의 유발이라는 신체의 생리적 변화에 의해 야기되는 것으로 볼 수 있는 것과 같다. 아래의 인용문은 이러한 해석을 뒷받침한다.

> "사랑과 미움, 분노, 온순함, 공포감, 동정심, 용기 그리고 즐거움등과 같은 영혼의 모든 영향 받음은 신체와 관련된 것으로 보인다. 왜냐하면 그것들과 동시에 신체도 영향을 받기 때문이다. 1) 강하고 분명한 영향 받음이 발생할 때, 아무런 노여움이나 두려움을 보이지 않는 경우가 있다. 2) 반면에 때로는 화를 낼 때와 마찬가지로 신체가 분노의 상태에 있을 때, 사소하고도 불분명한 원인들에 의해 사람들이 움직여지기도 한다. 3) 훨씬 더 명백한 증거가 있다. 왜냐하면 사람들은 때로는 두려움을 유발하는 것이 전혀 없이도 공포감을 느낄 때와 같은 영향 받음을 경험하기도 한다(DA., 403a16~24).

위 인용문 첫 부분에서 아리스토텔레스는 일단 영혼과 신체의 공통적인 영향받음을 주장한다. 그 다음에 그는 인용문 1)부터 3) 부분까지에 걸쳐 영혼과 신체의 관계를 특히 신체의 관점을 통해 양자의 구조적 관계를 설명한다. 우선 내용상 1) 부분과 2) 부분은 공통적으로 신체의 역할에 중심을 두고 있지만, 그 상태는 상반된 경우로 제시된다. 후자의 경우는 신체가 극도로 흥분한 분노상태에 있을 경우, 우리의 영혼이 사소한 일에도 과도하게 반응하는 경우라면, 전자는 이와 달리 신체가 차분히 안정 상태에 있을 경우 영혼이 별 반응을 보이지 않는 경우다. 1)의 경우 예를 들어 우울증이 심한 사람은 신체 내의 검은 체액이 과도하게 많음으로써 목전에 아무리 엄청난 사건이나 현상이 나타나더라도 기대되는 감정의 표현을 보이지 않는 경우와 같다(*De Mem.*, Ⅱ, 453a14~25. *De Insom.*, Ⅲ, 461a22. *De Div.*, Ⅱ, 463b15~17, 464a32~464b4. *EN.*, Ⅶ7, 1150b25~26, Ⅶ14, 1154b11~13). 2)의 경우는 그 반대로 열병에 걸려 신체가 극도로 흥분한 상태에 있을 경우 뜻밖의 과도한 감정을 보일 경우다. 3)의 경우는 신체의 온도나 맥박이 급격히 떨어졌을 때 그전에는 전혀 우리에게 위험하지 않은 것들이 갑자기 두려움의 대상으로 나타나는 경우라 말할 수 있다. 예를 들어 고열로 인해 헛소리를 하는 사람이 벽에 그려진 동물에 유사한 약간의 형태를 보고 그것을 동물로 생각하는 것과 같다. 이러한 현상은 심하게 아프지 않은 경우 단순히 허상에 불과한 것이지만 신체가 극도로 안 좋은 상태일 경우 영혼이 공포감을 느끼는 경우다(*De Insom.*, 460b11~16). 상술한 것을 종합할 때 우리는 한편으론 영혼이 특정한 신체의 형식이 됨으로써 신체운동의 원인이 될 수도 있지만, 그 반대로 신체의 생리적 변화가 영혼의 영향받음의 원인이 될 수도 있음을 알 수 있다. 다시 말해 영혼과 신체의 관계가 어느 한쪽의 일방향적인 것이 아니라 어디까지나 쌍방향적 관계에서 이해되어야 한다는 것이다. 이것은 앞서 언급한 복수의 욕구라는 영혼의 감정이 자연론자들이 말하는 것처럼 영혼 자체만의 활동으로만, 그렇다고 논리론자들이 주장하는 것처럼 신체의 생리적 변화로 모두 환원되어서는 안 되는 것과 같다. 그것은 영혼의 심리적 측면과 신체의 생리적 측면의 상호작용에 의한 질료형상론적 관점에서 접근

되어야 하는 것이 보다 올바른 이해가 될 수 있다.

그러나 형상인 영혼과 질료인 신체의 상호작용이 구체적으로 어떤 인과적 메커니즘을 갖고 이루어지는지 또는 영혼은 어떻게 신체 속에서 운동을 일으키는 것인지 또는 운동을 일으키는 것이 영혼의 어떤 부분인지는 아직까지 불명확한 아포리아들로 남아 있다. 우리는 과연 이러한 물음들에 대한 아리스토텔레스의 충분하면서도 납득할 만한 답변을 기대할 수 있을까? 일단 아리스토텔레스는 이에 관한 설명을 『영혼론』에서는 제시하지 않는 것으로 생각된다. 그러나 우리는 영혼의 심리적 활동과 신체의 생리적 활동의 상호작용과정에 대한 아리스토텔레스의 보다 구체적인 설명을 그의 생물학 관련 작품들에서 발견할 수 있다. 무엇보다 아리스토텔레스의 『동물운동론(De Motu Animalium)』이 '영혼이 어떻게 신체 속에서 운동을 일으키는가'에 관한 중요한 정보를 제공하고 있다. 특히 아리스토텔레스는 同書 7권에서 동물을 자동인형에 비유하면서, 자동인형이 줄과 이것의 걸이 못에 의해 움직여지듯이 동물은 힘줄과 뼈를 통해 움직인다고 말한다. 그리고 그는 동물들의 부분이 더 커지고 작아지는 것이 뜨거움과 차가움, 그리고 이로 인한 팽창과 축소라는 각각의 변화에 의해 이루어지는 것으로 말한다. 더 나아가 아리스토텔레스는 배의 키를 약간만 움직임으로써 배의 방향이 크게 바뀔 수 있는 것처럼, 이러한 뜨거움과 차가움 그리고 이와 유사한 성질의 변화가 특히 심장 주위에서 발생할 때, 비록 그것이 감각할 수 없는 심장의 작은 부분에서 일어난다 하더라도, 그것은 얼굴이 붉어지거나 또는 창백해지거나 혹은 몸을 떨거나 아니며 그 반대의 경우처럼 신체내의 다양하면서도 큰 차이를 발생시키는 것으로 말한다(*MA.*, 701b1～32 참조). 이런 이유로 아리스토텔레스는 '필연적으로(ex anagkes)' 또는 '거의 대부분의 경우에(panta schedon)' 영혼의 심리적 현상은 그에 상응하는 신체에서의 생리적 변화를 수반하거나(akolouthei) 또는 함께한다고 말한다(701b34～702a1). 달리 말해 감각이나 상상 또는 사고와 같은 영혼의 작용은 필히 신체에서의 열과 냉기를 수반하고, 이것이 다시 신체의 부분들을 변화시켜 움직인다는 것이다. 요컨대 영혼의 심리적 변화와 생리적 변화는 상호 보완적인 것으로서 한 가지 현상의 두 가지 측면이 된다는 것이다.[6) 그러면 아리스토텔레스는 신체의 어떤 부분이 이것을 행할 수 있는 것으로 보았을까?

위의 물음에 대해 아리스토텔레스는『동물운동론』9장에서 영혼에 운동을 전하는 원리 내지 원인은 신체의 중간지역에 있다고 말한다(702b15～16). 그리고 신체의 중간에 위치한 이 원리의 주위가 감각작용에 의해 변화되고 바뀔 때, 이것과 이웃한 부분들 역시 팽창 내지 축소되는 방식에 의해 운동이 필연적으로 발생하는 것으로 말해진다(702b21～25). 우리는『동물운동론』10장에서 아리스토텔레스가 이러한 중간지역을 심장에 있는 프뉴마(pneuma)로 말하고 있음을 알게 된다. 프뉴마는 일종의 질료적 특성을 가진 뜨거운 공기(*MA*, 703a14～16. *PA*, Ⅲ4, 667a27～9)로서 '타고난 것'(to pneuma to symphyton, *MA.*, 703a10. *GA*, V2, 781a24)이다. 그는 이러한 프뉴마를 생명활동에 필요한 열에너지이자, 영혼의 도구로서

---

6) P. K. Sakezles, "Aristotle and Chrysippus on the Physiology of Human Action", *Apeiron*, vol. 31/2(1998), pp.134～135. G. Freudenthal, *Aristotle's Theory of Material Substance*, Oxford 1999, pp.126～148 참조할 것.

그 열기와 냉각을 통해 영혼의 다양한 기능을 실현하는 것으로 말한다(MA., 10, 703a10 계속 참조. GA, Ⅱ4, 740b24 계속 참조). 이러한 프뉴마는 또한 피와 함께 심장에 가득 차 있으며, 동물의 힘의 원천이 된다(703a9∼16. PA, Ⅲ4, 667a27∼29). 왜냐하면 이 프뉴마가 뜨거워지거나 차가워질 때, 그것은 팽창되거나(auxanesthai) 수축하게(sustellesthai) 되고, 이것이 힘줄이나 뼈와 같은 연관된 신체의 부분을 밀거나 당기기 때문이다(MA, 9, 702b23∼703a19. PA, Ⅲ4, 666b14∼18). 이와 같이 프뉴마는 일련의 신체내의 연결된 부분들에 영향을 주어 그들 사이의 연쇄적인 작용을 시작게 하며, 그래서 마침내 동물의 전체적인 운동을 일으킨다는 것이다.[7] 결국 아리스토텔레스에게서 프뉴마는 영혼의 운동의 '수단(to organon, MA., 703a20)'으로서 우리의 욕구대상에 대한 지향과 회피를 가능케 하는 신체운동의 원인이 된다고 말할 수 있다(MA., 703b14∼15).

감각작용에 관한 아리스토텔레스의 설명 역시 이러한 프뉴마를 통해 보다 잘 이해될 수 있다. 그에 따르면 감각작용을 통해 '질료를 뺀 감각적 형상들(ta aistheta eide aneu tes hyles)'을 수용한 우리의 감각기관은 프뉴마를 통해 감각적 형상을 심장으로 전달하는 매체가 된다. 이와 관련하여 아리스토텔레스는『꿈에 관하여』에서 "어떤 것이 열기의 작용에 의해 열기를 얻게 되며, 그것은 인접한 것에 열기를 전달하고, 이것은 마침내 시작점까지 전달된다. 그러므로 감각의 경우에도 이와 같으니, 현실적으로 일어나는 감각은 일종의 질적 변화이기 때문이다(De Insom., 2, 459b1∼5)"라고 말하

---

7) P. K. Sakezles(1998), pp.137∼138.

고 있다. 이때 심장에 전달되는 열기는 분명 프뉴마가 될 것이며, 시작점은 심장이 될 것이다. 이런 식으로 아리스토텔레스에게서 감각작용이란 프뉴마가 후각이나 청각과 같은 감각기관의 통로를 거쳐 혈관속의 프뉴마의 운동으로 되어, 그것이 다시 심장에까지 전달됨으로써 일어나는 반응이라 말할 수 있다. 그리고 이러한 심장으로 유입된 프뉴마는 다시 그 열기와 냉각, 이로 인한 프뉴마의 팽창과 축소에 의해 힘줄과 뼈를 밀고 당김으로써 그것이 연속적으로 사지를 움직이게 하는 신체의 운동으로 나타난다는 것이다. Freudenthal 이 말하는 것처럼[8] 결국 혈관에 있는 프뉴마만이 감각기관을 통해 수용된 감각적 형상이 어떻게 심장에까지 전달될 수 있는가를 설명할 수 있다(*HA*, 3, 19, 520b12 계속. *PA*, 656b19 계속 참조).

상술한 것을 통해 인간 영혼의 운동과정을 정리해 본다면 다음과 같이 말할 수 있다. 먼저 욕구대상이나 감각대상은 공기나 빛과 같은 중간매체를 통해 감각기관으로 이동하고, 그 다음에 감각기관의 통로에 있는 불완전한 프뉴마를 통해, 그것이 혈관 속의 피에 있는 프뉴마로 전달되고, 이러한 프뉴마는 처음에 뇌 주위를 돌아, 다음에 심장으로 이동한다고 말할 수 있다. 그리고 이렇게 심장 속에 유입된 감각적 형상들은 심장 속의 프뉴마의 열기와 차가움에 의해 팽창되거나 축소됨으로써 다시 힘줄과 뼈를 밀거나 당기고, 결국 이러한 운동이 팔다리와 같은 신체의 부분들을 움직이는 것으로 말할 수 있다. 물론 여기서 아리스토텔레스는 프뉴마의 뜨거

---

8) Freudenthal에 따르면, 이것은 두 가지 이유에서 그렇다. 첫째는 피는 심장에 있는 영양분의 혼합에 의해 만들어져서 혈관을 통해 밖으로 흐르기 때문에, 어떤 피도 심장 밖으로부터 심장으로 들어갈 수 없다. 둘째는 피는 그 자체가 신체 속에 있는 영양분의 형태이기 때문에, 피 자체가 우리로 하여금 감각하게 할 수는 없다. 즉 피는 감각작용의 필요조건에 불과하다는 것이다[G. Freudenthal(1999), pp.131~134].

움과 차가움이 어떻게 신체의 부분인 힘줄과 뼈 그리고 팔다리를 움직이는지에 관한 상세한 설명을 하고 있지는 않다. 그러나 이것이 곧 아리스토텔레스에 대한 평가절하로 간주되어서는 곤란할 것 같다. 그것은 지금까지 우리가 살펴본 것처럼 프뉴마를 통한 영혼과 신체 사이의 운동의 전이과정에 관한 아리스토텔레스의 단계론적인 설명이 고대 희랍인들의 영혼-신체론을 보다 객관적이면서도 체계적으로 정립하는 데 크게 기여한 바를 결코 부정할 수 없기 때문이다. 그러면 아리스토텔레스의 이러한 프뉴마를 통한 영혼과 신체의 상호작용에 관한 설명이 과연 영혼의 고유한 활동으로 말해지는 사고작용에도 그대로 적용될 수 있을까? 필자는 아래에서 아리스토텔레스의 질료형상론과 사고작용 사이에 존재하는 긴장관계가 어떻게 해소될 수 있는지를 계속해서 살펴보도록 하겠다.

2) 질료형상론과 사고작용

잘 알려진 것처럼 아리스토텔레스는 『영혼론』 여러 곳에서 영혼의 어떤 부분이 신체와 분리될 수 있는 가능성을 조심스럽게 열어두고 있다. 그리고 우리는 『영혼론』 3권 5장에서 언급되고 있는 '능동이성(poietikos nous)'이 이러한 영혼의 신체로부터의 분리가능성을 보여주는 가능한 경우가 될 수 있는 것으로 볼 수 있다. 아리스토텔레스는 능동이성의 신체로부터의 독립성과 불멸성에 관해 말하고 있기 때문이다(DA, 430a10~25. GA, 736b27~9). 그러나 능동이성이 아리스토텔레스에게서 정확히 어떻게 이해되어야 하는

지의 최종적인 평가는 그것이 정작 어떤 종류의 사고활동인지, 그리고 그것이 정말 존재론적으로 신체와 완전히 단절된 후에도 온전히 그 기능을 담보할 수 있는지에 관한 별도의 심도 있는 이론적 검토를 필요로 하는 것 같다. 그런데 여기서 간과해선 안 될 점은 이미 이 장의 초반 인용문에서 언급된 것처럼 아리스토텔레스가 여전히 『영혼론』 여러 곳에서 사고작용의 '심적 표상들(phantasmata)'에의 의존성을 인정하고 있다는 사실이다. 문제는 아리스토텔레스가 사고작용이 필요로 하는 이러한 심적표상들의 인식론적 출처를 기본적으로 감각작용을 통한 감각적 형상에 의존하는 것으로 말하고 있다는 사실이다.[9] 그렇다면 이것은 달리 말해 사고작용의 신체에의 간접적인 의존성을 의미하는 것으로 이해할 수 있다. 즉 사고작용의 독립된 작용이 인정될 수 있다 하더라도 그것은 어떤 식으로든 신체적 요소 ─ 그것이 신체 전체든 아니면 신체의 특정한 부분에 의해서든 ─ 에 의해 조건 지어지거나 영향을 받고 있음이 부정될 수 없다는 것이다. 그러면 아리스토텔레스는 어떤 점에서 사고의 기능과 활동이 신체의 생리적 상태로부터 자유롭지 않은 것으로 보았을까?

이 물음에 대한 가능한 답변을 우리는 다행히도 아리스토텔레스의 생물학 관련 작품들 속에서 발견되는 다음의 예들을 통해 제시

---

9) 잘 알려진 것처럼 아리스토텔레스에게서 상상은 인식론적 종류 중에서 간단히 규정하기 어려운 복잡한 기능을 담당하고 있다. 그러나 상상에 관한 규정이 간단치 않음에도 불구하고 우리는 상상의 대상이 되는 phantasmata가 기본적으로 감각작용을 통해 획득된 감각적 형상의 일종이라고 말할 수 있다. 그리고 이러한 phantasmata가 우리의 영혼 안에서 일련의 심적 표상이 되어 그것에 대한 사고작용이 이루어진다고 말할 수 있다. 그렇다면 사고작용과 같은 영혼의 활동은 그 대상의 시작이 기본적으로 감각작용을 통해 이루어짐을 알 수 있고, 이것은 간접적으로 신체와 분리된 것이 아니라고 말해야 할 것이다 (D. K. Modrak, "Aristotle on Thinking", *Proceedings of the Boston Area Colloquium in Ancient Philosophy*, vol.2(1987), pp.211~216 참조).

할 수 있다. 먼저 아리스토텔레스는 『동물부분론』에서 지적인 사고작용을 피나 뇌 그리고 심장과 연관시켜 설명하고 있다. 그의 설명에 따르면, 피의 질적인 차이가 사고능력의 차이를 가져오는데, 그 피가 따뜻하고, 순수한 경우가 가장 사고능력을 잘 발휘케 할 수 있다. 또한 사고의 여러 혼란은 뇌가 신체의 열기를 식히는 데 실패했을 때 발생하며, 따라서 인간의 사고 활동은 심장의 열기와 뇌의 차가움이 조화를 이루었을 때 가장 탁월하게 발휘될 수 있다고 말해진다(*PA*, 653b3~8. *GA*, 744a26~31). 더 나아가 그는 횡격막 주위나 감각기관에 따뜻한 습기가 남아 있게 되면 그것이 지적인 혼란(tarattein)과 변화를 불러일으킴으로써 '회상(anamnesis)'과 같은 지적인 활동을 방해한다고 말한다(*PA*, 672b28~31. *De Mem.*, 453a15~31). 이 밖에도 아리스토텔레스는 과도한 감정이나 신체적 질병 또는 수면 부족과 같은 신체적 상태가 사고작용을 흐리게 한다고 말한다(*DA*, 429a5~8). 아리스토텔레스의 설명에 따르면 이 밖에도 나이의 상태나 감각기관의 종류 또는 신체의 움직임의 여부가 사고 능력의 발휘에 직간접적인 영향을 주는 것으로 말해진다(*HA*, 588a31~588b3. *DA*, 408b19~31. *De Sen.*, 437a15~17. *Ph*, 247b1 계속 참조). 이러한 몇 가지 예들은[10] 아리스토텔레스에게서 지적인 사고활동이 신체의 생리적 요소와 결코 무관하게 이루어지지 않음을 알 수 있게 한다.

더 나아가 우리는 아리스토텔레스가 인간이 다른 동물보다 더

---

10) 이에 관한 보다 상세한 설명은 P. J. Eijk, "The matter of Mind", *Aristotelsche Biologie*, W. Kullmann and S. Follinger(eds), Stuttgart, 1997, pp.231~258 또는 동일인(2000), pp.69~77 참조할 것.

지적이거나 또는 어떤 사람이 다른 사람보다 우수한 사고능력을 소유하게 된 주요한 요인을 결코 신체와 무관한 것으로 보지 않았다는 중요한 텍스트적 논거를 발견할 수 있다. 그 하나는 『영혼론』 2권 9장에서(421a18 계속 참조) 언급되고 있는 인간의 발달된 '촉각(aphe)'에 관한 설명이다. 여기서 아리스토텔레스는 인간이 다른 동물보다 부드러운 피부를 갖고 있기 때문에 동물 중 가장 발달된 촉각을 갖고 있다고 말한다. 그리고 이러한 부드러운 피부의 예민함이 신체 속의 피의 신속한 흐름을 가능케 하고, 이것이 다시 모든 감각을 통합하는 공통감각에 전달됨으로써(*De Som*, 455a23계속. *HA*, 494b16~18. *PA*, 660a8~13), 결과적으로 사고작용에 기여한다는 것이다. 이것은 인간의 사고작용이 촉각과 같은 신체적 특성과 밀접한 관계를 갖고 이루어짐을 의미한다.

사고작용과 신체와의 밀접한 관계에 관한 다른 하나의 중요한 텍스트적 논거는 『동물부분론』 4권 10장에서 발견되고 있는데, 이 부분은 비록 길지만 전부 인용될 가치가 있을 것 같다.

"인간은 앞발과 앞다리 대신에 팔과 손을 가진다. 왜냐하면 인간만이 직립할 수 있는(orthon) 유일한 동물이고, 이것은 인간본성과 본질이 신적이기 때문이다. 가장 신적인 것의 기능은 사고하고 숙고하는 것이다(to noein kai phronein). 그러나 이것은 위에서 내려누르는 무거운 신체를 갖고 있을 경우 쉽지 않다. 무게가 사고와 공통감각의 활동을 어렵게 하기 때문이다. 그래서 신체의 부분과 그 무게가 지나치게 무거울 경우, 신체는 필히 땅을 향해 앞으로 기울어져야만 한다. 따라서 안정을 위해 자연은 네발짐승에게 팔과 손 대신에 앞발을 주었다. 걷는 모든 동물들은 두 개의 뒷발을 가져야만 하고, 앞에서 언급한 그러한 동물들은 네발짐승이 되었는데, 이것은 그들의 영혼이 압박하는 무게를 떠받칠 수가 없었기 때문이다. 사실상 인간과 비교하여 다른 모든 동물들은 난장이와 유사하다… 이것이 또한 모든 동물들이 인간보다 덜 지적인 이유이다. 심지어 인간들 중의 성인과 비교하여 아이들 그리고 성인들 중 난장이와 같은 본성을 가진 성인들은 그들이 비록 다른 힘을 우월하게 가지고 있다 할지라도 사고능력에 있어서는 어쨌든 그들은 열등하다(PA, 686a25~b26)."

위 인용문에서 알 수 있듯 아리스토텔레스는 인간만이 직립자세를 가진 유일한 동물로 말하면서, 이러한 신체구조가 인간의 사고작용을 가장 탁월하게 발휘하게끔 하는 데 기여한 것으로 말한다. 그리고 이러한 신체의 직립자세는 우연적인 것이 아니라 '자연(physis)'이 인간에게 어떤 목적을 성취할 수 있게끔 브여한 본성으로서 그것은 사고작용과 같은 신적인 활동을 가능케 하기 위한 것으로 말한다. anthropos, 즉 '인간'이란 말이 '위를 향하여(ano)' '도약하는(throsko)' 존재라는 희랍어 어원을 통해 짐작할 수 있듯이 인간은 머리를 위로 들어 로고스적 조화와 아름다움을 보여주는 '우주(kosmos)'와 천체에 대한 '관조적 활동(theoria)'을 행할 수 있는 유일한 형이상학적 존재다. 아리스토텔레스적 관점에서 볼 때 인간이 이처럼 월하계의 유일한 이성적 동물이 될 수 있었던 것은 인간의 머리를 지탱하는 몸통 그리고 다시 그것을 떠받치는 하반신이 비례적인 조화관계를 이루어 직립적 자세를 유지할 수 있었기 때문에 가능한 것이었다.

상술한 두 가지 경우는 신체의 질료적 요소가 사고작용에 중요한 변수로 작용함을 알 수 있게 해준다. 즉 아리스토텔레스는 신체적 요소가 사고작용과 같은 영혼의 심리적 활동을 용이하게 하거나, 지지하거나 또는 방해할 수 있는 중요한 조건이 됨을 강조하고 있다는 것이다. 물론 앞에서 말한 것처럼 신체 속의 프뉴마가 어떻게 사고작용과 같은 영혼의 활동에 기여하는가에 대한 아리스토텔레스의 구체적인 설명이 발견되지는 않지만 그럼에도 불구하고 분명한 것은 '신체의 건강한 상태가 영혼의 사고작용을 성공적으로 수행하는 데 기여한다(ASICS, anima sana in corpore sano)'는 것이다. 그러나 Eijk이 강조하는 것처럼 여기서 오해되지 말아야 할 중요한 점이 있다. 그것은 아리스토텔레스에게서 사고작용을 포함한 영혼의 모든 활동과 작용이 신체의 물리적 내지 생리적 요소로 환원되는 것으로 이해되어서는 안 된다는 점이다. 우리가 아리스토텔레스를 데모크리토스와 같은 기계론적 원자론자로 또는 알크마이온이나 히포크라테스와 같은 신체생리주의자로 규정할 수 없는 이유가 여기에 있다. 이것은 앞에서 누차 강조했듯이 분노의 감정이 단순히 심장의 피 끓음으로만 이해해서는 안 되고, 인간의 복수의 감정이라는 영혼의 측면이 함께 고려되어 이해되어야 하는 것과 같다. 아리스토텔레스에게 있어서 인간은 신과 같은 완전한 이성적 존재도 아니며, 그렇다고 동물처럼 신체의 본능에만 의존하는 존재가 아니다. 인간은 동물과 신의 중간에 위치한 존재로서 영혼과 신체의 통일체인 것이다. 소크라테스는 신체만에 의한 감각적 개체도 아니고, 그렇다고 영혼만에 의한 사고적 개체도 아니다. "감각하고 욕구하고 그리고 사고하는 주체는 어디까지나 영혼과 신체의 통일체인 '인간(anthropos)'으로서의 소크라테스인 것이다(DA, I4, 408b11~15, 408b25~27)."[11] 이것이 우리가 아리스토텔레스의 질료형상론적 인간관에 특별한 의미를 부여해야 하는 중요한 이유다.

---

11) 인간개념을 자아(self)와 연관시켜 보는 견해는 J. Owens, "The Self in Aristotle", *Review of Metaphysics* 41(1988), pp.702~722. 특히 713~4. 이 밖에도 C. Kahn, "Sensation and Consciousness in Aristotle's Psychology", Barns, Schofield, and Sorabji(eds), *Articles on Aristotle*, vol.4, London, pp.1~31 참조할 것.

4. 질료형상론적 영혼신체관의 윤리, 정치적 의미

지금까지 우리는 아리스토텔레스의 영혼·신체관이 기본적으로 그의 질료형상론적 관점에서 이해되어야 함을 살펴보았다. 이제 필자는 이 글의 시작 부분에서 제기한 두 번째 아포리아, 즉 아리스토텔레스의 질료형상론적 영혼－신체관이 어떤 가치론적 의미를 가질 수 있는지를 논의해 보도록 하겠다. 이것은 인간을 영혼과 신체의 통일체로 보는 아리스토텔레스의 질료형상론적 영혼·신체관이 단순히 인식론적 내지 존재론적 영역에만 국한되는 것이 아니라 더 나아가 그의 윤리, 정치적 인간관에도 중요한 토대로 작용되는 것 같기 때문이다. 그래서 아래에서 필자는 이에 관한 논의를 먼저 아리스토텔레스의 '덕윤리(virtue ethics)'와 관련될 문제를 검토하면서 시작해 보도록 하겠다.

아리스토텔레스의 아레테(arete)에 관한 논의, 즉 덕론(aretologia)은 그의 영혼에 대한 분류와 밀접한 관계를 갖는다. 그에 따르면 우리의 영혼은 크게 '이성을 가진 부분(logon echon)'과 '이성을 갖지 않은 부분(to alogon)'으로 대별되는데, 전자와 관련된 덕이 '지적인 덕(dianoetike arete)'이고, 후자와 관련된 덕이 '성품적 덕(he ethike arete, he tou ethous arete)'이다(*EN*, Ⅱ~Ⅵ 참조).12) 여기서 지적인 덕은 가르침을 통해, 그리고 성품적 덕은 '습관에 의해(ex ethous)' 갖게 된다(EN, 1103a15~17). 그런데 이때 성품적 덕이 '본성에 의한(physei)' 것이 아니라 '습관(ethos)'을 통해 획득된다는 그의 언급은 그리 쉽게 이해되지 않는 것 같다(1103a15~1110b30). 성품적 덕의 습관에의 의존성에 관한 강조가 덕과 인간 본성의 관련성을 배제하는 것으로 보이기 때문이다. 그러나 이것은 아리스토텔레스가 들고 있는 돌과 불의 경우를 통해 알 수 있는 것처럼 수용되기 어려운 주장이다. 왜냐하면 돌과 불은 각각 아래와 위로 향하는 본성을 갖고 있는데, 이것을 인위적으로 그 반대의 방향으로 계속적으로 향하게 한다 할지라도, 그 본성적 방향이 바뀔 수는 없기 때문이다(*EN*, 1103a21~24). 이와 마찬가지로 인간의 본성이 애초부터 덕으로 정향 지어질 수 있는 가능성이 배제된다면, 인간이 아무리 습관을 통해 성품적 덕을 갖고자 해도 그것은 불가능할 것이다. 그렇다면 우리는 성품적 덕이 '본성에 따라(kata physin)' 이루어지는 것도 아니지만 그렇다고 '본성에 반해(para physin)' 이루어지는 것도 아니라고 말해야 될 것이다. 성품적 덕과 본성 그리고 습관의 관계는 과연 어떻게 이해되어야 할까? 아리스토텔레스의 다음과 같은 말은 이 문제에 대한 해결의 실마리를 제공한다. "본성은 우

---

12) 아리스토텔레스의 성품적 덕에 관한 보다 자세한 설명은 D. N. Koutras, "He aristotelike antilepse gia ten ethike arete", *He aristotelike ethike kai hoi epidraseis tes*, D. N. Koutras(ed.), Athena 1996, pp.137~150 참조할 것.

리로 하여금 성품적 덕들을 수용할 수 있는 능력을 주었다, 그리고 이 능력이 습관에 의해 현실화된다(EN, 1103a24~26)." 이 말은 달리 말해 인간의 본성이 덕과 악으로 향할 수 있는 일종의 '가능태(dynamis)'임을 의미한다. 즉 인간은 태어날 때부터 다른 짐승과는 달리 덕을 행할 수 있는 '자연적 덕(physike arete)'을 갖추고 있다는 것이다. 그리고 이러한 자연적 덕은 저절로 '완전한 뜨는 현실태적 덕(he kyrios arete 또는 arete energeia)'이 될 수 있는 것이 아니다. 아리스토텔레스에 따르면 자연적 덕은 완전한 성품적 덕이 되기 위해 '습관(ethos)'과 '이성(logos)'을 또한 필요로 한다. 즉 한편으론 '실천지(phronesis)'와 같은 올바른 이성과 다른 한편으론 반복적인 습관의 과정이 필요하다는 것이다. 그래서 아리스토텔레스는 참된 의미에서의 덕을 행하기 위해서는 다음의 세 가지 조건을 충족시켜야 한다고 강조한다(EN, 1105a29~35). 그것은 첫째 알아야 하고, 둘째로 행위자체가 목적이 되는 것을 선택, 결정에 의해 행해야 하고, 마지막으로 확고한 성품에 근거해서 행해야만 한다는 것이다. 그렇기 때문에 우리는 도둑이나 강도도 때로 올바르고 선한 일을 행할 수 있으나, 이것은 앞의 세 가지를 충족시켜 이루어진 것이 아니기 때문에 덕스럽게 행한 것으로 말할 수 없다. 이것은 덕스런 행위가 무엇보다 행위 주체의 확고하면서도 한결같은 에토스(ēthos), 즉 성품에 근거해서 이루어져야 함을 의미한다.

그러면 인간이 가능태적으로 갖고 태어나는 자연적 덕은 어떻게 악이 아닌 덕으로 현실화될 수 있을까? 필자는 여기서 아리스토텔레스가 덕을 통한 인간의 도덕적 발달이론에 그의 질료형상론적 영혼신체관을 중요하게 고려하고 있다고 생각한다. 물론 우리는 아

리스토텔레스가 자신의 질료형상론을 윤리학 관련 작품들에 정형
화된 방식으로 적용시켜 설명하고 있다고 보기는 어렵다. 그러나
아래의 몇몇 언급들은 질료형상론적 영혼신체관이 도덕적 영역에
도 중요하게 고려되고 있음을 알 수 있게 해준다.

> "어떤 도덕적 행위들은 신체로부터 나오는 것으로 보인다. 그리고 많은 경우에
> 성품적 덕은 이러한 영향받음과 밀접하게 관계되는 것으로 생각된다(EN, X8,
> 1178a14~16)."

> "인간이 도덕적으로 선하기 위해선 다른 동물의 본성이 아니라 인간 본성을 가
> 져야만 하는데, 이것은 신체와 영혼의 어떤 특질(poion tina)을 가져야만 한다는
> 것이다(Pol., Ⅶ13, 1332a40~42)"

위의 인용문들에서[13] 아리스토텔레스는 성품적 덕을 갖춘 '유덕
한 인간(phronimos)'이 되기 위해선 인간적인 본성을 가져야 한다고
보면서, 그것을 영혼 그리고 신체와 관련시키고 있다. 더욱이 흥미
로운 점은 많은 경우에 성품적 덕들이 신체로부터 나온다는 것이
다. 이러한 말들은 어떻게 이해되어야 할까? 일단 필자가 생각하기
에 아리스토텔레스는 본성이란 말을 영혼의 측면과 신체의 측면으
로 나누어 생각하는 것 같다. 다시 말해 질료적 본성을 신체로, 형
상적 본성을 영혼으로 보면서 양자가 성품적 덕의 획득에 중요한
영향을 미치는 것으로 본다는 것이다.

먼저 신체적 요소가 성품적 덕과 관련이 된다는 논거는 특히 『동
물발생론(De Generatione Animalium)』에서 발견된다. 이곳에서 아

---

13) 이 밖의 다른 논거들은 다음을 참조할 것. NE Ⅳ9, 1128b10~15, Ⅶ3, 1147a14~18, 1147b6~9,
X8, 1178a14~16.

리스토텔레스는 남성과 여성의 생리적 차이를 피의 상태에서 찾고 있다. 그의 설명에 따르면 여성은 남성에 비해 수동적이고, 비활동적인데, 이것은 남성이 뜨거운 피를 갖는 반면에 여성은 차가운 피를 갖기 때문이다(*GA*, IV6, 775a34 계속 참조). 그리고 아리스토텔레스는 이러한 신체 속의 차가운 피가 여성으로 하여금 두려움을 갖게 하고, 이런 이유로 여성은 용기가 결여되어 있다고 말한다. 잘 알려진 것처럼 용기라는 덕은 만용과 비겁의 중간이지만 좀 더 정확하게 말하면 만용에 가까운 것으로 볼 수 있다. 그렇다면 아리스토텔레스가 보기에 이것은 기본적으로 행위자의 신체의 피가 뜨거운 상태에 있을 때보다 용기로운 행위를 보여줄 수 있다는 것이다. 이처럼 아리스토텔레스는 여성과 남성의 다른 덕의 소유를 신체적 본성과 관련되어 있는 것으로 본다(HA, 608a11~608b18. *PA*, 650b27~33). 더 나아가 아리스토텔레스는 이러한 관점에서 정의나 절제와 같은 여타의 다른 성품적 덕들 역시 어떤 식으로든 신체의 적절한 상태가 영혼과 조화될 때 비로소 중용에 따른 실천이 가능한 것으로 보았다고 말할 수 있다.[14)]

질료형상론적 영혼신체관이 덕과 밀접한 관련성을 가진다는 점은 아리스토텔레스의 아크라시아(akrasia)에 관한 논의에서도 확인될 수 있다. 그에 따르면 알고서도 자제하지 못함으로써 그릇된 행위를 하는 아크라시아 현상은 기본적으로 신체와 관련되는 감각적 욕구에 기인하는 바가 크다(NE, 7권 2장 참조).[15)] 『니크마코스 윤

---

14) T. J. Tracy, *Physiological Theory and the Doctrine of the Mean in Plato and Aristotle*, The Hague and Paris 1969, p.276 계속 참조.

15) 아크라시아에 대한 상세한 논의는 ㅇㅇㅇ, "소크라테스의 아크라시아 불가능성 논제에 대한 아리스토텔레스의 비판", *철학*, 72집(2002), pp.125~151 참조할 것.

리학』 7권 5장에서 알 수 있듯이 아리스토텔레스는 '단것을 먹지 말라'는 금지하는 보편지를 알고 있더라도, 여기에 단것이 있을 경우 '단것은 쾌락을 가져다 준다'라는 단것에 대한 감각적 욕구 때문에 먹는 행위가 발생할 수 있다고 본다(1147a24~b3. *Ph*, 247a1 계속 참조). 이것은 욕구가 신체의 개별적인 부분들을 움직일 수 있기 때문이다. 앞의 프뉴마에 관한 논의를 통해 추측할 수 있듯이 쾌락에 대한 감각적 욕구가 신체에 전달되고, 이러한 신체의 피 속에 있는 프뉴마에 의해 신체의 부분들의 운동이 뇌를 거치지 않고 즉각적으로 일어나기 때문이다. 아리스토텔레스에 따르면 이러한 자제하지 못함의 현상은 마치 신체의 부분이 마비된 환자가 신체의 부분들을 오른쪽으로 돌리려고 하나 왼쪽으로 돌아가는 것과 같다(*EN*, 1102b18~23). 이것은 과도한 성욕이나 기개가 심장을 강하게 끓게 만듦으로써 냉철하게 생각하지 못하게 하고 덕에 따른 행위를 하지 못하게 하는 경우와 같다. 아리스토텔레스가 소크라테스의 아크라시아를 비판하는 이유도 소크라테스가 바로 쾌락에 대한 신체적 욕구의 중요성을 간과했기 때문이다(*EN*, Ⅵ13, 1144b17~1145a11). 아리스토텔레스에 따르면 올바른 행위는 이성뿐만 아니라 올바른 욕구가 일치되지 않으면, 알고서도 얼마든지 그릇된 행위를 할 수 있기 때문이다. 이것은 성품적 덕이 목표로 하는 중용의 적중은 인간의 질료적 요소인 신체와 밀접하게 관련되어 있고, 그렇기 때문에 한 인간의 도덕적 성품 형성의 성공 여부가 영혼과 신체의 조화관계에 따라 결정될 수 있음을 의미한다.

그런데 상술한 아리스토텔레스의 질료형상론적 틀에서 이해된 덕론은 이상하게도 모순된 결과를 야기하는 것으로 판단된다. 그것은 앞에서 이미 강조한 것처럼 아리스토텔레스가 습관과 교육을 성품적 덕의 획득에 매우 중요한 방법으로 말하고 있는데, 그렇다면 '왜 그는 이러한 훈련과정을 여자나 노예를 포함한 모든 인간에게 적용시키고 있지 않는가' 하는 것이다. 이것은 아리스토텔레스가 그의 작품 여러 곳에서 "따라서 우리가 어렸을 때부터 이런 저런 습관방식에 의해 훈련을 받는 것은 작은 차이가 아니라, 아주 큰 차이를 결과 시킨다. 아니 그것은 전부(to pan)다(EN, Ⅱ1, 1103b23~25)" 또는 "입법가의 임무 역시 시민들을 선하게 되도록 습관화 시키는 것(EN, Ⅱ1, 1103b3~4)이다"와 같은 표현을 고려할 때 더욱더 이해하기 어렵다. 왜냐하면 이러한 말들은 여자나 노예의 질료적 본성 즉 신체성이 완전한 시민인 성인 남자보다 열등하다 해도, 교육과 좋은 습관화에 의해 덕으로 재정향될 수 있는 가능성이 분명 있는 것으로 볼 수 있기 때문이다. 인간의 본성은 돌과 불처럼 굳어진 것이 아니기 때문이다. 필자가 생각하기에 여기서 아리스토텔레스는 자신의 질료형상론적 영혼·신체관을 윤리적 내지 정치적 영역에 적용하는 것을 포기하든가, 아니면 자신의 덕론을 포기하든가 하는 딜레마에 처한 것 같다. 만약 전자라면 그의 질료형상론적 영혼·신체관은 인식론적 영역과 같은 매우 제한된 영역에만 타당한 이론으로 평가절하되어야 하며, 그렇지 않고 후자인 경우 아리스토텔레스는 실천적 문제와 관련해선 계급적 내지 성(gender)적인 더 나아가 인종적인 편견을 가진 철학자로 간주되어야 할 것이다. 필자가 생각하기에 아리스토텔레스는 후자에 가깝다. 이런 점에서 아리스토텔레스는 자신의 덕론에서 습관과 교육의 중요성을 극히 제한된 인간, 즉 아테네 성년남자에만 적용시켰다는 비판에서 자유롭지 못하다.

그러나 달리 생각해 보면 아리스토텔레스는 자신의 덕론을 현실에 적용하는 것이 그리 녹록지만은 않다는 현실적인 판단을 했을 것이라는 해석도 일면 가능하다. 즉 여자와 본성적 노예가 처한 현실적 제약을 완전 배제할 수 없었다는 것이다.16) 그것은 이들이 주로 가사나 수공업과 같은 신체를 움직이는 일에 전념함으로써 '여가(schole)'를 확보할 수 없었고, 그래서 이것이 결국 그들의 신체와 영혼의 조화를 통한 덕의 연마로 이어질 수 없었다는 것이다. 다시 말해 그들이 불완전하게 가능태적으로 갖고 태어난 본성, 즉 신체성 내지 영혼성이 덕으로 인도될 수 있기 위해선 신체를 일상적인 삶의 필수적 노동으로부터 자유롭게 해 줄 사회적 조건이 마련되었어야 하는데 당시의 현실은 그렇지 못했다는 것이다. 이것은 달리 말해 아리스토텔레스의 질료형상론적 영혼신체관이 여전히 덕을 통한 인간의 도덕적 발달을 설명해 줄 수 있는 유용한 이론임을 반증하는 것으로 이해할 수 있다.

지금까지 상술한 것을 통해 결론적으로 필자는 다음과 같이 말할 수 있을 것 같다. 첫째는 아리스토텔레스의 질료형상론적 영혼신체관에 따르면 인간은 영혼과 신체의 통일체인 총체적 인간으로 이해되어야 한다는 것이다. 인간은 사고작용과 같은 영혼의 활동을 통해 순수사고를 할 수 있는 신적인 존재가 될 수 있지만, 다른 한편으로 신체적 조건의 제약을 받는 가사적 존재라는 것이다. 이런 점에서 "우리는 가능한 한 불사적인 존재가 되어야 하며 그래서 우

---

16) J. K. Ward, "Aristotle on Physis", *Polis*, 22/2(2005), pp.305~307. 000, "아리스토텔레스에 있어서 자연적 정의와 권리의 문제", *철학연구*, 65집(2004), pp.96~98. J. Annas, "Aristotle on Human Nature and Political Virtue", *Aristotle Critical Assessments*, L.P.Gerson(ed.,), Vol.4, Routlege, London, pp.48~63 참조할 것.

리 속에 있는 가장 주된 것(이성)에 따라 살도록 모든 것을 행해야만 한다"는 아리스토텔레스의 말은(EN, Ⅹ7, 1177b34∼35) 우리의 목적이 죽음을 통해 가능한 한 빨리 그리고 분명하게 신체로부터 영혼을 탈출시켜야 하는 것으로 이해되어서는 곤란하다. 아리스토텔레스에게서 신체는 영혼의 수단으로써 영혼이 이데아와 같은 영원한 세계에 이르렀을 때 버려져야 할 사닥다리가 아니다. 둘째는 아리스토텔레스의 질료형상론적 관점에서 보았을 때 '인간이란 무엇인가(ti esti anthropos)'의 물음에 대한 데카르트 이후의 심−신 관계론적 답변은 기본적으로 잘못 설정된 물음에 근거하고 있다는 것이다. 그것은 아리스토텔레스에게서 "인간은 신체나 영혼 어느 하나만에 의해서 자기 자신이나 다른 사람과 비교하여 더 인간이 되거나 덜 인간(ouk mallon kai hetton anthropos)이 되는 것이 아니기 때문이다. 즉 인간은 실체(ousia)로서 인간이었고, 인간이고, 인간일 것이기 때문이다(Cat, 5, 3b32∼4a9)."

참고문헌

1차 문헌

Aristoteles, *De Anima*, Oxford 1959.

_____, *De Motu Animalium*, Oxford 1955.

_____, *De Partibus Animalium*, Oxford 1972.

_____, *Ethica Nicomachea*, Oxford 1970.

_____, *Parva Naturalia*, Oxford 1955.

_____, *Metaphysica*, Oxford.

Plato, *Opera* I ~ IV, Oxford, 1900~1907.

2차 문헌

손병석, "소크라테스의 아크라시아 불가능성 논제에 대한 아리스토텔레스의
      비판", *철학*, 72집(2002), pp.125~151.

_____, "아리스토텔레스에 있어서 자연적 정의와 권리의 문제", *철학연구*, 65
      집(2004), pp.75~100.

유원기, "아리스토텔레스의 심신론은 기능주의인가?", 철학연구, 47집(1999),
      pp.245~264.

조대호, "고대 그리스 철학의 생물학적 이론들에 대한 연구", 철학, 68집
      (2995), pp.197~226.

Annas, J., "Aristotle on Human Nature and Political Virtue", *Aristotle Critical
      Assessments*, L. P. Gerson(ed.,), Vol.4, Routlege, London, pp.48~66.

Cohen, S. M, "Hylomorphism and Functionalism", *Essayn on Aristotle's De Anima*, M. C. Nussbaum & A. O. Rorty, Oxford 1992, pp.57~73.

Der Eijk, P. J. Van., "Aristotle's Psycho—Physiological Account of the Soul—Body Relationship", *Psyche and Soma*, J. P. Wright and P. Potter(eds.,), Oxford 2000, pp.57~77.

_____, "The matter of Mind", Aristotelische Biologie, W. Kullmann and S. Follinger(eds), Stuttgart, 1997, pp.231~258.

Freudenthal, G., *Aristotle's Theory of Material Substance*, Oxford 1999.

Hardie, W. F. R., "Aristotle's Treatment of the Relation of the Between the Soul and the Body", *The Philosophical Quarterly*, vol.14/54(1964), pp.53~72.

Kahn, C., "Sensation and Consciousness in Aristotle's Psychology", Barns, Schofield, and Sorabji(eds), *Articles on Aristotle*, vol.4, London, pp.1~31.

Koutras, D. N., "He aristotelike antilepse gia ten ethike arete". *He aristotelike ethike kai hoi epidraseis tes*, D.N.Koutras(ed.,), Athena 1996, pp.137~150.

Miller, F. D., "Aristotle's Philosophy of Perception", *Proceedings of the Boston Area Colloquium in Ancient Philosophy*, vol.15(1999), pp.177~213.

Modrak, D. K., "Aristotle on Thinking", *Proceedings of the Boston Area Colloquium in Ancient Philosophy*, vol.2(1987), pp.209~241.

Moukanos, D., *Ta kath' auto aitia ton physei onton*, Athena 1993.

Nussbaum, M. C. and Putnam, H., "Changing Aristotle's Mind", *Essays in Aristotle's De Anima*, M. Nussbaum and A.O. Rorty(eds), Oxford 1992, pp.27~56.

Olshewsky, T. M., "On the Relations of Soul to Body in Plato and Aristotle", *History of Philosophy*, pp.391~404.

Owens, J., "The Self in Aristotle", *Review of Metaphysics* 41(1988), pp.702~722,

Raven, K. and Schofield, *The Presocratic Philosophers*, Cambrdige Univ. Press, 1983.

Robinson, T. M., "The Defining Features of Mind—Body Dualism in the Writings of Plato", *Psyche and Soma*, J.P.Wright and P. Potter(eds), Oxford 2000, pp.37~56.

Sakezles, P. K., "Aristotle and Chrysippus on the Physiology of Human Action", *Apeiron*, vol. 31/2(1998), pp.127~165.

Tracy, T. J., *Physiological Theory and the Doctrine of the Mean in Plato and*

Aristotle, The Hague and Paris 1969.

Ward, J. K., "Aristotle on Physis", *Polis*, 22/2(2005), pp.287～308.

Witt, C., "Hylomorphism in Aristotle", *The Journal of Philosophy*, 84/11(1987), pp.673～79.

홉스와 루소의 인간관*
: 심신 관계에 대한 가치론적 고찰

최준호

* 이 논문은 2005년도 정부(교육인적자원부)의 재원으로 한국학술진흥재단의 지원을 받아 수행된 연구임
(KRF-2005-079-AM0016).

1. 들어가는 말

욕망에서 벗어난 삶이 삶의 전범(典範)으로 간주되던 때가 있었다. 오늘날 사정이 많이 달라졌음은 주지하는 바와 같다. 욕망의 추구, 그것도 무한한 욕망의 추구야말로 삶의 본래적인 모습이라는 주장이 거침없이 유포되고 있는 듯하다. 상당히 팽배해 있는 삶에 대한 이러한 태도의 직접적 연원을 얘기할 때, 우리는 흔히 르네상스 시대의 인간상을 끌어들이곤 한다. 오랜 기간에 걸친 편견과 부정적 시각을 걷어내고 인간의 욕망을 다시금 긍정적으로 보기 시작했을 뿐만 아니라 무엇보다도 근대적 인간의 욕망관이 움튼 시기가 르네상스기라고 볼 경우, 그와 같은 일은 일면 자연스러워 보인다.

그런데 욕망, 그것도 근대적 개인의 욕망의 무한한 추구라는 문제가 철학의 영역에서 본격적으로 대두된 것은 17세기에 들어서서이며, 그 중심에 홉스가 위치하고 있다. 이러한 사실은 흔히 생각하기 쉬운 것과 달리 홉스의 철학이 르네상스 시대의 철학에 대한 비판을 담고 있으며, 더 나아가서는 르네상스 시대의 철학과는 근본적으로 다른 사유 방식에 입각해 있음을 함축한다. 동시에 이는 철학 문화와 (예술을 중심으로 하는) 문화 일반의 흐름 간에는 일정한 긴장이 흐르고 있음을 의미하는 것이기도 하다.

우리는 홉스의 철학과 르네상스의 인간상이 잘 조응하는 것으로 간주하면서 홉스의 철학을 르네상스 혹은 르네상스 철학의 단순한 연장선상에 위치 짓기 쉽다. 그러나 그럴 경우 거기에는 간과할 수 없는 단순화가 동반하게 된다. 르네상스 철학이 그 주제나 방법론적 측면에서 스콜라철학의 영향에서 여전히 벗어나지 못했던 반면에, 홉스의 철학은 스콜라철학과는 근본적으로 다른 논의 차원에서 있기 때문이다.

한편 루소는 홉스의 인간관을 직접적으로 비판하면서, 새로운 인간상을 제시하고 있다. 그는 자신의 욕망에만 골몰하는 인간의 모습보다는 동료의(혹은 타인의) 아픔과 불행을 함께 나누고자 하는 인간의 모습을 강조한다. 그는 이 후자의 측면을 인간 본성의 부차적인 요소로 보고 있지 않다. 게다가 그는 인간의 불행은 그것이 훼손되는 것과 궤를 같이한다고 보고 있다. 우리는 여기서 무르익은 계몽주의 철학의 한 유형을 만나게 된다.[1] 문명사를 퇴락의 과정으로 본 선구적 사상가 중 한 사람으로 간주되는 루소의 견해에도 당대의 주도적인 철학적 사유가 매개되어 있다. 홉스의 인간관

---

1) 그래서 카시러는 루소를 '계몽주의의 진정한 아들'이라고 일컫고 있다. 카시러(E. Cassirer), 『르네상스 철학』(박완규 옮김), 민음사, 1995, 6장, 365쪽. 철학에서 17세기에 들어 전통과 권위에 대한 거침없는 비판이 자연스러운 것으로 자리를 잡게 되며, 18세기 들어서는 그러한 태도가 자신 자신에게로까지, 즉 자기 비판으로까지 이어진다. 이러한 계몽주의 철학의 특징에 대해서는 다음을 참조할 것. 카시러(E. Cassirer), 앞의 책, 1장, 참조.

에 대한 루소의 비판에는 전통과 권위에 대한 비판뿐만 아니라 그러한 비판에 대한 비판이 자유롭게 허용되던 이른바 계몽주의철학의 정신이 스며들어 있다.

본 논문은 욕망 및 동정심을 중심으로 홉스·루소의 인간관을 살펴보고, 거기에 담긴 심신관을 가치론적 관점에서 추적하고자 한다. 이를 통해 근대의 인간관에 담긴 심신론의 한 축을 가치론적으로 조망해 보려고 한다. 이때 홉스나 루소 당대의 철학 문화의 주도적 흐름(당대 철학의 중심적 문제)에 주목하려고 한다. 홉스·루소의 인간관·심신관이 당대의 철학 문화와 매개되어 있다는 사실을 분명히 하지 않고 그들의 인간관·심신관을 가치론적으로 조명하고자 할 경우, 그러한 시도는 자칫 좌표 없는 항해처럼 될 수 있다고 생각하기 때문이다.

예를 들어 홉스의 경우 그의 인간관·심신관을 그의 정치철학이나 혹은 당시의 현실정치와 관련하여 살펴보더라도, 그로부터 그가 유물론적 일원론의 인간관·심신관을 견지해야 한다는 주장이 직접적으로 도출되지는 않는다. 이 경우 위와 같은 사실을 분명히 하지 않는다면 그의 인간관·심신관의 가치론적 특성에 대한 연구는 방향성을 상실하기 십상이다.[2]

논문은 이러한 사실을 직시하면서, 홉스·루소의 인간관·심신관에는 당대의 지배적인 철학적 사유의 흐름이 매개되어 있다는 사실을 분명히 함으로써, 그들의 인간관·심신관을 가치론적 관점에서 적절하게 위치 짓는 데 기여하고자 한다.

---

2) 물론 이러한 주장을 일반화하기는 어렵다. 경우에 따라서는 어떤 특정한 철학자의 심신관이 그의 정치철학 및 당대의 정치적 역학관계와 관련하여 수미일관되게 가치론적으로 규명될 수도 있기 때문이다.

2. 욕망(desire)과 자기 보존: 홉스의
인간관·심신관

1)

   홉스 철학이 유물론 철학이라는 사실은 잘 알려져 있다. 그는 아리스토텔레스의 목적론적 운동 개념을 거부하고 있다. 그 대신에 갈릴레이의 기계적인(역학적인) 운동 개념을 받아들인다. 여기에 물체 개념이 더해져 있다. 이 두 개념에 기초해서, 그는 자연·인간·사회에 관한 자신의 철학을 전개하고 있다. 즉 그는 모든 것을 물체의 역학적인 운동, 즉 물체의 자극과 반작용으로 설명한다.[3]

   홉스에 따르면, 인간의 사고(thought)의 뿌리는 우리가 감각(sense)이라 부르는 것이다. 감각기관에서 그 기원을 갖지 않는 어떤 개념도 우리 마음(mind)에 존재할 수 없다. 감각의 원인은 외부 사물(객체)이다. 감각적이라고 불리는 특성을 지닌 모든 것은 객체 속에

---

3) 많은 경우 홉스의 철학은 운동과 물체 두 개념으로부터 수미일관된 체계를 이루고 있는 것으로 간주되곤 한다. 이와 관련해서는 한자경(1993)을 참조할 것. 그러나 그의 철학에도 수미일관성만으로는 해결되지 않는 여러 문제가 놓여 있다. 이와 관련해서는 다음을 참조할 것. Sorell, T.(ed), *The Cambridge Companion to Hobbes*, Cambridge Univ. Press, 1996. pp.86~107.

놓여 있다. 우리들의 사고는 객체라고 불리는 물체의 어떤 특성 혹은 속성의 표상이다.[4] 이처럼 홉스에서 인간의 인식은 전적으로 대상 혹은 물체로 환원된다. 인식과 관련하여 주목할 만 한 점은 홉스가 철학의 영역을 인과관계로부터 결과하는 가시적인 지식으로 한정하고 있다는 점이다. 이는 홉스 철학이 기본적으로 스콜라 철학과의 단절을 함축하고 있음을 말해 준다.[5]

홉스는 동물에게 있는 두 가지 특별한 운동에 대해 말한다. 첫째는 생명운동(vital motion)이라고 부르는 운동이다. 이는 피가 흐르고, 숨을 쉬고, 맥박이 뛰는 것과 같은 운동을 말한다. 두 번째는 자발적 운동(voluntary motion)이라고 부르는 운동이다. 이는 우리가 어디에 간다든지 혹은 어떤 말을 한다든지 또는 어떤 특정한 행동을 한다든지 하는 운동을 말한다. 이 운동은 전자의 운동과 달리 '할 것인가 말 것인가' 혹은 '어떤 방식으로 할 것인가' 또는 '무엇을 할 것인가'에 관한 사고(생각)에 의존하는 운동이다.

이러한 운동에서 최초의 미세한 출발, 즉 걷고, 말하고 하는 등의 운동이 본격화되기 이전의 미세한 운동이 바로 의도(endeavour)이다(*Leviathan*, pp.38~39). 의도가 그것을 낳게 한 것으로 향할 때 이를 욕망(desire)이라 한다. 이에 반해 그것이 그것을 낳게 한 것으

---

4) T. Hobbes, *Leviathan, in: The Collected Works of Thomas Hobbes* Ⅲ, (ed.) Molesworth, W. S., Routledge, 1992(이하에서 인용할 경우 *Leviathan*으로 적고 쪽수 적음). pp.1~3.

5) 홉스는 지식의 종류를 크게 두 가지로 나눈다. 어떤 사실에 관한 직접적인 지식(knowledge of fact)과 인과관계 속에 놓여서 그로부터 결과하는 지식(knowledge of consequence)으로 나눈다. 전자는 무조건적(absolute) 지식이라고 부르고, 후자는 조건적(conditional) 지식이라 부른다(*Leviathan*, p.71). 홉스는 이 후자의 지식(체계)을 학문(science) 혹은 철학(philosophy)이라고 일컬으며, 그것은 이러한 지식의 영역을 벗어나서는 안 된다고 말하고 있다. 철학은 인과개념에 의존하는 가시적인 것의 영역에 머물러야 한다는 것이다(*Leviathan*, pp.71~73).

로부터 벗어나려고 할 때, 이를 혐오(aversion)라 한다. 인간이 욕망하는 것이 사랑이며, 혐오하는 것이 증오(hate)이다(*Leviathan*, p.40).

그런데 인간에게 욕망을 낳게 하는 것과 혐오를 낳게 하는 것이 항상 동일할 수는 없다. 왜냐하면 인간의 몸은 끊임없는 변화 속에 놓여 있기 때문이다. 하물며 어떤 동일한 대상을 욕망하는 것에 대해서 모든 사람이 동의한다는 것은 더욱 가당치 않은 일이다(*Leviathan*, p.41).

홉스는 선·악 개념도 이러한 견해의 연장선상에서 설명한다. 선이란 그 대상이 무엇이든지 간에 인간에게 쾌를 낳게 하고 그래서 욕망의 대상이 되는 것을 의미한다. 이에 반해 악이란 불쾌를 낳게 하고 그래서 혐오의 대상이 되는 것을 말한다. 선·악 개념도 물질적 과정에 붙여진 이름에 불과하다.[6] 과거 도덕철학자들의 주장과 달리 인간이 마땅히 도달해야 할 어떤 특정한 최고선은 존재하지 않는다고 홉스는 본다.[7] 쾌를 주면 선이고, 고통을 주면 악일 뿐 본래부터 선·악으로 규정된 것은 없다.

홉스는 욕망을 어떤 좋음에 의해서 야기되는 것으로 보는 견해를 거부한다. 다시 말해 선한 것이야말로 가장 욕망할 만한 것이라고 보는 견해를 거부한다. 그는 거꾸로 가장 욕망할 만한 것을 선으로 정의한다. 그는 선을 욕망활동의 기능으로 이해한다.[8]

이처럼 홉스는 인간의 실천적·윤리적 것 역시 궁극적으로 물질

---

6) 유물론자인 홉스에게 정신적인 실체나 보편적 본질 같은 것은 이름(name)에 불과하다. *Leviathan*, 4부, 46장 pp.672~677, 참조.

7) *Leviathan*, p.85. 목적론적 운동 개념에는 이미 최고선이 규정되어 있다. 모든 존재자가 궁극적인 목적에 도달한 상태, 즉 조화의 상태가 그것이다.

8) Rapaczynski, A., *Nature and Politics*, Cornell Univ. Press, 1989. p.31.

적인 것으로, 물질적인 운동으로 환원될 수 있다고 본다. 주목해야 할 점은 그렇더라도 '어떤 물체가 선한 것인가' 하는 것은 그 물체와 관계하는 '개인에 따라서(with relation to the person)' 달라진다고 보고 있는 점이다(*Leviathan*, p.41).

홉스는 인간의 다양한 정서 혹은 정념들(passions) 역시 이러한 관점에서 설명하고 있다. 더 나아가 숙고(consideration)나 혹은 의지(will)에 대한 규정 역시 마찬가지이다. 간단하게 말해서 인간의 욕망과 혐오, 선·악 등이 물체의 자극에 대한 인간 내부의 반응의 결과에 다름 아니라고 보는 것과 마찬가지로, 숙고나 의지 역시 외부 물체의 자극에 반응하는 인간 내부 반응의 특별한 혹은 특정한 국면에 다름 아니라는 얘기다.

홉스가 보기에 지복(felicity)이라는 것도 인간이 순간순간 욕구하는 것을 획득하는 데 끊임없이 성공하는 것을 의미하며, 인간에게 마음의 영원한 평정심과 같은 것은 존재하지 않는다. 삶 자체는 끊임없는 운동이기 때문에, 욕망 없는 (또는 혐오 없는) 삶은 가능하지 않다는 것이다(*Leviathan*, p.51).

본래적인 인간(자연 상태의 인간)은 이처럼 욕망에 좌우되는 인간이다. 그것은 끊임없는 쾌의 추구를 향해서 돌진하는 이기적 존재자의 모습이다. 무한한 욕망의 추구에는 정해진 목표점이 존재하지 않는다. 굳이 그 목표점을 말해야 한다면, 그것은 자기 보존(self-preservation)이라고 말할 수 있을 뿐이다.

물론 홉스는 인간의 이타적 측면에 대해서도 말하고 있다. 예를 들면 그는 자비(benevolence), 자선(charity)이라든가 동정심(pity, compassion) 등에 대해서도 언급하고 있다.[9] 그러나 이에 대한 언급은 대단히 단편적이며, 아울러 그 핵심에 놓인 내용은 사실상 자기 보존이라 할 수 있다.

예를 들어 홉스는 동정심에 대해서 다음과 같이 언급한다. 그것은 다른 사람에게 일어난 재앙이 자신에게도 일어날지 모른다는 생각(imagination)에서 생겨나는 것으로 대부분의 사람은 그러한 재앙에 대해서 최소한의 동정심을 갖지만, 그러한 재앙을 염려할 필요가 없는 사람들은 동정심을 몹시 싫어한다.

결국 홉스가 자비, 자선, 동정심 등에 대해 언급하고 있다고 하더라도, 그가 보기에 인간이란 본질적으로 이기적 존재자이며, 자기 보존을 위해서 욕망을 무한히 추구해 가는 존재자이다. 홉스에게 욕망을 갖지 않는, 특히 힘 혹은 권력(power)에 대한 욕망을 갖지 않는 인간이란 죽은 인간을 의미한다. "쉬지 않고 끊임없이 힘(권력)을 추구하려는 욕망"은 "모든 인간의 일반적 성향"인데, "이것은 오직 죽어서만 멈춘다"(*Leviathan*, pp.85~86). 이처럼 홉스가 말하는 욕망의 특징은 주어진 욕망을 끊임없이 넘어서서 나아가는 데 있다.[10)]

---

9) *Leviathan*, p.47. 그는 또 인간의 사회적 본성에 대해서도 언급하고 있다. 홉스의 이러한 측면에 대한 주장과 관련해서는 다음을 참조할 것. Bernard Gert, "Hobbes's psychology", in: *The Cambridge Companion to Hobbes*, (ed. Sorell, T.) Cambridge Univ. Press, 1996.

10) Rapaczynski, A., *Nature and Politics*, Introduction, Cornell Univ. Press, 1989, p.32.
그런데 홉스가 이러한 주장을 하는 이유는 인간이 늘 현재의 욕망보다 더 강한 욕망을 원한다든지 혹은 적정한 욕망에 만족할 수 없다든지 해서가 아니라, 인간은 현재의 욕망의 실현뿐만 아니라, 미래의 욕망의 실현도 원한다는 사실에 있다. 앞서도 언급했듯이 홉스에 의하면, 지복이란 인간의 욕망이 한 객체로부터 다른 객체로 지속적으로 나아가는 과정인데, 지복이 그렇게 욕망의 실현의 끊임없는 과정인 이유는 인간은 자신의 욕망의 대상이 한순간 충족된다고 해서 그것에 만족하지 않고, 미래에도 끊임없이 만족되기를 원한다는 사실에 있다. *Leviathan*, p.85, 참조.

2)

자연 상태의 인간은 누구나 힘(혹은 권력)을 추구하고 이를 통해서 자신의 욕망을 실현하고자 하는 점에서 인간은 평등하다고 홉스는 말한다. 그래서 인간은 '결코 다른 사람과 함께 누릴 수 없는 욕망'을 동시에 누리고자 할 수 있다. 그리고 이로 인해 사람들은 다른 사람과 적대 관계에 놓게 된다(*Leviathan*, p.110 이하 참조).

이처럼 자연 상태의 인간은 누구나 자신이 원하는 욕망을 추고하고자 하기 때문에, 욕망이 통제되지 않는다면 인간은 전쟁의 상태에서 벗어날 수 없다.[11] 자연 상태의 인간은 이른바 만인 대 만인의 투쟁의 상태를 벗어날 수 없다. 따라서 당연한 얘기겠지만 이런 상황에서 인간의 정상적인 근로활동이나 교역활동 등을 기대하기는 어렵다. 게다가 홉스가 보기에 이런 상황에서 "무엇보다도 가장 나쁜 것은 지속적인 공포와 폭력에 의한 죽음의 공포이다." 그래서 그는 이러한 상황하에서 "인간의 삶은 고독하고 빈곤하며, 또 험악하고 잔인하며 짧다"고 말하고 있다(*Leviathan*, p.113).[12]

그렇다면 이러한 상황으로부터 벗어나서 평화의 상태로 나아갈 수 있는 가능성은 어디에 있는가? 그 가능성은 한편으로는 정념에, 다른 한편으로는 이성에 놓여 있다고 홉스는 말한다. '죽음에 대한 공포'와 '편리한 생활(commodious living)'에 필요한 것들에 대한 욕

---

11) 홉스는 자연 상태의 인간들 간의 투쟁의 원인으로 다음의 세 가지를 언급하고 있다. 1) 경쟁심(competition), 2) 자기 확신의 결핍(deficiency), 3) 영광에 대한 욕구(glory)(*Leviathan*, p.112) 이 세 가지 요소는 결국 힘(권력) 추구, 쾌의 추구로 환원될 수 있다. 이 점에서 홉스는 자연 상태의 인간을 끊임없는 욕망 추구의 주체로 보고 있다는 사실이 분명히 드러난다.

12) 이런 상황에서는 그 어떤 것도 정의롭지 않은 것이 없다. *Leviathan*, p.113. 참조.

구' 등과 같은 정념들로부터 인간은 평화를 추구하고자 한다. 그리고 이성은 이때 인간들이 동의할 수 있는 '평화를 위한 적절한 조항들'을 제시한다(*Leviathan*, pp.115~116 참조).

여기서 자연권(jus naturale) 개념과 자연법(lex naturalis) 개념이 등장한다. "자연권이란... 인간이 자신의 본성, 즉 자신의 생명을 보존하기 위해 자신이 원하는 대로 자신의 힘을 사용하는 자유이다." 자연권은 기본적으로 제한적이지 않다(*Leviathan*, p.116).[13] 홉스 자연권 개념의 핵심은 자기 보존이라는 이름 아래 자신의 욕망을 무제한적으로 사용하는 것이 허용된다는 데 있다.

자연법은 자연권이 무제한적으로 발휘될 경우 야기될 수 있는 파멸을 막기 위해서 (이성에 의해) 마련된 일반적 지침·규칙을 뜻하며, 자연권의 일정한 제한·양도를 함축하고 있다. 자연법이란 "인간의 생명에 파괴적인 짓을 하지 못하게끔 하거나 인간의 생명을 보존하는 수단에서 벗어나는 짓을 하지 못하게끔 하는, 이성에 의해 마련된 지침이나 일반적 규칙이다. 또 그것은 인간의 생명을 보존하는 데 최선의 것이라고 생각되는 것을 간과하지 못하게끔 하는 지침이나 일반적 규칙이다(*Leviathan*, p.117)."

자연권을 마음껏 누리는 자연 상태에서는 누구도 안전할 수 없기 때문에, "인간은… 평화를 얻기 위해 노력해야만 한다"는 것이 제1자연법이다. 이로부터 제2자연법이 나온다. "평화와 자신의 보존을 위해서 필요하다고 자신이 생각하는 것만큼 다른 사람도 그

---

13) 이렇게 때문에 다음과 같은 주장이 가능할 수 있다. "자연 상태의 인간은 자기 보존을 위해서 어떤 일도 할 수 있다. 심지어 다른 사람의 신체에 대해서도 그렇게 할 수 있는 권리도 갖는다(*Leviathan*, p.117, 참조)." 즉 자연 상태의 인간은 자기 보존의 무한한 권리를 갖는다고 말할 수 있다.

렇게 생각한다면, 모든 것에 대한 그 권리를 양도해야만 한다. 그래서 그는 자신이⋯ 다른 사람에게 자유를 허용한 만큼만 다른 사람이 자신에게 자유를 허용하는 것에 만족해야 한다(*Leviathan*, p.118)."[14] 이렇듯 평화의 유지를 위해서 권리의 양도,[15] 더 나아가 권리의 상호 양도로서의 계약(contract)의 성립은 불가피하다고 홉스는 본다.[16]

그러나 멈추지 않고 끊임없이 앞으로 나아가는 욕망의 조절과 통제에 대한 홉스의 생각은 그의 인간론의 영역을 넘어서서 전개된다. 그것은 정치철학의 영역으로 확장된다. "말로써단 맺어진 계약은 너무 약해서 그것이 제대로 이행되기를 기대하기는 어렵고, 계약이 진실로 이해되기 위해서는 약속을 깨뜨릴 경우 야기될 수 있는 것에 대한 공포가 주어져야 한다(*Leviathan*, pp.128~129)." 달리 말하자면 권리의 상호 양도, 즉 계약이 진정으로 효력을 지니기 위해서는 또 다른 절차(공동의 권력자를 세우는 절차)가 필요하다는 것이다. 주지하다시피 이 절차를 통해서 주권자로서의 국가라는 인공적인 물체(artificial body)가 세워진다.

이와 관련하여 홉스는 왕권신수설을 옹호하고 있으며, 그런 까닭에 그의 정치철학의 논의는 근대적이지 못하다고 비판되곤 한다.[17] 또 홉스는 군주정치, 그것도 절대군주론을 옹호하고 있으며, 이 점에서 그의 정치철학은 반민주적·반근대적이라고 비판받기도 한다.

---

14) 제2자연법은 홉스 자신이 말하고 있는 것처럼 이른바 황금률과 내용적으로 다르지 않다. *Leviathan*, p.118. 참조.

15) 홉스는 권리의 포기(Renouncing)와 양도(Transferring)를 구분한다. *Leviathan*, pp.118~119.

16) 홉스는 권리의 상호 양도가 중요하다고 말한다. *Leviathan*, p.121.

17) 그러나 홉스는 통치권의 신적인 기원에 대해서 부정하고 있다. 홉스에서 통치권은 근본적으로 근대적 개인들의 계약 산물이다. 이는 왕권신수설과 홉스의 정치철학은 기본적으로 양립할 수 있는 것임이 아님을 의미한다. F. Copleston, *History of Philosophy* Ⅴ, The Newman Press, Great Britain, 1961, pp.48~49. 참조.

이러한 문제에 대해 본격적으로 논의하는 것은 본 논문의 영역을 넘어선다. 다만 여기서는 이와 관련하여 어떤 입장을 취하건 간에 분명히 해야 할 점이 있음을 지적하고자 한다. 먼저 홉스의 논의에서 지속적으로 확인되는 사실은 '어떠한 경우라도 인간의 자기 보존은 포기·양도될 수 없다는 것을 홉스가 분명히 하고 있다는 점'이다. 아울러 그가 강조하는 인간의 자기 보존은 이른바 근대적 개인을 배제하고 적절하게 이해될 수 없다는 점이다. 자연권을 언급하는 곳에서는 말할 것도 없고, 자연법을 언급하는 곳[18]에서도, 더 나아가 주권자로서 국가의 권리를 언급하는 곳에서도, 홉스는 인간의 자기 보존이 위협받는 상황에서라면 그에 대한 저항권이 포기될 수 없다고 말하고 있는데,[19] 이러한 인간의 자기 보존권은 근대적 개인에 기초한 자기 보존권이라는 것이다.

3)

앞서 살펴보았듯이 홉스의 인간관에서 무엇보다도 분명하게 확인되는 사실은 자기 보존권에 대한 옹호라고 할 수 있다. 그리고 홉스의 인간은 기본적으로 '무한한 욕망을 추구하려는 원자적 개인의 특성'을 지닌 인간이다.[20] 그러한 인간은 '보편적인 윤리 규

---

18) 홉스는 모든 권리를 결코 인정하지 않는다. "자신의 생명을 폭력으로 빼앗으려는 사람들에 저항하는 권리는 결코 양도될 수 없다(*Leviathan*, pp.120, 127)." 심지어 홉스는 폭력에 대해 저항하지 않는다는 양도는 진정한 양도가 아니라고 말하고 있다(같은 곳 참조).

19) *Leviathan*, 2부, 21장, p.204 이하 참조.

20) 홉스의 자연 상태의 인간은 국가 성립 이후의 인간과 대비시키기 위해 허구적으로 구성해 낸 인간이라고 간주되는 것이 일반적인 견해이다. 그럼에도 불구하고 그 인간은 마냥 허구적인 인간이라고 보기는 어렵다. 거기에는 현실의 인간의 모습이 투영되어 있는 것이 사실이다. 이 점과 관련하여 '홉스는 사회

범 속에서 함께 살아가는 공동체 내의 인간'이 더 이상 아니다. 홉스가 말하는 인간은 '남들이 자신만큼 지혜롭지는 못할 것이라고 생각하면서 자신의 세계에 충실한' 원자적 개인이다(*Leviathan*, p.111 참조). 이러한 특성을 지닌 인간에 대해서는 이른바 근대적 인간을 배제하고 적절하게 말하기 어렵다. 홉스 인간론의 핵심에는 '무한한 욕망을 추구하려는 개별적이고 원자적인 근대적 개인들이 어떻게 자기 보존을 유지해갈 수 있는가'라는 문제가 놓여 있다는 것이다. 그리고 이러한 사실은 홉스의 인간론이 그 이전과는 분명하게 구별되는 철학적 사유와 매개되어 있음을 함축한다.

우리는 르네상스기에 이미 철학적으로도 중세의 스콜라 철학의 영향에서 확연하게 벗어났다고 생각하기 쉽다.[21] 그러나 사실 르네상스기의 철학이란 스콜라 철학의 연장에 불과했다고 해도 지나치지 않다.[22] 철학에서 중세의 영향으로부터 본격적으로 분명하게 벗

에서 형성된 개념을 자연 상태의 인간에게 귀속시켰다'는 루소의 지적은 귀담아들을 만하다. J. J. Rousseau, *Discourse on Inequality*(trans. Franklin Philip)[이하에서 인용할 경우 DI로 약하고 쪽수 적음], Oxford Univ. Press, 1994, p.24 참조.

21) 이러한 생각을 갖는 데 결정적인 역할을 한 인물은 역사학자 부르크하르트(J. Ch. Bruckhardt)이다. 그러나 이러한 생각을 널리 유포시키는 데 기여한 그의 저서 『이탈리아 르네상스의 문화(*Die Kultur der Renaissance in Italien*)』를 상세히 살펴봐도 '르네상스 철학'의 흐름은 파악되지 않는다. 게다가 그의 르네상스 문화관은 오늘날 호이징거(J. Huizinga)의 『중세의 가을(*Herbst des Mittelalters*)』 이후 계속해서 의심의 대상이 되고 있다. 호이징거에 따르면 르네상스는 근대의 시발점이 아니라, 중세의 조종을 알리는 시기다.
르네상스 철학이 '고대로의 회귀' 및 '인간 중심'을 지향했다고 하더라도, 그 영역, 목적 및 방법 등을 규정적으로 언급할 수 없을 만큼 끊임없이 변해 갔다는 점이 르네상스 철학의 전형적 특징이며, 그 유산이 '전통적인 철학의 체계 및 방법과 확연하게 구별되는 17세기 철학'을 형성하는 데 기여했다고 말해지기도 한다[Cesare Vasoli, "The Renaissance concept of philosophy", in: *The Cambridge History of Renaissance Philosophy*(ed. C. B. Schmitt/Q. Skinner), Cambrioge Univ. Press, 1988, 참조]. 그러나 르네상스 철학에 대한 이 같은 평가에서 핵심적으로 언급되고 있는 사람들은 본격적인 철학을 전개한 인물들이 아니라 인문주의자들이다. 게다가 르네상스 철학을 17세기 철학과 연관성 속에서 파악해 보려고 하더라도, 철학과 신학의 관계 설정과 관련하여 그리고 그대 철학 특히 아리스토텔레스주의(무엇보다도 그의 물리학과 관련하여)와의 관계에 있어서는 쉽게 넘을 수 없는 간극이 놓여 있음을 부정할 수 없다. 다시 말해 Vasoli의 견해에 따르더라도 르네상스 철학자들(쿠자누스, 피치노 등)의 핵심 문제는 철학과 종교의 수렴점을 구하는 것이었다고 말할 수 있다. C. Vasoli, 앞의 글, pp.67~68 참조.

어나기 시작한 것은 17세기부터이다.

17세기 들어서서 철학의 문제들이 종교·신학으로부터 분명하게 분리되어 논의되었으며, 고대·중세의 방법론을 대신해서 새로운 방법론이 자리를 잡게 된다. 다시 말해 17세기의 철학은 고대·중세의 사유 틀과 근본적으로 대면하면서, 종교성에서 벗어나 세속성에 충실한 근대적 개인의 문제를 본격적으로 다루었고, 이를 위해 전통적인 철학적 방법과는 확연하게 구별되는 방법론을 도모했던 것이다.[23]

여기서 우리가 주목하려는 것은 홉스 인간론의 한가운데에는 17세기 철학의 핵심적인 문제의식이 자리 잡고 있다는 점이다. 이와 관련하여 일단 홉스가 철학의 영역을 신학의 영역으로부터 분명하게 구별했으며, 철학이 신학의 수단이 되는 것을 배격하고 있다는 점을 지적할 수 있다. 그가 아리스토텔레스 철학에 대해서 적대적이었던 이유도 아리스토텔레스 철학 자체에 있었다기보다는 홉스 당대의 신학자들이 신학을 정당화하기 위해 여전히 아리스토텔레스를 끌어들이는 데 있었다고 말해지기도 한다.[24]

이처럼 홉스는 철학을 신학에서 분리시켜 다루고 있으며, 이러한

---

22) 이와 관련해서는 다음을 참조할 것. 카시러, 『르네상스 철학에서의 개체와 우주』(박지형 옮김), 민음사, 1996, 서문.

23) 17세기 철학적 사유의 한계는 파스칼(Pascal)에 의해 17세기에 이미 문제가 제기가 되기도 하지만, 전체적으로 볼 때 그 한계가 본격적으로 논의된 것은 계몽주의로 일컬어지는 18세기에 들어서서이다. 다시 말해 17세기 철학은 계몽주의 철학과도 분명하게 구별되는 독자적 특성을 지닌다. 카시러, 『계몽주의 철학』, 1장, 참조.

24) 이는 홉스가 종교적·신학적 문제가 의미 없다고 말한 것을 뜻하지 않는다. 이는 그가 『리바이어던』에서 종교·신학적 물음을 진지하게 제기하고 있다는 점에서도 확인된다. 김용환(2005), 133~139쪽 참조. 그는 종교가 철학의 주제는 아니지만 인간의 본성에서 제거할 수 있는 것이라고 보고 있지는 않다. Patricia Springborg, "Hobbes on religion", in: *The Cambridge Companion to Hobbes*, Cambridge Univ. Press, 1996, pp.346~380, 참조.

근대적인 철학적 입장은 그의 인간에 대한 이해에도 깊이 스며들어 있다. 그의 인간론은 이른바 근대적 개인을 배제하고 적절하게 설명되기 어렵다. 홉스의 인간론에서 일관되게 강조되고 있는 것은 사실상은 근대적 개인의 자기 보존 권리를 옹호하고자 하는 것이었으며, 이 점을 배제하고 그의 인간론은 온전하게 파악될 수 없다.[25]

요컨대 홉스의 유물론에 입각한 인간관과 그 속에 스며들어 있는 물질 환원론적 심신관은 17세기의 주도적인 철학적 사유의 흐름과 매개되어 있는 것으로 이해되어야 한다. 홉스의 인간관과 그 속에 담겨 있는 신심관은 그가 인간에게 유익한 것으로 향하고자 했던 사유의 혁명에 참여하고 있음을 보여주는바,[26] 이는 17세기 철학의 주도적 흐름과 무관하게 읽힐 수 없다는 얘기다.

---

25) '홉스 철학은 고대·르네상스 문화에 대한 성숙된 성찰을 담고 있다'는 얼핏 낯설어 보이는 주장(Richard Tuck, "Hobbes's moral philosophy", in: *The Cambridge Companion to Hobbes*,(ed. Sorell, T.) cambridge Univ. press, 1996, p.175 이하)도 이러한 관점에서 보자면 어려움 없이 이해된다.
26) Sorell, T.(ed), *The Cambridge Companion to Hobbes*, Cambridge Univ. Press, ˙996, p.12 참조.

3. 동정심(pitié)과 자족: 루소의 인간관·심신관

1)

루소에 따르면 인간은 이성적 존재자라기보다는 감성적 존재자이며, 정치적 존재자이기에 앞서 생물학적 존재자이다. 예를 들어 만일 어떤 한 사람이 다른 사람들에게 해를 입혀서는 안 된다는 의무감을 갖고 있다면, 그것은 그가 이성적 존재자이기 때문이 아니라 감성적 존재자이기 때문이라고 루소는 보고 있다.[27]

루소는 감성적 존재자로서의 인간의 본래적 모습을 자족의 상태[28]로 특징짓고 있다. 이 자족 상태의 인간은 흔히 생각하는 것과 달리 선의 개념으로 특징지을 수 있는 것이 아니다. 자족 상태의 인간은 선·악 개념 이전 상태의 인간이다. 이러한 자족 상태의 삶

---

27) DI, p.18 참조. 루소에서 이와 관련된 언급들은 상당히 많이 발견된다. 루소에 따르면 인간 이성의 계발은 정서적 행위를 통해서이다. 예를 들어 인간이 뭔가를 알고자 하는 것은 어떤 것을 즐기고자 하는 욕망을 느끼기 때문이라고 루소는 본다. 즉 감성이 지성보다 앞선다는 것이다. DI, p.34 참조.

28) 자족의 상태와 관련해서는 DI, p.35 참조.

의 두 가지 원리로 루소는 자기 보존(self-preservation)의 원리와
동포의 아픔과 고통을 달가워하지 않는 원리를 들고 있다.[29]

　　루소 역시 자연 상태의 인간은 기본적으로 자기 보존을 추구하
는 존재자임을 부정하지 않는다. 그 역시 인간이 기본적으로 욕망
으로부터 자유로울 수 있다고 보지 않는다. 그리고 이 점에서 인간
도 다른 동물과 다를 바 없다.[30]

　　그러나 인간은 자유의지를 지닌 존재자라는 점에서 다른 동물들
과 다르다.[31] 동물들은 자연이 규정한 규칙을 벗어날 수 없는 데
반해서, 인간은 종종 그러한 규칙으로부터 벗어날 수 있다. 다른 동
물들이 자연의 역학 법칙에 의해 지배되는 데 반해서, 인간은 그것
으로는 전혀 설명해 낼 수 없는 자유의지를 지니고 있다.[32]

　　루소가 인간의 자유의지를 인정하면서 그것은 자연의 역학 법칙
을 통해서는 결코 해명해 낼 수 없다고 말하는 점에서 그의 인간관
은 홉스의 인간관과 분명하게 다른 것이 사실이다. 그러나 이 점에
서 루소와 홉스의 인간관이 결정적으로 구별되는 것은 아니다.

　　루소는 동물과 인간을 구별시켜 주는 결정적 요소로 인간의 자
유의지와 더불어 '자기 계발 능력(the faculty of self-improvement)'[33]

---

29) DI, p.17 참조. 자연법의 모든 원리들은 이 두 가지 원리에서 만들어 낼 수 있는 것에 상응하거나 그
　　조합에서 생겨난다고 루소는 말한다(같은 곳 참조).

30) 이 점에서 동물이나 인간은 '하나의 정교한 기계(an ingenious machine)'라고 루소는 보고 있다. DI,
　　p.32 참조. 그러나 홉스와 달리 그는 진정한 행복은 욕망을 무한히 추구하는 데 있는 것이 아니라, 욕망
　　(desire)을 줄여서 우리의 능력과 의지 사이에 완벽한 균형을 유지하는 데 있으며, 이는 원초적 상태에
　　서만(only in the primitive state) 가능했다고 말한다. J. J. Rousseau, Emile(trans. by Jeffry Stern)
　　[이하에서 인용할 경우 Em.으로 약하고 쪽수 적음], Thommes Press/England, 1995, Vol. I, p.77.

31) "동물들은 본능에 따라 거부하거나 선택하는 데 반해, 인간은 자유의지에 따라 그렇게 한다. …." DI, p.32.

32) "다른 동물들과 인간을 구별시켜 주는 특징은 인간의 지성(understanding)이 아니라, 자유로운 행위
　　를 할 수 있는 그의 능력이다." DI, p.33 참조.

33) DI, p.33.

을 들고 있다. 이 능력이야말로 인간을 불행의 늪으로 끌어들인 요인이다. 이 능력으로 인해 인간은 평화롭고 순진무구했던 본래적 상태에서 벗어나게 되었다.[34]

인간은 자연의 법칙에 절대적으로 복종하지 않고 그것에서 벗어날 수 있는 능력을 지니고 있는데, 이러한 능력의 계발로 인해 인간의 동정심이 훼손되고 점차적으로 자기 이익과 욕망의 추구에만 골몰하는 존재자로 변해 갔다고 루소는 보고 있다. 다시 말해 인간은 자기 계발을 통해서 개인의 차원은 물론이고, 종의 차원에서 지속적으로 새로운 것을 획득해 왔지만 그것은 곧 자신의 본래의 모습의 상실의 과정이라는 것이 루소의 생각이다.[35]

자연 상태의 인간들은 어떠한 종류의 도덕적 관계나 혹은 의무와도 무관한 삶, 즉 선하다고 할 수도 없고 그렇다고 악하다고도 할 수 없는 상태의 삶을 살았다. 그런데 개인의 자기 보존을 위협하는 특성을 지닌 것들을 악덕이라 부르고 그 반대의 경우를 미덕이라고 부르게 되면서부터 그러한 상태의 삶으로부터 벗어나게 되었다.[36]

루소는 이런 관점에서 홉스의 인간관을 비판하고 있다. 루소가 보기에 인간은 본성적으로 악하다든지 혹은 은혜를 입지 않은 다른 어떤 사람에게 봉사하는 일은 항상 거부한다든지 또는 자신이

---

34) DI, 같은 곳 참조.

35) 루소는 인간이 동물의 상태로부터 벗어나서 얻게 되는 첫 번째 획득물들 중 하나가 죽음에 대한 지식과 그로 인한 공포라고 말한다(DI, p.35). 루소는 이러한 자기 계발의 과정을 기술의 발전 과정 및 언어의 발달 과정(개념 사용의 증가)과 결부해서 언급하고 있다. 자연 상태의 인간에게 손이외의 도구는 불필요했을 것이고, 자연의 외침 이외의 언어생활도 불필요했을 것이라고 루소는 보고 있다. DI, pp.36~42 참조.

36) DI, pp.43~44 참조.

전 우주의 유일한 소유자라고 상상한다든지 하는 그런 존재자가 아니다. 그래서 그는 자연 상태는 최상의 평화의 상태이고, 인류에게 가장 적합한 상태라고 홉스가 말했어야만 했다고 말한다. 홉스는 그 반대의 주장을 했는데, 그 이유는 자연 상태의 인간에다 사회적 산물로 나타나는 다양한 정념들(passions)을 충족시키려는 욕구를 집어넣었기 때문이다.[37]

루소가 보기에 홉스는 자연 상태의 인간이 지닌 또 다른 원리를 파악하고 있지 못하다. 인간은 동포(a fellow creature)의 괴로움에 대한 생득적 반감(an innate repugnance), 즉 연민(a compassion) 혹은 동정심(a pity)을 지니고 있다는 사실을 홉스는 알지 못했다. 그것은 우리들을 고통받는 자의 입장에 놓는 감정(a feeling)[38]으로서, 자기 보존의 열정을 완화시키기도 한다. 이것은 어떤 종류의 반성에 선행하는 것으로 동물에게서조차 그 징후를 엿볼 수 있는 자연적 미덕(virtue)이다.[39]

그러므로 "동정심은 각 개인에게 있어서 자기애(self-love)의 활동을 완화시켜 줌으로써 종 전체의 상호 보존에 기여하는 자연적 정서임이 명확하다."[40] 자연 상태의 인간은 이러한 감정의 부드러운 음성을 결코 외면하지 않았다. 자연 상태의 건강한 인간이 연약한 어린애나 병든 노인을 약탈하지 않았던 이유는 인간에게 이러한 감정이 있기 때문이다. '남이 해주길 바라는 대로 남에게 행하

---

37) DI, p.44.
38) DI, p.46.
39) DI, p.45 참조.
40) DI, p.47.

라'는 이성의 격률보다는, '타인에게 해되는 것을 가능한 한 줄이면서 자신에게 유익한 것을 행하라'라는 비록 불완전하지만 더 유용한 격률을 가능케 하는 것이 바로 이 동정심이다.[41]

따라서 이러한 상태의 인간은 위험천만한 싸움에 말려드는 성향을 보이지 않는다.[42] 홉스가 말하는 것과 달리 자연 상태의 인간은 피를 부르는 전쟁에 말려들지 않는다. 자연 상태의 인간의 삶은 한마디로 말해 자유롭고, 자족적이며 평화로운 평등한 삶이었다. 그러던 자연인(the savage man/l'homme naturel)의 삶에 소유 개념이 생겨나면서 불평등이 야기되고, 그로부터 법과 도덕이 정착되고 이를 공고히 하기 위한 사회제도가 성립되는 과정을 거치면서 자유롭고 자족적인 평화로운 삶 대신에 불평등이 심화되는 불행한 삶이 이어져 왔다.[43]

자연인과 문명인의 삶의 차이를 가장 잘 드러내 주는 루소의 언급은 아마도 다음과 같은 것일 게다. "자연인은 그저 평화롭고 자유롭게 살아간다. 그는 자족하면서 살아가기만을 꿈꾼다. 자연인은 그 밖의 다른 어떤 목적에 대해서 관심을 두지 않는 까닭에 스토아 학파의 아타락시아도 자연인의 그러한 심원함에 견줄 바가 못 된다. 이에 반해 문명인은 늘 쉼 없이 땀 흘리며 활동하지만, 보다 더 나은 직업을 찾으려 애쓰면서 결국에는 자기 자신을 끝임 없이 학대한다."[44]

---

41) DI, 같은 곳.

42) DI, p.48.

43) 루소에 따르면, 가족이라는 공동체가 형성된 뒤 누군가가 어떤 땅에 울타리를 두르고 "이 땅은 내 것이다"라고 선언하면서부터 인간의 문화·문명이 발전하였지만 이로부터 자연 상태의 자유로움과 평등이 파괴되고, 결국 돌이킬 수 없는 길로 접어들게 되었다. 사적 소유의 성립이야말로 인간 불평등과 불행의 근원이다. 이와 관련된 좀 더 자세한 내용은 다음을 참조할 것. DI, pp.55~85.

흥미로운 사실은 자연인으로부터 문명인으로의 전환과정과 관련하여 루소가 신체의 퇴보를 목도하고 있으며, 이로부터 신체의 회복을 강조하고 있다는 점이다. 인간의 삶의 퇴락의 과정은 인간 신체의 퇴보에 응축되어 있다고 루소는 보고 있다.

2)

루소에 따르면 자연 상태의 인간은 자신이 지닌 유일한 도구가 신체이기 때문에 오늘날 우리 신체로는 할 수 없는 여러 용도로 신체를 사용했다. 인간 신체의 강력함과 민첩함이 상실된 것은 인간이 도구들을 사용하게 됨으로써 야기된 사태이다.[45]

동물들과 함께 살면서 그 동물들에 대항할 수단을 자기의 신체 말고는 달리 찾을 수 없었던 상태에 있던 "자연인은 곧 자신들을 동물들과 비교하게 되고 그리하여 동물들이 자신을 힘으로 제압하는 것보다 자신이 기술적으로 더 뛰어나다는 사실을 지각하게 되면서 더 이상 동물들을 두려워하지 않는 법을 배운다."[46] 그리고 이로부터 인간의 질병, 신체의 퇴보가 야기된다고 루소는 말한다.

"…우리 질병의 대부분은 우리 스스로가 만든 것이다. 그러므로 우리가 자연이 우리에게 정해준 삶의 방식, 즉 단순하고, 항상 일정하고, 자족하는 삶의 방식을 고수하기만 한다면 거의 모든 질병으로부터 벗어날 수 있을 것이다."[47] 따라서

---

44) DI, p.83.
45) DI, p.27 참조.
46) DI, p.28.
47) DI, p.30.

"우리가 자연인의 탁월한 체격(good constitution)을 생각해 보고, 그들이 부상이나 나이 드는 것 말고는 거의 혼란에 빠지지 않아도 된다는 점을 생각해 본다면, 인간의 질병사는 인간의 문병사로부터 야기돼 온 역사라고 쓸 수 있을 것이라고 믿지 않을 수 없다."[48] 다시 말해 "사회생활을 하고 그에 따라 그런 생활에 노예가 되어 감에 따라, 인간은 연약해지고, 겁이 많고, 순종적이게(weak, fearful, obsequious) 된다. 그리하여 인간의 부드럽고 나약한 삶의 방식은 마침내 인간의 강인함과 용기를 무력화시킨다."[49]

  루소는 자연이 우리에게 부여해 준 성향에 따라 살아갈 것을 주장한다. 인간의 불행은 이를 벗어나서 생활하는 데서 비롯되는 데, 이제 충분히 문명화된 사회에서 자연에 준해서 살아가는 길은 진정한 교육을 통해서만 가능하다고 루소는 본다. 주지하다시피 그 진정한 교육 내용을 담고 있는 저서가 『에밀』이다. 여기서 루소는 신체 혹은 육체의 단련(그리고 이와 직접적으로 연관되어 있는 감성과 감정의 배양)이 중요함을 계속해서 말하고 있다.[50]

  특히 그는 어린아이의 교육에서 육체(body)의 단련이 대단히 중요하다는 사실을 거듭 강조한다. 예를 들면 그는 갓난아이를 배내옷(swaddling clothes)에서 키우지 말 것을 강조한다. 배내옷에서 갓난아이를 키울 경우, 그 아이의 자유로운 활동이 방해를 받게 되고 이로 인해 육체의 발육이 저지당함으로써 기형적인 인간이 될 가능성이 크다고 그는 말한다.[51] 또 그는 유별난 보호 속에서 성장한 아이가 그렇지 않은 아이보다 일찍 죽는다는 사실을 경험을 통해

---

48) DI, 같은 곳.
49) DI, p.31.
50) 이렇게 하는 것이 자연이 우리에게 부여해 준 성향에 따라 살아가는 첩경이라는 얘기다. 다시 말해 인간의 심성이 비뚤어지지 않도록 하는 길이라는 얘기다.
51) Em. I, p.13 참조.

알 수 있다고 하면서, "아이들의 신체가 불규칙한 계절·기후·날씨와 배고픔, 갈증, 피로에 익숙해질 수 있도록 단련시커라"[52]라고 말한다. 이뿐만 아니다. 그는 냉·온욕을 통해서 몸을 단련시킴으로써, 외부 온도 차이에 거의 영향 받지 않고 생활할 수 있게끔 하라고 주장하고 있기도 한다.[53]

이러한 육체의 단련과 상응하는 교육은 이성 혹은 지성보다는 감성 혹은 감정을 북돋우는 교육이다. 루소의 이 점에서 대해서도 분명하게 말한다.

"우리는 지성능력(the capacity of understanding)을 갖고 태어났다. 그러나 어떤 지식도 갖지 못한 채 태어났다. 불완전하고 미완성적인 신체기관에 속박되어 있는 정신(the soul)은 자신의 존재에 대한 지각(sensation)조차 없다."[54] 그러나 "우리 모두는 어느 정도의 감성(sensibility)을 갖고 태어났다. 그래서 우리는 태어나면서부터 우리를 둘러싸고 있는 대상들로부터 다양하게 자극을 받는다."[55] 다만 "어린이의 최초의 감각(sensation)은 쾌·불쾌의 감각"이기 때문에, 그들이 외부 사물을 제대로 지각하기 위해서는 많은 시간이 필요하다.[56] 따라서 어린애의 교육은 감성·감각을 북돋우는 교육이 되어야 한다.

이처럼 루소는 누군가가 자신의 어린아이를 제대로 교육하려면, "그 아이의 육체적 힘과 감각적 기관들을 훈련시키라"[57]고 말한다.

---

52) Em. Ⅰ. p.21.
53) Em. Ⅰ. p.44 참조.
54) Em. Ⅰ. p.45.
55) Em. Ⅰ. p.5.
56) Em. Ⅰ. p.49 참조.

또 그는 "우리들의 최초의 철학 선생은 우리들의 발이고, 우리들의 손이며, 우리들의 눈이다"라고 말한다. 다시 말해 "우리들 속에서 형성되고 완성되는 최초의 능력은 오감"인바, 체력을 훈련해야 한다고 하는 것은 단순한 체력 훈련이 아니라 "체력을 이끄는 오감 전부를 훈련해야 한다"[58]는 것이다.

이러한 교육은 유아기, 유년기, 소년기에만 해당되는 것이 아니라, 제2의 탄생기라고 할 수 있는 청년기에도 해당되는 교육이다. 루소는 청년기의 교육 역시 정념을 북돋우는 교육이 되어야 한다고 말한다. 또 사랑의 감정을 독려하는 교육이 되어야 한다고 말한다. 아울러 그는 사랑의 감정을 독려하는 교육이 단지 이성(異性)에 대한 사랑만을 강조하는 교육이 아니라, 인류에 대한 사랑을 알게끔 하는 교육이 되어야 한다고 주장한다. 인간에게는 이기심으로 다 환원되지 않는 이타심이 있다는 것을 알게 할 때, 자연의 원칙에 따르는 도덕 교육이 이루어질 수 있다고 말한다. 결국 루소에 따르면 청년기에도 역시 육체를 튼튼히 하는 교육, 그리고 이와 밀접하게 연관되어 있는 감성을 북돋우는 교육이 되어야 한다는 것이다.[59]

그러나 이러한 루소의 견해를 오해해서는 안 된다. 루소가 정신의 의미와 그 역할을 무시하거나 간과한 채, 육체 혹은 신체의 단련만을 강조하고 있는 것은 결코 아니다. 그는 육체에 대한 과도한 관심이나 육체의 비정상적인 발달로 인한 정신의 타락을 경고하고

---

57) Em. Ⅰ, p.101.
58) Em. Ⅰ, p.158.
59) Em. Ⅰ, pp.313~406. Ⅱ, pp.1~172 참조.

있다. 루소가 육체의 발달을 강조한 것은 어디까지나 그러한 육체의 미발달로 인해 정신의 발달이 제약을 받게 되는 한에서라고 말할 수 있다. 그는 "육체는 정신(the soul)에 복종할 수 있도록 건강해야 한다"[60]고까지 말하고 있다. 또 그는 "가장 탁월한 교육은 이성적인 인간을 길러 내는 것이다"[61]라고도 말한다.

결국 루소는 이성의 개발이 육체·신체의 발달에 걸맞게 이루어져야 한다는 것을 주장하기 위해서 육체의 훈련을 강조하고 있는 것이지, 이성의 개발은 육체 혹은 감성의 발달로 환원된다든지 하는 것을 주장하고 있는 것은 아니다. 달리 말해 그는 이성의 개발은 가능한 한 늦추어야 제대로 된 이성 교육이 될 수 있고, 그렇게 하는 것이 합리적이고 이성적이라는 얘기지, 이성 교육을 금해야 한다는 것은 아니다.[62] 서두르는 의사가 환자를 죽일 수 있는 것처럼 조기의 이성 교육은 오히려 어린이에게 돌이킬 수 없는 악덕을 심어 주게 된다는 것이다. 그러므로 표면적으로 드러나고 있는 것은 아니지만 사실상 그는 단지 육체의 허약함만을 문제 삼거나 반대로 정신의 타락만을 문제 삼는 것이 아니라, 늘 '육체의 허약함과 정신의 타락(corporeal infirmities as well as mental vices)'[63]을 함께 경고하고 있다고 말할 수 있다.

요컨대 루소는 근본적으로 정신과 육체의 조화로운 관계를 주장[64]하고 있지만, 육체의 발달이 건전한 정신의 함양에 필수불가결

---

60) Em. Ⅰ, p.33. 그가 보기에 의술이 정말 문제가 되는 이유는 '그것이 정신(the mind)을 파괴'하는 데 있다(같은 곳 참조).

61) Em. Ⅰ, p.94.

62) 그래서 루소는 모든 교육에서 가장 위대하고, 가장 중요하면서도 가장 유익한 규칙은 "시간을 절약하는 것이 아니라, 시간을 낭비하는 것"이라고 말한다. Em. Ⅰ, p.100.

63) Em. Ⅰ, p.43.

한 것이라는 사실, 달리 말해 걸맞지 않은 이성 교육으로 인해 한 인간의 영혼이 파괴될 수 있음을 강조하고 있다. 이러한 루소의 생각은 본격적으로 지혜를 구해야 할 시기라고 일컫는 성년기의 교육에 대해서 언급하는 부분에서 여실히 확인된다. 거기서 루소는 지혜는 감성과 지성, 남성성과 여성성이 조화를 이루는 데서 구해지므로, 성년기의 교육은 그러한 교육이 되어야 한다고 말하고 있다.[65]

이러한 루소의 인간관에서 홉스적인 인간관은 물론이고, 그와 대척점에 놓여 있다고 일컬어지는 이른바 합리론의 인간관도 신랄하게 비판[66]받고 있다. 여기서 우리는 무르익은 계몽주의 철학, 즉 전통과 권위에 대한 비판은 물론이고, 그러한 비판에 대한 비판까지 서슴지 않았던 철학으로서의 계몽주의를 만나게 된다.

---

64) 이러한 사실은 루소가 자연인의 육체와 정신 간의 관계에 대해서 언급하는 부분에서(Em. Ⅰ. p.146), 그리고 "플라톤 『국가』는 이제까지 서술된 것 중 최고의 교육서이다(Em. Ⅰ. p.8)"라고 말하는 부분에서도 간접적으로 확인된다.

65) Em. Ⅱ. pp.175~406 참조. Susan Meld Shell, "Emile: Nature and the Education of Sophie", in: *The Cambridge Companion to Rousseau*(ed. Patrick Riley), Cambridge Univ. Press, 2001, pp.272~301 참조.

66) 아마도 데카르트에 대한 비판은 이를 잘 보여주는 사례일 것이다. 루소에 의하면 데카르트의 cogito는 이성이 감성에 앞선다거나 본질적이라는 사실을 함축하는 것이 아니라, 오히려 그 반대라는 사실을 확인시켜 주는 것에 불과하다. Em. Ⅱ. pp.18~21. 참조.

4. 홉스·루소의 심신론과 철학 문화

다른 어떤 문제에 대한 철학적 논의도 그러하거니와 인간관·심심관에 대한 철학적 논의 역시 사회적·역사적 요소, 특히 당대 철학의 주된 문제의식과 무관할 수 없다. 이는 심신관계에 대한 특정 철학자의 입장이 단지 일원론이기 때문에 혹은 이원론이기 때문에 거부될 수만은 없다는 사실을 함축한다. 홉스와 루소의 경우도 예외일 수 없다.

홉스의 철학은 당시의 물리학(갈릴레이 물리학)으로부터 커다란 영향을 받았다. 홉스는 갈릴레이 물리학을 인간은 물론이고 사회를 철학적으로 파악하고 설명하는 데 적용하려고 했다.[67] 그리고 이렇게 볼 경우 홉스가 유물론적 일원론의 인간관 및 심신관을 견지한 것은 자연스러워 보인다.

그런데 이와 같은 언급만으로는 '홉스가 인간 및 사회를 갈릴레이 물리학에 기초해서 설명하려고 했던 궁극적 이유는 무엇인가'

---

67) Rapaczynski, A., *Nature and Politics*, Cornell Univ. Press, 1989, p.29 참조.

혹은 '홉스의 그러한 시도에 스며들어 있는 심신관의 가치론적 의미는 구체적으로 무엇인가'에 대한 궁금증이 해소되지 않는다. 만일 홉스의 그러한 시도가 당시의 정치·사회적 역학관계에서 특정한 사회·정치적 입장을 대변하는 것이라는 사실이 명확하게 밝혀질 수 있다면, 물론 사정이 달라질 수 있을 것이다.

그러나 우리가 그러한 기대를 하기는 쉽지 않아 보인다. 왜냐하면 홉스의 심신관에 응축된 철학적 견해는 당시의 특정한 사회·정치 세력을 대변하는 것으로부터 수미일관성을 띠고 전개된 논의라고 보기는 어렵기 때문이다.[68]

그런 까닭에 여기서는 일단 홉스의 인간관·심신관은 17세기 철학의 중심적 문제와 매개되어 있다는 사실을 분명히 하는 것에 만족해야 할 것으로 보인다. 홉스의 인간관과 그 인간관에 배어 있는 심신관을 가치론적으로 분명하게 규정해서 말해야 한다면, 그것은 '근대적 개인의 자기 보존' 문제를 철학적으로 해명해 보려는 시도의 하나로 규정짓는 것에 만족해야 할 것이라는 얘기다.

흥미로운 것은 홉스의 인간관 및 심신관이 안고 있는 문제 역시 위와 같은 사실을 분명히 하는 데서 자연스럽게 나온다는 점이다. 근대적 개인이 전통적 개인으로는 설명하기 어려운 무한한 욕망을 추구하는 이기적 존재자의 특성을 강하게 드러내고 있다는 사실에 주목할 경우, 홉스의 인간관은 그러한 인간의 모습을 당대의 철학 문화의 흐름 속에서 파악해 내고자 한 그 나름의 고뇌의 산물로 볼

---

68) 홉스 당대에 그의 정치적 지위 더 나아가 그의 정치철학의 논의가 당시의 현실 정치세력 모두에게서 인정받지 못했던 것은 이러한 사실을 뒷받침해 준다. Sorell, T.(ed), *The Cambridge Companion to Hobbes*, Cambridge Univ. Press, 1996, pp.208~245, 참조.

수 있다.

그렇다고 해서 홉스의 인간관이 인간의 모습을 충분히 담아내고 있지 못하다는 비판에서 자유로울 수는 없다. 홉스는 당대 철학의 주된 문제에 매몰된 측면이 없지 않다. 간단하게 말해 그의 인간관 및 심신관은 지나치게 편향적이다. 그렇기 때문에 인간에게는 자기 보존의 원리로 다 환원될 수 없는 또 다른 중요한 삶의 원리가 있다는 사실을 홉스가 간과하고 있다는 루소의 비판은 타당해 보인다.

루소가 말하는 인간관은 홉스의 그것과 대척점에 놓여 있다고 해도 지나치지 않다(얼핏 유사해 보이는 심신관 역시 마찬가지이다). 홉스와 달리 루소에게 사회 이후의 인간은 타락한 인간을 의미한다. 그리고 앞서 언급했듯이 그에 따르면 그러한 타락은 인간 신체의 왜곡과 그에 따른 병마 속에 고스란히 담겨 있다. 문명 이후의 인간의 모습에 대한 비판 그리고 이와 맞물려 있는 자연 상태의 인간에 대한 예찬은 얼핏 루소가 문명 이전의 상태로의 복귀를 주장하고 있는 듯이 보이기도 한다.

그러나 루소가 궁극적으로 추구하고자 했던 것이 '문화 이전의 상태로 회귀'라고 보기는 어렵다. 왜냐하면 루소는 자연 상태로부터 멀어진 것이 불행한 일이기는 하지만 불가피한 것이었고, 되돌릴 수 없는 일이었다고 말하고 있기 때문이다. 즉 루소는 '인간의 본성은 결코 후퇴하지 않으며', '한번 상실된 순수성은 다시는 회복되지 않는다'고 보았다.[69]

루소는 "사회적 삶에서 자연적 감정의 우위를 고집하는 사람은

---

69) DI, p.67 참조.

자기가 무엇을 바라고 있는지 알지 못하고, 언제나 자기 자신과 모순될 뿐이다"라고 말하고 있다. 또 "자족상태에 있어서의 자연적인 것과 사회 상태에 있어서의 자연적인 것을 혼동해서는 안 된다(Em. Ⅱ, p.266)"고 언급하고 있기도 하다.

이러한 사실들을 종합해 볼 때, '자연 상태의 인간'에 관한 언급을 통해서 루소가 말하고자 한 것은 현재의 사회적 삶의 모습이 인간의 본래적 모습은 아니라는 사실을 분명히 하는 것과[70]과 가능한 한 문명화가 완만하게 진행되는 삶의 길을 모색하고자 한 것이라고 할 수 있을 것이다.[71] 그리고 이러한 한에서 루소의 견해는 홉스적인 견해의 한계에 대한 지적일 뿐만 아니라, 그 한계를 넘어서는 대안에 대한 진지한 고민으로 간주할 수도 있을 것이다.

그렇지만 이러한 사실을 충분히 감안한다고 하더라도, 그의 인간관이 혼란을 야기하지 않는 인간관으로 확고하게 위치 지어질 수 있으려면, '문명화된 상태의 인간'과 '자연 상태의 인간' 간의 관계가 좀 더 분명해져야 할 필요가 있지 않을까 하는 의문을 완전히 떨쳐 내기는 쉽지 않다.

예를 들어 사회 속에서 어떻게 자연적인 인간(a natural man)을 길러 낼 수 있는가를 묻는 경우, 루소는 그렇게 하는 것이 어떤 인간을 문명 이전의 자연인(a savage)으로 만들거나 혹은 자연 상태의

---

70) DI, p.51. 참조. 루소의 자연 상태에 대한 칸트의 평가는 대단히 인상적이다. 루소의 견해는 인간이 자연 상태로 되돌아가야 한다는 것이 아니라, 지금의 상태로부터 자연 상태를 되돌아볼 것을 제안하고 있다는 것이 칸트의 주장이다. 칸트의 용어를 빌려 표현하자면, 루소의 자연개념은 '구성적인 것(das Konstitutive)'이 아니라 '규제적인 것(das Regulative)'이라고 말할 수 있다. 카시러, 『루소, 칸트, 괴테』, 29~30쪽 참조.

71) 이는 서구적 근대화의 과정으로부터 벗어나는 것을 의미하는 것으로 해석될 수 있다. Patrick Riley(ed). The Cambridge Companion to Rousseau, Cambridge Univ. Press, 2001, p.10 참조.

외딴 섬으로 보내는 것을 의미하지 않는다는 사실을 분명히 직시하고 있음에도 불구하고, 교육되어야 하는 인간이 살아가고 있는 삶의 현장이 어떤 사회적·역사적 특성을 지니고 있는가에 대해서는 충분하게 고려하지 않는다. 그래서 그는 "그가 자기 눈으로 보고, 느끼고, 스스로 판단하게끔 하면 그것으로 그를 자연적인 인간으로 만들기에 충분하다"고 말하곤 한다.[72] 그리고 바로 이 지점에서 칸트가 루소의 자연 개념을 높이 평가하면서도 따르기를 거부하는 사태가 노정된다. 즉 '가정된 사실로서의 루소의 자연 상태'는 '결론을 이끌어 내는 확립된 사실'로 바뀐다는 것이다.[73] 요컨대 루소에게 있어 그의 자연 상태 개념이 어디까지 '이상적'이며, 어디까지 '경험적'인지 명확히 하기 어렵다는 것이다.[74]

---

72) Em. Ⅰ, p.395 참조. 위와 같은 사실은 루소가 어린애의 신체 단련과 관련하여 구체적으로 제시하고 있는 방법들이 사실상은 거의 다 특정한 역사적·사회적 배경과 관련해서 의미를 지닐 수 있는 것이라는 점에 대해서 거의 의식하고 있지 않다는 점에서도 확인된다.

73) 카시러, 앞의 책, p.46 참조. 그래서 칸트는 "루소는 자연적 인간에서 시작하지만, 나는 문명화된 인간에서 시작한다"고 말한다. 같은 곳, 참조.

74) 카시러, 앞의 책, p.49.

5. 맺음말

논문은 홉스·루소의 인간관을 살펴보고, 거기에 담긴 심신관을 가치론적 관점에서 추적했다. 이때 그들의 견해가 그들 당대의 주도적인 철학적 사유에 매개되어 있다는 사실에 주목했다. 이를 통해서 홉스의 인간관·심신관은 근대적 자아의 자기 보존 문제가 철학적으로 분명하게 주제화될 수 있었던 17세기 철학의 흐름과 분리해서 파악할 수 없다는 사실과 루소의 인간관·심신관은 전통과 권위에 대한 비판은 물론이고 그러한 비판에 대한 비판이 자유롭게 허용되던 무르익은 계몽주의 철학과 분리해서 파악할 수 없다는 사실을 분명히 할 수 있었다.

이러한 사실을 분명히 한 것이 홉스·루소의 인간관·심신관을 가치론적으로 파악하는 완결을 의미할 수는 없다. 다만 본 논문이 그들의 인간관·심신관을 보다 종합적이고 체계적으로 파악하기 위한 정지(整地)작업의 의미를 갖는다면, 여기서는 그것으로 족하고자 한다.

참고문헌

김용환, 『리바이어던: 국가라는 이름의 괴물』, 살림, 2005.

한자경, 「홉스의 인간이해와 국가」, 『사회계약론 연구』, 한국사회・윤리연구
　　　회편, 철학과 현실사, 1993, 35~60쪽.

Bruckhardt, J., 『이탈리아 르네상스의 문화』(이기숙 옮김), 한길사, 2003.

Cassirer, E., 『계몽주의 철학』(박완규 옮김), 민음사, 1995.

Cassirer, E., 『르네상스 철학에서의 개체와 우주』(박지형 옮김), 민음사, 1996.

Cassirer, E., 『루소, 칸트, 괴테』(유철 옮김), 서광사, 1996.

Copleston, F., *History of Philosophy* *VI*, Westminster, 1961.

Copleston, F., *History of Philosophy* *V*, Westminster, 1961.

Huizinga, J., 『중세의 가을』(최홍숙 옮김), 문학과 지성사, 2003.

Hobbes, T., *Leviathan, in: The Collected Works of Thomas Hobbes* *III*, (ed.)
　　　Molesworth, W. S., Routledge, 1992.

Rapaczynski, A., *Nature and Politics*, Cornell Univ. Press, 1989.

Riley, P., *The Cambridge to Companion to Rousseau*, Cambridge Univ. Press, 2001.

Rousseau, J. J., *Emile*, (trans. by Jeffry Stern), Thommes Press/England, 1995.

Rousseau, J. J., *A Discourse on Inequality*, Oxford Univ. Press, 1994.

Sorell, T.(ed), *The Cambridge Companion to Hobbes*, Cambridge Univ. Press, 1996.

Vasoli, C., "The Renaissance concept of philosophy", in: *The Cambridge History of
　　　Renaissance Philosophy*(ed. C. B. Schmitt/Q. Skinner), Cambridge Univ.
　　　Press, 1988.

인격 개념을 통해 본 근대적 심신관*
: 로크와 칸트의 인격관을 중심으로

김종국

* 이 논문은 2005년 정부(교육인적자원부)의 재원으로 한국 학술 진흥 재단의 지원을 받아 수행된 연구임
(KRF-2005-079-AM0016).

1. 머리말

왜 로크와 칸트인가? 심신관계론에서
로크와 칸트의 인격론의 위치

　서양 철학사에서 심신관계론의 전통적 자리는 존재론이었다. 아리스토텔레스에 의하면 심신은 '생명이라는 실체'의 형식과 질료에 해당하는데 여기서 심, 즉 영혼은 육체라는 질료의 운동 원칙이다. 이에 따르면 '인간적 생명이라는 실체'의 동일성을 보장해 주는 것은 '존재론적 범주로서의 인간적 영혼의 능력'인 이성이다.[1]

　한편 스토아학파에서 처음으로 철학적 주제가 된 인격 개념의 본래적 자리는 존재론이 아니라 윤리학이다. 여기서 인격은 '자발적으로 선택한 삶의 방식의 산물로서의 개인적 행위 주체'를 의미하는 것이었다.[2]

　이렇게 존재론과 윤리학이라는 각기 다른 차원에 존립하던 '심

---

1) 이에 대해서는 H. M. Baumgartner, L. Honnefelder, W. Wickler, A. G. Wildfeuer, "Menschenwürde und Lebensschutz: Philosophische Aspekte", in: *Beginn, Personalität und Würde des Menschen*, hrg Günter Rager, Freiburg, 1997, 194. 참조.

2) 이에 대해서는 M. Forschner, "Der Begriff der Person in der Stoa", in: *Person*, D. Sturma, Hrg. Paderborn, 2001, 37. 참조.

신 통일체로서의 생명실체'와 '인격'은 중세 형이상학에 와서 '실체 우위적으로' 결합하게 되는데 이는 보에티우스의 인격 정의, 즉 '이성을 부여받은 자연의 개별적 실체로서의 인격(Person als die individuelle Substanz einer vernunfbegabten Natur)'이라는 테제에서 압축적으로 표현된다.[3] 여기서 인격의 동일성은 실체라는 존재론적 범주, 즉 불변적이고, 단일한 실체에 의해 확보된다. 인격적 동일성을 존재론적 실체 개념을 통해 해명하려는 이러한 방향성은 그러나 근대 초 데카르트에게서도 여전히 확인된다. 데카르트에서 발견된 주체로서의 코기토는 곧장 실체로서의 사유로 표현된다. 그의 주체는 아직 실체이다.[4]

아래에서 고찰될 로크와 칸트의 인격관은 서양 고·중세 철학 이래 전승되어 온 이러한 '실체 중심적 인격관'에 대한 근대적 반립이다. 로크에 의해 '주체에 의한 실체의 대체'는 시작된다. 그리고 이 작업은 칸트의, '인격의 형이상학'이라고 고쳐 불러도 좋을, '도덕형이상학'의 기획에서 일단락된다.

---

3) 이에 대해서는 J. Kreuzer, "Der Begriff der Person in der Philosophie des Mittelalters", in: *Person*, 63. 참조.

4) 뿐만 아니라 인간을 '그 정의상 독립적인 실체들'의 통일로 보는 그의 심신관은 자연히 어떻게 두 실체가 관계하는가의 문제를 낳을 수밖에 없었다. 실체로서의 사유가 가지는 난점에 대한 데카르트 자신의 자각 및 이에 이은 이론 변화에 대해서는 G. Mohr, "Der Personbegriff in der Geschichte der Philosophie", in: *Person* 28. 참조.

2. 실체에서 '주체의 의식'으로: 로크 혁명

1) 로크의 인격관은 무엇이며 기존의 인격관과 어떻게 다른가? 의식과 인격

18세기 이후의 심신론 및 인격론을 둘러싼 논쟁의 발원지는 로크의 『인간 오성론(*Essay concerning Human Understanding*)』(1689)의 2권의 '동일성과 다양성에 대하여(Of Identity and Diversity)'이다. 그는 인격(person)보다는 인격적 동일성(personal identity)을 문제 삼는데 이 인격적 동일성은 의식에 의해 구성된다. 여기서 그가 말하는 의식이란 "어떤 사람 자신의 마음에 발생한 것에 대한 지각(the perception of what passes in a Man's own mind)"[5]인데, "이러한 현재적으로 사유하는 존재자의 의식이 자신과 결합할 수 있는 것이 동일한 인격을 구성하고, 이것[사유적 존재자의 의식이 자신과 결

---

5) J. Locke, *An Essay concerning Human Understanding*(1689), Oxford, 1975, 115(Book Ⅱ. Chapter Ⅰ. § 19).

합할 수 있는 것]은 다른 어떤 것도 아닌 의식과 더불어서만 하나의 [즉 동일한] 자아(self)를 이룬다"6)는 것이다. 요컨대 인격적 동일성을 창출할 수 있는 것은 의식인데 인격은 이러한 한에서의 생명, 즉 의식적 생명이라는 것이다.

이러한 로크적 인격은 먼저, 생물학적 존재로서의 인간과 구별된다. 후자의 동일성은 시간의 경과에도 불구하고 동일한 신체적 동일성에 존립하지만 전자의 동일성은 과거의 의식적 경험과 현재의 의식적 경험을 통일하는 의식에 존립한다. 그러나 로크의 인격 개념의 '혁명적 성격'은 이 개념이 생물학적 인간 개념과 결별했다는 데 있는 것이 아니라 실체로서의 인격이라는 존재론적 개념과 결별했다는 데 있다. 로크에 따르면 "인격적 동일성은 모든 경우에 있어 의식에 의해 규정되며 그것도 이 의식이 하나의 개인적 비물질적 실체에 결합되어 있는가 아닌가에 전적으로 독립적으로 그러하다."7) 로크가 비물질적 실체라는 말로 겨냥하는 것은 데카르트적 사유 실체 및 이의 前史를 이루는 스콜라적 실체관이다. 스콜라 철학과 데카르트는 인간적 주체 혹은 영혼을 실체로 간주하는데 이 실체의 개별화는 주체의 인지 활동과 관계없다. 이에 비해 로크의 인격적 동일성은 실체의 동일성처럼 '주어지지 않고' 의식을 통해 '구성된다.'

---

6) J. Locke, *An Essay concerning Human Understanding*, 341(Ⅱ. XXⅦ. 17).
7) J. Locke, *An Essay concerning Human Understanding*, 344(Ⅱ. XXⅦ. 23).

2) 왜 로크는 이러한 인격관을 옹호했는가? 도덕의 주체로 서의 인격

　로크는 인격이라는 용어는 '법적 용어(forensic term)'[8]라고 말한다. 구체적으로 로크에서 인격 및 인격성은 인간 주체의 도덕적・법적 책임 귀속성의 조건이다. 그에 따르면 과거의 행위는, 내가 그것을 현재적 의식을 통하여 나에게 귀속시킬 수 있을 경우에만, 현재의 나의 인격적 동일성에 속한다. "의식이 시간적으로 매우 멀리 떨어진 실존과 행위를, 시간적으로 근접한 실존과 행위와 꼭 마찬가지로, 하나이자 동일한 인격으로 통일한다는 것은 분명하다. 그래서 현재와 과거의 행위에 대한 의식을 갖는 바의 것은 동일한 인격이며 현재와 과거의 행위 양자는 이 동일한 인격에 속하는 것이다."[9] 그렇다면 내가 과거에 수행하기는 했지만 그러나 나의 현재적 의식을 통해 자에게 귀속시킬 수 없는 그러한 행위는 인격으로서의 '나의 자아'에 속하지 않을 것이다. 이 경우 나는 이러한 행위에 대해 책임이 없으며 과거 행위의 범죄성이 문제가 될 경우에도 벌받을 수 없다는 것이다. 요컨대 "벌은 인격성에 결합되어 있으며 인격성은 의식에 결합되어 있다."[10]

　이상에서 분명해진 것은 로크의 인격적 동일성의 근거로서의 의식이 이론적 의식이라기보다는 실천적 의식이라는 것이다. 그러므로 로크에서 인격문제는 더 이상 존재론의 문제가 아니며 그리고

---

8) J. Locke, *An Essay concerning Human Understanding*, 346(Ⅱ. ⅩⅩⅦ. 26).
9) J. Locke, *An Essay concerning Human Understanding*, 340(Ⅱ. ⅩⅩⅦ. 16).
10) J. Locke, *An Essay concerning Human Understanding*, 344(Ⅱ. ⅩⅩⅦ. 22).

좁은 의미에서의 인식론의 문제가 아니다.

3) 이러한 인격관이 남겨 준 문제는 무엇인가? 미성숙한 인간의 문제

로크의 인격관에 대해 제기될 수 있는 첫 번째 반론은 도덕의 주체와 관련한 것으로 '의식에 의한 동일화(기억)를 가로막는 망각'의 문제이다.[11] 이 경우 이 망각을 일시적인 것으로 보고 이 일시적 망각에 의해 '기억의 연속성에 의해 창출된 의식의 통일'이 지양되지 말아야 한다는 식의 재반론이 제기된다면, 이에 대해서도 또다시, 그렇다면 하나의 '가능한 기억', 즉 망각 상태와 의식의 통일 상태라는 두 가지 의식 상태를 통일하는 가능한 기억이 가정되어야 하는 것 아니냐는 반론이 제기된다는 것이다.[12]

로크의 인격관에 대해 제기될 수 있는 두 번째의 보다 심각한 반론은 도덕의 상대, 즉 의무의 주체가 아니라 권리의 주체로서의 인간의 문제와 관련한 것이다. 이 문제란 명료한 의식의 소유자가 아닌 인간, 예를 들어 어린이나 정신 장애자들이 로크적 인격 개념에

---

11) 이와 관련하여 잘 알려진 비판은 18세기 후반 리드(Thomas Reid)가 제기한 '용감한 장교'의 예이다. 장교시절의 자신의 행위를 기억하기는 하지만 학생시절의 일(과일 훔치다가 들켜 맞은 일)은 기억하지 못하는 장군이 있다. 그러나 장교시절의 그는 학생시절의 일을 기억할 수 있었다. 리드는 말하기를 로크 이론에 따르면 이 상황은 다음과 같이, 즉 '장교는 학생과 동일한 인격이다 그리고 장군은 장교와 동일한 인격이다 그러나 장군은 학생과 같은 인격일 수 없다. 왜냐하면 이 장군은 학생의 체험을 의식하지 못하기 때문이다'와 같이 이해된다는 것이다. 이상 U. Thiel, "Person und Persönliche Identität in der Philosophie des 17. und 18. Jahrhunderts", in: Person, D. Sturma, Hrg. Paderborn, 2001, 85에서 재인용.

12) 이에 대해서는 H. M. Baumgartner, L. Honnefelder, W. Wickler, A. G. Wildfeuer, "Menschenwürde und Lebensschutz: Philosophische Aspekte", in: Beginn, Personalität und Würde des Menschen, hrg Günter Rager, Freiburg, 1997, 196. 참조.

의해 법적으로 보호될 수 없다는 문제이다. 이러한 존재에 대한 보호를 근거 짓는 로크의 전략은 첫째, 정신 장애자(changeling)를 '중간적인 어떤 것(something between man and beast)'으로,[13] 둘째, 이 존재를 신에 의해 창조된, 그리하여 신의 소유물로서의 種으로 간주하는 것이다. 그러므로 여기서 '피조물로서의 種'은 규범적 지위를 갖는다. 이성 사용 능력이 없는 정신 장애자는 창조자의 재산이기 때문에 보호되어야 하는 것이다.[14] 이로서 로크는 디성숙하고 책임능력이 없는 인간에 대해서는, 그가 인격의 보호를 위한 기준으로 쓰기를 거부했던 그러한 개념, 말하자면 실체적 種 개념을 사용하고 있다는 반론에 직면한다.[15]

---

13) J. Locke, *An Essay concerning Human Understanding*, 569(Ⅳ. Ⅳ. 13).

14) 이에 대해서는 J. Locke, *Two Treatises of Government*(1689), Book Ⅱ. § 66. 참조.

15) 이에 대해서는 H. M. Baumgartner, L. Honnefelder, W. Wickler, A. G. Wildfeuer, "Menschenwürde und Lebensschutz: Philosophische Aspekte", 197. 참조.

3. '주체의 의식'에서 '주체의 도덕성'으로: 칸트

1) 칸트는 어떤 점에서 기존의 실체 중심적 인격관을 비판하는가? 칸트의 실체 비판

로크의 인격론에 의해 윤리학상의 '책임 귀속적 주체'는 존재론상의 '심신 통일적 실체'로부터 독립한다. 칸트는 '인격문제가 더 이상 존재론의 문제가 아니며 그리고 좁은 의미에서의 인식론의 문제가 아니다'라고 본 점에서 로크와 일치한다.

실체 중심적 인격관에 대한 칸트의 비판은 합리적 심리학의 영혼 형이상학에 대한 비판인 『순수이성 비판』 2판(1787)의 오류추리론(Paralogismus)에서 명확히 드러난다. 먼저 칸트는 인식활동의 주체로서의 자아는 실체가 아니라고 말한다. "자아(Ich), 코기토(der ich denke)가 사유 속에서 늘 주체(Subjekt)로, 단순히 술어와 같이 사유에 속하지 않는 어떤 것으로 간주될 수 있다는 것이 타당해야만 한다는 것은 하나의 필증적, 동어 반복적 명제이다. 그러나 이 명제가 '내가 객체(Objekt)로서, 나에 대해 그자체로 존립하는 하나의 존재자 혹은 실체(Substanz)라는 것'을 의미하는 것은 아니다."[16) 이어서 칸트는 인식 주체, 즉 "통각의 자아가 단수라는 것"이 "자아가 단순한 실체라는 것을 의미하지 않는다"[17)고 말하고, 결정적으로, 인식 주체의 동일성이 실체로서의 영혼의 동일성에 의해 확보되지 않는다고, 다음과 말한다. "주체의 동일성, 즉 내가 주체의 모든 표상 내에서 의식할 수 있는 '주체의 동일성'은 주체의 직관 - 이 직관을 통해 주체는 객체로 주어지는데 - 과 관계하는 것이 아니며 따라서 주체의 동일성은 다음과 같은 '인격의 동일성', 즉 '상황의 모든 변화 내에서 '자신의 고유한, 사유하는 존재자로서의 실체'의 동일성의 의식으로 이해되는 그러한 인격의 동일성을 의미하는 것이 아니다."[18) 요컨대 인식 주체, 정확하게는 칸트적 선험적 통각은 객체로서의 불가분할적 실체가 아니며, 따라서 인식 주체의 동일성은 '실체의 동일성에 의해 근거 지어지는 인격적 동일성'이 아니라는 것이다.

이로써 칸트는 인격(적 동일성)의 고유한 자리가 '영혼 실체를 중심으로 두는 전통적 존재론적 심신론'이 아니라고 보는 것이다. 오류추리론의 말미에서 칸트는, 실체로서의 영혼에 대한 부정이 "경험적 직관이라는 조건을 요구하지 않고서도 우리의 현실성을 규정할 수 있을 자발성(Spontaneität)"[19)에 대한 부정을 의미하지 않

---

16) I. Kant, *Kritik der reinen Vernunft*, AA(=Akademie Ausgabe) Ⅲ, 267.

17) I. Kant, *Kritik der reinen Vernunft*, AA Ⅲ, 267.

18) I. Kant, *Kritik der reinen Vernunft*, AA Ⅲ, 267.(' '는 내가 붙인 것)

19) I. Kant, *Kritik der reinen Vernunft*, AA Ⅲ, 280.

는다고 말한다. 이론적 차원과는 다른 차원에서의 자발성에 대한 그의 논구는 『실천이성 비판』에서 행해지며 인격성은 이러한 자발성에서 그 본질적 의미를 획득하게 된다.

2) 칸트의 인격관은 무엇이며 이는 로크의 인격관과 어떻게 다른가? 의식과 자율

칸트는 로크와 마찬가지로 "자신의 행위에 대해 책임을 질 수 있는 주체가 인격이다(Person ist dasjenige Subjekt, dessen Handlungen einer Zurechnung fähig sind)"[20]라고 말한다. 칸트는 『실천이성 비판』분석론, '순수 실천이성의 대상'에서 자유의 범주표를 제시하면서 인격성(Personalität), 인격(Person) 그리고 인격들의 상호 작용은 오로지 도덕적 선악의 맥락에서만 가능하다는 것을 보여준다.[21]

그러나 칸트는 인격의 구성을 위해 로크적 의식의 동일성만으로는 충분하지 않다고 본다. 이 점이 칸트와 로크의 차이이다. 칸트는 같은 책, '순수 실천이성 동기론'에서 인격성에 대한 가장 정밀한 정의를 제시하는데 그것이 '의무의 원천으로서의 인격성 및 그 구조로서의 자율'이다. "이것[의무의 원천]은 다름 아닌 인격성(Persönlichkeit), 즉 전체 자연의 메커니즘으로부터의 자유와 독립성, 그럼에도 불구하고 다음과 같은 존재자의 능력, 즉 고유의(eignetümlich), 말하자면 자기 자신의 이성에 주어진, 순수한 실천 법칙에(seiner eigenen

---

20) I. Kant, *Metaphysik der Sitten*, AA VI, 223.
21) I. Kant, *Kritik der praktischen Vernunft*, AA V, 66

Vernunft gegebebene reiene praktische Gesetze) 복종하는 그러한 존재자의 능력으로 간주된 한에서의 자유와 독립성이다. 이 존재자가 고유의, 즉 자신의 이성에 주어진, 실천 법칙에 복종한다는 것은, 따라서, 감각계에 속하는 것으로서의 인격(Person)이, 동시에 지성적 세계에 속하는 한에서, 자신의 고유한 인격성(Persönlichkeit)에 복종하는 것이다."[22] 명백히 칸트에서 인격성은 도덕성, 즉 도덕의 능력을 의미하며, 이 도덕의 능력은 소극적으로는 자연의 메커니즘으로부터의 자유이고, 적극적으로는 '이성에 주어진 자신의 도덕법'에 자발적으로 복종함으로써의 자율이다. 잘 알려진 칸트의 '존엄' 개념이나 '목적 자체로서의 인간' 개념은 이러한 규범의식, 도덕의 능력으로서의 인격성에 그 토대를 둔다. '의무의 주체인 한에서의 인격'의 본질이 결국 '자율의 능력인 인격성'이라는 칸트의 입장은 그러므로 '행위에 대한 동일화 능력으로서의 실천적 의식'이라는 로크의 입장보다 진일보한 것이다. 예를 들어 설령 특정인이 특정 행위를 자신의 것으로 동일화할 수 있는 로크적 의식을 지닌다 하더라도 그에게 만일 칸트적 규범의식이 없다면 그에게 책임을 귀속시킬 수는 없는 것이다.[23]

---

22) I. Kant, *Kritik der praktischen Vernunft*, AA Ⅴ, 87.

23) 형법에서도 행위의 불법을 위한 주관적 행위 구성요건인 고의[로크적 인지성(Wissen:lichkeit)은 의지성(Willentlichkeit)과 더불어 고의의 구성요소이다]가 충족되었다 하더라도 규범의식을 의미하는 책임성이 충족되지 못하면 위법성은 조각(阻却)된다. "형벌을 근거 짓는 책임에 있어 관건은 개인적 귀속성, 즉 비난가능성(Vorwerfbarkeit)이다. 규범에 맞게 결단할 수 있었음에도 불구하고 위법적 행위를 저지른 사람은 비난받는다." 그리고 "14세 미만의 사람과 자신을 조절할 능력이 결여된 사람은 자신의 행위의 불법성을 인식할 수 있는 처지에 있지 않다." 고로 이 경우는 책임 배제 근거(Schuldausschliessungsgrund)가 있다. K. Kühl, *Strafrecht Allgemeniner Teil*, 1997, München, 359, 360.

3) 칸트는 로크의 난점을 회피할 수 있는가? 주체와 실체의 통일

　이상의 고찰에서 분명해진 것은 로크와 칸트의 인격 개념이 일차적으로는 도덕의 주체, 의무의 주체로서의 인격과 관계한다는 것, 그리고 이 의무의 주체의 정의적 특성이 로크에게서는 의식이었지만 칸트에게서는 의지의 자율로 구체화되었다는 것이다. 그렇다면 의무의 주체가 아니라 권리의 주체, 즉 도덕의 주체가 아니라 도덕의 상대로서의 인간과 관련한 로크의 난점을 칸트는 회피할수 있는가? 도덕의 주체의 자격이 의식적 주체에서 자율적 주체로훨씬 강화되었다면 상황은 로크보다 칸트에게 불리하다고 볼 수도있을 것이다.

　그런데 이 점에서도 칸트는 로크와 다르다. 칸트는 『도덕 형이상학』에서 "생식(Zeugung)행위를 우리가 한 인격을 그의 세상에 대한 동의(Einwilligung) 없이 정립하고 독자적 힘으로 세상 속으로 그인격을 가져오는 그러한 행위"로 보면서 성인이 될 때까지 "부모로부터 보호받을 생득적 권리를 소유하는, 인격으로서의 어린이"를언급하고 있기 때문이다.[24] 또 칸트는 '선의 소질(Anlage zum Guten)'을 '결코 잃어버릴 수 없는(nie verlierbar) 것, 근원적인 것'[25]으로보는데 이는 어린이의 경우 그가 '선의 소질을 소유한 한에서' 인격이라는 것을 함축한다. 요컨대 칸트에서 인격성은 도덕적으로 행

---

24) I. Kant, *Metaphysik der Sitten*, AA Ⅵ, 280.
25) I. Kant, *Metaphysik der Sitten*, AA Ⅵ, 441.

위 하는 자에게만 용인되는 것이 아니라 본성상[26] 이성적 존재자인 존재에게도 허용된다. 이로서 칸트는 다시 가능적 인격성과 현실적 인격성의 동일성을 보장하는 일종의 실체로서의 인격성을 다시 '요청'하게 된다. 칸트의 순수 실천이성의 변증론에서의 '순수 실천이성의 요청으로서의 영혼의 불멸' 또한 궁극적으로는 이러한 '실체로서의 인격성'과 관련된다. 이로서 칸트의 인격관에서 주체와 실체는 수렴된다. 혹은 주체와 실체는 칸트 인격관에서 처음으로 '주체 우위적으로' 결합한다.

---

26) 이성적 존재자의 본성이 이미 그를 목적 자체로 특징짓는다는 *Grundlegung zur Metaphysik der Sitten*, AA Ⅳ, 428에서의 칸트 발언 참조.

4. 맺는말
칸트의 '도덕 형이상학'이라는 기획

근대 초 데카르트적 '실체로서의 인간 영혼'이 로크와 칸트의 인격 개념을 매개로 어떤 변화를 겪게 되었는지를 요약하면 이렇다. 로크는 '영혼 실체'의 문제를 중심으로 전개되는 인간에 대한 존재론적 해명[27]으로부터 인간에 대한 도덕적 해명을 분리시켜 내는데 이를 위해 동원된 개념이 인격(적 동일성)이다. 이로서 인격은 실체로서의 영혼으로부터 독립한다. 칸트는 한편으로 이론적 영역에서 '실체로서의 영혼' 개념과 결별하고 다른 한편으로 인격성을 자유의 능력(자율)으로 규정하여 도덕성과 동일시한다. 로크와 칸트를 거치면서 중세적 인격 개념의 본래적 자리는 존재론적 형이상학이 아니라 윤리학임이 드러난다. 이와 더불어 근대 이래 유물론, 유심론 등의 형태로 전개되던 심신관계의 문제는 그 존재론적 지평을 상실하거나[28] 최소한 도덕 및 법의 지평을 배제하고는 논의할 수

---

27) 로크는 사유가 비물질적 실체에 내재한다는 파악을 좀 더 그럴듯한 것으로 생각했기는 하지만 그는 명시적으로 사유하는 물질[denkende Materie(thinking matter)]도 가능한 것으로 간주한다고 말한다. 이에 대해서는 Udo Thiel, Person und Persönliche Identität in der Philosophie des 17. und 18. Jahrhunderts, in: Person, D. Sturma, Hrg. Paderborn, 2001, 81. 참조.

없게 된다.

로크 및 칸트의 인격관의 근원은 기독교이다. 중세 기독교 형이상학의 '실체로서의 인격' 개념과 아리스토텔레스의 '실체로서의 인간 생명' 사이에는 질적인 단절이 있다. 아리스토텔레스의 실체가 자연적 생명의 범위를 벗어나지 않았다면, 중세 기독교 철학에서의 실체는 '신성과 육체의 결합으로서의 그리스도라는 인격'에 매개된 실체이다. 그러므로 후자의 실체에는 초자연적 신성이 포함된다. 이 신성의 차원인 '실체적 자유(자연으로부터의 독립)'의 진리가 실은 '주체적 자율'이라는 것을 밝힌 데 칸트의 공로가 있다. 칸트가 자신의 윤리학을 도덕 형이상학이라고 이름 지은 것도 이 기획이 도덕의 주체('도덕')의 실체성('형이상학')을 규명하는 데 존립하기 때문이었던 것이다. 로크는 데카르트적 실체와 결별함으로써 칸트적 길을 예비한다. 로크의 인격적 동일성 이론이 '개별적 의식의 이력을 통일하는 것으로서의 기억'이라는 아우구스티누스의 인격적 동일성 이론을 반복하고 있다는 사실[29]은 그러므로 우연이 아니다.

---

28) 모어(G. Mohr)는 칸트가 유물론도 유심론도 자아의 현존재를 설명하는 방식으로 소용이 없다고 보았다는 점에서 심신 문제를 해결한 것이 아니라 해소(Auflösen)했다고 본다. 이에 대해서는 Mohr G. "Der Begriff der Person bei Kant, Fichte und Hegel", in: *Person*, D. Sturma, Hrg. Paderborn, 2001, 108. 참조.

29) 이에 대해서는 Kreuzer "J. Der Begriff der Person in der Philosophie des Mittelalters", in: *Person*, D. Sturma, Hrg. Paderborn, 2001, 71. 참조.

참고문헌

Baumgartner H. M, Honnefelder L, Wickler W, Wildfeuer A. G. "Menschen-
würde und Lebensschutz: Philosophische Aspekte", in: *Beginn, Personalität
und Würde des Menschen*, hrg Günter Rager, Freiburg, 1997.

Forschner M. "Der Begriff der Person in der Stoa", in: Person, D. Sturma, Hrg.
Paderborn, 2001.

Mohr G. "Der Begriff der Person bei Kant, Fichte und Hegel", in: Person, D.
Sturma, Hrg. Paderborn, 2001.

ders, "Der Personbegriff in der Geschichte der Philosophie", in: Person, D.
Sturma, Hrg. Paderborn, 2001(= Mohr1).

Kant I. *Grundlegung zur Metaphysik der Sitten.*

ders, *Kritik der reinen Vernunft.*

ders, *Kritik der praktischen Vernunft.*

ders, *Metaphysik der Siteen.*

Kreuzer "J. Der Begriff der Person in der Philosophie des Mittelalters", in:
Person, D. Sturma, Hrg. Paderborn, 2001.

Kühl, K. *Strafrecht Allgemeniner Teil,* München, 1997.

Locke J. *An Essay concerning Human Understanding*(1689), Oxford, 1975.

ders, *Two Treatises of Government*(1689), Kansas, 1992.

Thiel U. "Person und Persönliche Identität in der Philosophie des 17. und 18.
Jahrhunderts", in: *Person*, D. Sturma, Hrg. Paderborn, 2001.

몸과 이성, 자아*
:『차라투스트라는 이렇게 말했다』의 한 해석

임홍빈

* '이 논문은 2005년 정부(교육인적자원부)의 재원으로 한국학술진흥재단의 지원을 받가 수행된 연구임'(KRF – 2005 – 079 – AM0016).

1. 서문

『차라투스트라는 이렇게 말했다』에서 니체의 허무주의에 대한 통찰은 웅혼한 비극적 서사시의 형태로 제시되고 있다. 서구문명의 허무주의적 경향에 대한 니체의 비판과 극복의 시도가 '몸'과 '이성', '자기'의 정체성에 대한 새로운 통찰과 심층적으로 연관되어 있다고 추정하는 것이 허용되는 한에서, 정신과 영혼의 관계에 대한 논의 역시 심리철학적·인간학적 통찰을 넘어서는 주제들과 연관될 수밖에 없다. 특히 니체의 '몸－이성(Leib－Vernunft)'을 주축으로 하는 새로운 인간적 정체성의 모색은, 관념론적인 의식철학은 물론, 서구 정신문화의 한 핵심적 기제로 작용해 온 플라톤주의, 육체에 대한 편견을 강화시켜 온 기독교, 심신이원론에 근거한 도덕주의적 전통, 그리고 근세이후 그 영향력을 오늘날까지 확대해 오고 있는 유물론적 자연과학 등에 대한 포괄적이고 근본적인 비판과 직결되어 있다.

따라서 주제의식의 포괄성과 체계적 연결망을 고려할 때, 몸－

이성의 문제가 '힘에의 의지', '영원회귀', '위버멘쉬(Übermensch)' 등과 같은 핵심적인 쟁점들과 긴밀하게 관련되고 있음을 짐작하기란 그다지 어렵지 않다. 한편 관념론이나 플라톤주의에 근거한 인간이해의 방식에 대한 니체의 비판이 유물론적·자연주의적 인간관을 지지하는 것으로 해석되는 경향이 있다.[1] 실체의 형이상학이나 인식 주체의 자명성에 근거한 전통적 철학에 대한 비판이 니체 나름대로 이해한 당시의 '심리학'이나 '생리학'적 통찰에 의해 뒷받침된다고 해서 니체가 자동적으로 자연주의적 관점에 전적으로 동의한다고 보기는 어렵다는 것이다. 우리는 주로 『차라투스트라』에 대한 분석을 통해서 이 같은 자연주의적 관점이 어떠한 한계에 직면하는지 살펴보게 될 것이다.

---

1) 니체의 자연주의적 해석을 지지하는 대표적인 입장 중의 하나는 다음 논문을 참조. Brian Leiter, "The Hermeneutics of Suspicion: Recovering Marx, Nietzsche, and Freud", in: B. Leiter(ed), *The Future for Philosophy*, Clarendon Press, Oxford, 2004, pp.74~105, 특히 pp.89~98을 참조. 그는 우리들의 믿음을 니체가 두 단계의 인과적 관계에 의해 설명하고 있다고 주장한다. 즉 이론적 믿음은 도덕적 믿음으로, 이는 다시 심리학적·생리학적 믿음으로 인과적 설명이 가능하다는 것이다. 나는 이 같은 자연주의적 해석이 일부 해석학주의나, 후기 구조주의적 니체해석에 대한 '건강한' 반발임에도 불구하고, 니체 고유의 계보론적 사유나 은유적 표현들을 그 철학적 맥락에서 파악하기보다는 '액면가대로(face value)' 소박하게 파악한 결과로 이해한다. Leiter의 논문은—바로 내가 명백하게 동의할 수 없었기 때문에—역설적으로 니체에 대한 작업의 한 생산적인 동기를 제공해 주었다.

2. 몸 - 이성과 자아

『차라투스트라』에서 볼 수 있는 니체적 통찰의 특이성은 이 텍스트에서 인상적인 방식으로 전개되고 있는 '영원회귀'에 대한 주장과 같은 내용적 측면에만 국한되지 않는다. 서술 형식과 메타포의 선택, 주제화의 방식 등도 한결같이 정교한 니체의 연출하에 이루어지고 있다고 볼 때, 니체가 유럽이란 문화적 토양을 벗어나서, 페르시아의 현자인 '차라투스트라'의 입을 빌고 있다는 사실 역시 우연한 선택으로 볼 수는 없을 것이다. 그러나 서구적 사유의 원형에 대한 첨예한 문제의식은 종종 그의 현란한 수사와 상징, 비유들에 의해서 오히려 은폐되는 경향이 없지 않다. 이는 단순히 새로운 실험적인 서술수단의 발굴을 넘어서는 일련의 '체계적인' 관점과 무관하지 않다. 따라서 이 글의 일차적 과제는 몸과 이성, 자아의 개념들을 중심으로 니체적 사유의 한 이론적 특징을 부각시킴으로써 새로운 형태의 인간학적 통찰의 가능성을 타진하는 데 놓여 있다. 그것은 아마도 인간의 자기 이해와 세계이해의 관계에 대한-

관념론은 물론 오늘날 영미철학에서 최대 화두 중의 하나로 부각
되고 있는 자연주의적 유물론과도 구별되는- 또 하나의 가능성으
로 이어질 수 있을 것이다.

우리는 『차라투스트라』에서 철학사에 등장한 심신관계의 다양한
입장들이 니체의 대화체에 기댄 서술에 의해 입체적인 방식으로
전개되고 있음을 알 수 있다. 이 저술에는 니체 자신의 입장과 차
라투스트라의 입장, 그리고 차라투스트라에 의해서 극복, 지양, 비
판되고 있는 입장- 여기에는 당연히 동물들, 즉 인간외적 관점들까
지 등장한다- 등과 같은 다양한 서술의 층들이 존재한다. 우리는
이 인상적인 텍스트에서 이미 유명해진 부분, 즉 '몸을 경시하는
자들에 대하여(Von den Verächtern des Leibes)'를 중심으로 논하게
될 것이다.[2]

'몸을 경시하는 자'는 결코 위버멘쉬를 지향하거나 실현할 수 없
다는 확고한 언급으로 마무리되고 있는 『차라투스트라』의 이 네
번째 연설은 실제로 주목을 받을 만하다. 이 부분은 심신관계에 대
한 니체의 인식을 파악할 수 있는 중요한 단서로 간주되어 왔으며,
분명히 종래의 관념론이나 유물론적- 기계론적 인간관과 구별되는
니체적 사유의 지평과 연결되어 있다. 우리는 여기서 표면적으로
잘 드러나고 있지는 않지만, 일련의 정연한 방식으로 배열된 일련
의 문장을 통해서 몸의 개념에 대한 새로운 이해와 함께 몸과 이

---

2) 니체의 전집들은 다음과 같이 약어로 표기했음. KGW(F. Nieztsche: *Werke. Kritische Gesamtausgabe*,
hg. von G. Colli und M. Montinari, Berlin, New York, 1967ff) 혹은 KSA(*Friedrich Nietzsche
Sämtliche Werke. Kritische Studienausgabe in 15 Bänden*, Berlin, New York, 1980) 여기 언급
된 문헌, Nitetzsche, *Also sprach Zarathustra*는 KGW 판본으로 다음과 같이 표기, Z, KGW Ⅵ, 1,
S.35~37/X. 지면 뒤의 숫자(X)는 줄을 가리킴.

성, 자기(das Selbst)의 복합적 연관에 관한 니체적 사유의 일단을 그 특유의 함축적이며 은유적인 방식을 통해 접하게 된다. 영혼과 몸의 관계(!)에 대한 니체의 인식은 『차라투스트라』의 네 번째 연설에서 직접 주제로 부각된다. 여기서 처음 등장하는 견해는 니체나 차라투스트라 자신이 아닌, 어린아이의 입을 통해서 소개되고 있다.

　　몸은 나이며, 그리고 영혼이다.[3]

　이 짧은 문장은 어린아이의 입을 빌려 몸과 영혼의 관계에 대한 하나의 소박한 관점을 서술하고 있는데, 니체 자신도 바로 이어서 부연하고 있는 것처럼, 이는 심신관계에 대한 가장 일반화되고, 상투적인 인식으로 간주될 만하다. 즉 이 한 문장을 통해서 몸과 영혼의 이원론은 물론 두 개의 실체로 가정된 심신관계의 조합모형(Aggregatmodell)에 대한 비판이 수행되고 있는 것이다. 몸(Leib)이 실체론적 조합모형에 의해 온전하게 포착될 수 없다는 사실은 이 개념의 번역어 선택과도 무관하지 않다. 니체는 『차라투스트라』는 물론 관련된 유고집이나 다른 저술에서 우리가 몸으로 번역한 Leib이란 개념과 Körper 개념을 철저하게 구별해서 사용하고 있다. 후자는 전자와 달리 신체뿐만 아니라, 육체/몸체/물체 등의 다양한 의미로 번역 가능하며, 나아가서 몸(Leib)은 ─ 최소한 니체의 경우 내가 아는 한 ─ 인간에게만 적용되고 있다. 가령 신체(Körper) 개념은 '차라투스트라의 서문'에서 줄타기 곡예를 하다 떨어진 광대의 죽

---

3) Z: KGW Ⅵ, 1, S.35/5.

어 가는 시신을 서술하는 과정에서 두 번 사용되고 있는데, 나는 니체가 의도적으로 여기서 몸(Leib)이 아닌, 신체(Körper) 개념을 등장시키고 있다고 생각한다. 이와 같은 개념의 구별은 니체의 몸 개념을 실증주의적으로 혹은 요즈음 영미철학에서 논의되고 있는 자연주의적 방식으로 환원, 설명할 수 있는가에 대한 이론적 정당성과 관련되기 때문에 중요할 수 있다. 몸의 메타포적 성격은 이 개념이 신체나 육체와 같은 구체적이며, 단순한 물리적 실체로서의 의미를 넘어서는 차원들과 관련함을 가리키는데, 이는 니체 스스로 '몸(Leib)'이라고 우리가 부르는 단어 자체가 단지 '최상의 비유(das beste Gleichniß)'라고 인정한다는 점에서 보다 명확해진다.[4] 여기서 '최상의 비유'는 사태 자체를 그대로 언어화하지는 못하지만, 최소한 그보다 더 훌륭한 대안적 표현이 주어지지 않는 상태하에서 니체가 선택한 개념의 의미론적 한계를 가리킨 것으로 이해된다. 따라서 『차라투스트라』의 다음 서술이 비유적이며, 심지어 시적인 서술에 의존할 수밖에 없는 것은 당연하다.

> 몸이 바로 온전하고 전적으로 나이며, 그 밖에 다른 그 어떤 것도 아니다. 영혼은 단지 몸에 있는 무엇인가에 대한 하나의 말에 지나지 않는다. 몸은 하나의 커다란

---

4) KGW, Ⅶ, 3, S.303/28, 참조. 니체가 Leib 개념을 명백하게 의식(Bewusstsein)은 물론, 신체(Körper) 개념과 대립해서 이해하고 있다는 견해는 이미 다음 논문에서 거론되고 있다. Heinrich Schipperges, "Das Konzept der Leiblichkeit bei Friedrich Nietzsche", in: Hilarion Petzold(hg), *Leiblichkeit – philosophische, gesellschaftliche und therapeutische Perspektiven*, Paderborn, 1986, S.136. 국내의 니체 연구자들 중에서 백승영은 Leib 개념을 신체로 번역하는 반면, 김정현은 몸으로 번역사용하고 있다. 백승영의 글에서는 아울러 '인식–주체', '신체–주체', '해석–주체' 등의 개념이 니체 자신의 '주체'개념에 대한 비판적인 견해를 간과한 채 무차별적으로 사용되고 있는데, 이는 다음 언급한 저서의 노고와 성과를 고려할 때, 다소 아쉬운 부분이 아닐 수 없다(백승영, 『니체, 디오니소스적 긍정의 철학』, 책세상, 2005. 용어의 문제는 특히 제4부를 참고). 김정현, 『니체, 생명과 치유의 철학』, 책세상, 2006. 김정현은 여기 언급한 자신의 저술 이외에도 이 주제와 관련된 여러 문헌들을 제공하고, 자료조사에 도움을 주었음을 밝히고 싶다.

이성, 하나의 의미를 지닌 다수성.[5] 전쟁과 평화, 한 무리의 가축과 한 목자이다.[6]

니체는 여기서 몸으로서의 커다란 이성과 몸의 도구인 작은 이성을 구별하는데, 후자는 동시에 우리가 '정신(Geist)'이라고 칭하는 것과 동일한 것으로 설정되어 있다. 정신개념에 수반되어 왔던 영원성, 지속성 등이 허구적임이 간파될 수 있었던 계기는 바로 '몸을 단초로 한(Am Leitfaden des Leibes)' 인식이다.[7] 따라서 몸은 단순히 그 이성적 규모와 복잡성에서만 정신, 영혼, 의식보다 탁월한 것이 아니라, 후자를 이해하고, 조종, 행위하도록 만드는 본질적 의미가 있을 뿐만 아니라, 니체로 하여금, 『차라투스트라』의 서술 자체를 가능케 해 주는 철학적 서술의 가능성의 조건이라는 메타적 차원의 의미를 지닌다. '하나의 의미를 지니는 다수성'은 몸이 다수의 충동과 힘들의 갈등/전쟁을 통해서 달성하고, 의식에 지시하

---

5) 여기서 다수성(Vielheit)은 철학적 개념으로 이미 일정한 맥락에서 어느 정도 일관되게 사용되고 있는 다원성, 다양성(Pluralität) 등과 구별되는 개념으로서, 니체가 종종 주체의 통일성(Die Einheit des Subjekts)과 구별하면서 대비시키고 있는 개념이다. 다수성과 통일성의 대비적 사용은 다음 문헌을 참조. KGW, VII 2, S.276~277.: 나아가서 다수성은 인간만이 지닌 - 즉 동물들의 단순화가 가능한 충동과 달리, 본능들(Instinkte), 충동들(Triebe), 인간 내부의 힘들(Kräfte)들의 복잡성과 그 충돌, 대립, 그리고 이들 간의 위계질서(Rangordnung)의 실재와 관련한 개념이다. 이에 대해서는 KGW, VII 2, S.282, S.289. 참조.

6) Z: KGW VI, 1, S.35; 『차라투스트라』는 최근 정동호에 의해 훌륭하게 번역되었다(니체, 『차라투스트라는 이렇게 말했다』, 정동호 옮김, 니체전집 13권, 책세상, 2000). 그럼에도 불구하고 나는 인용문을 내 나름대로 번역했는데, 그 이유들 중의 하나는 위 인용문의 경우처럼, 니체 특유의 도치문이 정동호의 번역문에서는 반영되고 있지 않기 때문이다. 문장의 통사적 구조가 의미론적 차이를 발생시킨다는 것은 당연하다. 가령 "몸은 나이며, 그리고 영혼이다"(앞의 인용문 Z, KGW VI, 1, S.35/5)와 "나는 신체이며 영혼이다"는 정동호의 번역문은 단순히 '몸(이를 정동호 역시 신체로 번역하고 있음)'의 메타포가 지닌 무게감에서만 차이를 발생시킨다고 보기 어렵다. 또한 니체가 문장 사이에 자주 삽입하고 있는 콜론(:)과 같은 표기는 문장들 상호 간의 의미론적 연관의 성격을 말해 주기 때문에, 이를 마침표로 바꿀 것이 아니라, 그대로 표기하는 것이 적절하다고 생각한다.

7) '몸을 단초로 한(Am Leitfaden des Leibes)'은 비교적 자주 등장하는 니체의 관용구이자, 그가 기존의 철학적 주제들을 몸의 관점에서 비판·재해석한다는 점에서 '몸'의 특수한 '방법적' 위상 - 즉 일종의 인식내용과 무관한 중립적인 도구나 수단 혹은 서술내용과 무관하다는 의미에서의 방법이 아닌 의미에서 - 을 말해 준다. 이 표현들은 『차라투스트라』의 출판을 전후해서 반복·등장한다. 일부 유고집의 다음 언급들을 참조. KGW, VII, 3, S.289/5, S.304/25, S.367, KGW, VII, 2, S.247/24.

는 명령, 그것은 종종 의식 자체에는 의식될 수 없는 무의식의 명령이자, 몸의 위계질서를 반영하고 있는 잠정적 '평화'의 상태를 가리킨다고 볼 수 있다. 결국 인간의 몸 내부에서 일종의 지배구조가 존재하며, 이는 여기서 지도자의 역할을 담당하는 '목자'와 '한 무리의 가축들'로 형상화되어 있다. 이 같은 몸의 질서와 지배양식을 의식하지 못하는 단순한 감각과 정신은 일종의 자기 오해에 빠져 있다고 볼 수 있다.

> 감각이 느끼는 것, 정신이 인식하는 것, 그것은 결코 그 자체로서 자신의 목적을 지니지 않는다. 그러나 감각과 정신은 너를 설복시키려 한다. 즉 자신들이 모든 사물들의 최종적 목적이라고 말하고 있는 것이다. 그처럼 자만에 빠져 있는 것이 그들인 셈이다.
> 도구이자 놀잇감은 감각과 정신이다. 그 배후에 아직도 자기가 놓여 있다. 자기는 감각의 눈으로 탐색하며, 정신의 귀로 듣기도 하는 것이다.[8]

감각(Sinn)과 정신(Geist)은 동등한 차원의 개념인데, 실상 그 배후에는 이들에 의해 감각되지도, 사유될 수도 없는 자기(das Selbst)가 놓여 있다는 것이다. 감각과 정신은 결국 자기의 도구이자 유희의 수단으로 설정되어 있다는 것이다. 우리는 여기서 '정신'의 관점과 '감각'의 관점이 병렬적으로 배치되고 있다는 점을 간과할 수 없다. 이는 감각의 자료에 의존하는 일차원적 경험주의나 의식의 자명성에 근거하는 인식론적 토대주의가 한결같이 인간적인 지식에 대해 어떤 완결된 이론을 제공해 줄 수 없다는 주장으로 이어진다. 즉 감각과 정신은 단지 세계에 관한 특정한 관점을 반영할 뿐

---

8) Z: KGW Ⅵ, 1, S.35.

만 아니라, 근본적인 의미에서 자기 오해에서 헤어나지 못하기 때문이다. 여기서 논의되는 유물론이나 관념주의의 한계는 자아(das Ich)와 자기(das Selbst)의 구별을 통해서 보다 분명하게 드러난다.

니체는 자기와 자아의 구별을 통해서 데카르트에서 칸트 등의 토대주의적 인식론은 물론 독일 관념론의 핵심개념으로 설정된 자아개념을 근본적인 의미에서 해체한다. 여기서 그러나 자아 개념 자체는 단순히 부정되고 있는 것이 아니라, 실체론적 자아의 자기 확실성이나 자족성이 허황된(eitel) 개념일 뿐만 아니라, 자아에게 알려지지 않은 계보학적으로 선행하는 사태들에 의해서 조건 지어진다는 것이다. 또한 자아는 무언가 항상 형성과정에 있는 것이며, 만약 이 같은 추론이 정당하다면, 니체철학의 핵심적인 개념인 위버멘쉬(Übermensch) 개념 역시 그 어떤 목적론적 구도하에서 표상으로 간주될 수 없다. 자아는 어떤 실체로서 존재한다기보다 몸의 작용, 행위를 통해서 생성, 표현될 뿐이다. 오히려 자아가 지속적 정체성을 유지하도록 만들어 주고, 또한 이를 파괴하는 것은 몸/자기이다. 그런데 몸과 자아의 개념이 한결같이 전제하는 것이 바로 자기(Selbst)이지만, 앞의 두 개념이 모두 동일한 방식의 연관을 맺고 있는 것은 아니다. 자아와 달리 몸은 자기와 동등한 위상을 지니는 개념으로 설정되어 있다. 자기가 고유의 자발성을 지닌, 즉 일상적 감각이나 경험의 인과관계에 의해서 설명할 수 없는 중층적 차원들에 의해 이해될 수 있다면, 우리의 몸은 의식과 정신의 논리에 구속, 수렴될 수 없을 뿐만 아니라, 그 '평화'로운 질서가 지속 불가능한 여러 상충 대립하는 힘들의 상호작용(Zusammenwirken)으로 이해할 수 있다. 자기는 따라서 그 어떤 고정된 통일성의 원리를 지닌 개념이라기보다는 인간의 몸이 경험하는 개체화의 운명을 가리키는 지표일 뿐이다. 그것은 어떤 이론으로 정형화될 수 있는 형식이나, 통일성이라기보다는 개체 고유의, 다른 개체에 의해 반복 불가능한 일회적인 개체화의 과정을 가리킨다.[9] 자기의 개념이 자아와 달리 '언어-형이상학(Sprach-Metaphysik)'에 의해서 실체화될 수 없는 것과 마찬가지로, 니체에게 "몸은 미지의 대지이다(terra incognita)". 또 "무엇을 위해서 너는 이러한 생각과 이러한 감정들을 지니고 있는가? 몸속의 네 자기(dein Selbst)는 무언가를 그것을 통해서 원하고 있다"[10]는 언급 역시, 몸/자기와 생각/감정의 위계질서에 대한 '차라투스트라'의 다음 서술과도 상응한다.

> '나'라고 너는 말한다. 그리고 이 말에 대해 자랑스럽게 여긴다. 그러나 보다 위대한 것은, 그것에 대해 네가 믿으려고 하지는 않겠지만, - 너의 몸이며, 그리고 그의 커다란 이성이다. 이것은 나라고 말하지는 않지만, 나를 실천한다.[11]

이 문장에서 드러나는 특이점은 니체가 자아의 말과 자아에게 건네지는 자기의 '행위'를 규별하고 있다는 점인데, 후자는 의식의

---

9) 게르하르트는 "자기(das Selbst)가 몸을 하나의 통일성으로서 이해할 수 있는 표현"이라고 말한다. 또 몸의 표현(Ausdruck des Leibes)으로서 일종의 형식(eine Form)이라는 것. 그러나 통일성(Einheit)이나 형식(Form)개념은 니체의 은유적 서술의 유연성이나, 이 개념들의 개념사적, 형이상학적 해석의 역사를 고려할 때, 상당히 부담스러운 이해가 아닐 수 없다. 통일성의 개념과 함께 정체성, 실체, 지속성, 원인, 사물성 등의 개념등에 대한 니체의 비판적 분석은 다음 문헌을 참조. Nietzsche, *Götzendämmerung*(=GD), 'Die Vernunft in der Philosophie, Aph. 5', KGW, Ⅵ 3, S.71. 참조. 통일성이자 형식으로서 이해된 게르하르트의 자기 개념은 과잉해석으로 인한 오해로부터 벗어나기 어려울 것이다. V. Gerhardt(hrsg), "Die "grosse Vernunft" des Leibes. Ein Versuch über Zarathustras vierte Rede", in: V. Gerhardt(hrsg), *Friedrich Nietzsche, Also sprach Zarathustra*, Berlin, 2000, S.159~160. 참조.

10) KSA 10, S.225. 참조. "자기를 원하라(Wolle ein Selbst)란 특이한 표현을 참조, F. Nietzsche, *Menschliches, Allzumenschliches*, Ⅱ, KGW, Ⅳ, 3, S.160.

11) Z: KGW Ⅵ, 1, 35/15~17.

언어나 문법의 형식적 질서이전의 몸의 요구이자 명령인 한에서 항상 자아의 행위를 수반한다. 몸 - 이성의 자기표현은 상징과 기호를 동원한 것이 아니기 때문에 그 표현의 방식은 기호언어 이전의 보다 근원적인 표현방식이라는 점을 가리키며, 이는 여기서 구체적으로 '인정과 경멸(Achten und Verachten)', 그리고 '쾌감과 고통(Lust und Weh)' 등과 같은 상호 대립하는 가치/의지들이 쌍들로 예시되어 있다. 즉 자아의 의식과 언어의 배후에는 몸의 고유한 가치 판단에 근거한 '도덕적 위계질서'가 존재한다. 이는 나아가서 자기 보존과 함께 자기 파괴의 원리를 포괄하는 것으로서 생명과 죽음의 영원한 순환과정이 몸의 세계를 관장하고 있음을 알 수 있다. 한편 작은 이성은 몸의 한 기능이자, 기관의 하나로 전제되어 있는데, 이성이 몸의 기관이라는 말은 작은 이성이 몸의 '의지'를 수행하는 도구로서의 역할에 충실하기 때문에 가능한 표현이다. 반면에 몸 자체는 일견 도구로서의 '작은 이성'에 기댐으로써 자신의 의지를 관철할 수 있지만, 또 다른 한편으로는 우리 의식과 감각을 '보다 높은 수준에서 포괄하고 있는 지성에 봉사하는(im Dienste jenes höheren überschauenden Intellekts)' 존재임이 드러난다는 것이다.12) 여기서 말하는 의식의 차원은 단지 인지적 행위 주체의 특성으로만 언급되고 있지 않다. 몸이성과 비교해 볼 때, '모든 의식적

---

12) KGW Ⅶ, 1, S.695. 참조. 아벨은 '작은 이성'의 몸이성에 대한 개방성(Offenheit)을 강조하는데, 이는 그가 몸이성을 열린 해석의 사건들로 이해하려는 의도에서 비롯한다. 따라서 몸성(Leiblichkeit)은 세계에 대한 해석 자체를 좌우하는 관점들이기 때문에 몸은 모든 해석의 관점들이 모이고 흩어지는 즉 해석의 사건이 진행되는 핵심적 지점으로 이해된다. 아벨은 이성의 자기 제한과 자기비판의 모든 가능한 관점을 분석함으로써 작은 이성의 '큰 이성'의 해석개념으로의 이행이 필연적이라고 주장한다. 나는 니체의 몸개념에 대한 실증주의적 해석에 대한 그의 비판에 대해 동의하지만, 그 비판의 방식은 상이할 수 있다고 생각한다. G. Abel, "Interpretatorische Vernunft und menschlicher Leib", in: Nietzsche's Begriff der Philosophie, hrsg. von M. Djurić, Würzburg, 1990, S.117ff.

삶'을 구성하는 계기들은 이차적이며, 표피적이다. 의식의 차원에서 작동하는 모든 의지와 목적 지향적 행위는 이제 보다 근원적인 차원에서 작동하는 '몸의 기호언어(Zeichensprache des Leibes)'[13]에 불과한 이차적 중요성만을 지님으로써 플라톤주의에서 관념론에 이르는 심신관계의 위계질서가 전복되고 있는 것이다.

'몸−이성'은 의식적 수준의 기호언어로 표현될 수 없는 보다 근원적 사태로서 간주될 뿐만 아니라, 이러한 몸의 작용이 일종의 '지능적인 활동성(Eine intellektuelle Tätigkeit)'임이 드러난다.[14] 여기서 몸−이성은 동화와 배설, 성장과 같은 방식으로 모든 유기체의 기능성에 상응하는 유기체 내부에서 진행되는 사건(ein inneres Geschehen)으로 간주되기 때문에, 명증적(?) 의식의 사유가 사실은 보다 포괄적인 "우리 존재의 전체적 상태 중에서 무언인가를 기호의 형태로 표현한 것"에 지나지 않는다는 것이다.[15] 그 결과 우리는 몸을 정신보다 더 신뢰해야 한다는 것이다. 따라서 의식과 판단, 언어적 형식의 자명성이 근거하는 '작은 이성'이 하나의 인식과 의식 주체의 자기 동일성에 상응한다면, 몸−이성은 힘들의 다수성이 상호작용하는, 몸성 내부의 상호 투쟁과 갈등, 유희적 관계 등에 의해서 이해될 수 있다.[16] 이 점에서 니체는 '영혼'과 '자아', '인격'

---

13) KGW Ⅶ. 1. 7(126), S.293. 니체는 "우리의 몸은 우리에게 알려졌던 모든 인간적으로 연계되거나 인간에게 공통으로 존재하는 그 무엇보다 훨씬 더 고상하고, 섬세하며, 보다 복잡하고, 완전한 그리고 보다 도덕적인 그 무엇이다"고 말함으로써 자아/이성/의식과 몸/무의식의 사이에 성립되었던 위계질서를 전복시키고 있다. KGW Ⅶ 1: S.294. 자아개념에 대한 니체의 인식은 다음 저술을 참조. F. Niezsche, Morgenröte, Zweites Buch. Aphr. 115, KGW V. 1. S.105~106.) 여기서 니체는 '소위 나'에 대한 우리들의 생각이 얼마나 공허할 수 있는지에 대해 언급한다. 자아가 사용하는 언어적 명확성은 자기와 몸에 대한 오독의 원인이라는 것이다.

14) KGW Ⅶ 3. S.367.

15) KGW Ⅶ 3. S.324.

16) KGW Ⅶ 3. S.382.

등의 개념이 모두 '잘못된 통일성(die falsche Einheit)'에 지나지 않는다는 것이다.[17] 개체존재의 몸은 여기서 '유기체-유희(Organisations-Spiel)'로 표현되고 있다. 그 이유는 몸-이성이 일정한 법칙성이나 규칙성에 의해 경험을 조직하고 세계에 대한 이해를 시도하는 자아존재와 달리, 매순간 항상 새롭고 수많은 사건들을 발생시키는 몸 내부의 힘들 간에 작용하는 '전쟁과 평화'의 부단한 과정들이기 때문이다. 이 점에서 몸이성은 부단한 경험과 순수화의 과정을 통해 성숙해 가는 헤겔적 이성이나 정신개념 등과 무관하다.

몸이성과 작은 이성의 구별이 타당성을 지니기 위해서는 일견 '이성'을 일종의 '기관'으로 규정해야만 하는 것처럼 여겨진다. 이는 당연히 이성의 선험성, 즉 경험과 감성적 세계이해의 '가능성의 조건'이라는 근세철학의 한 중요한 전제를 재고하거나 지양한다는 것을 전제한다. 그런데 유기체적 관점에서 이성의 계보학적 조건을 서술할 수 있다고 해서 반드시 니체의 몸개념 자체가 유기체와 동일한 것은 결코 아니다. 다시 말해서 '몸을 단초로 한' 사유 역시 생물학주의나 여타의 환원주의적 유기체론과 동등한 차원에 놓일 수 없는 것이다. 왜냐하면 '커다란 이성'으로서의 몸성의 한 간과할 수 없는 특징은 그 계보학적 중첩성과 동일한 과정들의 반복, 힘에의 의지가 보여주는 비규칙성, 비정형성 등이기 때문이다. 더구나 우리의 개체화된 몸은 삶의 역사에 대한 총체적 체험의 결과이자, 특정한 시대의 고유한 '증상'이자 '징후'로서도 간주된다.

한편 의식은 유기체의 기관이 가장 뒤늦게 발현된 사태로 규정

---

17) KGW Ⅷ 3, S.401.

되는 한에서, 몸에 비해 상대적으로 몰역사적인 성격을 지닌다. 그 결과 의식의 작은 이성은 몸이성에 비해 '완성도'가 떨어지고, 단순화된 세계이해의 관점에 의존한다는 특징을 보여준다.[18] 반면에 니체에게 이성은 의식이나 언어보다 더 근원적인 차원의 일반적 존재의 성질을 나타내는 개념으로 설정되어 있는데, 그 이유는 '작은 이성'과 '커다란 이성'으로서의 몸이 한결같이 기관('Organ')으로 표현되고 있다는 사실에 기인한다.[19] 몸의 한 특징인 유기적 기관으로서의 자기 준거적 조직방식은 (자기)의식의 차원에서 목격할 수 있는 자기 준거적 의식과 달리 계보학적으로 선행한다. 이 같은 정황은 『즐거운 지식』의 의식의 기원에 대한 분석을 통해서도 언급되고 있다. 즉 의식이나 언어가 사회적 이차형질인 데 비해서, '이성'은 개체존재의 실존에 의해 작동하는 보편적 질서다. 여기서 우리는 '이성'과 의식, 그리고 '몸−이성'과 '작은 이성' 간의 대비를 통해서 니체가 왜 개인의 창조성과 정형화될 수 없는 개체화의 미적 실존에 주목했는지 이해할 수 있다. 즉 의식에 의해서 표현되는 자아는 이미 항상 '작은 이성'의 형식적 원리에 의해 축약되고, 일반화된 것이기 때문에 필연적으로 몰개체적인 일반화의 원리에 수렴되는 것이다.

결국 자아(Ich)와 이성이 의식적 수준에서 작동한다면, 자기(Selbst)는 의식보다 근원적인 차원에서 작용하는 인간적 정체성의 발생적

---

18) F. Nietzsche, *Fröhliche Wissenschaft*(=FW) Erstes Buch, Aphr, Nr. 11. 참조, KGW, V, 2, S.56~57. 참조.

19) F. W. Aphr. Nr. 354. S.592. KGW, V, 2, S.272ff. 참조: 여기서 언어와 의식의 발달과정은 병행한다고 전제된다. 또한 기호를 발명해 낸 인간이 스스로의 의식을 통한 정체성을 지니게 된 것은 그가 사회적 동물로서 존재하기 때문이라는 것이다.

연원이다. 니체의 의식철학에 대한 전복이 곧바로 전의식적 자기 준거성(präreflexive Selbstbezüglichkeit)을 부정한 것으로 볼 수 없다는 것이다. 그러나 감각과 정신, 의식을 관류하는 최소규정으로서의 자기성(自己性)은 이미 항상 개체화의 과정에도 개입한다. 최소한의 자기 준거(Selsbtreferenz)가 설정되지 않고서는 『차라투스트라』의 4부에서 니체가 '차라투스트라'의 입을 빌려 말하고 있는 "너 자신이 되어라(Werde, der du bist!)"라는 경구 역시 공허할 수밖에 없다. 문제는 다만 여기서 자기 준거적 자기 개념이 그 어떤 의식 개념에 의해서 독점되거나, 의식적 수준에서만 그 설명적 가치를 지니는 것이 아니라는 점이다. 마찬가지로 몸이성의 자기 준거성이 그 어떤 자연주의적인 혹은 유물론적인 이론의 물리적·생리적 조건에 의해서 제거될 수 없다는 것도 당연하다.

이 같은 형식적 차원을 넘어선 자기 개념의 구체적 특성은 니체의 관점에서 오직 '힘에의 의지'나 '동일한 것의 영원한 반복'과 같은 관념에 의해서 논의될 수 있는 것처럼 보인다. 자기의 활동성은 앞의 인용문(주 6)에서 등장한 '하나의 의미를 지닌 다양성'을 통해서 보다 선명하게 이해될 수 있다. 왜냐하면 의미의 단일성은 몸의 차원에서 전개된 다양한 관점들, 정서들, 힘들 간의 투쟁 혹은 지배 관계를 전제하는 한에서, 필연적으로 다른 감각과 의미들을 배제, 억제한다. 그 결과 몸의 생동하는 계기들은 부분적으로는 무의식의 상태로 남아 있거나 혹은 우리에게 충동들로 형상화되는 양상을 보인다.[20] 그렇다면 이제 다음과 같은 문제가 제기될 수 있다. 즉

---

20) KGW Ⅶ, 2, S.282. 참조.

몸의 관점에서 왜 어떤 특정한 생각과 의식의 지향성이 다른 경우보다 더 지배적인가의 물음이 그것이다. 몸이성의 가치 판단이 어떠한 기준과 원리에 의해서 이루어지는지에 대해 의식과 정신이 그 어떤 직접적인 이해의 가능성을 확보하지 못한다면, 이 물음에 대한 접근 방식은 기존의 그것과 구별될 수밖에 없을 것이다. 비록 정신이 인식의 최종적 심급으로서 스스로를 간주할 수도 있지만, 이는 일종의 자기 오해에 불과하다는 것이 니체의 견해다. 의식과 정신의 한계는 언어의 한계이기도 하다. 더구나 의식의 언어는 몸이성의 '고상하고, 도덕적이며, 경탄할 만한' 복잡성에 비하면 거칠기 짝이 없다는 것이다.[21] 그 복잡성은 단순히 기존의 유기체론에서 중시된 '자기 보존'과 같은 단순한 생명원리를 넘어서는데, 우리는 그 극명한 서술을 다음 인용문에서 확인할 수 있다. 왜냐하면 근본적으로 몸-이성은 자아의 종말을 이미 잉태하고 준비하고 있는 존재로 이해되어야 하기 때문이다.

> 몰락하기를 너의 자기는 원하며, 그렇기 때문에 너희들은 몸을 경멸하는 자들이 되었다! 왜냐하면 더 이상 너희들은 네 자신을 넘어서 창조할 수 없게 되었기 때문이다.[22]

몰락의 능동적 주체가 자기(das Selbst)인 한에서 몸-이성은 작은 이성과 달리 과거의 모든 유기적 생성과 소멸의 거듭 반복되는 과정들을 체화하고 있다고 볼 수 있다. 몸이라는 메타포는 역사와 시간성을 초월한 실존으로 간주되어 온 '영혼'이나 '순수정신', '절

---

21) KGW Ⅶ, 3, S.182.
22) Z: KGW Ⅵ, 1, S.36/33~S.37/2.

대 정신'과는 근본적으로 다른 방식의 사유를 가능케 한다. 여기서 우리는 바로 영원회귀와 몸-이성이 동일한 사유의 맥락위에 놓여 있음을 알 수 있다. "몸을 단초로 해서…. 모든 유기적 생성의 가장 멀리 떨어진 그리고 가장 가까운 과거가 다시 생동하며 체화된 형태로 나타난 인간의 몸, 바로 이 몸을 통해서 그리고 이 몸을 넘어서 나아감으로써 어떤 엄청나고 아직 들어본 바가 없는 흐름이 전개되고 있는 것처럼 보인다. 몸은 오래된 '영혼'보다 더 놀랄 만한 사유이다."[23] 니체의 몸-이성의 역사성은 이를 해석의 사건으로 간주할 수 있도록 만들어 준다. 즉 인간이 몸으로 존재할 수 있는 것은 몸이성이 일련의 계열에 의해 지속적으로 유지되는 '해석들의 체계(das System der Interpretationen)'이기 때문이다.

> 인간은 단지 하나의 개인일 뿐만이 아니라, 하나의 특정한 계열 속에 있는 지속적 삶이자, 모든 유기적인 존재로서 성립한다.[24]

몸-이성의 총체적 역사성은 작은 이성이 탈역사적이며, 형식적 추상성의 형식에 의존하는 것과 대비된다. 뿐만 아니라 몸의 자기 정체성은 단순히 형식적 상징체계인 기호언어와 논리, 판단의 일반적 형식을 넘어서는 개체성은 물론 '지능적 활동성'을 보이는 내적 힘들 간의 상호 투쟁과 유희의 유구한 과정들로 점철된 복합적인 양상을 지니는데, 우리는 이를 몸-이성의 역사성으로 간주할 수 있을 것이다. 그런데 몸-이성의 역사성은 헤겔철학의 경우에서처

---

23) KGW Ⅶ 3, 36(35), S.289.
24) KGW Ⅷ 1, 7(2), S.259.

럼 극적이며 목적론적인-이같이 말할 수 있는 것은 유한한 정신의 대립과 갈등구조, 즉 내재적 부정성에 의해 정신의 경험이 축적되고 고양되기 때문이다-방식으로 설명되지 않는다. 왜냐하면 정신의 전개과정은 그 배후에 '의식의 경험의 학문'에서처럼 지속적인 성장과 상승이라기보다는 삶과 죽음, 상승과 하강을 영원히 반복하는 의지와 힘의 유희이기 때문이다.[25] 우리는 이제 마지막으로 니체의 몸의 큰 이성과 자아의 작은 이성이 지니는 철학적 함축의 또 다른 측면을 언급해야만 하는데, 이는 아마도 니체적 기획을 자연주의적 유물론으로 이해하려는 사람들에게는 반갑지 않은 경우에 해당할 것이다. 이와 관련해서 나는 지면상 『차라투스트라』의 제1권의 세 번째 연설에만 주목할 것이다.

"몸이 바로, 대지에 대해 절망했던 것이다.-그것은 존재의 뱃속 (den Bauch des Seins)으로부터 건네지는 말을 들었던 것이다."[26] 또 같은 맥락에서 니체는 "병자들과 죽어 가는 자들은, 몸과 대지를 경멸했으며, 천상의 세계와 구원의 핏방울을 고안해 냈다"[27]고 말함으로써 '대지의 의미'가 기독교와 플라톤주의에 의해 구조화된 서구문명의 근본적인 정향성에 대한 비판과 맥락을 같이함을 분명히 한다. '배후세계를 신앙하는 자들(Hinterweltler)'이 단순히 종교적·형이상학적 질병을 앓고 있는 특정한 개인이 아니라, 집단과 민족을 가리키는 한에서 니체의 몸과 대지의 의미에 대한 사유는 단순히 인간학적 차원의 언급을 넘어선 문명 비판적 차원과 중첩

---

25) "아마도 정신의 모든 전개과정에서 관건은 몸일 것이다. 그것은 보다 고양된 몸이 스스로 양육되는 과정에 관한 것으로서, 이는 감성적으로 느낄 수 있는 과정도상에 있는 역사이다(KGW: Ⅶ, 1, S.687)."

26) Z: KGW Ⅵ, 1, S.32/15~16.

27) Z: KGW Ⅵ, 1, S.33/8~10.

되어 전개된다. 특히 '수많은 병든 민족(Vieles krankhafte Volk)'에 대한 언급은 허무주의에 대한 철학적 진단과 함께, 그 치유의 가능성을 타진하고 있는 것이다. 이 점에서 특정한 철학적 세계해석 자체가 몸이성의 특정한 상태를 반영하고 있다는 설정이 이해된다. 니체는 나아가서 "몸이 철학을 한다"[28]고까지 말한다. "혹시 철학은 지금까지 단지 몸의 해석(eine Auslegung des Leibes)에 지나지 않는지, 그리고 몸의 한 오해에 불과했는지"[29] 묻는다는 것은 객관성과 진리, 순수한 정신과 이념적인 것에 대한 인간의 지적 탐색이 궁극적으로 몸성과 자연성을 왜곡, 상실하고 있는 개인적·집단적 혹은 문명의 경향성을 반영한다는 것이다.

---

28) KSA, 10, 5(32). 이 같은 니체의 인식은 철학적 인식과 철학자 자신의 몸성 사이에 깃지는 일체성의 체험과 무관하지 않다. 다시 말해서 니체 자신이 핵심적 주저로 칭한 『차라투스트라』는 니체 자신을 포함하는 인간의 몸성에 대한 반성이자, 일종의 체화된 분신(分身)이라고 볼 수 있다. 따라서 『차라투스트라』는 일반적인 의미의 철학적 텍스트가 지니는 객관적 사태에 대한 명제나 일반적 타당성을 지향하는 문장들의 집합이 아니라, ─극단적으로 말하자면─일종의 개체화된 니체적 몸이성의 철학적 발현이라고 볼 수 있다. 이러한 생경할 수도 있는 주장은 오직, 몸성과 정신, 철학자의 몸성과 철학적 이론 간의 내밀한 매개, 변환의 과정에 대한 니체의 해석을 『차라투스트라』라는 작품에 직접 적용할 때에만 성립할 것이다.

29) FW: Vorrede zur 2. Ausgabe, KGW V, 2, S.16 참조.

3. 맺는말

지금까지의 서술을 통해서 우리는 니체의 몸이라는 메타포가 그 자체로서 분석되기보다는 오히려 '몸의 관점에서' 기존의 공고한 개념들, 관념들이 비판·해체되고 있다는 인상을 받을 수 있다. 실제로 몸으로부터의 철학은 근세철학의 패러다임을 형성해 온 의식과 이성의 개념에 덧붙여진 하나의 새로운 주제가 아니라, 기존의 철학적 사유 자체의 관점에 대한 전복으로 이어질 수 있는 것이다. 또 니체의 '몸'은 생물학이나 여타의 생리학과 같은 경험적 실증과학의 대상으로 설정된 객관적 실체로서의 '신체'와 동일시될 수는 없다. '몸'의 관점에서 기존의 자기 이해와 세계이해의 방식을 근본적으로 새롭게 규명한다는 것은, 나아가서 인식과 진리 등과 같은 이론적 사유 활동이나 언어적 상징체계에 의존하는 인식의 효용성 등이 그 자체로서 의식과 반성의 대상이 될 수 없었던 체화(Einverleibung)의 과정이 선행한다는 것을 가리킨다.

인식과 충동, 인식과 삶, 진리와 힘이 다양한 몸-이성의 체화의 방식을 통해서 하나의 긴밀한 연관을 구축하고 있다는 것이다. 인식과 진리의 역사는 당연히 힘에의 의지가 발현·체화되어 간 역사로 읽혀야 한다는 것이다. 몸이성은 삶의 역사의 총체성이자 시대의 증후이다. 결국 니체의 심신관계에 대한 통찰의 의의는 종래의 관념론이나 유물론, 실증주의 등을 넘어서는 니체 고유의 계보론적 인간이해를 전제한다. 이 같은 인식은 인간학적 차원을 넘어서, 자연에 대한 인간의 몰이성적 지배와 침탈을 정당화하고 있는 서구문명의 자기 파괴적 허무주의에 대한 진단과 맞물려 있다. 의식적 수준의 정신의 활동을 이미 항상 조건 짓거나 선행하는 신체적 무의식의 활동성을 전제해야 한다는 니체의 인식은 그 후 프로이트를 비롯한 심층심리학을 통해서도 체계적으로 논구되었지만, 전자의 특징은 정신분석학이나 일반적인 의미의 심리학과 달리 자기 존재에 대한 인식을 '생리학적', '심리학적' 차원으로 환원, 설명하는 데 만족하지 않는 데서 드러난다. 바로 이러한 맥락으로 인해서 몸(Leib)의 개념에 대한 주목할 필요가 있는 것이다.

참고문헌

원전

Friedrich Nietzsche, *Werke, Kritische Gesamtausgabe*, (=KGW) hrsg. v. G. Colli
und M. Montinari, Berlin/New York, 1967ff.

Friedrich Nietzsche, *Sämtliche Werke. Kritische Studienausgabe in 15 Bänden*, (=
KSA) Berlin/New York, 1980.

프리드리히 니체, 『차라투스트라는 이렇게 말했다』, 정동호 옮김, 니체전집
13권, 책세상, 2000.

2차 문헌

김정현, 『니체, 생명과 치유의 철학』, 책세상, 2006.

백승영, 『니체, 디오니소스적 긍정의 철학』, 책세상, 2005.

Abel, G., "Interpretatorische Vernunft und menschlicher Leib", in: *Nietzsche's
Begriff der Philosophie*, hrsg. von M. Djurić, Würzburg, 1990, S.100~
130.

Gerhardt, Volker, "Die "grosse Vernunft" des Leibes. Ein Versuch über Zarathustras
vierte Rede", in: V. Gerhardt(hrsg), *Friedrich Nietzsche, Also sprach Zarathustra*,
Berlin, 2000, S.93~122.

Leiter, Brian, "The Hermeneutics of Suspicion: Recovering Marx, Nietzsche, and
Freud", in: B. Leiter (ed), *The Future for Philosophy*, Clarendon Press,
Oxford, 2004, pp.74~105.

Schipperges, Heinrich, "Das Konzept der Leiblichkeit bei Friedrich Nietzsche", in: Hilarion Petzold(hg), *Leiblichkeit —philosophische, gesellschaftliche und therapeutische Perspektiven*, Paderborn, 1986, S.133～147.

심신이원론에서 선험적 신체일원론으로*
: 멘느 드 비랑에서 메를로-퐁티까지

장문정

1. 들어가는 말: 신체로의 전회
2. 살아 있는 신체의 인간학적 정박
3. 신체적 습관체계: 반성하는 신체가 어떻게 가능한가?
4. 사회적 신체: 타자성의 문제
5. 결론: 주체의 죽음과 저항하는 신체

* 이 논문은 2005년 한국학술진흥재단 지원을 받아 수행된 것이다(KRF-2005-079-AM0016).

1. 들어가는 말: 신체로의 전회

심신가치론의 견지에서 멘느 드 비랑에서 메를로-퐁틔에 이르는 현대 프랑스 철학의 경향은 크게 신체로의 전회를 드러낸다. 여기서 신체라 함은 비단 인간에 대한 생물학적 규정에 국한된 것이 아니라 그것과 대구를 이루거나 그 바깥에 있는 정신적 구성물, 문화적 환경과의 관련을 지칭하리만치 그 외연이 확장된 것이다. 심신가치론이란 정신과 관련하여 인간의 신체가 과연 무엇인지 그 존재론적·형이상학적 정의를 산출하는 것을 넘어서 그것이 세계와 관련하여 어떻게 규정되고 상상되고 상징적으로 확장되었는지를 살펴봄으로써 그러한 담론이 갖는 인간학적 함축을 끌어내는 데 그 효용이 있기 때문이다. 그러나 여기서 특히 다루게 될 '신체로의 전회'란(특히 근대 프랑스 지성계가) 우리 시대에까지도 널리 퍼져 있는 과학주의적인, 단순한 도구 개념으로서의 '육체'를 통해 '나의 신체'뿐만 아니라 그로 인하여 비롯되는 세계에 긔한 비전 전체를 물질화시켰다거나 그 천박한 의미로 세계를 환원시켰음을 의미하는 것이 아니다. 만일 그렇다면 그러한 수동적인 육체를 지배하는 초월적 작인을 다시 끌어들이지 않을 수 없을 것이고, 그렇게 되면 그것은 진정한 의미에서의 신체적 융성의 시대라고 볼 수 없을 것이기 때문이다.

물론 역사적으로 신체 전회의 시대는 자본주의적인 물질문명 없이는 전개될 수 없었다는 점에서, 그것이 비록 죽은 육체들이라 하더라도 그러한 육체들의 범람을 포함하지 않을 수 없다. 그런 점에서 필자는 이러한 신체로의 전회를 이루는 '부정적인' 분기점으로서 데카르트를 언급하지 않을 수 없는데, 사실 그가 인간의 신체를 포함하여 세계를 수동적이고 불활성적인(죽은) 육체들의 기계적 운동으로 환원시킴으로써 당대의 과학적 편견에 근거하여 명시적으로(제일철학의 이름으로) 신체의 풍부한 의미를 탈각시키고 그 초라한 육체로 세계를 단일하게 조직하기를 기도했던 주요 공로자이기 때문이다. 전통적으로 신체에 내려진 평가절하된 의미 부여의 이 클라이맥스는 차라리 간혹이라도 정신에게 사악한 반대짝으로 부정적으로 언급되어 왔던 그(알 수 없는, 그래서 혼란스러운) 육체의 힘을, 마치 존재하지 않았던 것처럼 거세시키고 껍데기만 남겨 죽은 육체들로 범람케 하는 일이었다.

이제 이러한 환원의 배경이 되는 기계론적 과학주의, 그러나 과학이라는 제한된 경계를 넘어 인식 전체의 범주로 작동하면서 근대 지성계를 지배했던 이 에피스테메는 새로운 육체 개념의 발생과 더불어 이중화되기 시작했다. 이는 19세기 이후의 프랑스 철학, 즉 데카르트 철학의 변형적 계승자들인 멘느 드 비랑, 베르그송, 사르트르, 마르셀, 메를로-퐁티의 심신론에서 직접적으로 드러난다.

주지하듯이 데카르트적 기계론에서는 사실상 근대적 역동성의 주역인, 그 진정한 추동적 힘이었던 인간의 '의지'나 '욕망'의 문제가 들어설 자리가 없었다. 매우 당연하게도 이것이 그의 부정적 후계자들에 의해서 환기되기 시작하면서 (의지나 욕망이 거하는) 신체에 대한 관심이 고조되었고 이른바 근대 철학에서의 신체로의 전회가 새로운 국면으로 가시화되기 시작했던 것이다.

그러나 멘느 드 비랑에서 메를로-퐁티까지 현대 프랑스 철학자들에게 공통적으로 견지되었던 데카르트의 유산은 코기토, 즉 그가 이 기계적인 신체들을 조절하는 초월적인 존재자로서 상정했던 의식, 그러나 그것의 내용보다는 그것이 가진 논리적 위상이었다. 주체의 문제는 그들 철학들의 공통적인 특색을 이루는데, 이런 코기토의 천착은 데카르트적 심신이원론의 딜레마에 대한 변명 혹은 대안의 모색으로 발전될 수 있었다. 이러한 관심들은 그들 각각의 고유한 인간학적 함축들과 독트린들을 생산하는데, 심신론과 관련하여 멘느 드 비랑과 베르그송은 유심론의 계열에, 사르트르, 마르셀, 메를로-퐁티는 각각 그 방법들과 귀결점들에서 고유한 특색을 드러내는 이른바 프랑스 실존주의와 현상학의 계열에 쿤류된다.[1] 그러나 이러한 상이함 가운데서도 그들의 인간학들은 인간의 구체적인 체험들을 철학의 중심에 가져다 놓음으로써 그 체험들이 거하는 '살아 있는' 육체의 강조와 그 새로운 의미(기능)에 주목한다는 점에서 일치한다. 또한 이처럼 구체적 체험들을 환기시키기 위

---

1) 여기서 신체로의 전회에서 두드러진 철학자로서 라캉을 제외시킨 것은 부수적인 이유에 서이다. 그 역시 그들과 당대의 과학적 전제들의 많은 점들을 공유하고 있음에도 불구하고 현저하게 정신분석학의 경계에서 작업했다는 특이점 때문에 논의의 전개와 지면의 한계상 다른 기회로 미룰 수밖에 없을 것 같다.

해 전통적인 철학의 접근 방식에 벗어나 여타 인간과학의 경계들을 넘나들며 자유롭게 작업한다는 점에서 일치하며 이 일치들은 현대 프랑스 철학의 두드러진 경향성이기도 하다.

심신론과 관련하여 그들이 주로 조회하는 인간과학은 18~19세기에 생물학과 더불어 거기서 독립된 분과로 파생된 생리학과 심리학일 것이다.[2] 여러 세기에 걸쳐 진행된 과학적 접근 방식의 진화 속에서 모색된 이 새로운 분과학의 탄생은 자본주의가 안정적으로 제도화되면서 가시화되었던 근대의 육체 활성화 기획[3]의 일환으로 뉴튼의 물리학이 유포하는 육체 개념과 모순적인 또 다른 육체 개념을 파생시켰다. 이 새로운 분과학은 아리스토텔레스적인 의미에서 육체들의 역동성의 원인으로서 영혼, 즉 육체와 이질적인 어떤 실체를 상정하는 대신에 '생명', '에너지'와 같은 육체의 자율적인 의미와 힘을 육체들 자체에 새기기 시작했고 이를 가능하게 하는 새로운 메커니즘을 도입하였다.[4] 그러나 이러한 메커니즘이 그들의 철학에 정박하면서 신체에 되돌려진 힘은 단지 물리적인 힘만이 아니라 인간의 문화세계를 가능하게 하는 지성적·반성적 능력, 심지어 윤리적 능력까지도 포괄하는 것이었다. 그들을 통해서 완성된 신체 전회의 의미는 단순히 자본주의로 상징되는 육체

---

2) 그러나 이와 더불어 그들은 또한 공통적으로 문학, 연극, 회화와 같은 예술에 대한 조회도 특징적인 것으로 언급할 필요가 있다. 예술 또한 근대의 신체로의 전회를 두드러지게 반영할 뿐 아니라 주도했다. 따라서 그들이 자신들의 철학을 예술 속에서 실현하거나 자신의 주장을 효과적으로 드러내기 위해서 예술을 적극적으로 조회하는 일을 그들의 철학에서 예외적이거나 부수적인 작업으로 볼 수는 없다. 예술에서 나타난 신체의 기호화 문제는 후고로 미룬다.

3) 필자는 "공사 영역과 페미니즘 - 육체를 둘러싼 근대 가부장적 관리체제"(대동철학, 제26집, 2004. 6)에서 공사구조로 나타나는 자본주의의 이중적 육체 활성화 기획을 분석한 바 있다. 자본주의는 육체들을 분열 증식시켜 바야흐로 육체들의 범람과 부활을 꾀하면서도 다른 한편으로 육체들의 증식을 교묘히 관리하는 자본주의적 통제 시스템을 동원함으로써 자기의 권력을 확장, 유지한다.

4) 프랑수아 자콥, 『생명의 논리, 유전의 역사』, 이정우 역, 민음사, 1994.

들의 수적인 팽창만을 의미하는 것이 아니라 그러한 육체들의 흐름을 조절할 수 있는 이른바 '이성'의 힘을 육체 자체가 획득하는 일이었다.

2. 살아 있는 신체의 인간학적 정박

1) 신체적 코기토

모든 것을 의심 속에 넣고서 그 의심하는 나를 확실한 것으로 건져 올리는 데카르트의 성찰의 과정 자체는 그들 생각에 나무랄 데 없을 뿐만 아니라 바람직하기까지 하다. 그들은 코기토가 외적인 방법으로는 파악할 수 없는 의식의 고유한 주관성, 즉 의식하는 능동적 주체의 직관을 이끌어 냈다는 점에서 철학사의 기념비적 발견이라는 데 이견이 없었을 뿐만 아니라 바로 여기서 그들의 논의를 시작했다. 성찰의 의식(儀式)은 독자들에게 의심이라는 구체적 행위를 직접 실천하도록 권유할 뿐만 아니라 그 실천을 통해서 내 자신을 위시하여 세계의 존재들을 진정한 존재들로서 새삼스럽게 깨닫게 하는(그러나 그것이 아니고서는 깨달을 수 없는) 계기로서 작동하기 때문이다. 다만 그들이 공통적으로 제기하는 데카르트적 코기토의 문제점은 그가 이 의식(儀式) 이후에 부여한 추상적 사변이 이 구체적 행위와 별개의 것이라는 데 있다.

그들이 볼 때, 성찰의 순간 우리가 포착하는 코기토의 명증적인 내재성(intériorité)은 그러한 성찰행위가 구체적인(신체적인) 실천행위인 점에서 데카르트가 말한 바의 순수한 정신작용이라기보다는 차라리 신체적인 것에 가깝다. 물론 이는 신체에 대한 관찰, 즉 외적인 접근이 아니라 신체에 대한 내재적인 접근을 의미한다. 데카르트가 누락시켰던 것, 그리고 전통 철학이 등한히 해 왔던 것은 바로 이 같은 나와 '나의 신체'의 내재적 관계였다. 근대에 절정에 달한 자본주의와 과학적 사유의 발전은 이전과 달리 신체들을 억압이 아닌 증식의 대상으로 올려놓음으로써 신체들과 신체들에 대한 사유들의 범람을 조장했지만, 내 바깥에 있는 감각적 사물들로서의 이 신체들은 주체로서의 나의 신체와는 그 존재방식에 있어 전혀 다른 것이다. 나와 나의 신체의 관계는 나와 내 바깥의 다른 신체들의 관계와 결코 같지 않다. 내 바깥의 사물을 느끼고 인식하는 동일한 방식으로는 내가 내 신체를 느낄 수 없다는 것, 그래서 이러한 이질성은 나의 의식이 작동되면서 신체의 측면으로 생각되기보다는 의식의 측면으로 분류되어 의식의 그림자로 사라지기 일쑤였다. 만일 주체의 이 물질적인 하부구조를 존재하지 않는 것처럼 지우고 주체를 초월적인 정신으로만 규정하게 된다면, 그러한 인간은 늘 현실과 동떨어져 있는 불완전하고 몽상적인 것에 머무를 수밖에 없을 것이고 또 그와 반대의 의미에서 나의 신체를 과학적 접근이 재현하는 바의 그러한 육체의 이미지로 대체하게 된다면, 인간 존재를 마치 자동인형과 같이 비천한 것으로 강등시키는 행위와 다를 바 없을 것이다. 결국 '나의 신체'를 결핍한 데카르트의 심신관과 그것이 재현하는 인간상은 이처럼 현실을 상공비행하는 인간과 비천한 기계적 인간이라는 두 극단에서 표류할 수밖에 없다. 그들이 볼 때, 내 신체는 기존 과학적 분석이 드러낼 수 없는 숨겨진 고유한 논리를 가지고 있으며 이 논리에 의해 이른바 '데카르트적 성찰'은 다시 씌어야 한다. 코기토란 추상적인 사변으로 귀결될 정신주의적 계기로서가 아니라 과학적 사유가 올바르게 접근할 수 없는 이러한 신체의 고유 논리를 발견하고 그로부터 타자와 세계를 온당하게(현실에 맞게) 구성하는 철학적 계기로서 전제되어야 하기 때문이다.

이러한 코기토의 변형 내지 코기토의 수정은 멘느 드 비랑의 유심론(spiritualisme)에서 나타나는 두드러진 경향이기도 하다. 그의 유심론은 형이상학이나 과학이 그 정당성의 근거로서 내세우는 바의 이른바 객관적인 방법에 의해서는 발견할 수 없는, 일종의 주관적인 내적 직관에 의해서만 파악 가능한 의식의 그 고유성을 강조한다는 점에서 그야말로 유심적이다. 그러나 프랑스 유심론은 그것을 신체의 고유 운동성(motricité)과 연관시키고 있다는 점에서 특징적이며 이러한 전통은 유심론의 경계를 넘어서 직간접적으로 후대의 프랑스 철학자들에게 영향을 미쳤다. 이를테면 베르그송은 자신의 철학 속에서 고유운동성 개념을 통해 심리학적 영역에서도 두드러진 성과로 기록될 유용한 분석들을 생산하고 그것을 발판으로 그 특유의 형이상학을 발전시켰고 사르트르나 마르셀은 이 유산을 그들 사상의 유용한 거름으로 소화시켰으며 메를로-퐁티는 이 직접적 영향을 보다 세련되고 발전된 형태로 보여주었다.

사실 우리의 생명을 지탱시키는 호흡, 소화, 순환 작용 등은 일상적인 경험, 즉 외적 사물에 대한 우리의 지향 속에서는 잘 의식되지 않는 어떤 내적인 신체의 운동에 의해서 가능한 것이다. 사실상 이런 신체와 신체적 운동은 이미 고유하게 생리학의 대상과 문제를 설정되어 연구되어 있는 상태이다. 그러나 이러한 신체의 운동이 제대로 작동하지 못하는 상태에서는 우리의 일상적인 의식 지향, 심지어 코기토와 같은 철학적 반성 행위도 제대로 이루어질 수 없다는 점을 상기한다면 코기토에서 이러한 신체의 기여를 각성시키는 일은 철학자에게 부차적인 일이 될 수 없다. 그것은 데카르트의 귀결과 다른 새로운 철학적 비전을 보여줄 것이기 때문이다.

실제로 데카르트의 성찰은 에세이적인 기술 방식의 유연한 틈을 통해서 지속적으로 그리고 암묵적으로 성찰을 지탱시키는 이러한 신체적 노력과 긴장을 주문하고 있다. 멘느 드 비랑은 데카르트가 그의 성찰에서 통찰적으로 발견하고 강조했음에도 불구하고 결국 그의 추상적 사변 속에서 지워진 코기토의 의지적 측면을 강조하였는데, 그에게서 코기토란 '노력(effort)의 행위'를 의미하기 때문이다. '노력'은 단순히 정신적 행위만은 아니다. 그의 표현에 의하면 이는 '운동을 산출하는 힘으로서의 의지(volition)'와 '근육 수축으로 느껴진 결과'라고 하는 두 요소의 분리 불가능한 종합이다.[5]

노력에 대한 그의 이 같은 이원적 표현은 그가 여전히 데카르트의 이원론의 맥락에 있다는 인상을 주는데, 의지란 데카르트도 그러했듯이 능동적인 순수한 정신의 작용이며 근육 수축이란 수동적인 신체의 운동을 의미하기 때문이다. 그러나 코기토 자체를 포함

---

5) Maine de Biran, *Essai sur les fondements de la psychology*, Ed. Tisserand, t Ⅷ, p.332 참조.

하여 모든 의지는 신체의 운동 없이는 현실적으로 존재할 수 없다는 점에서 이러한 이원론은 논리적인 수준 혹은 언어적 표현의 수준에서 도입된 것으로 볼 수 있다. 이처럼 의지와 근육운동의 종합으로서의 코기토가 노력의 감정 속에서 동시적인 명증성인 한에서, 즉 이 코기토의 명증성은 그 자체로 명증적인 증명이기에, 의식의 원초적 사실로서 또 다른 증명의 필요성을 요구하지 않는다는 사실은 인간의 존재를 설명하기 위해 데카르트처럼 신체와 정신의 관계를 설명해야 할 필요를 그에게 제기하지 않을 것이다. 따라서 그는 데카르트의 그 딜레마에 떨어지지도 않는다. 신체에만 혹은 정신에만 한정되지 않는 구체적인 우리의 존재 자체가 그 증명이 될 것이기 때문이다.

베르그송 역시 우리의 구체적인 존재는 정신이나 신체 중 어느 한 실체성만으로는 포착되지 않으며 이런 이분법이 단지 이론상으로만 가능하다는 점을 강조한다. 특히 그는 『물질과 기억』에서 데카르트적인 신체에 대한 지각을 순수지각(la perception pure)으로 부르고 실재론자들이 이러한 순수지각을 실재하는 것으로 생각했다는 점에서 오류를 범했다고 비판하며 관념론자들은 반대로 신체의 지각을 단지 정신의 관념에 불과하다고 보고 그러한 정신만이 존재한다고 주장한다는 점에서 오류를 범했다고 비판하면서 그러한 정신을 순수기억(la mémoire pure)으로 부른다. 이런 환언의 이유는 그가 비록 데카르트의 이원론을 배격하고는 있지만, 그것이 가지고 있는 일정한 설명적 힘을 변형적으로 이용하기 위해서이다. 순수지각과 순수기억은 이론적으로만 설정되었을 뿐 사실상으로는 존재하지 않는데, 현실에서의 우리의 실재적 지각은 이런 경향성의 극인 '순수 지각'과 '순수 기억'이 결합한 형태이기에 더 이상 순수할 수 없기 때문이다. 그에 의하면 '지각과 기억의 두 활동은 항상 상호침투하며 삼투현상에 의하여 그들 본질 가운데 어떤 것을 항상 교환한다.'[6] 인간을 비롯하여 이 세계는 이 이원적인 대립 요소들의 역동적 종합에 의해서 다양하게 전개된다. 무엇보다 이 존재들은 정도상의 차이만이 있지 본성상의 차이는 없는 분리될 수 없는 연속적 흐름이라는 데 그의 철학의 특징이 있다.

그가 볼 때, 사물들의 세계는 순수한 정신작용에 의해서가 아니라 지각과 기억의 종합인 바의 '의식적인 지각'에 의해서 의심에서 구출될 수 있다. 그가 실재론과 관념론의 중재를 꾀하면서 이러한 중간적 존재들에 붙인 이름은 '이미지(Les images)'이다.[7] 그러나 이미지들은 단순히 주관의 소멸과 함께 사라지는 것이 아니라 표상되지 않아도 존재할 수 있는 객관적인 것들이어야 한다. 물론 그에게 이미지는 과거로부터 상기된 '기억상'으로서 정신적 표상을 의미한다. 기억(mémoire)은 의식과 동일한 것을 가리킨다.[8] 그가 의식을 기억으로 설명한다고 해서, 그것을 데카르트적 정신주의와 동일한 것으로 받아들여서는 안 되는데, 멘느 드 비랑이 노력으로서의 코기토를 말한 것과 동일하게 기억은 – 그것이 순수 기억이 아닌 한에서 – 신체의 고유 운동성과 일정한 정신적 활동이 결합된 이미 복합적인 것이기 때문이다. 즉 기억은 자아의 동일성과 관련되는 것이지만, 노력이 들어간 행위의 관념적 형태라는 점에서 신체적인

---

6) Bergson, *Matière et Mémoire*, PUF, 1970, p.69(이하 MM으로 칭함).

7) *MM*, p.34.

8) *MM*, pp.168, 292.

운동성에서 벗어날 수 없다.

무엇보다 그에게 기억은 나의 신체를 통해서 외부세계와 관계 맺고 소통하는 자아의 의식이다. 기억에서 과거의 것은 현재의 것이 더해져서 눈덩이처럼 팽창하는 시간적인 것인데, 말하자면 그것은 생명체와 같이 '동일하면서도 동시에 변화하는' 것이다. 이러한 지속은 과학적 결정론이 근거하는 바의 등질적 요소들의 병치와 공존으로 이루어진 공간 표상과 대립되는 존재 방식을 드러내는데, 이는 오로지 코기토 특유의 내적 직관에 의해서만 파악될 수 있다는 것이다. 이처럼 지속을 파악하는 내적 직관의 중요성을 강조하고 있다는 점에서 그는 명백히 유심론적인 전통 속에 있다. 특별히 이질적인 요소들의 상호 얽힘과 이 유기적 구조 속에서의 질적 변화인 시간 의식은 자아와 세계 사이의 일정한 거리를 두지 않고 삶의 구체적인 생생한 흐름에 그대로 자신을 맡기는 일종의 감정 이입 속에서만 직관적으로 파악될 수 있다. 이러한 내밀한 직관이 바로 그의 코기토인 셈인데, 이러한 시간 의식을 그는 특별히 '순수 지속'으로 칭하기도 했다.[9] 이처럼 그의 코기토가 영원성의 의식이 아니라 시간성(흐름)으로서의 의식이라는 점에서 그는 데카르트와 또 한 번 완연하게 구별된다. 결국 그가 코기토를 통해서 구출해 낸 것은 지속적으로 변화하는 자아인 동시에 계속적인 흐름 자체인 우리의 구체적 삶이기 때문이다.

코기토를 통해서 구체적 삶을 구출해 내는 것은 신체적 전회의

---

9) Bergson, *Oevres, PUF, 1959, Essai sur les données immédiates de la conscience*, p.67. "아주 순수한 지속은 우리의 자아를 살아가는 데로 내버려 두었을 때, 현재 상태와 이전 상태 사이를 구별하는 것을 삼갈 때, 우리 의식 상태들의 연속이 취하는 형태이다."

철학자들에게는 공통적이지만, 특히 사르트르의 경우는 다른 이들과 비교해 볼 때, 그것에 이르는 과정에서 가장 이질적이다. 코기토의 내적 직관이 데카르트처럼 정신의 추상적인 정립을 이끄는 데로 귀결되어서는 안 된다고 하는 신체적 전회의 철학자들의 공통적 전제가 철저하게 관철되면서 급기야 그는 의식을 아무것도 아닌 (위대한) 것으로 선언하는 데까지 이른다. 코기토란 의식을 어떤 긍정적인 혹은 언어적인 언명으로 발견하는 하나의 의식(儀式)이 아니라 아무 두께도 없이 투명하게 사라지는 의식, 다만 무(néant)의 존재만이 확인되는 계기가 되어야 한다.[10] 코기토를 통해서 내가 확인하게 되는 나의 개별적인 의식은 나의 본질이 아니라 나의 존재에 대한 의식이다.

나(의식)는 무이다. 그러나 그렇기 때문에 나는 무엇이든 될 수 있다. 코기토를 통해서 구출해 낸 대상들의 존재란 사실상 이러한 의식이 그 대상에 던져져 산화됨으로써 대상으로 존재하도록 기여한 것이다. 만일 의식이 긍정적인 어떤 것이라서 그것이 (관념론자들처럼) 사물들을 구성한다면 사물들은 (주관적인 것이기 때문에, 그리고 그러한 주관의 구성 능력이 명증적인 것으로 증명된 것이 아닌 한에서) 의심에서 구출될 수 없다. 그러나 의식이 무라서 즉 완전히 자발적이고 자유로워서, 의식이 대상을 구성하는 것이 아니라 코기토라는 명증적 존재를 대상으로 완전히 산화시켜(vólatile) 대상을 존재하게만 할 뿐이라면 그래서 대상의 존재를 명증적인 것으로 만든다면, 데카르트적 의심은 종결되기 때문이다. 나(존재)

---

10) 그에게 후설의 현상학적 환원은 의식에 어떤 긍정성(지향성)을 남겨 놓는 환원이라는 점에서 불완전한 것이다.

의 명증성은 곧 대상(존재)의 명증성의 증거이며 거꾸로 대상의 명
증성은 나의 명증성의 증거이다. 이것이 그의 코기토, 즉 존재론적
증명이었다.[11] 그는 무로서의 의식을 대자(pour-soi)로 이러한 의
식이 자기 바깥으로 던져져 이루어지는 대상을 즉자(en-soi)로 칭
했다. 즉자는 대자에게서 전적으로 그 존재성을 빚지고 있음으로
써, 그 본질정립에 있어서도 전적으로 자유이다. 대자의 절대적 자
유가 즉자를 어떤 결정된 본질정립에서 자유롭게 만든다는 점에서
즉자에서 결정된 진리란 없다. 대자가 산화된다는 것, 내가 던져진
다는 것은 내가 '바로 지금 여기에' 있다는 것이며 그 순간 지금 여
기가(대상이) 구체화된다는 것을 의미한다. 그것이 바로 우리의 구
체적 경험의 구조인 것이다.

　대자-즉자의 이원론은 데카르트의 정신-신체의 이원론과는
전혀 다르지만, 기이한 유사성을 가지고 있는데, 무엇보다 내재성
으로서의 대자(의식)는 결코 즉자가 될 수 없다는 그의 이원론은
대상화되는 자기 자신을 철저히 배제한다는 점에서 의식의 초월성
을 엄격하게 전제하고 있기 때문이다. 그러나 이러한 코기토에서
나의 신체가 가지는 위상은 매우 애매하다. 왜냐하면 나의 신체는
대자로서 무화되거나 아니면 즉자로서 대상화되거나 둘 중 하나여
야 하는데, 그가 의식의 즉자성을 배제하는 한에서 대자 신체란 완
전히 투명한 무화된 신체를 의미하고(이는 내가 신체를 가지고 있
다는 의식을 지우는 것이기도 하다) 이는 현실적으로 불가능하기
때문이다. 나는 나의 신체로 인하여 누군가에게 분명 대상으로서

---

11) Sartre, *L'Être et Le Néant*, Gallimard, 1943(이하 *EN*으로 칭함), p.29 참조.

존재하는 타자일 수 있다.

그러나 그의 이원론을 와해시킬 수 있는 딜레마로 작용하는 '나의 신체' 문제는 역설적으로 그의 실존주의를 유연하고 풍성하게 만들 수 있는 기회로 작용할 수도 있다.[12] 즉 필연적으로 자유롭도록 운명 지어져 있는 대자적 인간이 현실적으로는 반드시 그렇지 못할 수도 있다는 사실은 구체적 인간과 그의 구체적 경험에 초점을 맞추는 신체적 전회의 철학자들에게는 인간의 나약함에 대한 단순한 질타로 넘어갈 수 있는 문제 이상의 것이기 때문이다.

그가 멘느 드 비랑이나 베르그송이 주체에 부여했던 의지나 지속과 같이 신체성과 관련하여 정립되는 어떤 긍정적인 규정도 거부한다는 점에서 그의 코기토에서 신체는 분명 지워져 있다고 볼 수 있다. 그러나 그것은 데카르트처럼 정신과 육체를 서로 독립적인 규정으로 갈라놓았기 때문이 아닌데, 오히려 그에게 나의 신체는 곧 나의 의식과 동일한 것으로 언급되고 있기 때문이다. 나의 신체가 대상 속으로 사라지는 산화 메커니즘을 구체화시키기 위해서 그는 그의 선행자들과 다르게 신체의 운동성을 활용한다. 우리가 우리 자신의 내장의 움직임이나 혈액의 흐름을 느낄 수 없듯이, 의식의 지향성 속에서 즉자에 던져지고 사라져 버리는 대자로서의 신체, 즉 그 신체의 고유 운동들이 나의 것으로서 분명하게 인식되지 못한다는 것은 당연한 일이며 그렇기 때문에 오히려 즉자의 정립에 적극적으로 기여하는 것이다. 사르트르에게도 코기토로 인하여 구출되는 구체적 경험은 전적으로 대자인 신체의 참여 속에서

---

12) 그의 대타자이론은 그러한 딜레마에 대한 인식이며 해결의 모색으로 볼 수 있다. 이는 다음에서 다룰 것이다.

만 가능하다.

그러나 사르트르에서 이처럼 석연치 않게 진행되는 코기토의 신체화 경향은 이제 마르셀과 메를로 - 퐁티에서는 분명한 이슈로 부상한다.[13] 그들에게 코기토란 명실공이 신체적 존재의 확실성을 의미한다. 여기에는 멘느 드 비랑이나 베르그송과 같은 그들의 선행자들이 남겨 놓았던 투명한 의식에 대한 어떤 선험적인 규정도, 심지어 사르트르가 대자나 무로 표현했던 의식의 어떤 무규정의 규정도 존재하지 않는다. 주위에 어둠을 거느리고 있는 밝은 원과 같았던 의식 일변의 코기토의 중심은 이제 어둠으로 옮겨 간다.[14] 코기토가 신체화되는 한에서, 더 이상 코기토는 데카르트식의 투명한 본질 규명에 이르는 것이 아니라 우리의 구체적 삶이 그러하듯이, 이 어둠의 본질적인 애매성을 통과할 것이다. 물론 여기서 신체란 실증과학이 투명하게 정립해 놓은 심리학적 · 화학적인 어떤 객관적 체계로서의 신체가 아니라 나의 삶으로서 체험되는 (그동안 지워진) '나의 (개별적인) 신체'를 의미한다.

그들은 대상으로서의 신체를 정립하는 1차적 반성과 대조적으로 이 '나의 것'으로서의 신체는 2차적 반성이라는 더 근원적이고 본질적인 반성에 의해서만 얻어질 수 있다고 강조한다.[15] 즉 그들은 과학의 전성기를 겪으면서도 그것과 다른 방법론적 태도를 제시하는 2차적 반성, 즉 코기토의 중요성을 강조했지만, 그것을 과학적

---

13) 메를로 - 퐁티와 마르셀의 현상학과 실존주의는 분명 다른 외관을 띠지만, 코기토와 관련하여 그들은 공통된 전제를 공유한다. 메를로 - 퐁티가 마르셀의 강한 영향권 속에서 작업했던 것으로 보인다.

14) Gabriel Marcel, *Etre et avoir*, Aubier, Editoins Montaigne Paris, 1935(이하 EA로 표기), p.15.

15) Gabriel Marcel, *Le Mystère de l'Etre*: vol. Aubier, Paris, 1951(이하 *ME* I 로 표기), pp.97~98, 138~140, EA, 25~26, Merleau - Ponty, *Phénoménologie de la perception*, P. Gallimard, 1945(이하 *PP*라 칭함) p.77, p.419 참조.

사유에 환원시키거나 과학적 사유를 그것에 환원시키는 시도 또한 경계했다. 그들은 1차적 반성의 지위를 지켜 줌으로써 과학의 합법성을 파괴하지 않는 반면 그것과 구별적이지만 그것을 껴안는 원형적인 학적 반성으로서의 새로운 접근법을 제시하고 그것을 통해 사르트르와 함께 프랑스 현상학이라는 독특한 흐름을 주도했다는 점에서 주목받을 만하다. 특히 메를로-퐁티는 그동안 철학 텍스트에서 구석에 밀려나 있거나 배제되어 열등한 것으로 치부되었던 신체적 경험 혹은 병리적 사례에 대한 주변 과학적 탐색들을 자신의 철학에 섬세하게 수용하고 재해석함으로써 새로운 코기토를 뒷받침하는 적극적 계기로 삼았다. 이를테면 신체를 나의 것으로서 체험하게 되는 것은 졸리거나 아프거나 정력이 넘치는 등, 내가 나의 신체를 느낄 수 있는 일상적 체험에서(고상한 이성적 주체에서라기보다) 잘 드러나기 때문에, 이런 신체들의 내적 지각에 대한 다양한 분석들은 신체 주체를 효과적으로 구체화시킬 스 있다.

더욱이 그들이 주력하는 2차적 반성이 모든 인간적 삶의 주축이 되는 신체의 어둠을 겨냥하고 있는 한에서, 특히 마르셀에게 그것은 존재의 신비를 묻는 최고의 형이상학적인 물음으로 설정된다.[16] 그들에게 이러한 물음이 찾아 들어가야 하는 체계적인 길은 없지만, 이 반성의 길은 데카르트가 그러했듯이 실존의 의심 불가능한 확신에 도달한다. 코기토의 확실성은 독특한 물음(회의)의 형식에서 기인하는데, 물음을 묻는 그 순간 그 물음을 던지는 자 역시 물

---

16) 마르셀이 의미하는 형이상학은 과학적이고 일상적인 세계에 대한 인식과 그것과 관계하는 자기 자신에 대한 일상적 이해에 만족하지 못하고 그것에 의문을 제기하는 행위 자체를 의미하며 그러한 의문 행위를 통해 재정립되는 내 자신의 입장의 문제가 된다.

어지고 있기 때문이다. 즉 내가 누구인가 묻는 형이상학적 물음 행위, 즉 '존재론적 요청(exigence ontologique)'[17]에 내가 참여하고 있다는 발견 자체(J'eprouve, Je peux)가 나의 존재를 증명해 줄 수 있다. 이 참여의 발견에서 주관과 객관(생각하는 나와 생각되는 나), 나와 타자(생각하는 나와 생각되는 것)의 구별은 존재하지 않는다. 이 순간 데카르트가 빠져들었던 오류, 즉 이런 실존의 확실성을 다른 객관적 존재자들을 추론하기 위해 순수한 추상태로 화석화시켰던 혼란을 지적하며 마르셀은 코기토란 형이상학적인 발견인 만큼 감동과 놀라움을 동반하는 에너지 넘치는 실존의 깨달음이어야 함을 역설했다.[18] 이 발견은 어떤 회의주의자의 추론이 끼어들 여지가 없는 신비로운 초월이다.[19] 실존의 의심불가능성은 참여(실천)의 의심 불가능성이다. 이는 주체가 데카르트나 사르트르와 같은 유아론적 존재가 아니라 세계-내-존재로서 타자들에 내가 둘러싸여 있음을 깨닫는 것이며[20] 이를 통해 나의 존재의 확실성뿐만 아니라 내 안에서 느껴지는 타자들, 사물들의 존재의 확실성까지 보증될 수 있다. '느낀다는 것은 어떤 주어진 방식으로 영향을 입는다는 것'[21]을 의미하기 때문에 신체의 운동성에 대한 2차적인 근

---

17) *ME*, I, 47~66 그가 볼 때, 형이상학의 근본 문제는 나는 누구이며 무엇인가 하는 문제인데, 자신이 누구인지 모르는 현대인의 의미상실과 절망의 한가운데는 자기 자신을 알고자 하고 자신을 확신코자 하는 깊은 내적인 요청, 즉 형이상학적인 문제의식이 존재한다고 본다. 이런 주장은 키에르케고어와 상당히 유사하다.

18) Gabriel Marcel, *Man Against Humanity*, Harvill Press, London, 1952, p.68.

19) 회의주의자의 회의는 내 존재의 확실성과 내가 내 존재에 부여한 내용 사이에 불일치로 인해 내 존재의 확실성을 의심하는 데서 기인하는 것이다. 그러나 마르셀과 메를로-뽕띠에게는 내가 어떤 것들을 체험한다는 것, 그리고 그 어떤 것들이 내 안에서 체험된다는 것은 그 자체로 명증적이며 다른 어떤 보증을 필요로 하지 않는다. 이 명증성 외에 다른 증거를 필요로 한다는 것은 실존의 구체적 관심에서 기인한 것이 아니라 이 명증성을 통해 다른 어떤 것을 증명하려는 (데카르트처럼) 확장적 의도를 가지고 있기 때문일 것이다.

20) p.432.

원적 반성은 나의 개인적이고 단독적인 실존이 아닌 타자들과 얽혀 있는 '탈존적(ex−)' 실존 방식을 드러내게 된다. 이른바 코기토의 경이는 의심 속에서 사라질 수도 있는 우리의 구체적 경험들을 살아 있는 존재들로 충만하게 존재케 하며 이를 통해 그와 함께 생생하게 숨 쉬는 우리 자신의 실존을 기쁨으로 절감하고 받아들이는 행위를 동반한다. 종교적 체험을 연상시키는 이런 내밀한 체험을 특히 마르셀이 가톨릭에 개종한 사실과 연관시켜 종교의 고유한 한정적 의미로 채색시켜서 철학적 논의에서 배제해서는 안 된다. 그것은 철학이 과학 권력과 공모하고 동조하기 훨씬 이전에 철학이 시작하고 도착해야만 하는 바로 그 진정한 토대이며 구체적 경험이란 그것과 동시적이거나 그것을 가능하게 하는 의지나 정념들과 무관한 것일 수 없기 때문이다. 데카르트의 코기토는 그 토대를 최고도로 망각하는 계기로 작용했던 반면 새로운 코기토는 그 토대를 새삼스럽게 찾아 들어가는 전회의 계기로서 작용했다.

2) 심신론의 딜레마

데카르트 시대 이래로 현저하게 나타나는 죽은 신체들의 범람은 근대 자본주의 발전을 떠받치고 있는 물적 토대이다. 그의 코기토를 통해 기독교의 신을 닮은 정신이 사변적으로 정립되고 그것이 죽은 신체들을 관리하고 통제하는 초월적 지배자 역할을 하는 한에서, 이런 천박한 신체들의 왕국은 아이러니하게도 신의 신성함을

---

21) Gabriel Marcel, *Metaphyscal Journal*, H. Regnery, Chicago, 1952(이하 *MJ*로 약함), p.187.

훼손시키기는커녕 오히려 신의 영광, 즉 신의 풍요로운 지배의 증거로 돌려질 수 있었다. 특히 중세의 신학적 잔재 속에 있는 데카르트의 수학적 기계론의 영향 아래서 뉴튼은 수학적 기계론의 기본 체제를 유지하면서 운동의 원인으로서 중력의 힘을 육체에 심어 놓음으로써 데카르트적 물리학의 단점을 보완했는데, 중력의 본질과 기원에 대해서 공개적으로는 함구했음에도 불구하고 물리학 바깥의 그의 이력으로 볼 때, 그가 중력을 신의 능동적 의지의 발현이라고 생각했을 것은 분명하다.22) 육체(body, corps)들은 외부의 힘에 의해서만 작용되는 수동적인 피조물에 불과하기 때문에 그들은 그 정교한 자연의 운동을 관장하는 보이지 않는 어떤 총체적 힘 혹은 그러한 운동을 가능하게 하는 시원적 힘, 이 우주 바깥의 능동적 존재를 전제하게 되며, 물리학이 남겨 놓았던 이 공란의 존재를 보충적으로 종교와 형이상학적 철학이 창조자로서의 신, 그리고 자연을 관찰하는 그 순환 바깥의 인식자인 의식으로 메울 수 있기 때문이다.

그러나 자연의 자족적 운동 바깥에 설정해 놓은 신의 자리는 신학적 영향력이 쇠퇴하게 될 경우 견지되기 어렵다. 인간의 지성을 제한하는 신적 존재에 대한 참조 없이 독자적으로 연구를 진행해야 한다는 과학적 태도에 대한 동의가 모아지고 자연의 운동을 수학적 결정론에 의거하여 설명하려는 현대 천체 물리학의 관찰들이 더욱더 정교해지면서 급기야 19세기 초 기계론은 라플라스(Pierre de Laplace)에 이르러 하나님의 가설을 버리게 된다.23) 이들에게 근

---

22) 데이비드 C. 린드버그 로널드 L. 넘버스 등, 『신과 자연: 기독교와 과학, 그 만남의 역사』 상권, 이정배, 박우석 역, 이화여자대학교, 1998, 257~263쪽 참조.

본적으로 세계는 정교하게 세팅되어 있는 거대한 시계와 같은 기계이며 그 속의 육체들은 시계의 부속품처럼 기능하는 기관들로 간주된다. 따라서 이런 세계 앞에 있는 과학자들의 역할은 어떻게 시계톱니들이 배열되고 작동하는지를 아는 것인데, 그런 점에서 종교와 분리된 기계론적 유물론에서 중요한 것은 육체들의 배열들일 뿐, 그것들을 가능하게 하는 그 바깥의 운동의 원인이 아니다. 과학적 관찰들이 정교해지고 풍부해지면서 이 육체들의 배열, 조직화의 원리는 복잡하게 진화되었지만, 근본적으로 기계론은 육체들을 설명 가능한 중심 원리들의 지배하에 둠으로써 그 안에 물활론적이거나 신비적인 해석이나 애매성의 여지를 남겨 두려 하지 않는다는 점이 특징적이다.

사실 데카르트 시대의 기계론에서는 생물과 무생물을 가르는 구분이 존재하지 않았는데, 심지어 인간의 신체조차도 물리학의 수동적 물체(죽은 육체)와 다를 바 없는 그러나 단순 물체와 달리 매우 복잡한 기능을 하는 기계에 불과하다. 물리학과 의학의 영역에서 떨어져 나가 독립된 분과로 확립되는 근대적 의미의 생물학, 그리고 그것을 근거 짓는 생명의 개념이 형성된 것은 이후 기계론에 반대하는 생기론의 등장과 함께 가능해진 일이다. 그럼에도 불구하고 기계론적 신체 개념은 육체에 대한 중세적인 해석과 단절하는 분기점으로 작용할 뿐 아니라 여러 세기에 걸쳐 근대 과학주의를 근거 짓는 영향력 있는 에피스테메라는 점에서, 심지어 근대적 의미의 생물학 개념에서조차도 과학적 설명의 효율성과 관련하여 여전

---

23) 데이비드 C. 린드버그 로널드 L. 넘버스 등, 『신과 자연: 기독교와 과학, 그 만남의 역사』 하권, 이정배, 박우석 역, 이화여자대학교, 1999, 355쪽 참조.

히 부분적 혹은 포괄적으로 방법론으로서 채택되어 있다는 점에서 중요하다. 기계론은 중세 초부터 종교적인 배경 속에서 생명의 원리로서 채택되었던 아리스토텔레스적인 영혼 개념과 대립하지 않을 수 없는데, 그것은 살아 있는 육체들의 자기 목적적이고 능동적인 운동의 원인으로 간주되는, 그래서 당대 신학적 형이상학을 직접적으로 끌어들임으로써 그 안에 신비와 애매성의 여지를 가지고 있다는 점에서 그러하다. 이러한 이유 때문에 과학적 성과 외적인 측면에서도 기계론은 근대 사회를 계몽하는 영향력 있는 도구로서 확대될 수 있었다.

무신론적 기계적 유물론의 전환은 단지 과학의 테두리에서 일어나는 문제만이 아니라 정치, 사회적인 권력적 커넥션을 재조직하는 일과 무관하지 않다. 그것은 정치적으로 영혼의 능동적 힘을 관장하는 종교적 권력의 쇠퇴를 도모하면서 죽은 신체들을 총체적으로 관리할 수 있는 단일한 중심 원리들을 새롭게 정치적으로 입법하는 일과 동일한 맥락 속에 있기 때문이다. 육체들을 증식·분열시켜서 이윤을 추구해야 하고 그러기 위해서 그것들에 가해진 중세의(종교적) 금욕적 억압들을 해방시켜야 하는 근대 고유의 자본주의적 상황에서, 아리스토텔레스적 해석은 중앙집권적 지배 코드를 넘어서는 사적인 힘을 육체 각각에 돌려주는 위험한 발상이 될 수도 있다. 신체들은 전례 없는 융성을 누리되 그것들의 자율적 힘은 거세되어야 할 필요가 있었다.[24] 이를 위해서 기계론은 생리학의 모든 면에도 적용되었는데, 형태적인 신체기관의 운동뿐만 아니라

---

24) 과학을 넘어서 정치·사회·문화적인 측면에서 권력과 관련하여 죽은 신체와 개체성의 말살 문제는 푸코의 근대적 형벌체계에 대한 분석에 잘 나타나 있다.

빛, 소리, 냄새, 열 등의 수용적 감각 운동들과 인상, 기억과 같은 사고 기관의 운동, 그리고 욕구와 열정과 같은 내적 운등에까지도 적용되었다.[25)

　그러나 살아 있는 존재를 기계로 보고자 하는 이런 입장은 그처럼 복잡한 기계가 그렇게 단순한 작용에 의해 작동될 수 있는지를 의심하는, 그런 단순한 환원에 동조할 수 없는 의학자들의 반대에 부딪히고 수동적인 육체 개념을 가지고서는 도저히 설명될 수 없는 생물학적 관찰들의 사례들을 축적하게 되면서 한계에 부딪히게 되었다. 비록 라메트리의 인간기계론으로 상징되는 생명에 대한 기계론적 해석이 근대 의학과 생리학의 기저를 이루고 그 발전을 촉진시킨 공적을 인정한다 해도 그것이 생명체의 신비를 충분히 설명해 주지 못한다는 사실을 부인하기는 힘들다.[26) 따라서 기계론에 대한 한계 인식과 더불어 신들에게 귀속되었던 힘들이 자연 자체로 이양되는 계몽주의적 전개 속에서 도래한 생기론(vitalisme)은 자연의 생명체에 이전에 비해 더 큰 자율성을 부여하고자하는 움직임으로 특징화된다. 18세기 중엽, 슈탈(Stahl), 비샤(Bichat), 뷔쏭(Buisson), 바르테즈(Barthez)와 같은 생기론자들은 더 이상 생명체와 물체 사이의 유사성에 집착하지 않고 그동안 죽은 육체들의 세계(물리학)의 테두리에 묶여 있었던 '생명체'를 독립된 범주로 분리시키면서 근대 생물학의 등장에 적극적 역할을 수행했다. 무엇보다 그들에게 죽은 육체 개념은 거부되었는데, 생명체란 이른바 '죽음에 저항하

---

25) 프랑스와 자콥, 『생명의 논리, 유전의 역사』, 67쪽 참조.

26) 동물의 재생능력이나 찔렀을 때, 근육이 자발적으로 수축되는 자극 감수성 같은 현상들은 기계론으로 설명될 수 없다(데이비드 C. 린드버그 로널드 L. 넘버스 등, 『신과 자연: 기독교와 과학, 그 만남의 역사』 하권, 394~395쪽 참조).

는 모든 것의 총체'[27])이기 때문이다. 생명체란 하나의 단일한 원리에 의해서 수동적으로 지배되는 육체들의 단순 덩어리 배열이 아니라 그 생명의 개체를 이루는 각 육체들, 기관들, 신경들 각각이 특성적으로 운동하여 자기 목적적이고 총체적인 단일한 조직을 만들 수 있음을 의미한다.[28] 자기 목적적인 조직의 유지와 발생과 같은 생물학적 관찰들을 유도해 내기 위해서 죽음과 파괴에 저항하는 육체의 생명력(force vitale)이라는 생물학 고유의 전제가 필요한데, 이를테면 이 개념은 관찰들을 통해서 귀납적으로 증명된 것이라기보다는 이러한 생물학적 관찰들을 해석하기 위해서 착안된 것에 가깝다.[29] 따라서 생명 개념은 계몽시대 이전의 형이상학적 입장과 다른 문맥에서 작동한다 할지라도, 죽은 육체에 대한 기계론적 과학주의의 전제(그래서 종교권력과 공모 가능한)가 그러하듯이 근대 생물학과 함께 발생한 근대적 의미의 새로운 신체 형이상학으로 간주될 수 있다.

그리하여 과학적 진보와 더불어 형성되는 근대의 신체 형이상학은 두 라인으로 분열되는데, 그 하나는 데카르트주의적인 관점으로서 세계의 모든 가시적인 사물들을, 심지어 인간의 신체마저도 그저 죽은 육체들로 간주하고 그것들에 대한 초월적 지배, 심지어 비인간적인 조절과 관리를 부추기는 기계주의적인 효율적 시스템이 그것이며, 다른 하나는 그러한 기계론의 반종교주의적인 동기들과 설명적 효율성을 계승하면서도 그것과 대립적으로 생명체의 자발

---

27) Xavier Bichat, *Recherches physiologiques de la vie et la mort*, Paris, Flammarion, 1994, pp.57~58(황수영, 「맨 드 비랑의 근대과학적 사유 비판」, 철학 2004 재인용).
28) 프랑수아 자콥, 『생명의 논리, 유전의 역사』, 73쪽 참조.
29) 위의 책, 73쪽 참조.

적이고 자율적인 특성을 고려하여 착안된 살아 있는 육체 개념과 생명 개념이다. 이 새로운 신체 개념은 죽은 육체 개념과 양립 가능하면서 생물학이라는 학적 경계에서 유통되는 데 그치지 않고 근본적으로 세계 인식 전반을 새롭게 구조 짓는 토대로서 작용한다는 점에서, 특히 현대(후기) 자본주의적 전개를 떠받치는 물적 토대로서 전자와 마찬가지로 형이상학적이다.

앞에서 거론한 신체 전회의 철학자들이 살아 있는 신체 개념을 중요하게 생각했던 이유는 근대 생리학과 심리학의 구체적인 성과들과 성공들 앞에서 무엇보다 살아 있는 신체의 특성을 무시하고서는 설명될 수 없는 현대 사회의 구체적 현실들에 관심을 기울이는 그들의 새로운 철학적 태도에 기인한다. 이러한 기본적 태도 속에서 신체 개념은 그의 구체적 철학의 이론적 토대로서 작용하고 체험의 구조적 기술 속에서 확장되는데, 생리적·심리적 개념에서 출발한 신체 개념은 인간학적 정박을 통해 점차 세계 인식을 위한 단순한 도구 역할에서 벗어나서 심지어(메를로-퐁티와 같은 철학자에서) 일종의 선험적인 주체의 범주로 의미 부여되고 있기 때문이다.

이 신체 개념과 관련하여 철학자로서 그들이 직면해야만 했던 중요한 사실은 인간은 생물학이 현실화시키는 단순히 살아 있는 생명 그 이상의 존재라는 점이었다. 철학과 형이상학의 전통 속에서 인간의 본질은 신체와 독립적이거나 심지어 초월적인 정신(의식)의 범주 속에서 모색되어 왔는데, 자율적이고 능동적인 정신의 본성은 인간에게 모든 생명체 중의 생명체로서 특권적 지위를 부여함으로써 다른 생명체에서는 기대할 수도 없는 정치·사회·윤리적 질서의 합법성과 우월성을 가능하게 했다. 그러나 문제는 신체에 능동적 힘을 되돌려 주는 새로운 신체 형이상학과 전통적인 정신의 범주가 양립할 수 있는가 하는 점이다.

근대 자본주의의 이행에 길을 터놓으면서 데카르트가 육체에 존재의 작위를 준 것은 그것이 죽은 신체라 하더라도 이전까지 억압되고 비존재의 그늘에 있었던 신체의 위상에 비하면 대단한 사건일 수밖에 없으며, 바로 그 때문에 독립된 존재인 육체에 대한 제어방식 역시 중요한 이슈로 부상할 수밖에 없다. 근대의 지성을 이끌어 가는 과학주의적인 동기들은 더 이상 육체들을 억압하거나 무시해서는 존립될 수 없는 절박한 것이었다. 그러나 죽은 신체에 대한 능동적인 정신의 지배를 의미하는 데카르트의 심신론은 지배 이데올로기로서는 효과적이었을지라도, 인간의 지각과 행동을 설명하기에는 비현실적이며 불충분할 수밖에 없다. 그런 점에서 살아 있는 육체 개념의 등장은 불가피했다. 그러나 그것이 인간의 문제를 설명하기에 현실적이기는 하나, 능동적인 정신과 능동적인 신체의 결합은 서로 갈등을 야기하는 짝이기 때문에 데카르트의 그것보다 훨씬 더 복잡한 이론적 연결을 필요로 한다. 이것이 새로운 신체 형이상학의 도래와 함께 신체 전회의 철학자들이 직면한 문제였고, 이는 그들이 근대 인식론의 중요한 이슈들 중의 하나인 심신관계론을 본격적으로 전개시키지 않으면 안 되는 이유가 되었다.

멘느 드 비랑과 베르그송은 신체를 단순히 죽은 육체로 다루는 단순한 기계론적 입장에 반대하는 근대 생물학의 성과들을 받아들이면서도 인간을 단순히 이러한 생기론적 생명체의 논리로 포괄할 수 없게 만드는 인간 고유의 내면성에 주의를 집중시키고자 했다는 점에서 전형적으로 능동적인 신체와 능동적인 정신의 결합 관계를 도모한 이들로 분류될 수 있다. 그러나 그들의 해결 방식은 그들의 코기토가 그러하듯이,[30] 인간의 본질인 바의 그것(정신과 신체의 결합)을 설명하기 위해서 구체적 체험의 우위를 전면에 내세우며 그러한 결합관계를 증명해야 할 필요도 없이 명증적인 원초적 사실(le fait primitif)로 만드는 것이었다.

이처럼 근대 생리학이 살아 있는 신체에 할당한 능동적인 운동성의 특징들은 그들이 의식에 부여한 의지 개념과 분리 불가능한 것으로 되어 그들의 코기토에 정당하게 출현한다. 특히 베르그송의 경우, 그가 신체와 불가분한 관계 속에서 의식에 부여했던 것들은 이전의 초월적 의식의 속성으로서는 결코 생각될 수 없었던 것들, 즉 끊임없이 변화하며 흐르는 시간성의 의식, 그렇기 때문에 기계론적 과학주의의 고정적이고 결정적인 사변적 사유에 탄대하면서 긍정적으로 부여될 수 있었던 비결정성과 자유의 의식 개념 등은 전적으로 살아 있는 신체 개념의 도입에 힘입은 것이다. 물론 그것들은 생기론의 경계에서는 유통될 수 없는 가치론적이고 형이상학적 규정이라는 점에서 전적으로 생기론의 신체 개념에서 연역된 것으로 볼 수는 없지만 말이다.

그들 사유의 새로움은 살아 있는 신체 개념에 대한 형이상학적

---

30) 모든 것을 의심 속에 넣고서 그 의심하는 나를 확실한 것으로 건져 올리는 데카르트의 성찰의 과정 자체는 그들 생각에 나무랄 데 없을 뿐만 아니라 바람직하기까지 하다. 그들은 코기토가 외적인 방법으로는 파악할 수 없는 의식의 고유한 주관성, 즉 의식하는 능동적 주체의 직관을 이끌어 냈다는 점에서 철학사의 기념비적 발견이라는 데 이견이 없었을 뿐만 아니라 바로 여기서 그들의 논의를 시작했다. 성찰의 의식(儀式)은 독자들에게 의심이라는 구체적 행위를 직접 실천하도록 권유할 뿐만 아니라 그 실천을 통해서 내 자신을 위시하여 세계의 존재들을 진정한 존재들로서 새삼스럽게 깨닫게 하는(그러나 그것이 아니고서는 깨달을 수 없는) 계기로서 작동하기 때문이다. 다만 그들이 공통적으로 제기하는 데카르트적 코기토의 문제점은 그가 이 의식(儀式) 이후에 부여한 추상적 사변이 이 구체적 행위와 별개의 것이라는 데 있다.

이고 인간학적인 재해석에 있다. 그런 점에서 서로 상호 간섭, 관련되는 심신의 이원적 극은 그들에게 분명히 존재해야 할 필요가 있는데, 그들이 생기론자들의 성과들을 받아들이면서도 그들에게 반대하는 것은 단순히 생물학적이거나 생기론적인 생명 개념만으로는 인간의 현상들을 설명하기에 역부족이라는 통찰 때문이다. 즉 의식이 데카르트의 코기토와 같은 선험적인 구성 역할을 하지 못함으로써 더 이상 신체들을 우월적으로 지배 관리하지 못한다 하더라도 그것은 다소의 변형을 감내하면서도 견지되어야 할 필요가 있는데, 바로 그것이 다른 생명체와 구별되는 인간만의 고유성을 드러내 주고 있기 때문이다. 그들이 정신(의식)의 극을 남겨 놓음으로써 강조하고자 했던 '의지'의 측면은(사유가 아닌) 그것이 비록 전적으로 정신의 것에 속해 있는 것이 아니라 신체적 운동 속에서 드러나는 것임에도 불구하고, 인간만의 고유 질서, 이를테면 가치의 세계와 도덕적 삶을 가능하게 하는 핵심 요소로 부상되고 있기 때문이다. 그럼에도 불구하고 그들에게 신체 개념은 인간을 인간답게 하는 근거를 묻는 형이상학적 동기 속에서 엄밀하게 도입되고 풍성하게 배양되는데, 이러한 그들의 작업 태도는 생물학적 통찰들을 인간학적 견지에서 해석하고 확장시키는 심리학사에서도 두드러진 심리학적 통찰들을 결과했고 이러한 성과들은 후대의 학자들에게 신체 형이상학의 또 다른 발전을 유도할 수 있었다.

멘느 드 비랑과 베르그송과 함께 당대 생리학과 심리학의 긴밀한 공모 관계 속에서 작업했던 철학자는 특히 메를로-퐁티다. 그의 처녀작, 『행동의 구조』와 주저 『지각의 현상학』의 상당 부분은 이러한 공모관계에 대한 사려 깊은 비판적인 분석과 대안의 모색에 할애되어 있다. 여기서 그의 비판의 핵심은 근대 과학주의를 근거 짓는 기계론적 인과론을 철저히 정화하는 데 있다. 기계론적 과학주의의 잘못은 무엇보다 그것이 인간의 체험을 올바로 기술해 내지 못함으로써 우리의 실존을 억압하거나 잘못된 길로 이끌 수 있다는 것이다. 과학주의의 합법적이지 못한 근거가 객관적이고 절대적인 것으로 간주됨으로써 정당성의 이름으로 구체성을 희생시키고 그에 기반을 둔 특권적 구조를 생산 유지시키는 한에서, 우선 그가 공략하는 지점은 인간의 본질을 해명하기 위해 생리학과 심리학의 공모가 이루어지는 곳이었다. 특히 심리학은 심신의 인과관계를 전제로 하여 지각작용, 정념, 행동(사회적) 등과 같은 다양한 인간 실존의 고유한 메커니즘을 해명하는 데 그 위치가 할당되어 있다는 점에서 신체전회의 철학자들에게 중요한 조회의 대상이 되어 왔다. 인간은 정신과 신체의 종합으로 이루어져 있다는 전통적인 정의가 작동하면서 인간의 정신을 취급하는 심리학은 필연적으로 인간의 신체를 다루는 생리학적 성과들을 존중하지 않을 수 없는데, 생리학이 살아 있는 신체를 전제로 주목할 만한 관찰과 과학적 성과를 거두었음에도 불구하고, 생리학과 심리학의 공모 방식은 근본적으로 데카르트적이라는 데 문제가 있다. 데카르트의 심신론의 실패는 죽은 신체 개념과 그 신체를 조절하는 상위의 범주로서의 정신 범주와의 불충분한 인과 관계에 있으며 생리학과 심리학의 공모 방식 역시 여기에 근거하기 때문이다.

데카르트의 위대한 발견은 우리가 자연으로 부르는 모든 것들, 우리의 삶이라고 부르는 것들이 사실상 '자연의 의식'이며 '삶의 의식'인 한에서, 우리가 '정신적인 것'으로 부르는 것은 우리 의식과 일대일 대면한 대상들에 불과하다는 것이었다.[31] 이는 초월적인 의식의 위상이 견지되는 가운데 자연 과학의 타당성은 전혀 손상되지 않을 수 있다는 것을 의미한다. 자연에 대한 연구가 그러하듯이 인간이란 구별적으로 나누어져 있는 다양한 존재층(질서)의 위계적 통합으로 정의될 수 있는데, 이를테면 자연의 대상들에 대한 기계론적 연구를 진행시키는 물리학이나 자연의 생명체들에 대한 기계론적 연구를 진행시키는 생물학, 생리학[32]은 특권적 지위를 점하는 상위의 영역인 정신 영역과의 최소한의 일정한 인과관계 속에서 그 독립성을 보장받는다. 그러나 그가 볼 때, 문제는 그 인과관계라는 것이 사실은 순환의 오류를 범하고 있다는 것인데, 이를테면 이 인과관계에서 사실상 원인이 되어야 할 상위의 심적 구조가 그것의 결과가 되어야 할 신체적 하부구조로부터 다시 취해짐으로써 원인이 결과에 의존하고 그것을 전용하는 식으로 이루어져 있다.[33] 이는 심신관계를 해명할 인과관계는 사실상 존재하지 않음을 의미한다. 결국 심적인(mental) 것과 육체적인 것은 단지 유비적(analogical)인 관계에 의존하거나 서로 평행선을 그리게 되어 있다.

특히 의식에 대한 데카르트적 전제가 여전히 유효하게 작동하는 가운데서, 여기서 전제된 생리학적인 신체 개념 역시 문제될 수밖에 없는데, 이 신체는 자연의 대상과 인간의 의식을 연결시키기 위해서 객관적 세계의 의미를 번역하기 위한 도구로서 다루어지기

---

31) Merleau – Ponty, *La structure du comportement*, Presses Universutaires de France, *1942*, p.199 참조.

32) 당대의 기계론의 반동으로 등장했던 생기론자들마저도 여전히 기계론의 영향권 안에 놓여 있는데, 즉 뷔퐁이나 볼프 같은 생기론자들은 일정정도 생명체에 대한 기계론적 입장을 받아들이는 동시에 생명의 자발성, 어떤 알려지지 않은 힘을 가정함으로써 절충적 입장을 견지하고 있다.

33) Merleau – Ponty, *La structure du comportement*, p.2, 199 참조.

때문이다. 이 도구적 사용을 위해서 하나의 자극(자연의 사물)과 요소적 지각(신체)과의 항상적인 일대일 대응관계(인과적인)를 의미하는 이른바 항상성의 가설이 전제되는데,[34] 이 가설은 증명되지도 않을 뿐만 아니라 실제 지각적 경험에 대한 관찰과도 들어맞지 않는다. 메를로-퐁티는 특히 게쉬탈트 심리학과 행동주의 심리학의 성과를 부분적으로 받아들이면서 전체와 결합함으로써만 그 부분의 의미를 획득하는 '구조'의 이해를 통해서 전통적인 인과론에 기초한 '항상성'의 가설과 그것에 근거한 고전적 심리학을 비판한다. "행동주의를 통해 우리는 최소한 심리학적 실재나 원인으로서가 아니라 구조로서 의식을 도입할 수 있다는 점에서 교훈을 얻을 수 있었다. 우리에게 남아 있는 것은 의미들과 이런 구조들의 실존의 양태를 연구하는 것이다."[35]

기계론적 생리학의 오류는 그것이 대상으로서의 신체에만 한정되어 있다는 사실에서 기인한다. 여기에는 '나의 것으로서의 신체'에 대한 어떤 아이디어도 없는데, 그것이야말로 생리학과 심리학이 만나는 진정한 장소, 그리하여 심신이론이 정립되어야 할 진정한 토대임에도 불구하고 말이다. 그러나 나의 실존인바, '나의 것으로서의 신체'는 사르트르의 표현대로라면 대자적 의식과 완전히 동일한 대자적 신체이기 때문에 인간의 행동을 설명하기 위해서 사실상 이러한 신체 외부에 의식을 따로 설정할 필요가 없다. 멘느 드 비랑과 베르그송이 자신의 코기토에서 발견한 것은 바로 이러한 '나의 신체'였지만, 그것을 기술할 절박한 필요성 때문에 의식

---

34) pp.14~15.

35) Merleau-Ponty, *La structure du comportement* p.3.

의 극을 남겨 놓을 수밖에 없었다. 그러나 메를로－퐁티가 볼 때, 의식의 극을 남겨 놓는다는 것은 그것에 그 고유 기능을 할당하지 않을 수 없음을 의미하며(특히 베르그송의 경우), 그 때문에 그들의 심신이원론은 살아 있는 신체에 근거한 그들의 긍정적이고 영향력 있는 통찰들에도 불구하고 잉여적이고 불필요한 의식(기억과 주의를 중심으로 하는)과 그런 의식의 기능을 받는 도구적 신체 개념, 그리고 심신의 억지 인과적 관계를 다시 끌어들일 수밖에 없다는 데 비판의 여지가 있었다. 따라서 '나의 신체'를 기술하기 위해서는 기계론적 사고에 기대지 않는 새로운 (과학적) 방법론이 요구되는데, 사르트르, 마르셀, 메를로－퐁티와 같은 철학자들의 경우, 현상학적 방법론이 그 대안으로 구체화되었던 것이다.[36]

---

36) 그러나 그들의 현상학이 과연 기계론적 사유를 청소하면서 '나의 신체'를 제대로 기술했는가 하는 문제는 본고의 범위를 벗어나므로 다루지 않는다.

3. 신체적 습관체계: 반성하는 신체가
어떻게 가능한가?

'신체 전회'의 역사는 정신 주도의 형이상학의 역사에서 수동적이고 종속적인 위치에 머물러 있었던 육체가 정신을 제치고 시대의 패권을 장악할 수 있을 때 가능한 일이다. 이미 근대는 경제, 사회적으로 육체들은 억압의 그늘을 벗어나 새로운 과학의 움직임 속에서 살아 있는 신체 개념으로 활성화되어 증식되고 있는 상황이었기 때문에 신체전회의 철학자들에게 중요한 문제는 어떻게 생물학의 형이상학적 전제인 살아 있는 신체가 인간학에서 정신을 머금은 지성적 신체로 거듭날 수 있는가하는 문제로 모아졌다. 이에 대한 그들의 이론적 기여는 새로운 육체 전성시대의 합리화로 작동하는 동시에 후기자본주의적 전개와 그것에 근거한 인간학적 비전을 새로이 정립하는 데 필요한 작업으로 위치 매겨질 것이기 때문이다. 따라서 쟁점은 반성하는 신체가 과연 가능한가 하는 문제, 심지어 신체 자체가 과연 지성능력을 가질 수 있는가 하는 문제로 귀결될 수 있는데, 만일 그것이 가능하다면, 문제의 핵심은 신체에서 인간의 지성이 파생되는 과정을 어떻게 기술할 수 있는가 하는 데 있다. 이는 전통적인 심신이원론의 맥락에서 절연하는 것은 물론이고 신체 개념뿐만 아니라 정신의 개념도 새롭게 근거 지어야 한다는 점에서 서구의 인식론의 역사를 뒤집는 급진적 시도가 될 것임이 분명하다.

기계론적 메커니즘에 근거한 근대의 과학주의가 인간의 가치론적 측면에 접근 불가능하게 됨으로써 육체들을 연구하는 과학과 별개의 이질적인 질서로서 인간의 정신적 세계를 따로 떼어두는 것을 기정사실화했던 상황에서, 이러한 접근은 새로운 과학의 이름으로 분리된 두 질서들을 통합하는 시도를 의미했다. 그러나 이러한 새로운 시도를 위한 이미 정립된 방법론이 존재하지 않는 상황에서, 그들이 효과적으로 취했던 방법은— 포괄적인 체계를 수립하려는 야심적 시도가 아니라— 기존 과학주의 경계에서 유효한 개념들과 방법들을 전용하거나 변형시키는 일이었다. 특히 이와 관련하여 그들의 작업에 효과적으로 기여한 것은 전통적인 이원론자들이 비정상적인 사람이나 병리적 상태로부터 정상적인 것을 연역해 내는, '귀납적인 차이의 방법'[37]에 대한 전용이었다. 이는 비록 그것이 전제된 것이긴 하지만, 이미 정신을 신체(에 대한 기술)로부터 이끌어 냈다는 점에서 흥미 있는 시사점을 준다. 병리적인 신체는 이른바 고도의 정신적 작용의 '결여'로서 더 이상 기술되어서는 안되며, 그런 점에서 정상적인 것과 병리적인 것의 구별은 존재론적인 것이라기보다는 정치적, 의미론적인 것이다. 기존 과학적 연구

37) pp.125.

성과의 가치에 기대지 않을 수 없었던 그들은 정신을 증명하기 위해서가 아니라 신체의 고유 논리를 이끌어 내기 위해서 정신을 결핍했다고 여겨지는 비지성적인 신체, 병리적 신체의 작동 논리를 조명하고, 그것을 정신이 지배하는 도구로서가 아니라 그 자체로 변화된 실존의 문맥에서 능동적으로 역할 하는 지성적 신체로서 해석함으로써 이원론적 과학자들의 연구성과들을 긍정적으로 변형시키는 방식을 택했다.

이러한 전용의 맥락에서 그들이 전형적으로 능동적 정신의 특징이나 근거로서 여겨지는 것을 신체적인 것으로 전용할 수 있다면, 기존 주지주의적 인간학적 전제의 도움을 받아서 역설적으로 신체적 전회의 철학의 토대를 마련하는 것도 가능할 것이다. 데카르트적인 반성의 맥을 잇는 후설의 현상학에서 정신의 본성으로서 지목된 지향성(intentionalité) 개념은 이러한 접근에서 유용하게 도입되었다. 정신의 탈자적 운동, 이를테면 '-에 대한 의식'의 본성은 능동적인 신체 개념에도 적용가능한데, 신체가 데카르트적인 죽은 육체가 아닌 한에서, 또한 생물학과 생리학의 제성과들이 그것을 증명하는 한에서, 그것은 늘 자기 자신에 머무르지 않고 바깥을 향하여 스스로 운동하기 때문이다. 그것이 바로 살아 있다는 증거였다. 이러한 신체의 고유 운동성(motricité) 때문에 신체 바깥의 대상과의 관계, 이를테면 우리의 인식과 행동이 가능해진다는 점에서, 신체적 지향성은 신체전회의 철학자들에게 의식의 지향성에 필적하는 것으로 위상부여될 수 있었다.[38]

---

38) 특히 메를로-퐁티의 경우는 의식의 지향성이 사실은 신체적 지향성에 근거한다고 말하고 있다.

지향적인 고유운동성은 단순히 무차별적으로 일정한 기능을 일으키는 신체적 감각기관의 기계적 운동 개념을 넘어서 있다. 그것은 이미 결정되어 있는 운동을 유발하는 이미 결정되어 있는 이른바 시계톱니들의 단순한 운동(바깥에서 기인한)이 아니다. 그것은 생을 조직하고 유지하기 위한 일종의 원초적인 지성이며, 생명체가 자신의 유전자 코드를 변형시키면서까지 자신의 보존을 도모하는 창조적 운동에 가깝다. 따라서 생명의 수준이 높아져 단세포 생물에서 다세포 생물로, 식물에서 동물로, 동물에서 인간으로 신체적 두께가 두꺼워질수록, 생명 유지의 운동은 더 복잡하고 차별적으로 조직되어 다양한 상황에 대처할 수 있는 열려 있는 구조로 존재하게 된다.

　신체는 이 고유운동성을 통해서 다른 신체들과 결합하는데, 이 고유운동성은 이 결합 속에서 서로에게 작용하여 긴밀하게 연관되어 있는 어떤 구조, 전체 속에서 작동한다. 신체 전회의 철학자들은 이러한 구조를 칭하기 위해서 특히 심리학에서 유통되는 '신체도식(schéma corporel)' 개념을 끌어들였는데, 이는 부분들의 기계적 총합 개념을 넘어서는 구조를 의미하는 신체적 체계이다. 이러한 신체적 체계는 이른바 과학이 그것에 있는 그대로 접근하는 데 실패했던 '구체적인 체험'을 작동시키는 현실적인 메커니즘으로서, 앞에서 보았듯이 이러한 체험에 대한 각각의 다른 퍼스펙티브들이 신체전회의 철학자들의 이론들의 특색을 이룬다. 그러나 그들은 구체적 경험을 이해하기 위해서는 기본적으로 요소적 지각과 일대일 반응에 근거한 기계론적인 메커니즘이 침투할 수 없는 우리의 애매한 지각 현상들의 이해로부터 출발해야 할 필요성에 공감했고 이를 위해서 신체의 고유 운동성이 조직되는 방식과 관련한 다소 합의된 견해들을 공유했다.

이런 점에서 멘느 드 비랑의 선구적 업적은 인간의 지각이나 행동에 대한 기계론적 규정이나 사변적인 규정 일색의 당대 분위기에 역행하면서 양자를 아우를 수 있는 능동적인 신체적 체계에 대한 생리, 심리학적으로 의미 있는 기술들을 제시함으로써 후배들에게 유용한 통찰들을 던져 주었다는 데 있다. 그에게 능동적인 신체적 체계는 인간의 모든 지각과 행동의 근저에 놓여 있는 구체적 체험의 토대이다. 그러나 타 생명체와 차별적으로 인간의 신체 체계는 단순히 신체들만의 기여로 볼 수는 없는데, 여기에 의지의 노력이 결합된 형태(코기토)가 되어야만 인간 고유의 능동적인 신체적 체계로 될 수 있기 때문이다. 그런 점에서 무의식적이고 수동적으로 느껴지는 인간의 행동조차도 단순히 신체들만의 작용이라고 해서는 안 되는데, 그럼에도 불구하고 우리가 여기서 의지적 노력을 의식하지 못하는 이유는 동일한 제스처가 반복되는 가운데, 신체적 운동성의 조직이 그것의 방향성을 유도하고 신체적 돌발 충동들을 통제·관리하는 의식의 도움 없이도 '습관'으로 일정하게 정착될 수 있었기 때문이다. 즉 의지적 노력의 기여가 가시적으로 드러나 있지 않는 신체적 체계의 전형을 보여주고 있는 습관적 행위에서도 의지의 개입은 습관의 형성 과정에서 필수적이라는 것이다.

이는 비단 인간의 행위적인 습관에만 한정되지 않는다. 즉 신체가 고유운동성을 통해 일정한 체계를 형성하기 마련이라는 점에서, 즉 인간의 지각이나 모든 행위가 그러한 신체적 체계 속에서 이루어진다는 점에서, 그러한 체계가 형성되었다 함은 그러한 체계를 형성하게 하는 각 신체적 부분들의 고유운동성들의 통합적 조직의 경험이 반복적으로 축적되어 왔다는 것을 의미하기 때문이다. 따라서 인간의 신체 자체는 의지적 노력이 '반복'에 의해 '습관'으로 그 안에 각인되어 있는 독특한 신체라고 할 수 있다. 이런 신체습관의 체계가 바로 신체 도식 혹은 신체적 지향성인데, 멘느 드 비랑의 말처럼 그 형성에 기여하는 의지(정신)의 중요성을 감안한다면, 이런 신체적 체계야말로 생명을 유지 발전시키는 지성의 체계라고 칭하지 못할 하등의 이유가 없다.

그러나 멘느 드 비랑에서 정신이 신체 속에 완전히 녹아 있는 형국을 취한다 하더라도 그의 이원론이 완전히 유명무실한 것만은 아닌데, 위계적인 존재론적 층위들에 대한 기술과 같은 일종의 유형화된 분류 속에서 이원론은 기술적 필요의 수준 이상으로 역할하기 때문이다. 물질의 단계와 동물적 삶이 생명이라는 비약 속에서 구별되듯이, 그에게 인간의 삶과 동물적 삶은 의식이라는 최고의 생명 현상의 유무에 의해서 구별될 수 있는 것으로 기술된다. 즉 그가 단계화하는 신체 체계들은 능동적인 의식의 기여도에 따라 성사되는 것으로 다루어짐으로써 신체는 능동적 의식에 비해서 여전히 수동적인 위상에 머무르고 있다. 의지(의식)는 신체와 결합할 수는 있을지언정 신체와는 근본적으로 이질적인 것이다.

이를테면 그는 물질적 단계로부터 동물적 단계를 구별시켜 줄 '생명적 감수성'과 자아의식의 출현 이전에 드러나는 생명적 단계의 특징인 '직접적 정념들(les affections immédiates)'을 구별하고, 다시 후자를 다시 내적 정념과 외적 정념으로 구별하면서 특히 간 고유의 지각과 행동을 해명하기 위한 유용한 근거로서 내적 정념을 중요하게 언급한 바 있다. 그런데 이와 같은 생명적 감수성, 직접적 정념은, 심지어 인간에 고유한 내적 정념마저도 능동적 의지가 개입되지 않은 수동적인 신체 도식으로 설정되어 있다. 내적인 정념들이란 그에게 이른바 본격적인 지적인 추론이나 자아의 감정을 갖기 이전에 생명체가 가지게 되는 삶에 대한 모호한 감정과 같은 상태를 이르는 것인데, 그가 이에 대한 전형적인 사례로 그가 들고 있는 꿈, 잠, 몽유병과 같은 독특한 신체 현상들을 의지적 노력의 일시적인 중단으로 생각하고 있다는 점에서 그러하다.

이러한 내적 정념들과 의지적 운동이 결합되면서 인간적 삶을 특징짓는 세 단계의 신체적 체계들이 이끌어지는데, 첫째는 감각적 체계로서 동물적 생명적 단계에서 의식이 점차적으로 생겨나는 시기이다. 그러나 감각 단계에서의 의식이란 적극적 노력이 개입되지 않는, 관찰자로서 수동적인 입장으로서만 존재하는 데 그칠 뿐인 반면 두 번째 단계인 지각적 체계는 '주의(attention)'로 불리는 능동적 의지의 노력이 신체도식에 관계하면서 능동적 인식 활동을 가능하게 하고, 내적인 자기 신체성의 느낌이 가능해진다. 세 번째 단계는 의지와 결합된 능동적 신체가 외적 대상과 결합할 뿐만 아니라 자기 자신으로 회귀하는 것이 가능한 반성적 체계이다. 이는 이른바 신체적인 회귀, 즉 소리를 발화하는 동시에 자신의 발화를 듣는 이중적 작용을 의미하는데, 그가 그것을 반성적 능력의 토대로서 기술하고 있다는 점에서 데카르트적인 추상적인 사변의 능력과는 분명하게 구별된다. 그는 인간의 고차원적인 지성과 행위라 하더라도 신체적 기반을 소거할 수 없다는 입장을 분명히 하기 때문이다.

신체와 의식의 상호성을 기반으로 하는 독특한 심신이원론은 베르그송의 습관에 대한 분석에서도 잘 드러난다. 그의 기억 개념은 신체적 기여를 망각할 수 없도록 장치되어 있는 동시에 정신의 의지적 측면이 잘 부각되어 있는 개념이다. 그가 기억을 신체 속에 각인된 '운동적 기억(습관-기억)'과 정신 속에 보존된 '이미지-기억'으로 구별한 것은 신체와 정신의 상호 침투적인 전제 속에서 반복되고 있는 신체극과 정신극으로의 이분적 구별의 전형이다. 특히 운동적 기억은 멘느 드 비랑의 그것과 마찬가지로 의지의 작용이 신체적 운동을 유도하고 그러한 운동기제가 반복되면서 신체체계로서 고착된 '습관'을 의미하는데, 이런 습관-기억의 개념은 그야말로 신체에 바탕을 두는 기억, 즉 의지적 능동성이 조직화된 형태로 신체 속에 남아서 작용하는 것을 의미한다. 그의 이원론이 언제나 신체극과 정신극의 상호성 속에서 작동하는 것을 전제하는 한에서, 그의 상호 침투적 이원론의 한쪽 극(신체극)을 차지하는 이 습관-기억은 단순히 일반적 의미의 운동뿐만 아니라 전형적으로 정신극의 활동으로 여겨지는 암기와 같은 지적활동에서도 중요하게 역할 한다.

암기는 우선 신체의 운동을 동반하는 주체의 반복된 노력(습관-기억)을 요구할 것이다. 그러나 반복되는 신체적 운동과 결합된 암기의 내용은 뇌를 포함한 신체 속에 기억된 이후에는 작은 자극만 주어도 자동적으로 작동하는 기계처럼 우리의 적극적인 의지작용이 개입되지 않아도 쉽게 상기될 수 있는 것이다. 정신활동에서의 신체적 기여에 대한 그의 분석은 이미 식별작용(reconnaissance)에서부터 시작되는데, 그에 따르면 식별작용이란 현재적인 지각과는 달리 과거의 이미지들이 현재의 지각에 작동하여 의미를 실현시키는 과정이다.[39] 물론 그에 따르면 식별작용은 정신의 고차원적 작용인 '주의(attention)작용'이 개입되어야만 완성될 수 있는데, 말하자면 그것은 의지의 작용 속에서 신체에 각인된—적합지 않은—다른 기억들이 그 상기의 순간 우발적으로 끼어드는 것을 조절하는 핵심적인 역할을 하기 때문이다. 그러나 중요한 것은 그러한 주의는 바로 신체에 의해서만 고정될 수 있으며 초보적인 식별작용은 주의작용 이전에 이미 신체의 운동성만으로도 담보될 수 있다는 점이며, 이는 그가 고전적 심리학의 입장을 비판하는 근거로 작용한다. 의지의 작용과 분리될 수 없는 형태이긴 하지만, 그는 살아 있는 신체의 힘과 가능성에 대해서 누구보다 잘 인지하고 있었는데, 그가 그러한 식별작용의 사례로서 제시하고 있는 것은 청각적 식별작용이다. 그것을 통해 그는 어떻게 말을 알아들을 수 있는가 하는 문제에 대해서 설득력 있는 설명을 제시하는데, 여기서도 습관—체계의 역할이 매우 중요하다.

병리학에서 청각장애는 크게 심리적 난청(les surdité)과 어농(la surdité verbale)으로 구별되는데, 전자는 과거의 청각기억을 불러오는 것은 가능하나 그것을 현재적 소리와 연결시키는 작용이 불가능한 경우, 이를테면 개개의 그 소리들을 구별할 수는 있으나 그것들이 하나의 말로 연결되었을 때 이해할 수 없는 경우인 반면 후자는 청각기억의 상기도 불가능한 경우로서, 이를테면 청각기능 자체를 손상당한 것이 아닌데도 불구하고 혼란스런 소음을 듣듯이, 어

---

39) *MM*, 96.

휘를 구별하거나 의미를 이해하지 못하는 경우이다. 무엇보다 그들의 상해는 청각기능과 무관한 일시적 충격이나 뇌의 부분적 상해에 불과하며 그런 신체적 문제에서 회복되면서 그들의 청각작용도 회복될 수 있었다는 점에서, 그들의 장애는 어떤 신체적 기능의 장애－신체적 장소의 결여가 아닌－로 볼 수 있다. 여기서 베르그송이 생각하고 있는 기억과 신체의 상관적 관계는 유물론적 병행론자들이 전제하고 있는 것처럼 신체가 기억의 보관장소가 되는, 그래서 그 장소에서 기억을 불러오기만 하면 청각작용이 이루어지는 그런 것이 아니다. 예를 들어 청각기억이 만들어져 신체에 각인되는 과정은 디스크에 음향이 기록되는 그런 식은 아니라는 것이다.

청각적 식별이 이루어지기 위해서는 무엇보다도 물질적으로는 혼란스러운 소리에 불과한 것들을 분절적으로 지각하도록 유도하는 신체의 고유 운동들의 조직인 신체적 습관체계가 형성되어 있어야 한다. 청각작용은 들리는 소리들을 구분하고 나누고 그 분절점들을 표시하는 '시발적 운동들(les mouvements naissants)'을 자신의 신체(성대근육)에 조직화하는 것이다. 그리고 화자의 말을 일정하게 윤곽 지을 수 있을 정도로 청자의 신체에서 이러한 과정이 반복될 때, 청자에게 이른바 청각적 운동도식이 생겨나게 된다. 어농 (la surdité verbale)과 미세하게 구별되는 심리적 난청(les surdité) 환자의 경우, 그가 특히 겪고 있는 장애는 반복에 의해 정립된 청각적 운동도식, 즉 습관체계의 자동적 과정인 것이다. 이 운동도식은 다른 신체적 습관들과 마찬가지로 잊히기도 하고 다시 회복되기도 한다.

이처럼 초보적 지성능력을 함축하는 신체적 습관체계에 대한 그의 분석은 지성을 의식의 전유물로 생각하는 이원론자들과는 전혀 다른 맥락 속에 있다. 신체는 초보적인 수준일망정, 그 자체만으로도 자발적인 운동성을 가지고 있고 일정한 체계를 형성하는 어느 정도의 자기 조절능력(생명)을 가지고 있는 지성체이다.[40] 그러나 거기에, 즉 이러한 기초적인 청각적 식별작용에 고차적인 정신의 작용인 '주의'가 작용할 때, 완벽한 의미의 청각적 식별 작용이 완성될 수 있다고 생각했다는 점에서 그는 능동적 신체, 지성적 신체 개념은 한계를 가지고 있다는 입장을 분명히 한다.

주의 작용은 신체가 아닌 정신이 과거의 이미지−기억을 떠올려 그것들을 현재 지각에 삽입하는 작용이다. 이 과정이 고차원적인 지성작용인 이유는 그것이 신체적 습관체계가 바탕이 되어야 하지만,−그에 따르면−그러한 신체적 운동성이 커버할 수 없는 기능들, 이를테면 현재의 지각과 유사한 이미지를 찾을 때까지 과거의 이미지−기억들을 계속해서 '호출'하여 '투사' '대조'함으로써 이해자료들을 모으고 그렇게 수집된 유사한 자료들을 통해 현재의 지각을 '예측'하는 정신의 고도의 순환적 활동을 의미하기 때문이다.[41] 정신의 활동은 연상주의자들이 제시하는 것과 같이 외적인

---

40) 그는 생명체란 물질과 생명의 이원적 질서가 타협한 결과로서, 말하자면 신체는 생명성이 물질 속에 삽입되어 진화된 것으로 보았다. 그의 진화론에서 흥미로운 분석은 특히 쾌, 불쾌의 감정과 관련되는 생명체의 정념(l'affection)을 신체의 운동기능에서 파생된 것으로 다루는 부분이다. 그에 따르면 복잡한 유기체로 진화할수록 신체의 기능은 다양하게 분화되는데, 고차적 생물의 경우 그것은 대체로 신경계, 감각섬유, 운동섬유로 나누어진다. 그중 감각섬유는 유기체 전체의 생명을 도모하기 위해 자극을 신경중추에 전달하는 역할을 맡음으로써 자신의 고유한 운동성을 어느 정도 포기하게 되는데, 이때 생명체가 느끼는 정념, 이를테면 고통의 감각은 신체의 일부가 위험에 직면했음을 신경중추에 알리는 '파수병' 역할을 함으로써 운동기능을 상실한 감각섬유의 '운동을 향한 무력한 노력'이라 할 수 있다. 따라서 정념 자체가 운동을 의미하지는 않는다 하더라도 신체의 운동성에서 파생된 현상이라는 것이다 (*MM*. 56 참조).

41) *MM*. 111~115 참조.

자극이 기억을 부르고 그것이 뇌를 통과하면서 관념들로 번역되어 나오는 일대일 방식의 일회적인 항상적 과정이 아니라, 호출－투사－대조의 회로로 무한하게 돌아가는 과거－기억의 능동적인 재구성 작업이다. 이렇게 그는 '주의'를 중심으로 정신의 고유한 능동적 역할을 강조함으로써 기계론적 생리학이나 심리학이 간과했던 인간의 능동성과 창조성을 구출하고자 했다. 확실히 멘느 드 비랑과 베르그송이 열었던 프랑스 유심론은 능동적인 신체 개념을 껴안으면서 정신의 전통을 지키는 미묘한 줄타기를 통해 인간의 존엄성과 가치를 담보하는 데 기여했다. 그러나 그들이 선택한 방법이 기계론적 과학주의 속에서 위험에 처한 인간성(humanité)을 구출하는 유일한 전략은 아니다.

메를로－퐁티는 그들이 가지 않았던 길을 열었다. 그것은 신체의 능동성에 한계를 두지 않는 것, 이른바 스스로 반성하고 충분히 지성적이기에 자기 바깥에 따로 정신을 두지 않는 신체를 정립하는 일이었다. 이를 위해 그는 멘느 드 비랑과 베르그송의 독창적 업적, 인간의 구체적 경험을 작동시키는 신체적 습관체계에 대한 분석을 적극적으로 받아들이면서도 습관에 정신의 의지작용을 끌어들이는 그들의 미묘한 이원론과는 절연해야 했다. 그가 볼 때, 신체적 지향성은 동물적 단계의 생명체까지만 커버할 수 있는 한계를 가진 것이 아니라 후설의 지향성이 그러하듯이, 인간의 지적인 행위 혹은 고도의 정신작용까지도 근거 짓는 '근원적인 지향성'이어야 한다. 그런 의미에서 데카르트의 그 유명한 코기토 에르고 숨은 정신적 주체의 '나는 생각한다(Je pense)'가 아니라 신체적 주체의 '그것은 할 수 있다(On peut)'로 기술되어야 마땅하다. 'On peut'에 근거하는 인간 신체의 고유 운동성들은 하나의 체계로 종합되어 자기의 생명을 개발·유지해 나간다.[42]

그런데 이 체계가 앞에서 언급되었듯이 돌발적이고 비목적적인 탈선적 운동들을 견제해야만 견지될 수 있다는 점에서, 어떻게 정신의 개입 없이 'On peut'들의 익명적·무방향적·본능적 힘들이 무정부주의적(anachistique)으로 얽히는 혼란을 피할 수 있는가 하는 의문이 제기될 수 있다. 그러나 이러한 문제제기는 힘들에 의미와 방향을 부여하는 전체 체계에서 힘들을 떼어 놓으면서 그것들을 통제받아야 할 파편적이고 중성적인 입자들로 가정하는 근대 과학주의의 편견이 작동하고 있다는 점에서 유효하지 않다. 맥락 속에 있는 힘을 분리시켜 추상적이고 항구적인 성질을 부여했던 근대 과학자들의 태도를 비판하는 것이 신체전회의 철학자들의 공통적인 문제제기였던 한에서, 살아 있는 신체란 그러한 신체를 가능하게 하는 전체(체계, 맥락, 실존)를 떠나서는 생각될 수 없는 힘들의 역동적 관계들을 의미한다. 근대과학자들은 기술상의 필요에 의해서 전체를 부분으로 분리시킴으로써 신체들의 힘들을 거세시켰고 다시 전체를 구성하는 과정에서 전체를 파편적 육체들의 산술적 총합으로 환원시킴으로써 실제 우리의 구체적 경험들의 의미를 배제하고 왜곡시키는 결과를 가져왔으며, 한편으로 그 종합을 가능하게 하는 초월적 힘의 요구에 직면해서 육체들을 배열하고 통제하는 순수 지성적인 정신을 따로 가정하는 시나리오를 정립하도록

---

42) 마르셀의 경우에서도 이 할 수 있음이야말로 나의 신체를 나의 것으로 '느끼'게 만드는 핵심으로 설명되는데, 이 능력의 유형은 신체의 전체적인 통일로서의 경험이지만, 이 통일은 능력의 단순한 집합 그 이상이다(ME, 1, 115 참조).

공모하거나 방임했다. 이 잉여적 정신은 그들이 전체를 지향하는 살아 있는 신체들을 수동적인 죽은 육체로 분리시키지 않았다면 불필요했을 그런 허구인 것이다.

메를로-퐁티는 살아 있는 신체의 구조를 설명하기 위해서 형태 심리학자들의 형태, 배경구조를 앞에 세우는데, 지각장에서 형태가 배경 없이는 존재할 수 없듯이, 우리의 구체적 경험세계를 이루는 부분들은 서로가 서로 없이는 존재할 수 없는 맥락(전체) 속의 신체들임을 강조하기 위해서다. 또한 그러한 지각장 혹은 경험세계는 그것을 지각하는 주체 없이는 존재할 수 없다는 점에서 주체 역시 형태, 배경 구조의 전체와 분리될 수 없는 부분, 즉 세계-내-존재로서 존재하게 된다.

그러나 인간 주체를 신체적 지향성만 가지고 설명하는 것이 가능하기 위해서는 그러한 지향의 수준, 즉 지향적 신체의 체계들이 다르게 나타나는 것, 이를테면 정신의 유무로서 설명되는 동물과 인간의 존재론적 수준차를 어떻게 설명해야 하는가 하는 문제가 해결되어야 한다. 이는 이른바 우리가 고도의 정신적 작용으로 부르는 것을-신체와 독립적인 정신을 가정하지 않고도-어떻게 신체를 통해서 설명할 수 있는가 하는 문제로서, 그야말로 유심론의 전통과 단절할 수 있는 분기점을 이루는 것이다. 그 해결방안이 가설적 형이상학의 수준을 벗어나 설득력을 지니기 위해서 그는 구체적인 경험에 대한 기술에 근거해야만 했는데, 겔프(Gelb)와 골드쉬타인(Goldstein)의 심맹환자(Les cécités psychiques)에 대한 병리학적 보고는 그런 점에서 중요하게 언급되었다.

제2차 세계대전 때 뇌에 폭탄 파편을 맞은 환자 쉬나이더(Schneider)

가 보인 후유증은 이른바 인간의 고도의 정신작용으로 일컬어지는 상징적·추상적 능력의 상실로 보였고 이는 심맹증(Les cécités psychiques)으로 불렸다. 그는 음식을 잡거나 어떤 목적지를 향해 걷거나 가려운 지점을 찾아서 긁는 일과 같이 생존과 직접적으로 관련되는 운동들을 하거나 말하는 데는 어려움이 없었던 반면, 팔을 들어 보라든가 물체를 손가락으로 지시하라든가 하는 추상적 운동이나 성적 대화, 정치, 윤리적 토론 혹은 허구적이고 가능적인 세계나 공간을 전제하거나 생산하는 상징적·예술적 활동은 할 수 없었다.[43] 멘느 드 비랑이나 베르그송 식으로 말한다면, 심맹증환자들은 신체적 습관체계에 기인하는 초보적인 신체적 활동들에만 제한되어 기억들의 호출, 투사, 대조와 같은 고도의 정신적 활동을 할 수 없는 '정신'의 결여자들인 것이다.[44] 만일 메를로-퐁티가 유심론자들의 가정에 반대해서 주의로 집약되는 고도의 정신활동을 실체로서의 정신을 가정하지 않고도 신체를 통해서도 얼마든지 해명할 수 있다면, 이를테면, 심맹증환자가 상실한 것은 정신이 아니라 정상적으로 불리는 이전의 신체적 실존의 하나의 맥락에 지나지 않는다는 사실을 해명할 수 있다면, 그는 정상적인 신체적 체계야말로 고도의 정신 활동을 포함하는 지성적 체계임을 보여주는 셈이다.

이를 위해서 우선 그는 장애자의 차별성을 행동 영역의 차이로 환원해 버림으로써 병리적인 것을 단지 정상적인 것의 결여로 낙

---

43) *pp*.127~128.

44) 그들이 인간이기는 하지만, 정신을 결핍한 병자이기 때문에 그들의 신체적 체계는 이른바 동물적 단계의 생명적 운동만을 보여줄 수 있을 뿐이다.

인찍고 배제해 버리는 전통적 심리학자들의 태도를 비판했다. 병은 관찰자의 의식에 있는 목적의 관념과 관련되어 부정적으로 나타날 뿐이므로 실제로 어떤 실체(정신)의 부재로 볼 수는 없다는 것이다. 오히려 그는 고전적 심리학자들이 지워 버린 병리적인 것의 생산적 가치를 주목하고자 했는데, 무엇보다 질병이란 기존의 생존 방식에 대한 위협에 직면하여 생명체가 변화된 상황에 맞는 새로운 생존의 조건을 확립하는 새로운 정상성에 지나지 않는다는 사실을 인식할 필요가 있다. "병 자체는 하나의 완전한 실존의 형식", 독립적인 자기 조절체계이기에 그것은 "정확하게 현상들을 읽는데, 의미를 붙잡는데, 주체의 총체적 존재의 양태들이나 변이들로 다루어야 한다."[45]

무엇보다 심맹증환자들의 생존과 직결된 구체적 운동은 자신의 신체와 관련된 문맥 속에 놓여 있기 때문에 이러한 행동은 신체의 고유운동성과 신체적 습관체계에 의해서 충분히 설명될 수 있다. 반면 그들이 실패하는 가능적·추상적인 운동은 마치 내가 그러한 행동을 하기 전에 이미 객관적인 공간을 알고 있어야만 가능한 것이기 때문에, 그들은 그러한 공간을 몰랐기 때문에 추상적 행동을 하지 못했다고 말할 수 있을 것이다.[46]

---

45) pp.125.

46) 심맹증환자가 실패하는 추상적 운동은 구체적 운동과 달리 신체의 분절이 가시적으로 드러나 있지 않기 때문에 추상적인 운동으로 여겨지고 그렇기 때문에 그것을 가능하게 만드는 정신의 결여에 기인한 것으로 여겨진다. 그러나 만일 그러한 분석이 옳다면, 가능적인 운동의 전형으로서 모방 행위를 심맹증환자들이 할 수 없어야 하지만, 실제로는 그렇지 않다. 중요한 것은 정상인의 모방이건, 병자들의 모방이건, 모방은 가능적 공간을 계산하는 정신을 작용시키면서 이루어지는 것이 아니라 "즉각적으로 모델에 집착"하는 것, 이를테면 "주체는 모델 속에 투사되어 실현되는 것이 아니라 모델과 동일시(p.165)" 되는 일종의 반사적인 신체의 고유 운동적 기능에 의한 것이라는 사실이다. 그럼에도 불구하고 환자들의 모방이 정상인보다 불완전한 이유는 그가 볼 때, 신체의 고유 운동성의 어떤 차별적 기능이 파괴되었기 때문이다. 이를테면, 지시행위를 하기 위해 주체가 이미 인지하고 있어야 하는 객관적인 공간, 바

그러나 객관적인 공간은 주지주의자들이 말하는 것처럼 현전의 지각에 대한 무한한 자유변경에 의해서 만들어진 정신의 구성물이 아니라 신체적 공간으로부터 파생된 것이다. 신체적 공간이란 내가 구체적으로 어떤 시공적 세계에 있음을 깨닫게 되는 것, 말하자면 평면적 그림에서 형태, 배경 구조가 조직됨으로써 공간의 환영이 생겨나는 것과 동일하게 내가 신체적 구조를 이룸으로써 생겨나는 공간을 말한다. "신체의 공간성은 자신의 신체 있음의 전개이며 신체로서 현실화되는 방식"이다.[47] 내 신체적 공간에 대한 바깥의 인식, 다양한 신체적 공간에 대한 반복적 인식을 통해서 형성되는 가능적으로 확보된 안정적 공간이 바로 객관적 공간인 것이다.

내 신체에 대한 인식, 메를로-퐁티는 더 이상 그것을 내 신체를 대상화하는 정신을 세우는 계기로 만들지 않는다. 이렇게 정신을 세우는 순간 내 신체는 더 이상 주체의 자리에 있을 수 없으며, 베르그송이나 멘느 드 비랑처럼 내 신체와 정신의 상호적 결합을 통해서 신체를 도구로의 전락에서 구출한다 해도, 신체와 정신의 결합이 어떻게 가능한지는 여전히 설명되지 않고 교묘히 전제되어 있기 때문이다. 따라서 이 바깥의 인식은 신체 바깥으로 나갈 수 있는 정신에 의해서 가능한 것이 아니라 신체의 고유운동성에 의해서 가능한 것이다. 신체의 지향성은 후설의 정신 지향성이 그러했듯이 자기 바깥으로 나가서 다시 자신에게 되돌아오는 지향성이기도 한 것이다. 그는 신체적 공간인 바의 신체적 종합 혹은 신체적 체계를 가능하게 하는 신체의 고유운동성을 신체의 근원적 지

로 그것을 가능하게 하는 그런 신체 고유운동성의 기능 말이다.

47) p.173.

향성으로 부르고 객관적인 공간을 가능하게 하는 변이적 신체적 체계, 신체도식을 지향호(intentional arc)라고 불렀다.[48] 내 신체에 대한 내감적 의식, 내 신체적 습관체계의 총체적 느낌으로서의 신체도식, 내 신체 바깥을 향했던 근원적 지향성이 다시 호를 그리며 나의 신체로 되돌아오는 지향호가 바로 주지주의자들이 정신으로 부르는 그것이지만, 그것은 결코 신체와 다르지 않다. 그래서 심맹 환자들이 잃어버린 것은 정신이 아니라 또 다른 신체적 습관체계, 신체적 고유운동성의 차별적 기능인 것이다. 지성은 신체적 습관체계로부터 기인하는 한에서, 그들은 잃어버린 것은 지성 자체가 아니라 특정 지성을 순환시키는 신체적 습관체계의 변이인 것이다.

---

48) p.158, p.166.

4. 사회적 신체: 타자성의 문제

인간을 생명체의 높은 진화 수준으로 올린 인간 지성의 공로를 인간의 정신 능력으로 돌리는 주지주의적 전통은 정신이 하늘에서 주어진 것이 아니라 생명체의 고차원적인 진화 속에서 얻어진 통일적인 신체 체계의 산물이라는 사실을 전제하는 한에서 옳다. 신체적 전회의 철학자들이 부인하는 것은 정신의 존재가 아니라 정신이 가진 초월적인 존재론적 위상에 있기 때문이다. 그들이(특히 메를로-퐁티와 마르셀이) 정신-주체에 반대하면서 신체-주체를 내세우는 가장 큰 이유는 그것이 초월적이건 파생적이건 전통적으로 지켜 온 정신의 범주 안에는 타자의 자리가 존재하지 않는다는 사실에 있다.[49]

---

49) 코기토를 살아 있는 신체로부터 정립하는 신체 전회의 철학자들의 가장 특징적인 철학적 업적은 데카르트적 주체의 극복 불가능한 유아론의 문제점을 따돌리고 타자(타아)의 존재를 구출해 내서 코기토를 사회적 주체로 올바르게 자리매김할 수 있다는 데 있다. 우리의 구체적 경험이야말로 유아적이고 사변적인 순수 자아의 배설물이 아니라 우리의 인식 이전에 그것을 가능하게 하는 것, 그래서 우리의 손아귀에서 쉽게 좌지우지될 수 없는 부조리한 것, 그렇게 쉽게 소화되지 않는 '날 경험들', '타자들'로 가득 차 있다.
의식(정신)이 그러한 현실을 있는 그대로 더하거나 뺌 없이 진실하게 인식하는 우리 능력에 대한 소망을 반영하면서 끌어들인 투명하게 세상을 비추는 빛의 메타포라면 신체는 이처럼 부조리한 현실에 직

강인한 신체를 가진 동물에 비해서 나약한 인간의 신체가 고도의 지성을 의미하는 복잡한 신체적 습관체계를 진화시키게 된 중요한 계기는 인간이 사회적 동물이라는 사실에 있었다. 인간은 약하기 때문에 혼자 다니지 않고 무리 속에서 안전을 도모할 수밖에 없었는데, 군집생활에서 살아남기 위해서 그들이 연마하고 습득해야 할 규율과 복잡한 삶의 방식들이 여타 강한 동물들과 이질적인 인간만의 독특한 신체적 체계의 발달(지성)을 가능하게 했기 때문이다. 이처럼 타자들이야말로 인간 지성의 숨은 공로자임에도 불구하고 주지주의자들은 그들을 배제한 채, 정신으로 불리는 이 진화적 승리의 전리품들만을 전시하는 데 그친다. 타자들에 대한 배려는 단지 과거 자신들의 진화의 공로를 확인하는 수준에 그치는 것이 아니라 진화의 정체를 극복하고 새로운 진화의 길을 모색하는 데 필수적이다.[50] 인간의 공동체를 개선하고 존속시키기 위해서 무엇보다 필요한 것은 나와 타자의 공동적 삶을 가능하게 하는 윤리적 질서이기 때문이다. 따라서 최고의 지성적(반성적) 신체(체계)란 이처럼 타자들의 존재와 그들의 기여들을 '알고 있을' 뿐만 아니라 그들을 배려하는 법을 체화시킨 사회적 신체(체계)일 것이다.[51]

면한, 그리고 부조리한 현실을 결과하는 이 구체성의 불투명한 두께에 대한 메타포라고 할 수 있다. 타자란 무엇보다 이런 불투명한 신체로 존재한다. 만일 그것이 투명한 의식이라면 그것은 결코 내 의식의 대상이 될 수 없기 때문에―빛은 육체만을 비출 뿐이기에, 사르트르에 따르면 대자는 결코 즉자가 될 수 없기에―인식될 수 없고 그래서 존재할 수 없을 것이다. 그러나 타자는 단지 죽은 육체에 그치지 않는데, 만일 그러하다면 의식은 이 육체를 인식의 형태로 되비추어 사라지게 만들 것이며 의식이 그 인식을 도구로서 전유함으로써 타자는 마치 존재하지 않는 것처럼 만들 것이기 때문이다. 죽은 신체는 이러한 불투명성과 부조리함을 자기 발 아래로 통제할 수 있다는 도구적 이성의 환상을 대표하는 메타포일 뿐이다.

50) 근대에 의식 철학이 전성을 이룬 것은 근대에 인간 문명에 대한 낙관적 전망이 대두되면서 인간의 자연에 대한 승리를 기념하기 위해 의식을 그러한 승리의 전리품으로서 다듬고 전시하는 분위기 속에서 이루어졌다. 그러나 의식에는 타자가 존재하지 않는데, 의식철학이 뒷받침하는 '타자 무시'의 문명은 근대적 자본주의와 산업화 속에서 가속화되면서 환경문제와 윤리적 문제와 같은 인류 생존의 위기를 불러일으킨다.

그런 점에서 신체적 전회의 철학자에게 타자의 문제는 매우 중요하다. 앞에서 언급되었듯이, 신체적 지향성은 타자의 신체가 존재하지 않는다면 견지될 수 없으며, 타자가 존재해야만 신체적 체계가 가능하기 때문이다. 타자성의 문제와 관련하여 중요한 것은 무엇보다 나의 필요에 환원되지 않는 고유한 타자의 존재를 인정하는 태도일 것이다. 그러기 위해서 타자는 신체로서 존재해야 하고 그러한 신체는 도구적인 것으로서 이해되어서는 안 된다. 자신의 육체뿐 아니라 타자 역시 한낱 도구로 취급하는 기계론적 관점에 따르면 타자는 존재할 수 없는데, 도구로서의 신체는 필요에 따라 나의 신체에 쉽게 병합하여 나의 신체의 확장으로 되어 버림으로써 — 도구로서의 나의 신체가 그러하듯이 — 그 신체적 기반을 지우고 연기처럼 날아가 버리기 때문이다. 이런 속에서 내가 나와 다른 정신(타아)을 발견했노라고 말한다고 해도, 그것은 기껏해야 정신의 투사이지 내가 관계 맺을 수 있는 타자가 아니다. 타자는 나의 우호적인 분신이 아니다. 타자란 내 마음대로 할 수 없는 것, 내 자유를 구속하는 어떤 것이기 때문이다.

사르트르의 경우, 신체성과 관련하여 타자성은 매우 중요하게 다루어지지만, 근본적으로 그것은 인간의 우연성과 실존적 한계를 가져다주는 부정적인 것으로 다루어지는데, 타자의 선험성을 강조하면서 긍정적으로 다루는 마르셀과 메를로 — 퐁티에 비해 그것은 그

---

51) 그런 점에서 그동안 주지주의자들이 정신의 범주 속에서 모색해 왔던 인간의 인륜성이 신체적 전회의 철학 속에서 타자성을 통해서 살아 있는 신체에로 옮겨진다는 사실은 그리 놀랄 일이 아니다. 신체 전회의 철학에서 정신의 범주가 완전히 사장되는 것이 아니라 신체적 운동에서 파생되는 고도의 생존적 지성으로 자리 매겨지는 한에서, 전통적 윤리학이 진화시켜온 윤리적 개념들이나 덕목들도 얼마든지 상호주체성의 형식 속에서 재개념화될 수 있기 때문이다.

의 미묘한 이원론과 마찬가지로 예외적 입장 혹은 과도기적 입장으로 볼 수 있다. 그러나 그는 정신을 도입함으로써 타자의 여지를 닫아 버리는 멘느 드 비랑이나 베르그송과 비교할 때, 한편으로 타자성에 대한 의미 있는 진전을 보였는데, 대자, 즉자에 이어서 그가 도입한 제3의 관계인 대타적 존재에 대한 기술에서 그러하다.

그의 대자는 나의 신체를 초월하거나 침묵으로 만드는 '심리적 신체'[52]와 동일한 것이지만, 이러한 나의 신체가 지워질 수 없는 경우, 즉 내가 나의 신체를 (대상으로서) 즉자로서 인식하지 않을 수 없는 경우가 있는데, 그것이 대타적(pour-autrui) 관계이다. 대타적 관계란 나에 대한 타자의 관점을 의미한다. 그에 따르면 나의 신체는 타자의 존재를 인정함으로써만 지워지지 않고 가시화될 수 있다. 이러한 경험은 나와 타자가 서로 마주 서서 바라보고 있는 경우를 통해 잘 설명되는데, 타자가 나를 볼 때야 나는 보인다(대상화된다). 즉 타자가 나를 바라보고 있다는 것을 내가 알고 있을 때, 나는 나의 대상화된 존재를 알게 되는 것이다. 나는 타자의 입장에서 나를 바라본다. 이 순간 타자는 분명하게 실존하고 있으며 이렇게 나를 즉자로 전락시키는 타자의 경험은 근본적으로 나에게 수치심을 주는 부정적인 감정이다. 반대로 내가 대자로서의 우월적 위치를 되찾기 위해서 타자를 바라보는 것은 나여야 한다. 즉 나는 타자를 대상으로 만들어야 하는데, 그때 타자의 신체가 나에 의해 가시화된다.

이러한 시선의 변증법에 의해서 타자의 신체는 '독특한' 수단으

---

52) *EN*. 403.

로서 파악되는데, 타자의 신체는 모든 신체적 정향(orientation)이 이루어지는 가능적 중심으로서 파악(대상화)된다. 신체적 정향이란 신체적 전회의 철학자들이 말하는 신체 도식, 그 조화적인 신체적 통일을 의미하는 그의 독특한 표현이다. "타자의 신체는 내 주위에 형성되는 종합적으로 조직된 상황을 언급하는 중심으로서 나에게 직접적으로 주어진다."[53] 다른 신체적 전회의 철학자들과 마찬가지로 그에게 신체는— 부분 바깥의 부분(part extra part)의 관계가 아니라— 유기적으로 종합적인 전체성을 의미한다. 그러나 이러한 전체성으로서의 신체성마저도 그에게는 긍정적인 것은 못 된다. 타자가 나에게 나타나는 방식이나 내가 타자에게 나타나는 방식이나 대타성의 구조는 동일한 것이기 때문에,[54] 내 신체가 그러한 전체성으로서 가시화(대상화)되는 한에서 그러한 신체성의 인식이 바로 나의 수치심을 일으키는 것이다.

결과적으로 그가 전개시킨 타자와 신체의 관련은 그의 동료들과는 사뭇 다르다. 무엇보다 내가 타자를 발견하게 되는 그 순간 먼저 내가 발견하는 것은 타자의 정신이지 타자의 신체가 아닌데, 나의 신체가 즉자로 전락하는 순간, 그러한 즉자에 대해 있는 대자가 바로 타자이기 때문이다. 대타자의 관계 속에서 비로소 나타나기 시작한 '나의 신체'는 타자와의 만남에 종속되는 부차적인 지위를 가지면서 부정적인 것으로 나타난다. 타자의 인정은 적대적 주도권 투쟁의 수치스런 패배를 의미하며 타자의 시선에 노출된 나의 신

---

53) *EN.* 410. 그러나 사르트르는 이 정향화의 문제에 대해 메를로-퐁티처럼 구체적으로 전개시키지는 않았다. 즉 정향성이란 무엇이며 현상학적으로 어떻게 기능하고 그것의 근원적인 조건이 무엇인가의 문제는 분석하지 않고 방치했다.

54) *EN.* 405.

체가 바로 수치의 대상이기 때문이다. 신체는 — 대자로서 — 지워져야 영광스러운 것이다. 결국 신체는 의식에 대해 부차적인, 의식의 신체화에 지나지 않는데, 나의 신체는 나에 대해서 보이고 만져질 수 있는 상징, 나란 개념의 물질적 충족을 가능하게 하는 것에 불과하다. 게다가 나와 타자의 만남, 즉 그러한 타자들과의 만남으로 가득 차 있는 세계는 대자의 자리를 놓고 신체성을 면하기 위해 벌이는 적대적 투쟁으로 묘사된다. 그는 어쩔 수 없이 세상에 존재하는 타자와 신체를 말하고 있지만, 나와 타자는 정신과 신체가 그러하듯이, 함께 사이좋게 공존할 수 없는 적대적인 것이 되고 말았다.

이와 대조적으로 마르셀과 메를로 — 퐁티에게 세계는 내가 살기 위해서 타자를 눌러야 하는 외롭고 고통으로 찬 지옥이 아니다. 그들에게 세상은 나와 타자들의 투쟁의 장이 아니라 공존의 장이기에 그토록 기쁘게 환호하며 맞이했던 것이다. 물론 사르트르가 앞에서 대타성이론을 통해 보여주었듯이, '나의 신체(신체적 습관체계)'의 발견은 그러한 신체가 나에 의해 '소유'되는 것임을 인정받아야 하는 타자의 존재가 필요하다. 마르셀은 '나의 신체'의 특이한 소유구조를 설명하기 위해 '소유'에 관한 보편적 기술을 시도하는데, 이는 사르트르의 대타성에 대한 비판의 근거를 마련해 준다.

그에 따르면 소유는 소유하는 자인 '안'이 소유되는 것의 '바깥'을 지시하는 구조이며, 소유하는 자가 소유되는 것을 마음대로 처분할 수 있다는 점에서 소유한다는 것은 '할 수 있음(pouvoir)'을 의미한다. 그러나 소유가 유지되기 위해서는 그처럼 안이 바깥을 지시한다는 사실을 드러낼 수 있으나 비밀로서 간직할 때(억압할 때) 가능하다. 그러나 또한 역설적으로 이런 소유, 즉 이러한 할 수 있음(처분할 수 있음)이 드러나는 순간은 소유되는 것을 타자 앞에 드러내 보임으로써 소유관계를 제거할 때, 이를테면 처분하기 위해 그것을 내놓을 때인데, 그때 드러난 바깥(소유되는 것)이 안(소유하는 자)을 되돌아 지시하기 때문이다. 소유란 이처럼 안과 바깥의 분리 불가능한 구조로 이루어져 있음으로써 안과 바깥은 순환적으로 서로가 서로를 지시한다. 이를테면 소유는 소유되는 것을 잃어버릴지 모른다는 불안감을 동반하는데, 즉 소유 자체가 타자에 대한 지시관계를 포함하고 있기 때문에 소유하는 자는 소유되는 것에 더욱더 집착하게 되고 그럼으로써 소유되는 것은 소유하는 자에 점점 더 막강한 힘을 행사할 수 있게 된다. 소유는 참된 소유와 그 소유를 안전하게 확보하려는 불안에서 벗어나려는 욕망 때문에 결국 그를 절망에로 이끈다.[55] 사르트르에서 '나의 신체'가 지니는 비극성 역시 바로 이러한 소유의 구조 속에서 발생되었던 것이다.

그러나 과연 '나의 신체'에 이러한 의미의 소유관계를 적용할 수 있는 것인가? 1차적 반성 속에서 신체들은 이런 소유구조를 통해 인식되어 왔다. 여기서 내 신체는 마음먹은 대로 다룰 수 있는 도구이며 신체가 지니는 사물들 역시 그러한 도구들인데, 결국 억압적인 소유의 역학관계에 의해서 과학을 비롯한 1차적 반성에서 내 신체는 절망을 안겨 주는 수치스러운 것이 되었고 그렇기 때문에 그들은 그토록 그것을 지우려고 노력했던 것이다. 마르셀에 의하면 도구로서의 나의 신체 개념은 불합리한데, '나의 신체'에서 '나'와 '나의 신체'가 동일한 것인 한에서, '도구의 도구의…'로 이어지는

---

55) *EA.* 232~237.

무한 소급에 빠지지 않기 위해서 도구와 똑같은 본성을 가지지 않은 '다른 도구'를 전제해야 함을 의미한다. 도구로서의 나의 신체 개념은 진정한 의미에서 나의 신체를 나의 것으로 받아들이는 것이 아니다. 2차적 반성, 코기토에 의해－앞에서 다루었듯이－나의 신체를 진정으로 나의 것으로 받아들이는 입장이 가능해지며, 나의 신체는 앞에서 다루었듯이, 소유되는 것이 아니라 모든 소유, 모든 도구, 모든 대상을 가능하게 하는 소유의 원형이라고 말할 수 있는데, 마르셀은 그것을 '공감적 매개'[56]라고 불렀다. 모든 소유 안에서 느껴지는 이러한 공감(sympathie)의 느낌, 이는 앞에서 우리가 언급했던 신체적 통일성의 느낌, 신체적 도식 혹은 지향적 효과 유사한 어떤 것을 의미하는 듯하다. "나의 것으로서의 신체는 느껴지는 그대로 나에게 주어진다. 나는 느끼는 존재인 한에서 나의 신체이다."[57] 그러나 그의 느낌에 대한 언급은 멘느 드 비랑이나 베르그송처럼 실증적인 감각적 지각이론으로 전개되지는 않았다. 오히려 신체를 도구로 받아들이는 실증적인 정보이론을 비판하는 근거로서 느낌 그 자체의 본성을 기술하는 데 관심을 보인다는 점에서 메를로－퐁티와도 다른 작업 스타일을 보여주었다.

그러나 나의 신체, 즉 직접적이고 무매개적인 근원 감각인 이 '느낌'의 규정에서 그가 무엇보다도 중요하게 말하고자 하는 것은 타자와의 공존이었다. 느낀다는 것은 받아들이고 감응한다는 것, 거기에 내가 참여하고 있다는 것을 의미한다. "느낀다는 것은 어떤 주어진 방식으로 영향을 입는다는 것"[58]이다. 느낌, 즉 나의 신체

56) *ME*. I, 113.
57) *ME*. I, 117.

안에서는 나와 타자는 분리되지 않는다. 앞에서 우리가 다루었던 신체의 습관적 체계는 이미 나와 타자, 안과 바깥이 서로 분리될 수 없을 정도로 얽혀 있는 형태-배경적 구조이다. "사물이 존재한다고 말하는 것은 그 사물이 나의 신체와 똑같은 체계를 지녔다고 … 말하고 있을 뿐만 아니라 나의 신체가 나와 결합되어 있듯이 어떤 방식에서 나와 결합되어 있음을 말하는 것이다."[59] 그러나 '나의 신체' 안에 이미 타자가 공존하고 있다면 어떻게 그럴 수 있는지, 이 문제에 대한 실증적인 근거는 메를로-퐁티가 제공해 줄 수 있다.

우리가 창밖에서 외투와 모자를 쓰고 지나가는 '어떤 것'을 타자로서 인식할 수 있다는 것은 무엇보다 그 외투, 모자와 같은 신체들이 나와 다른 어떤 의식을 불러일으켰다는 것을 의미한다. 주지주의자들은 일종의 유추에 의해서 내 의식이 투사된 것을 타자로 착각한 것이라고 설명하는데, 메를로-퐁티가 볼 때, 그것은 신체적 전이의 과정이다. 신체적 전이의 대표적인 사례로 그가 들고 있는 것은 무의식적 모방의 행위이다.

예를 들어 내가 아기의 손가락을 무는 흉내를 낼 경우, 그 아기는 자기가 무는 것처럼 입을 벌리는데, 이런 사건은 동시적으로 일어나기 때문에 유추이론에서 말하는 것처럼 아기는 나의 무는 행위를 자기가 무는 것으로 착각했다고 말할 수는 없다. 따라서 이러한 행위가 일어나는 과정을 재구해 보기 위해서 우리는 아기의 신체와 나의 신체 사이에서 일어나는 행위의 상관성을 추적해 보아

---

58) *MU.* 187.

59) *EA.* 11.

야 한다. 이 행위는 서로 다른 신체들 사이에서이기는 하지만, 단계적으로 '깨물려는' 나의 의도와 '입을 벌리는' 아기의 행위, 그리고 '깨무는' 나의 시늉 사이에 정확한 상관성을 가지고 있다. 이 행위의 상관성은 두 신체가 통합된 하나의 전체 속에서만 성립되는데, 말하자면 내가 아기 손가락을 살짝 깨무는 행위는 아기의 손가락에 약간의 압력을 주게 되는데, 이러한 압력을 통해 그와 상관적인 '손가락을 깨무는' 나의 의도가 아기에게 전이되면서 아기의 입이 벌어지게 되는 것이다. "아기는 나의 신체 속에서 자기의 의도를 지각하게 되고 자기의 신체 속에서 나의 의도를 지각한다." 이 통합적 신체 안에서 깨무는 의도는 서로에게 공유되는데,[60] 여기서 우리는 아기가 그런 모방을 할 의도가 있었는지 물을 수도 없지만 물을 필요도 없다. 그것을 가능하게 한 것은 의식이 아니라 통합된 신체의 내적 체계이기 때문이다. "나의 의식과 그것을 겪는 나의 신체 사이에서, 그런 현상학적 신체와 내가 밖에서 보는 그런 타자의 신체 사이에서 체계의 완수로서 타자를 나타나게 만드는 그런 내적 관계가 실존한다."[61]

세계는 나의 신체와 타자의 신체와 나와 타자를 둘러싸고 있는 수많은 신체들이 조직된 하나의 체계로서 존재하기 때문에 그 안에서 나와 타자는 서로 적대적으로 경쟁하기도 하고, 서로 사이좋게 공존하기도 한다.[62] 타자와의 사이좋은 공존뿐만 아니라 타자와

---

60) pp.407~408.

61) p.405.

62) "우리가 서로에 대해 있다면, 우리는 서로에게 나타나야 하며, 밖을 가지고 있고 가졌어야 하며, 대자의 퍼스펙티브―나에 대한 나의 보기와 타자 자신에 대한 타자의 보기― 외에도 대타의 퍼스펙티브― 타자에 대한 나의 보기와 나에 대한 타자의 보기―를 가져야 한다." pp.vi~vii 참조.

의 적대적인 관계마저도 사실은 신체적 전이에 의해서 가능한 것이다. 사실상 그것이 아무리 평화로운 공존이라 하더라도, 공존이란 나와 타자의 일치되는 것이 아닌 한에서, 즉 나는 결코 타자를 완전히 이해할 수 없는 한에서, 이러한 통합적 신체 체계는 언제나 다양한 변이에 열려 있다. 예를 들어 내가 타자의 상황에 참여한다고 해서(나와 타자를 통합하는 신체체계를 통해서) 내가 속해 있는 상황과 타자가 속해 있는 상황이 완전히 겹쳐지는 것이 아니다. '세계내존재의 변이'에 의해서 각각은 다른 상황 속에 있으며 그런 점에서 나와 타자의 투쟁은 언제나 존재해 왔다. 사르트르의 귀결은 이처럼 피할 수 없는 것인가?

사르트르에서 신체체계는 타아의 발견에서 부차적인 위상을 가지고 있었지만, 마르셀과 메를로-퐁티에서 신체는 부차적이고 부정적인 것이 아니라 타자를 존재하게 만드는 근원적이고 적극적인 역할을 했다. 앞에서 다루었듯이 나의 의식을 파생시키는 것도 바로 그러한 신체적 체계가 아니었던가? 다양한 신체들이 통합되어 있는 신체체계 자체는 나와의 관계에 의해서 생겨났다 하더라도 그러한 중심에서 이탈하여 머물 수 있는 익명적 체계이다. 거기서 나의 의식, 즉 나의 신체적 지향호가 작동하게 되면 내가 참여하는 '일인칭의' 고유한 상황으로 변하며, 타자의 의식이 작동하게 되면 타자가 참여하는 '3인칭의' 고유한 상황으로 변하게 되는 것이다.

이처럼 타자성과 관련하여 신체적인 근원성을 인정한다는 것은 사르트르와 달리 나와 타자 사이의 양자택일적 적대감에서 벗어날 수 있는 가능성을 열어 준다. 신체는 정신과 달리 '세계내존재의 변이'를 통해서 차이들을 양산해 내는 다양성의 대지이다. 나의 의식은 나의 신체적 체계에 그것의 변이(타자의 존재)를 허락함으로써 내 안에 기꺼이 타자를 받아들이고 그것을 이해하려고 노력할 수 있는데, 그렇게 신체를 통하여 나와 타자는 이제 공존하고 공생하는 사이가 될 수 있다. 세계는 나와 얽혀 있는 수많은 타자들로 가득 차 있는 가능성의 우주이며 내가 그러한 세계와 통합적 신체 체계를 형성하는 데 개방적인 한에서, 나는 무한한 타자들을 나의 신체 체계 안에서 존재하게 하고 그들과의 관계를 통하여 인간의 미래에 무한한 가능성을 열어 놓을 수 있다.

5. 결론:
주체의 죽음과 저항하는 신체

살아 있는 신체는 철학적 인간학의 최종 종착지에서 최고의 지성적인 신체인 반성하는 신체가 되었고 타자와 함께하는 윤리적이며 사회적인 신체가 되었다. 신체는 그동안 정신이 맡았던 역할을 대신할 수 있는 힘을 부여받았을 뿐만 아니라 정신이 설명할 수 없었던 타자성의 문제까지 해소하는 유능한 주체로 재정립되었다. 그렇게 되면 정신은 그러한 신체에서 작동되는 파생적인 기능이나 효과에 붙여진 이름에 불과하며 그런 점에서 존재론적인 의미에서의 심신이원론은 폐기되고 가치론적 의미에서 더 이상 신체는 정신의 지배를 받는 하위의 지위에 머무르지 않고 거꾸로 정신이 신체의 지배에서 벗어날 수 없는 것이 된다. 이러한 가치전환이 가져다준 담론적 효과들은 상당하다. 육체에 대한 초점이동이 구체적 현실을 철학적 논의의 큰 장으로 불러들이게 되면서 철학적 논의들을 풍성하게 만들었음은 이미 언급된 바 있으며, 근대에 새롭게 붕기된 과학 분과들과 인간학들(정신분석학, 심리학, 미학, 언어학,

페미니즘)이 이러한 신체성에서 발원된 새로운 인간 이해와 비전을 제시해 줄 수 있기 때문이다.

그러나 학적 맥락과 별도로 신체 전회에 대한 부정적인 비전이 제기될 수 있다. 그것이 특정한 신체적 상태에서 파생된 것이라 하더라도 정신 혹은 마음이 신체와의 이분법적 구조를 통해 여전히 일상 어법 속에서 주체를 지시하는 은유로서 채용되어 있고 두 항의 종합을 통해서 주체의 인식과 행동의 모범적 가치들이 설정되고 있다는 점에서, 한편으로 이러한 신체전회는 상호 균형적 관계 속에 있는 한 요소를 파기함으로써 인간 가치의 불균형을 부추긴다는 오명을 얻을 수 있다. 게다가 초월적 인간의 지배, 즉 이성의 손을 떠나 잉여적 육체들의 자기 동력적인 순환 속에서 작동되는 현대 자본주의 물질문명의 부정적 양상이 첨예하게 문제화되면서 신체전회란 자본주의라는 육체적 증식 속에서 무력하게 침몰하는 인간의 권위에 대한 진단의 수위를 넘어서 그것을 합리화하고 조장, 고무시키는 자본주의적 이데올로기로서 채용될 수 있다는 우려를 낳을 수 있다.

자본주의는 분명 물질들, 육체들의 자기 동력적 흐름이 만들어 놓은 세속적 욕망의 세계이다. 주지주의 전통은 이 자본의 흐름을 통제하는 인간의 힘을 인간 – 육체(노동력 – 육체)를 비롯한 모든 육체들, 화폐 – 육체, 상품 – 육체들 바깥의 영역에 설정하여 그것이 이성의 안전한 통제하에 놓일 수 있다는 환상을 가지고 있었지만, 후기자본주의의 거대 증식적 기계 – 육체 속에서 그러한 초월적 인간에 대한 자기 환상은 더 이상 견지되기 어렵게 되었으며 오히려 자본 – 육체가 마치 팔루스(Pallus)처럼 인간의 주체성을 구조화하고 지배하게 되면서 이러한 페티시즘(fetishism)이 자본주의의 본질로 드러나게 되었다. 인간이 만든 육체들이 주인이 되는 육체 범람의 시대에 인간에게 강요되는 이러한 절망적인 무기력증은 후기-모더니즘의 주체의 죽음 담론과도 무관하지 않을 터인데, 정신(이성)의 죽음은 자본과의 패권다툼에서 진 패자의 절망적 고백인 동시에 이제까지 인간의 영광으로 자리했던 이성을 살해하고 그 왕좌를 정식으로 자본에게 넘겨주는 일종의 형이상학적 정권이양으로 비춰질 수도 있을 것이다.

니체와 푸코는 인간의 내면성이란 육체 충돌의 혹독한 경험에 대한 육체적 기억에서 발원하여 피학증적으로 자기가 자기 육체에 기입하는, 육체 내부에 움푹 팬 구멍에 지나지 않음을 자신들의 계보학에서 폭로했다. 이 빈 공간에 이런 자기 억압을 상쇄시키는 보상적 환상들이 채워지게 되면서 이러한 육체지배에서 결코 자유로울 수 없음에도 마치 모든 것을 초월해 있는 듯이 보이는 우리의 자유로운 의식이 탄생하게 되었던 것이다. 이러한 환상이 견지되는 한에서, 인간은 스스로 이러한 육체에 지배당하면서도 거꾸로 그들이 이 육체들을 지배하고 있노라 믿었으며, 그리고 이 육체의 지배를 정당화하기 위해서 육체의 생명력을 거세시켜 자기 육체를 포함하여 모든 육체들은 죽어 있기에 우리가 마음대로 짓밟아도 되는 그런 대상으로 상상함으로써 자본주의의 억압적 지배에 눈과 귀를 막았을 뿐만 아니라 공모하기까지 한 것이다.

그렇다면 이런 상황에서 인간의 죽음 논의는 자본주의 권력의 합리화로서보다는 인간의 지배를 더욱 용이하게 할 이 미몽에서 벗어나기를 촉구하는 극약 처방으로 볼 수 있다. 주체의 죽음은 근대적 주체, 즉 억압의 반동적 상상물로서의 정신의 자기 환상성(그리고 그것을 뒷받침하는 죽음 육체)의 죽음을 의미하는 것이지 주체성 자체의 죽음을 의미하는 것이 아니다. 만일 그러하다면, 그것은 인간의 모든 노력들, 인간의 모든 문명, 역사, 시간을 부인하면서 인간을 한낱 짐승의 상태로 이를테면 즉자의 상태로 돌려놓고자 하는 것에 불과하며, 그런 점에서 인간의 죽음을 논하는 푸코의 『말과 사물』이란 인간 지성의 노고 역시도 존재할 수 없기 때문이다. '인간의 죽음' 담론 바깥에도 말하는 주체가 있다. 데카르트의 영원히 녹슬지 않을 진정한 통찰인 주체는 혹시 내가 꿈을 꾸고 있는 것은 아닐까 의심하며 꿈에서 깨어나 꿈 밖에 나갈 수 있는 존재이기에 초월적인 것이다. 메를로-퐁티가 그러했듯이 이 주체를 신체로 규정한다고 해서 이 초월성을 폐기시키는 것이 아니며 근대의 위대한 발명품, 정신을 도둑맞는 것도 아니다. 거꾸로 정신 주체가 스스로 지우고 나 몰라라 했던 육체의 억압적 각인들을 드러내 보임으로써 정신의 자기 정체성을 확인시키며 정신분석학이 그러하듯이 그러한 억압의 각인을 인식함으로써 바로 그러한 억압에 저항하는 권력의 지점을 찾아낼 수 있다. 근대정신의 위대함이, 그것이 상상적이었을지언정 자유와 저항의 소망을 담아내고 있었다면, 이제 그것은 신체 주체를 통해서 저항과 자유의 실천적 힘을 담보해 낼 수 있다. 그러나 그것이 신체인 한에서, 그러한 실천은 미완의 것이며 불완전한 것이며 그렇기 때문에 거짓된 것으로 반성될 수 있는 것들이다. 영원을 잡고자 하는 자들에게 이러한 진리의 위상은 초라한 것으로 비춰질 수 있다. 그러나 이 실천의 '영원을 향한' 반복의 거점은 정신에 있는 것이 아니라 바로 신체에 있다. 신체 주체는 많은 꿈들을 꾸고 그 꿈들 바깥을 나갈 수 있는 데 카르트적 주체들이라는 점에서 여전히 위대하다.

결국 우리가 신체로 있다는 사실은 데카르트가 그러한 가능성을 보여주었듯이 우리의 힘을 스스로 거세시켜 죽은 육체로 여타 권력이나 여타 지배하에 수동적으로 절단되고 배치되고 관리될 수 있음을 의미하는 것이고 이는 완전히 떨쳐 낼 수 없는 신체로 타고난 인간의 숙명을 인식할 것을 요구한다. 그러나 그러한 지배에서 벗어나 저항하는 힘 역시 그 신체 안에 있음을 보여주는 것 또한 살아 있는 신체 개념이다. 신체는 정신을 상상해 냈다. 구원은 바깥에서 오는 것이 아니라 우리 안에 있다. 정신의 상상들(이데올로기)은 알튀세가 말한 대로 주체의 호명(interpellation), 즉 육체적 실천에 의해서 견고한 현실로 변할 수 있기 때문이다.

참고문헌

프랑스와 자콥, 『생명의 논리, 유전의 역사』, 이정우 역, 민음사, 1994.

Maine de Biran, *Essai sur les fondements de la psychology*, Ed. Tisserand, t VIII.

Bergson, *Matière et Mémoire*, PUF, 1970.

Sartre, *L'Etre et Le Néant*, Gallimard, 1943.

Gabriel Marcel, *Metaphysical Journal*, H. Regnery, Chicago, 1952.

_____, *Le Mystère de l'Etre*, Vol. I , Aubier, 1951.

_____, *Etre et Avoir*, Aubier, 1935.

_____, *Man Against Humanity*, Harvill Press, London, 1952

Merleau－Ponty, *Phénoménologie de la perception*, Gallimard, 1945

_____, *La structure du comportement*, Presses Universitaires de France, 1942.

데리비드 C. 린드버그 로널드 L, 넘버스 등, 『신과 자연: 기독교와 과학, 그 만
        남의 역사』 상, 하권, 이정배, 박우석 역, 이화여자대학교, 1998, 1999.

황수영, 「맨 드 비랑의 근대과학적 사유 비판」, 철학, 2004.

장문정, 『메를로－뽕띠의 살의 기호학』, 한국학술정보(주), 2005.

저자	논문	게재 사항
김경호	욕망 조절의 성리학적 도식	한국사상학회, 26, 2006년 6월, pp.65~96, 한국사상학회
	誠·敬: 성리학적 수양론과 군자의 이상	동양철학, 30, 2008년 12월, pp.215~246, 한국동양철학회
	영적인 몸: 체험을 통한 세속적 삶의 성화	철학연구, 36, 2008년 9월, pp.345~373, 고려대학교 철학연구소
김미영	良知와 知覺: 도덕성의 신체적 근거에 관한 심학적 정초	철학, 91, 2007년 5월, pp.1~21, 한국철학회
	여훈서에 나타난 여성의 몸: 유쿠자와 유키치의 『여대학평론』을 중심으로	한국여성철학, 9, 2008년 6월, pp.55~75, 한국여성철학회
	體得: 현대도덕교육에 대한 유교적 성찰	동양철학, 30, 2008년 12월, pp.299~321, 한국동양철학회
김재숙	형·기·신: 심신 대립을 넘어선 도가적 정신 해방	철학연구, 98, 2006년 5월, pp.71~94, 대학철학회
	성명쌍수: 도교의 수련과 진인의 경지	도교문화연구, 27, 2007년 11월, pp.95~122, 한국도교문화학회
	신체동학: 심신 조율 그리고 예술치료 – 인도의 춤 미학을 중심으로	철학연구, 36, 2008년 9월, pp.419~448, 고려대학교 철학연구소
김종국	인격개념을 통해 본 근대적 심신관: 로크와 칸트의 인격관을 중심으로	칸트연구, 18, 2006년 12월, pp.153~166, 한국칸트학회
	공적 쾌락과 사적 금욕: 벤담과 칸트에서 '금욕'의 문제	칸트연구, 20, 2007년 12월, pp.101~116, 한국칸트학회
	아우슈비츠 以後의 倫理學: H. 요나스에서 身體의 存在論과 責任의 生醫 倫理	철학연구, 36, 2008년 9월, pp.141~167, 고려대학교 철학연구소
김철운	신기(神氣): 심(心)·신(身) 대립구도 극복을 위한 실학적 해법	철학논총, 2(44), 2006년 4월, pp.101~126, 새한철학회
	'수신(修身)'의 근대적 변용: 국가에 의해 유폐된 개인	철학논총, 2(48), 2007년 4월, pp.137~164, 새한철학회
	놀이하는 몸(homo ludens): 자연과 인공의 경계에서 – 고려시대와 조선시대의 '산수유기(山水遊記)'를 중심으로	철학연구, 36, 2008년 9월, pp.375~418, 고려대학교 철학연구소
박재술	德과 形: 心身 관계의 價値論的 함의의 先秦 儒學的 始源	철학연구, 99, 2006년 8월, pp.159~180, 대한철학회
손병석	아리스토텔레스의 질료·형상설에 대한 심신가치론적 고찰	철학, 87, 2006년 5월, pp.33~63, 한국철학회
	무정념(apateia): 현인(賢人)에 이르는 스토아적 이상과 실천	철학연구, 80, 2008년 2월, pp.41~60, 철학연구회
	전자 민주주의와 참여 민주주의: 몸의 확장을 넘어 德의 고양으로	철학연구, 36, 2008년 9월, pp.103~139, 고려대학교 철학연구소

양운덕	그리스 성 담론에 나타난 에로스와 윤리적 자기 형성: 「향연」을 읽는 상이한 방식-Nussbaum과 Foucault의 경우	철학연구, 39, 2010년 3월, pp.169~213, 고려대학교 철학연구소
	신체들의 기쁜 만남: 들뢰즈의 스피노자 해석과 관련하여	시대와 철학, 21(2), 2010년 6월, pp.268~304, 한국철학사상연구회
	미시 권력들의 작용과 생명 정치: 푸꼬의 권력분석틀과 아감벤의 근대 생명정치학 비판	철학연구, 36, 2008년 9월, pp.169~213, 고려대학교 철학연구소
임홍빈	몸과 이성, 자아: 「차라투스트라는 이렇게 말했다」의 한 해석	니체연구, 10, 2006년 10월, pp.175~194, 한국니체학회
	'사변적 정신'과 욕망의 문제	철학, 93, 2007년 11월, pp.131~158, 한국철학회
	미적 실존의 조건들	철학연구, 36, 2008년 9월, pp.243~269, 철학연구소
이승환	눈빛·낯빛·몸짓: 유가의 신체 미학과 소속된 삶	『감성의 철학』, 민음사, 1996
	후기 근대적 신체-주체의 부박(浮薄)함에 대하여	인문연구, 47, pp.1~17, 2004년 12월, 영남대학교 인문과학연구소
	자본주의 신체 미학과 자아정체성: '미적 실존'에서 '감성적 실존'으로	철학연구, 36, 2008년 9월, pp.271~303, 고려대학교 철학연구소
장문정	심신이원론에서 선험적 신체일원론으로: 멘드 비랑에서 메를로-퐁티까지	대동철학, 35, 2006년 6월, pp.171~216, 대동철학회
	자기를 낮추는 기술로서의 글쓰기: 후기 구조주의를 중심으로	대동철학, 40, 2007년 9월, pp.272~300, 대동철학회
	휘발적(volatile) 몸과 여성의 해방	철학연구, 36, 2008년 9월, pp.305~343, 고려대학교 철학연구소
최준호	홉스와 루소의 인간관: 심신 관계에 대한 가치론적 고찰	철학연구, 98, 2006년 5월, pp.321~348, 대한철학회
	칸트와 쉴러에서 미의 경험과 도야	철학연구, 80, 2008년 2월, pp.85~110, 철학연구회
	문화산업에 의해 물화된 몸과 그 비판으로서의 아도르노의 몸	철학연구, 36, 2008년 9월, pp.215~241, 고려대학교 철학연구소
한명숙	初期佛教의 自我觀에 대한 심신가치론적 고찰: 몸과 마음의 성격 및 지위에 대한 논의	불교학연구, 13, 2006년 4월, pp.181~209, 불교학연구회
	吉藏의 觀法이 갖는 修行論的 의미에 대한 고찰	불교학연구, 19, 2008년 4월, pp.259~290, 불교학연구회
	감각적 욕망구조에 대한 연기적 이해: 몸의 온전한 자유를 위해	철학연구, 36, 2008년 9월, pp.449~473, 고려대학교 철학연구소

이승환

현) 고려대학교 철학과 교수. 고려대학교 철학과를 졸업하고, 국립대만대학 철학연구소에서 석사, 미국 하와이 주립대에서 박사학위를 받았다. 저서로『유가사상의 사회철학적 재조명』(1998)과『유교 담론의 지형학』(2004) 등이 있으며, 주요 논문으로는「주자 수양론에서 미발(未發)의 의미」,「성리학 기호 배치방식으로 보는 조선유학의 분기」등이 있다. 현재는 조선유학의 성리 논쟁을 분석철학적으로 해명하는 일에 관심을 가지고 연구를 진행하고 있다.

박재술

고려대학교 학사, 석사와 박사 학위를 받았으며, 2006년부터 현재까지 한국연구재단에서 근무하고 있다.

한명숙

고려대학교 철학과를 졸업하고 동 대학원 철학과에서「吉藏의 三論思想研究: 無得의 轉悟方式을 중심으로」로 박사학위를 받았다. 고려대학교·한양대학교·순천향대학교 등에서 강의했고, 가산불교문화연구원에서 수석연구원으로 재직했으며, 현재 동국대학교 불교학술원 조교수로 재직 중이다. 논문으로「삼론학의 무득정관사상 연구」,「고려대장경의 편제 및 입장경의 취사에 나타난 사유체계 이해」등이 있고, 역서로『법구경』·『범망경술기』등이 있으며, 공저로『인물로 보는 한국의 불교사상』,『서양이 동양으로 걸어오다』등이 있다.

김재숙

고려대학교 대학원에서 동양철학 전공으로 석사와 박사학위를 취득하였다.
고려대학교 철학연구소 연구교수를 역임했으며, 현재 한국예술종합학교, 서울시립대학교 등에서 강의를 하고 있다.
주요 논문으로「형기신: 심신대립을 넘어선 도가적 정신해방」,「북송대 문인화론에 나타난 동양예술정신」등이 있고, 그 외『조선시대 삶과 생각』(공저) 등이 있다.

김경호

강원도 고성의 공현진에서 태어나고 자랐다. 고려대학교 철학과에 진학하여 동양철학과 서양철학을 배웠고 대학원에서 한국유학을 공부한 후 철학박사 학위를 취득하였다. 현재 전남대학교 호남학연구원 인문한국 교수로 있으면서, 유가철학의 '감성' '마음' '영성' 문제와 관련하여 '한국인의 감성'을 연구하고 있으며, 호남유학의 철학적 기반을 탐구하고 있다.
지은 책으로는『동양적 사유는 어떻게 탄생했는가』(2012),『인격성숙의 새로운 지평 - 율곡의 인간론』(2008)과『유교도교불교의 감성이론』(2011, 공저)이 있으며,「슬픔은 어디에서 오는가 - 신체화된 마음을 중심으로」,「고봉 기대승의 낙향과 삶으로서의 철학 - 비애의 정조를 넘어서」등의 논문이 있다.

김미영

현) 서울시립대학교 철학과 교수. 고려대학교 대학원에서「주희의 불교비판과 공부론 연구」로 박사학위 취득하였고, 이후 주자학 관련 다수의 논문 발표. 현재『한국철학의 정체성 탐구』라는 책을 저술 중이다.

김철운

강원대학교 철학과를 졸업하고, 고려대학교 대학원 철학과에서 박사학위를 취득(철학박사)하였으며, 현재 강원대학교 강사로 있다. 주요 논문에는 「『대학』의 평천하사상에 관한 연구」(박사논문), 「순자에서 욕망의 규제와 보장」, 「공자-죽음에서 삶의 희망을 봄」, 「대동(大同): 욕망의 동력으로 이루는 유가공동체-康有爲의 『大同書』에 나타난 '욕망론'을 중심으로 -」, 「중국 華夷分別論의 정형화 과정과 그 비판」 등이 있고, 저서에는 『순자와 인문세계』, 『공자와 유가』 등이 있으며 역서에는 『중국 경학사의 기초』(공역) 등이 있다.

양운덕

고려대학교 대학원 철학과에서 1990년 8월 박사학위를 취득(「헤겔 철학에 나타난 개체와 공동체의 변증법」)하였으며, 주요 저서로 『피노키오의 철학』 시리즈(전 4권), 『보르헤스의 지팡이』, 『문학과 철학의 향연』, 『현대 철학의 흐름』(공저), 『전통, 근대, 탈근대의 철학적 조명』(공저), 『포스트 모던 칸트』(공저), 『하버마스의 사상』(공저) 등이 있다.
연구실 '필로소피아'에서 일반인을 대상으로 철학과 문학 고전들을 중심으로 한 모임과 강의를 하고, <아트 앤 스터디>에서 철학과 문학을 주제로 한 동영상 강의를 하고 있다.

손병석(연구책임자)

그리스 아테네 대학에서 철학박사학위를 받았으며, 하버드 대학 철학과 방문교수, 그리스 국제학회 명예위원을 맡고 있으며, 현재 고려대학교 철학과 교수로 있다. 주요 논문으로는 「부동의 원동자로서의 신은 목적인이자 작용인이 될 수 있는가?」, 「소크라테스의 아크라시아(akrasia) 불가능성 논제에 대한 아리스토텔레스의 비판」, 『소크라테스의 비밀』(역서) 등이 있다.

최준호

고려대학교 철학과를 졸업하고, 동 대학원에서 「칸트의 반성적 판단과 목적론적 세계」라는 논문으로 박사학위를 취득했다. 고려대학교 철학연구소 연구교수, 대전대학교 교양교육원 교수를 역임했으며, 현재는 순천향대학교 교수로 재직하고 있다. 저서로 『마이너리거를 위한 철학여행』(2012), 『수행성과 매체성: 21세기 인문학의 쟁점』(공저, 2012) 등이 있으며, 주요 논문으로는 「데리다 이후의 칸트 미학」, 「Mimesis and Its Effect in Plato's Philosophy of Art」, 「Naturschönheit und Kultur」, 「미의 가치: 미학에서 지각학으로의 전환과 관련하여」 등이 있다.

김종국

고려대학교 철학과에서 학사·석사·박사학위를 취득하고, 독일 튀빙겐 대학교에서 객원연구원으로 재직한 후, 동 대학교 박사후 과정을 이수하였다. 현재 경인교육대학교 윤리교육과 교수로 재직 중이다.

임홍빈

고려대학교 철학과 교수, 국제그리스철학회 명예회장(Honorary President of the International Association of Greek Philosophy, Greece, 2011~현재), 국제헤겔학회 학술이사(Wissenschaftlicher Beiratsmitglieder der Internationalen Hegel—Gesellschaft, Germany: 2010~현재), 저서로는『기술문명과 철학』,『헤겔철학과 근대적 이성』,『세계화의 철학적 담론』,「인권의 이념과 아시아가치론』 등이 있고, 편저로는 Menschsein: On Being Human(Coeditor: Georg Mohr),『동서철학의 공적 합리성』,『새로운 공적 합리성의 모색』,『동서철학에 나타난 공적합리성 논쟁』, Transculturality—Epistemology, Ethics, and Politics(Coeditor: Hans—Jörg Sandkühler), 이외에 실천철학과 인간학, 철학사 등에 대한 수십 편의 논문을 국내외에 발표했다.

장문정

고려대학교 철학과에서 석사와 박사학위를 취득했고, 고려대학교 철학연구소 연구조교수(2002~2008)를 역임했으며, 2001년부터 현재까지 고려대학교에 출강하고 있다.
저서로는『메를로—뽕띠의 살의 기호학』이 있고 최근 논문으로는「왜 페미니스트가 신을 말하는가?—페미니스트의 키에르케고어되기와 키에르케고어의 여성되기」,「어떻게 진리가 가능한가—라깡과 키에르케고어의 '말할 수 없는 것'의 말하기」 등이 있다.

동서 철학
심신관계론의
가치론적 조명

초판인쇄 ┃ 2013년 2월 15일
초판발행 ┃ 2013년 2월 15일

지 은 이 ┃ 손병석 외
펴 낸 이 ┃ 채종준
펴 낸 곳 ┃ 한국학술정보㈜
주　　소 ┃ 경기도 파주시 문발동 파주출판문화정보산업단지 513-5
전　　화 ┃ 031) 908-3181(대표)
팩　　스 ┃ 031) 908-3189
홈페이지 ┃ http://ebook.kstudy.com
E-mail ┃ 출판사업부 publish@kstudy.com
등　　록 ┃ 제일산-115호(2000.6.19)

ISBN　　978-89-268-4108-2 93130 (Paper Book)
　　　　　978-89-268-4109-9 95130 (e-Book)